同安年鉴

2019

中共厦门市同安区委　厦门市同安区人民政府　主办
中共厦门市同安区委党史和地方志研究室　编

方志出版社
Publishing House of Local Records

图书在版编目（CIP）数据

同安年鉴. 2019/中共厦门市同安区委党史和地方志研究室编. —北京：方志出版社，2020.5
ISBN 978-7-5144-4216-8

Ⅰ.①同… Ⅱ.①中… Ⅲ.①同安区—2019—年鉴
Ⅳ.①Z525.74

中国版本图书馆 CIP 数据核字（2020）第 099180 号

同安年鉴（2019）

编　　者：中共厦门市同安区委党史和地方志研究室
责任编辑：刘方圆

出 版 者：方志出版社
地址　北京市朝阳区潘家园东里 9 号（国家方志馆 4 层）
邮编　100021
网址　http：//www.fzph.org
发　　行：方志出版社发行中心
电话（010）67110500
经　　销：各地新华书店
印　　刷：福州力人彩印有限公司

开　　本：889×1194　1/16
印　　张：17.5　插页：12
字　　数：607 千字
版　　次：2020 年 5 月第 1 版　2020 年 5 月第 1 次印刷
印　　数：001～800 册

ISBN 978-7-5144-4216-8　**定价**：258.00 元

《同安年鉴（2019）》编纂委员会成员

主　　任	黄燕添	王雪敏				
副 主 任	许珠明	康自展				
委　　员	杨天平	李荣峰	赖腾隆	林　虹	李妙音	梁永忠
	何岚岚	郭斌超	朱水鑫	王春松	邵国永	洪爱萍
	费　薇	吕子祥	徐火祥	曾学东	朱祥甫	林建省
	叶国生	王永远	王育玲	陈再进	陈金墩	陈进团
	邵美华	郑　森				

《同安年鉴（2019）》编辑部

主　　编	许珠明				
副 主 编	纪　耿				
执行主编	王津伟	洪汇前			
执行副主编	黄慧佶	蔡　杰			
编　　辑	陈绳乾	陈寿南	潘朝金	黄志军	郭红梅

同安区地图

泉
州
市
漳
州
龙门镇
大坪
汀溪镇
莲花镇
五显镇
新圩
汀溪林场
祥溪林场
市竹坝华侨农场
坂头水库
沙溪水库
村内水库
小坪水库
溪东水库
汀溪水库
竹坝水库
河溪水库
北辰山旅游景区
翠丰温泉旅游区
莲花森林公园
同安影视城
西姑庵
龙门岭隧道
云埔服务区
G1503厦门环城
G2517沙厦
G355
S217
S213
S507
芳亭
竹园
林东
白芸
龙门
双格
帽山
仙西
香仑
龙山
圳林
福庭
坂头
沙溪
丰山
西坑
石山
山西
桃园
格头
凤巢
福美
青阳
美宫
林墩
林溪
江都
桂林
前洋
尾林
盖集尾
内社
水洋
尖石尾
西坑
下江
龙潭仑
上江
淡溪
白交祠
岭兜
洋尾
小坪
土楼
内山
大尖
大厅
军营
庙村
道地
四斗仑
岭头
尾湖
半岭
湖社内
大祠
田中央
中庄
澳溪
张溪
溪埔下
南坑
罗溪
前左
巷仔内
山珩
上陵
碗窑
杆仔树
下格山
洪田
河溪工区
大林内
内田
中厝
内庵
笕里
蔗内
何碧山
石狮
竹院
石兜
莲花
溪东
洞光
后埔
茂口
顶坝
龙虾
鱼池埔
东墩
水吼
云埔
内寮
洋头
山边
东溪
坪边
中甲
云洋
土楼
后格
花厝
砖仔厝
窑市
下内林
下长沙
美埔
洪厝边
庵仔下
虎盖
乌山
溪林
上寮
过溪
田洋
新丰
东山
北门
大学山
下魏
向阳
隘头
路下
新间
褒美
汀溪
古坑
文水山庄
峋内
五云
斗拱
牛寨埔
水垄
祠堂湖
科技厝
大麦畲
五丘
后墓潭
石鼓山
凹厝
新岩湖
后岩
铁砧山
罗溪
大樟垵
困狗
郑宅
坂头
前湖
竹山
五峰
造水
三甲
下埕
前格
芹垄
凤梨
墩后
后坑
行头
泥鳅坑
石莲坑
席草洋
五里林
英田
吊笕
半岭
吊灯
会林
东堤
新田
半岭
大岵田
古林
顶村
吴厝
西源
荏畲
大畲
酒运
苦竹瓮
堤内
杉际内
山坪
汪前
洪仔尾
军山
土寨场
内田
石莲
荇后
云顶山
辽仔坪
三秀山
大坝口
上寮
大尖
竹山
溪西
西山
东埔
溪垅
新山
后垄
店仔
后坝
凤梨山
竹坝
下路坝
明溪
后溪
洪厝
四林
上厝
后塘
宋宅
西洋
过溪
按炉
军村
布塘
赵厝
上峰
坪山
丰田岫

同安区
新民镇
洪塘镇
西柯镇
马巷镇
新店镇
翔安区
翔
安
区
后溪镇
灌口镇
集
美
区
集美区
集美街道
侨英街道
杏滨街道
杏林街道
东孚街道
海
沧
区
漳
州
市
湖
里
区
湖里区
禾山街道
金山街道
江头街道
嘉莲街道
莲前街道
梧村街道
贫笃街道
思明区
东
咀
港
浔
江
港
厦门高崎国际机场
厦门厦金湾直升机场
方特梦幻王国
同安大桥
火炬大桥
集美大桥
厦门大桥
杏林大桥
五缘大桥
天圆大桥
翔安隧道
天马山隧道
石兜水库
坂头水库
杏林湾水库
湖边水库
厦门北站
厦门
杏林站
高崎站
杏林
翔安
同安
凤南
G324
G319
S209
G15沈海
福厦高铁
鹰厦
福厦
鳄鱼屿
大离浦屿
大尖礁
赤礁
山重
马
洋
溪
坑内
双岭
顶许
东宅
图　例
设区市行政中心
县级行政中心
镇、乡、街道
农林场
居委会
村委会
自然村
主要旅游景点
设区市行政区域界
县级行政区域界
乡镇街道界
铁路及车站
在建铁路
高速公路及出入口
服务区　枢纽
在建高速公路
高速连接线
G324
国道及编号
S217
省道及编号
县道
街道
其他道路
堤坝
河流　水库
同安区在厦门市位置图
同安区
翔安区
集美区
海沧区
湖里区
厦门市
思明区
审图号：闽S（2019）134号
注：资料截至2018年底
比例尺 1:148 000
福建省制图院 编制

#【城市建设】

新城风光（何东方　摄）

BRT 公交首末站（陈嘉新　摄）

同安区慢行系统（陈嘉新　摄）

【安全生态水系】

（区水利局供图）

【重点项目】

莲花水库（陈嘉新摄于 2018 年 1 月 23 日）

建设中的京东厦门电子商务产业园
（何东方摄于 2018 年 12 月 18 日）

2018 年 10 月 27 日，第十一届世界同安联谊大会在马来西亚雪兰莪州沙阿兰实达城会展中心开幕（区委宣传部供图）

马来西亚同安金门厦门联合总会承办
同安联谊大会

【社会事业】

2018 年 9 月 28 日，同安区总工会成立劳模工匠宣讲团（区总工会供图）

2018 年 10 月 2 日，第四届梅沙教育杯青少年帆船俱乐部联赛总决赛赛中（区文体广电局出版局供图）

2018年7月5日，同安区税务局正式挂牌成立（区税务局供图）

2018年11月30日，同安区举行“预青服务超市”启动仪式（团区委供图）

2018年10月18日，在2018厦门（同安）朱子文化节开幕式上，同安区政府、福建省尤溪县政府、江西省婺源县政府朱子文化战略合作协议签约仪式（陈嘉新　摄）

【乡村振兴】

顶村村实施房屋“平改坡”（陈嘉新　摄）

丙洲社区基础设施提升工程（陈嘉新　摄）

古坑村乡村振兴三角梅产业基地（郭笔聪　摄）

【民俗文化基地】

2018 年 12 月 16 日，琴韵敦煌艺术中心在全国青少年舞蹈艺术展演暨博鳌国际舞蹈艺术节上表演闽南童谣舞蹈《中秋螟》（琴韵敦煌中心供图）

2018 年 12 月 2 日，永和九年书院承办同安区第二届“青少年与法”中小学生现场法治书法比赛，比赛地点在钟楼步行街，全区各中小学学生参赛（永和九年书院供图）

2018 年 9 月 12 日，金秋艺术团在方特旅游景区表演传统民俗拍胸舞（区秋艺术团供图）

2018 年 11 月 17 日，同安锡雕制作技艺传习中心与西源小学学生一起，向前来参观的新教育国际高峰论坛嘉宾展示锡雕作品（郑天泗供图）

2018 年 10 月 14 日，银安堂南乐社在苏颂公园举行公益演出（银安堂南乐社供图）

数字同安

2018

同安区下辖 2 个街道、6 个镇、59 个社区居委会、81 个村委会。户籍人口 390602 人，常住人口 61.10 万人。

地区生产总值 422.65 亿元，第一产业增加值 9.61 亿元，第二产业增加值 250.67 亿元，第三产业增加值 162.37 亿元。

全区规模以上工业企业 602 家，总产值 877.25 亿元。

财政总收入 90.42 亿元，其中区级财政收入 23.00 亿元。

全社会固定资产投资 434.24 亿元。

社会消费品零售总额 245.54 亿元。

合同利用外资 3.45 亿美元，实际利用外资 2.26 亿美元。

城镇居民人均可支配收入 45911 元。

农村居民人均可支配收入 20715 元。

辖区内中学 20 所，在校生 30305 人；小学 81 所，在校生 62646 人；幼儿园 138 所，在校生 24508 人。

全区各类卫生医疗机构 397 个，拥有病床数 1572 张，拥有卫生技术人员 3303 人。每万人拥有卫生技术人员 54.06 人，拥有病床数 25.73 张。

编辑说明

一、《同安年鉴（2019）》以马克思列宁主义、毛泽东思想、邓小平理论、“三个代表”重要思想、科学发展观、习近平新时代中国特色社会主义思想为指导，坚持辩证唯物主义和历史唯物主义的立场、观点和方法，主要记载2018年1月1日至12月31日期间同安区政治、经济、文化和社会各方面的基本情况，力求反映各项事业取得的新成就、新进展、新经验。

二、《同安年鉴》是由中共厦门市同安区委、厦门市同安区人民政府主办，中共厦门市同安区委党史和地方志研究室组织编纂的综合性资料工具书和公报性年刊，逐年出版，以出版年号为卷次名称，国内外公开发行。

三、《同安年鉴（2019）》设区情概览、大事记、专记、中共同安区委员会、同安区人民代表大会、同安区人民政府、政协同安区委员会、法治·军事、民主党派·社会团体、建设·环保、农业·水利、工业、商贸·旅游、交通·物流、邮政·通信·信息化、财政·税务·金融、经济管理、教育·科技、文化·体育、卫生与计划生育、社会与民生、街·镇、人物·名录、文献辑存24个栏目。

四、《同安年鉴（2019）》采用分类编辑法，主体内容为栏目—分目—条目三个层次，部分分目下设二级分目，以条目为基本的记述形式，全书条目标题统一用黑体加方头括号【】标志。

五、《同安年鉴（2019）》稿件和图片主要由各相关单位及区委报道组提供，并经单位负责人审核。区统计局提供的统计资料分别纳入有关内容。各单位提供的数据与区统计局的数据不一致的，以区统计局的数据为准。

六、《同安年鉴（2019）》卷首设中文目录和英文目录，英文目录设至分目一级。卷末设索引，按汉语拼音字母排列。

目　录

同安区人民代表大会

同安区人民政府

政协同安区委员会

法治 军事

民主党派　社会团体

农业　水利

工　业

商贸　旅游

交通　物流

邮政　通信　信息化

财政　税务　金融

经济管理

教育　科技

文化　体育

卫生与计划生育

社会与民生

街　镇

人物 名录

文献辑存

索 引

CONTENTS

Overview of District Situation

Chronicle of Events

Record

CPC Committee of Tong'an District

People's Congress of Tong'an District

People's Government of Tong'an District

CPPCC of Tong'an District

Rule of Law & Military Affairs

Democratic Parties & Mass Organizations

Construction & Environmental Protection

Agriculture & Water Conservancy

Industry

Commerce & Tourism

Transportation & Logistics

Postal Service, Communication & Informationization

Public Finance, Taxation & Finance

Economic Management

Education & Technology

Culture & Sports

Health Care & Family Planning

Society and People's Livelihood

Residential Sub-districts & Towns

Name-list & Directory

Documents Edit-saving

Index

区情概览

自 然 地 理

【位置和面积】 同安区位于福建省东南沿海、闽南金三角中心地带，厦门市北部，北纬24°32′35″～24°54′46″、东经117°54′46″～118°24′32″之间。东连厦门市翔安区，西接漳州市长泰县，北邻泉州市安溪县、南安市，西南与厦门市集美区接壤，东南面海。2018年，全区土地面积66936.23公顷。

【地　质】 同安区境内断裂构造，主要有永春东平—同安—厦门北东向断裂带，同安境内长23.5公里，宽10～12公里，主要有荇后、中甲、美人山断裂，小规模断裂有军营—尾林断裂，长约8公里，宽约2公里；另一组主干断裂为北西断裂带，自北西向南东延伸，经莲花入翔安内厝、大嶝，宽10公里；另有局部发育的东西向断裂和南北向断裂。地层出露：三叠系上统出露于西北部白格尖、淡溪一带，由上统文宾山组上下段组成，岩层厚度大于646米；侏罗系上统长林组出露于西坑村南部，岩层厚度244米，南园组出露于汀溪、小坪、三秀山一带北部，1～3段厚度分别为244米、405～1618米、337～1667米；第四系地层广泛出露于全区各地，其中未划分时代残坡积层主要出露于五显、竹坝、白沙仑、梧侣、潘涂等地，厚度5～20米，更新统同安组主要出露于泥山、凤岗、古山等地，厚度10米左右；更新统龙海组主要出露于沿海平原台地，厚10米左右；全新统长乐组分布于河溪流域及河流入海口，其中冲洪积层厚4～9米、海积层1～30米。侵入岩：主要有燕山早期四次侵入岩、燕山晚期三次侵入岩及与燕山各侵入活动相伴随的脉岩，岩类多种多样。

【地　貌】 同安地貌大致分为北—西北中低山区、中部中低丘区和平原三区，细分为中山、低山、高丘、盆谷、低丘、台地、平原、海岸、滩涂、岛礁等类型。海拔800米以上中山24座、海拔500米以上低山26座，海拔250米以上高丘25座。

【河　流】 同安区溪涧纵横，流向差异大。水系呈树枝状。其发育受东向及北西向两组断裂控制。主要河流作北西往南东流向，其支流呈北东或南，自四周注入东、西溪，在城区双溪口合流，流至团结埭，再分为两股，西股经瑶头、东股经石浔分别注入东咀港。全区干流总长117.28公里，总流域面积531.6平方公里，约占总土地面积的80.8%。多年平均径流深为600～1000毫米，从西北往东南递减，径流发布趋势基本上和降水相似，4—10月，占年径流量的79.1%～88.6%。西溪是同安区的第一大河流，流域面积320.7平方公里，干流长30.44公里，最宽处136米，流域内多年平均降雨量1497毫米，径流深898毫米，径流量4.436亿立方米，十年一遇洪峰流量1188立方米每秒，发源于汀溪支流的云顶上（海拔1175.2米）和莲花溪支流的寨尖尾（海拔1042.8米）2处。西溪主要支流有汀溪、澳溪、莲花溪。汀溪长17.34公里，由造水、茂林、西源3条小溪汇流而成，在大同街道过溪草仔市汇入西溪。澳溪流经澳溪、云埔注入西溪。莲花溪由上陵、河田2条小溪在水吼汇流而成，流经新莲、溪东地、长沙注入西溪。东溪是同安第二大河流，发源于汀溪镇西格山（海拔826米），流经店仔、垵炉、五显宫、五甲，至双溪口与西溪汇合。最宽处85米，流域面积152.8平方公里，流域多年平均降雨量1479毫米，径流深887毫米，径流量1.356亿立方米，十年一遇洪峰流量827立方米/秒。主要支流有古宅溪、曾溪、竹坝溪、西洋溪。另有溪名与地名相同的3条溪：官浔溪，长20公里，流域面积69.7平方公里；龙东溪，长9.3公里，流域面积40.85平方公里；埭头溪，长15.8

公里，流域面积37.1平方公里。

【土　壤】同安区土壤类型分为砖红性红壤、红壤、黄壤、潮土、盐土和水稻土6个土类、17个亚类、28个土属、40个土种。砖红壤性红壤（赤红壤），是同安区分布范围广泛的地带性土壤，主要分布于海拔200米以下的丘陵台地。砖红壤性红壤又分为酸性岩赤红壤和侵蚀赤红壤两属。侵蚀赤红壤可种植热带、亚热带果林。砖红壤性红壤经人工开垦旱作熟化而成的旱作土壤，分布于新民、五显、洪塘等镇。红壤主要分布于海拔200～900米的丘陵山地，其亚类红壤、黄红壤，表层有机质丰富，是发展用材林、水源涵养林和经济林的基地。黄壤主要分布于莲花、汀溪2镇北部山区700～800米以上的山地。潮土主要分布于五显、汀溪、新民等镇的河流冲积平原中的河浸滩及沙滩地。盐土主要分布于洪塘、西柯的滨海平原中潮间带的滩涂、沙滩。水稻土为同安面积最大、分布最广的耕地土壤，总面积14.17万亩（9446.67公顷），占全区耕作土壤总面积的83.10%。广泛分布于河谷冲积平原的洋田、滨海平原的埭田、低丘台地的台田、丘陵坡地的梯田、山间盆谷的畈田、低丘谷地的冲田及山地丘陵窄谷的垄田等处。

【植　被】同安的森林植被为亚热带雨林区次生植被和人工植被。森林覆盖率在50%左右。次生植被常绿阔叶林主要分布于中部海拔300米以下的丘陵台地，约占林业用地的15%；常绿针叶林成片连续分布于海拔800米以下的低山丘陵山地，约占林业用地的60%；针阔混交林呈块状分布于各镇海拔300米以下的部分丘陵山地，占林业用地5%；灌木草被主要分布于海拔600米左右的山脊、山顶地段的莲花白交祠、军营一带。人工植被毛竹林呈零星状分布于海拔300～500米山坡中下部或洼地，平原地区亦有小面积杂竹分布；经济林有油茶林，多分布于莲花、汀溪镇低山丘陵的缓坡地带；油桐林零星分布于新民镇、莲花镇、汀溪镇；茶叶林分布于莲花镇、汀溪镇等海拔较高、地势较开阔的山地；药材林分布于莲花镇、汀溪镇；果树林块状或散生分布于低丘台地和村镇附近，其中洪塘镇、五显镇、新民镇、西柯镇分布面积较广；橡胶林多种植于莲花镇、新民镇的丘陵坡脚避风地段，为人工引种；农田防护林分布于台地和小平原地带的村镇周围。

【资　源】2018年，全区土地总面积66936.23公顷，占全市比重39.36%，其中农用地46470.83公顷（耕地8430.31公顷、园地10239.06公顷、林地27240.12公顷、草地561.34公顷），占土地总面积69.43%；建设用地18459.02公顷（其中城镇村及工矿用地10884.88公顷，水域及水利设施用地4638.91公顷，交通运输用地2935.23公顷），占27.57%。其他土地2006.38公顷，占3%，土地利用率达97.01%。全区水资源总量枯水年（P=95%）为3.95亿立方米，平水年（P=50%）为7.17亿立方米，丰水年（P=5%）为12.46亿立方米。多年平均地表水资源量为7.44亿立方米，多年平均地下水资源量为1.16亿立方米，多年平均水资源量为7.56亿立方米，人均拥有水资源量为2578立方米。同安区水力资源丰富，全区流域面积30平方公里以上的河流有4条，水能理论蕴藏量56750千瓦。全区现存水电站36处，总装机容量20899千瓦。同安区植物资源丰富，共167科549属755种。用材树种有杉木、马尾松等；经济树种有油茶、茶叶等。其中国家重点保护的森林植物有金毛狗、油杉、刺桫椤、红豆杉、水杉、福建柏、杜仲、台湾杉、闽楠、台湾苏铁等树种。全区果树有龙眼、荔枝等种类50多个。中药材植物有灵芝、金线莲等586个品种。同安海区水生动物种类繁多，对虾、三疣梭子蟹等虾蟹类76种，牡蛎、花蛤等贝类77种，文昌鱼、石斑鱼等海水鱼类420种。农作物害虫的天敌昆虫有寄生性的寄生蜂和寄生蝇、捕食性的蜻蜓、螳螂等两大类。野生动物有毛属类16种、鸟类51种、爬行类和两栖类25种。其中出没于汀溪林区的苏门羚及蟒蛇属国家一类珍稀野生动物。虎纹蛙、穿山甲、水獭及鹰、隼鸮科共18种列为国家二类保护。铁矿有汀溪镇云顶山、莲花镇内田等10处；黄铁矿莲花石莲1处；非金属矿钾长石5处；高岭土郭山矿段储量3873.18万吨，具有工业开发意义；耐火黏土5处；砖瓦黏土2处；花岗岩石产地数百处；建筑碎石各镇均有；泥煤4处；建筑砂有河砂、海砂；矿泉水1处；温泉1处。

【气　候】同安属南亚热带海洋性季风气候。气候温和，雨量充沛，热量充足。随着海拔高度变化，可分为沿海、平原、北部西北部山区3个气候类型。同安气候季节可划分为：12月至次年2月为冬季；3—4月为春季或春雨季；5—9月为夏季；10—11月为秋季。3—9月为春夏多雨湿润季节，10月至来年2月为秋冬少雨干燥季节。

2018年，同安平均气温异常偏高，降水量与常年持平，日照异常偏多。全年暴雨个数少，影响台风个数也少，风声大雨点小，灾害轻。气温方面，年平均为22.7℃，比常年（21.1℃）偏高1.6℃，属异常偏高。从20世纪90年代中期以来，年平均气温基本都高于常年，变暖趋势较为明显。2018年降水量1408毫米，比常年（1526.7毫米）偏少118.7毫米（-7.8%），与常年持平。冬季（12月至次年2月）降水量为164.2毫米，比常年（151.3毫米）偏多12.9毫米（+8.5%）。春雨季节（3—4月）降水量为104.6毫米，比常年（272.8毫米）偏少201.0毫米（-61.7%）。梅雨季节（5—6月）降水量为400.4毫米，比常年（447.2毫米）偏少46.8毫米（-10.5%）。台风季（7—9月）降水量为599.6毫米，比常年（582.4毫米）偏多17.2毫米（+3%）。年内降水分布差异突出，梅雨季节暴雨洪涝和春旱秋旱等自然灾害频仍。2018年日照时数为1922小时，比常年（1934.4小时）偏少12.4小时（-1%）。日照时数最少的是11月，仅91.9小时，夏季日照时数显著偏多。2018年影响台风主要特点如下：（1）数量少。全年共受3个台风影响，比常年少1个，分别是第8号台风“玛莉亚”、22号台风“山竹”、26号台风“玉兔”。（2）风大雨小。3个台风均给我区带来相对明显的大风影响，但带来的降水影响均较小。（3）损失轻。全年由于台风影响造成的经济损失相对偏轻。

（艾叶生　陈婉芳　卢海新）

2018年同安区气温变化情况表

表1　　　　单位：℃

月份	平均温度	极值			
		最高温度	日期	最低气温	日期
全年	22.7	37.4	7月31日	2.5	2月6日
1月	14.7	25.3	1月3日	4.8	1月12日
2月	13.5	27.0	2月19日	2.5	2月6日
3月	18.5	30.0	3月5日	6.1	3月10日
4月	22.4	31.4	4月11日、12日	10.4	4月8日
5月	26.8	36.8	5月26日	20.0	5月11日
6月	27.6	35.1	6月27日	21.5	6月2日
7月	30.0	37.4	7月31日	24.7	7月12日
8月	28.9	37.3	8月23日	24.0	8月29日
9月	28.2	36.0	9月4日	21.0	9月30日
10月	23.4	32.4	10月5日	13.7	10月29日
11月	21.0	30.3	11月7日	13.6	11月30日
12月	17.9	30.9	12月4日	9.3	12月29日

2018年同安区降雨量情况表

表2　　　　单位：毫米

月份	旬降雨量			降雨量合计	一日最大降雨量	
	上旬	中旬	下旬		降雨量	日期
全年	544.6	197.4	666.0	1408.0	165.6	9月8日
1月	124.7	0.2	14.9	139.8	48.1	1月8日
2月	5.7	0.0	18.7	24.4	14.8	2月22日
3月	25.9	30.8	2.1	58.8	15.6	3月4日
4月	4.8	0.8	40.2	45.8	27.4	4月24日
5月	69.4	0.1	36.2	105.7	25.7	5月7日

续表 2

月份	旬降雨量			降雨量合计	一日最大降雨量	
	上旬	中旬	下旬		降雨量	日期
6 月	31.1	46.4	217.2	294.7	78.7	6 月 21 日
7 月	32.2	30.8	3.9	66.9	26.7	7 月 11 日
8 月	0.1	50.0	205.2	255.3	80.1	8 月 29 日
9 月	205.1	1.5	70.8	277.4	165.6	9 月 8 日
10 月	0.1	26.4	3.3	29.8	15.8	10 月 17 日
11 月	44.6	10.4	35.3	90.3	35.1	11 月 2 日
12 月	0.9	0.0	18.2	19.1	13.7	12 月 24 日

2018 年同安区风速变化表

表 3　　单位：米 / 秒

月份	平均风速	最大风速	最大风向	日期
全年	1.9	8.6	E（东）	3 月 6 日
1 月	2.0	6.3	ENE（东北偏东）	1 月 12 日
2 月	2.1	5.8	E（东）	2 月 8 日
3 月	1.9	8.6	E（东）	3 月 6 日
4 月	1.8	6.6	E（东）	4 月 6 日
5 月	1.9	7.4	NW（西北）	5 月 2 日
6 月	1.9	5.8	ENE（东北偏东）	6 月 13 日
7 月	2.1	6.6	ENE（东北偏东）	7 月 17 日
8 月	1.7	7.6	ENE（东北偏东）	8 月 18 日
9 月	2.0	8.4	ENE（东北偏东）	9 月 16 日
10 月	1.9	6.4	E（东）	10 月 31 日
11 月	1.7	5.3	ENE（东北偏东）	11 月 1 日、2 日
12 月	1.8	6.2	ENE（东北偏东）	12 月 29 日

2018 年同安区日照时数表

表 4

月份	旬日照时数（小时）			日照时数合计（小时）	百分率（%）
	上旬	中旬	下旬		
全年	612.9	657.7	651.4	1922.0	43
1 月	35.4	74.3	37.9	147.6	44
2 月	18.5	54.8	22.3	95.6	30
3 月	51.9	43.4	92.1	187.4	51
4 月	73.7	55.5	35.5	164.7	43
5 月	33.6	85.8	70.5	189.9	46

续表 4

月份	旬日照时数（小时）			日照时数合计（小时）	百分率（%）
	上旬	中旬	下旬		
6 月	48.1	40.8	62.2	151.1	37
7 月	60.9	82.0	103.2	246.1	59
8 月	79.7	61.7	15.8	157.2	39
9 月	60.2	71.0	83.1	214.3	58
10 月	87.5	25.4	58.7	171.6	48
11 月	25.9	20.1	45.9	91.9	28
12 月	37.5	42.9	24.2	104.6	32

人文历史

【建置沿革】 同安区境，商代属扬州地，周代为七闽地，春秋战国时属越地，秦属闽中郡。西汉初属闽越国，元封元年（前 110 年）属会稽郡。东汉属闽侯官县地，三国时属建安郡东安县。晋太康三年（282 年）析东安县置同安县，当年即废，属晋安县。隋开皇九年（589 年）属南安县。唐贞元十九年（803 年）析南安 4 乡置大同场，为同安县之前身。五代后唐长兴四年（933 年）正式升场置县，辖 3 乡 11 里，包括前厦门市、同安县、金门县及龙海市一部分。元，改里为都，共 3 乡 44 都。明初，恢复里，又增设在坊里（县城区），辖 2 隅，共 3 乡 12 里 2 隅 44 都。成化初，都下设图，共 3 乡 12 里 2 隅 37 都统 53 图。清乾隆四十年（1775 年），析民安、翔风 2 里及同禾里之五、六、七都置马巷厅。光绪间行保甲制，改图为保。清末民初，同安县区划建制层级为县、乡、里、都、保、甲 6 级。民国元年（1912 年），裁马巷厅复归同安县。民国 3 年 1 月，析大小嶝、金门岛及嘉禾里置思明县，次年再由思明县析大小嶝、大小金门岛置金门县。民国 3 年，同安县辖区 3 个乡 11 个里 27 个都。民国 36 年，辖 13 乡镇 150 保 2325 甲，保持至 1949 年 9 月同安解放。1953 年 11 月，划集美乡归厦门市。1957 年 3 月，析灌口区锦宅、金山 2 个乡划归龙溪县；4 月 18 日，再将灌口区其余 12 个乡划给厦门市，设厦门市郊区。1971 年 3 月，划南安县大嶝公社及石井公社的莲河、霞浯 2 个大队归属同安县。1997 年 5 月撤县设区。2003 年 9 月，东部新圩、内厝、马巷、新店、大嶝 5 个镇和大帽山农场析出设立翔安区。同安县辖域面积由解放初的 1481 平方公里，到 1971 年缩小为 1078.55 平方公里，到 2003 年减为 657.59 平方公里。同安县的上级建制宋至清均属泉州（路、府），民国初废府，改隶于厦门道。民国 17 年，直隶于福建省。民国 24 年，改隶福建省第四专员公署至解放。解放后先后 2 次隶属于晋江专区，1973 年 9 月起隶属于厦门市至今。

【语　言】 同安区通行普通话和闽南话，党政机关、企事业单位、群众团体公务活动使用普通话，民间交流基本用闽南话。人际交流视对象而定，本地人之间多说闽南话，与外地人交流则说普通话。同安话是闽南方言泉州次方言的一种。由于同安县在历史上未曾取过区域性政治、经济、文化中心的地位，与外界交流相对较少，同安话比起泉州话、漳州话、厦门话相对稳定保守，也就保留了更多的古汉语特征。因而，同安话是研究汉语发展史的重要化石之一。近现代作为闽南方言代表点方言的厦门话是由同安话发展而来的，研究同安话是探索厦门话形成的必由之路。在漫长的历史长河中，同安话逐步形成自己的特色。就声韵调及语词特点整体而言，泉州市所辖诸县市情形较为一致，而同安话却与它们迥然有别。研究同安话对于比较闽南几个主要的次方言，无疑也是相当重要的。同安话声母没有翘舌音、唇齿音，泥来同母、知端难分；韵母没有撮口呼，却有相当丰富的鼻化尾和塞音尾；声调则保留有入声。同安话有 15 个声母、87 个韵母、7 个声调。同安话文白异读特点突出，文读音称为“读书音、孔子白”，白读音称为“解说、土音”。同安话境内语音在厦门、集美、灌口、海沧、杏林、翔安相继划出后，趋于一致。

【民　俗】 同安民风纯朴，刻苦耐劳，崇神敬祖，俭于衣食住行而奢于岁时节事与迎神赛会，注重婚丧祭庆。重视文化教育，有“紫阳过化，海滨邹鲁”之誉。同安人主粮为大米，番薯、芋头次之。一日三餐，两稀一干。稀以大米粥或番薯粥为主，或以大米杂以瓜、芋、菜煮成咸粥。城乡家庭菜肴顿顿不离鱼肉，只有山区农家还自制豆豉腌菜，以素为主。年节食俗，除夕蒸糕炸枣、鸡鸭鱼肉祀神祭祖，年夜围炉，全家团圆，外人不参与。初九吃甜粿（年糕）。上元吃汤圆。三月初三吃薄饼。端午吃粽子。六月半吃“半年圆”（汤圆）。中秋吃月饼。立冬吃鸡鸭羊肉称“补冬”。冬至吃汤圆“过小年”。旧俗迎宾点心以炒米粉为“大礼”。同安人习惯喝茶，家庭、商店、办公室均以茶待客。村民多聚族而居，部分村落杂姓混居。旧时民居不少为闽南风格的汉式翘脊大厝，有“十间张”“六间张”“大九架”“六路”“棋盘厝”等式。歇山顶，燕尾脊，以“两落六间张”最为普遍。布局为前落两房一厅，中为两厢房（俗称东厅）夹天井，后落为两大房一祖厅，厅后隔有放祖先木主的“堂前后”。前有谷埕，旁有护厝。有钱人家以天井隔开，尚可续建多落，至“九十九间”有之。集镇商铺瓦面向街出檐，沿街均留有五六尺宽的“五脚架”，为行人遮阳避雨。进入新世纪后，城乡框架式钢筋水泥综合楼如雨后春笋般地涌现，保护古民居成了当务之急。同安民俗，过年从农历腊月十六日的“尾牙”开始，延续至正月十五日的元宵节结束，长达1个月之久。“尾牙”要宴请伙计（员工），一为辞岁放假，二为决定来年去留。席间被老板叫吃鸡头者，来年即被解雇，所谓“鸡头正对，伙计走路”。十二月二十三送灶神，汤圆、米糕、甜粿、各种糖的供品又甜又黏，灶君嘴巴又甜又蜜，上天专言好事。十二月二十五接玉皇，是日玉皇率众神巡视凡间，以验证灶君所奏善恶；家家设香案供果接玉皇，戒口角，做善事，安分守己，贴“天官赐福”图画，以悦神降福。除夕祭祖、贴春联、围炉吃年饭、守岁，丧家以青联书哀语以示孝思；神案上供插春花的“春饭”（“春”闽南话即“有余”之意）；小孩由长辈分给压岁钱。初一开中门拜“天公”开正，老少新衣新鞋，喜迎新岁，出门拜年，单位团拜盛行，文体娱乐活动纷呈。初二女婿日，女儿偕婿回娘家拜年，当日即回。初三凶日，禁出门访友，传说明嘉靖某年除夕倭寇陷城，掠杀至初二方退，初三全城大出殡，后视初三为忌日，出门不吉，故同学会、同乡会专拣此空闲之日聚会。初四接神，入晚后才摆香案接灶神下凡归位，民间相信“送神早、接神迟”能得吉利。初五撤供，商家开门营业。初九“天公生”，以“三牲”、糕点、果品祭拜天公。

【宗教信仰】 道教、佛教在五代同安建县以前即已传入，基督教（含天主教）在鸦片战争以后才传入。抗日战争爆发后，天主教停止活动，以后亦未恢复。唐中叶，邑治之西北建朝元观，东南部建东岳行宫。宋明又建城隍庙、关帝庙、北镇宫、玄坛宫、大元殿等宫观。明洪武以后，相继设立了社稷坛、山川坛、先农坛、邑厉坛和里社乡厉坛。地方民间信仰（主要是民间王爷信仰）逐渐道教化，城乡出现众多道教化的王爷宫庙，如大道公宫、妈祖宫、王爷宫、池王宫、太保爷宫等。古代同安道士有北派全真道与南派正一道两派。清代以后，只余正一派道士，也称符箓派，奉龙虎山张天师为教祖。道教徒与民间信仰紧密联系，且佛道汇流，教徒数量难考，在群众生产生活中有很大影响。同安道教比较常见的礼仪与法术有斋醮、符箓、祝咒、抽签等，社会活动有祈雨法会、医术济世、神诞法会、民间镇宅安宫驱邪引魂法会。佛教于隋代传入同安，隋时有莆田黄姓尼姑在城东九曜山下结庐修行，圆寂后里人为之建“黄佛寺”。隋末唐初，相继建造同山梅山寺和轮山兴教寺（今梵天寺）。唐武宗会昌（841—846年）灭佛时，江西黄蘗山希运禅师曾入兴教寺弘法。其法嗣义玄禅师所创的临济宗于唐末五代盛行于同安。宋元轮山72庙合为一区，改称梵天禅寺，元末农民起义军焚寺。明初朱元璋下诏严厉限制正统宗教，同安佛教盛极而衰。明清两代，正统佛寺为求生存发展，开始与民间信仰融合，在同安出现奉祀普庵祖师、三平祖师及定光菩萨（五代同安僧人郑自严）等佛教化民间俗神的盛况。寺僧多学习风水、符箓、命相、医药、抽签等方术，与民众的生产生活相结合，从而获得相当广泛的群众信仰，至今不衰。同安还有唐陈黯建的白云寺（西山岩）、宋时建的铜钵岩等20多座佛寺。同安基督教有10个堂会，教徒约2000人。同治五年（1866年）厦门归正教会派郑国梁到同安传教，设立双圳头教堂，此后发展为包括双圳头、后河、杜桥、湖井、埭头、官浔、潘涂、塘边、洪塘头等堂会的西教区；今翔安区的堂会为东教区。光绪三十二年（1906年），华人牧师郭子颖在城关创立“基督复临安息日同安教会”。民国9年（1920年），后河教堂传道士王鼎铭脱离中华基督教会另组“同安基督徒聚会处”于南门，又称“小群派”，后来大部分教徒转入后河教会。

【历代名人】 同安人杰地灵，宋代苏颂为一代科技巨匠，吴本为民间医圣，许顺之、吕大奎为朱熹高足，理学传人。明代同安科举勃兴，蔡复一以文人掌师，总制六省。林希元著作等身，为理学名臣。洪朝选执法不阿，一代直臣。探花林钎、会元许獬，千古留名。陈永华辅郑氏经略台湾，祠祀不替，被郑成功誉为“卧龙”。清代阮旻锡撰《海上见闻录》，详述郑氏史绩。陈伦炯著《海国闻见录》，记载台湾地理风情。吕世宜掌教玉屏书院，以金石名家誉满两岸。林豪著《东瀛纪事》，纂《淡水厅志》《澎湖厅志》以及数十卷诗文传世，为一代良史文豪。清末至民国初年，语言大师卢戆章出版汉语拼音文字专著《一目了然初阶》《中国字母北京注音教科书》，倡导汉语改革，成为中国语文现代化运动的揭幕人。旷世奇才辜鸿铭译四书为英文，沟通中西文化。举人、名医吴瑞甫锐意改革，参加同盟会，任“同安青年自治会”会长，赞助共和革命，主编《同安县志》，创办厦门国医专门学校，医著等身。会泉法师重兴开元寺，主持南普陀，创办“闽南佛学院”，不愧一代高僧。宋代同安出现不少“耕读之家”，明代更是“朱紫成林”，“闽之文学，以漳泉为最；而漳泉，尤以同安为最”。文科进士宋代 50 名，明代 96 名，清代 29 名；武科进士明代 14 名，清代 35 名；文科举人明代 277 名，清代 290 名；武科举人明代 50 名，清代 340 名；非科第出身文职七品（知县）、武职从三品（游击）以上仕外人物明代 55 名，清代 166 名。同安人民富有爱国主义传统和革命精神。明代抗倭名将邵应魁、清代抗倭名将陈汶环、抗英名将陈化成，均为名垂青史的民族英雄。清代反专制的蔡牵起义、声援太平军的小刀会起义和西乡农民起义以及辛亥同安光复之役、民初护国讨袁之役和护法之役，均在反封建反专制斗争的史册上写下光辉的一页。同安还是闽南地区共产主义运动的发源地之一。民国 14 年 6 月，集美中学学生李觉民、罗明、罗扬才等 7 人成立闽南地区第一个共青团支部。民国 16 年 1 月，彭友圃等人在马巷成立中共同安特支，配合北伐战争，积极开展农民运动。同安中共、共青团地方组织在新民主主义革命时期领导人民浴血战斗，前仆后继，红旗不倒，坚持革命斗争到解放。彭友圃、许英宗、彭甘杏、陈先查、洪宗涂、李大华等一批优秀的党团领导骨干先后为人民革命事业英勇献身，其精神与业绩永远激励着后人。

（区委史志研究室）

区划与人口

【行政区划】 宋代同安县下辖 3 乡 33 里，后并为 27 里，再缩为 11 里，即同禾、民安、翔风、嘉禾（以上属绥德乡）、长兴、从顺、感化、归德（以上属永丰乡）、仁德、安仁、积善（以上属明盛乡）。元代改里为都，3 乡之下统 44 都。永丰乡下辖原从顺里西界 1～5 都，原感化里西界 6～8 都，原归德里西界 9～10 都，原长兴里东界 1～3 都，计 13 都；明盛乡下辖原仁德里西界 11～13 都，原安仁里西界 14～16 都，原积善里西界 17～20 都，计 10 都；绥德乡下辖原同禾里东界 4～7 都，原翔风里东界 12～20 都，原嘉禾里西界 21～24 都，计 21 都。明洪武元年（1368 年）恢复里制，里下辖都。增置在坊里辖县城 2 隅。全县共划 3 乡 12 里 2 隅 44 都。洪武二十年为防倭寇，尽徙大小嶝岛 2 都岛民于内陆。永乐元年（1403 年）从顺里 5 都并为 3 都，感化里 3 都并为 1 都，长兴里 3 都并为 1 都，归德里 2 都并为 1 都，县辖 3 乡 12 里 2 隅 35 都。后都下设图。成化六年（1470 年），大小嶝 2 都岛民奏复其旧。至此，同安县辖 12 里 2 隅 37 都 53 图。清沿明制，乾隆四十年（1775 年）析翔风、民安 2 里（丙洲除外，划归从顺里）及同禾里的五、六、七都置马巷厅。光绪间行保甲制，改图为保。至清末，同安的行政建制层级为：县、乡、里、都、保、甲（每保 10 甲，每甲 10 户）。全县共 3 乡 9 里 21 都。民国前期（1912—1927 年），同安区划沿清制。民国 17 年版《同安县志》列清及民国同安县行政区划共分为 3 个乡 11 个里 27 个都 2 个隅 222 个保：在坊里统东北隅、西南隅、附县城厢夹双溪水共领 11 个保；长兴里统永丰乡 1、2、3 都，3 个都并 1 个都，在县东 10～50 里，共领 17 个保；同禾里统绥德乡 4、5、6、7 都，在县城东界 10～20 里，共领 31 个保；民安里统绥德乡 8、9、10、11 都，在县东界 30 里及沙溪、小盈岭处，共领 16 个保；翔风里统绥德乡 12、13、14 都，在县东界 30 里，共领 21 个保；从顺里统永丰乡 1、2 都（并为 1 个都）、3、4、5 都（并为 1 个都），在西界 10～20 里，共领 17 个保；感化里统永丰乡 6、7、8 都（并为 1 个都），在县西界 30～60 里，共领 16 个保；归德里统永丰乡 9、10 都（并为 1 个都），在县西界 20 里，共领 14 个保；仁德里统明盛乡 11、12、13 都，在县西界 30 里，共领 26 个保；安仁里统明盛乡 14、15、16 都，在县西界 50～60 里，共领 33 个保；积善里统明盛乡 17、18、19、20 都，在县西界 70～80 里，共领 20 个保。民国 24 年初，实施保甲制度，废里、都旧制，重新进行区署、保甲（联保）编制，年底完成，实行县、区、联保、保、甲层级制，同安县划为3个区37个联保406个保4045个甲。民国27年初，联保增至40个，并设22个办事处，区署不变。全县划为3个区22个办事处40个联保406个保。民国29年3月，撤销联保和办事处，重新划为3个区26个乡镇，下辖194个保，保名由序数改以地名命名。民国32年，撤区建乡设保，确立自治基础，重新缩编为16个乡2个镇，下辖212个保2963个甲。民国33年8月，再度整编为10个乡3个镇，辖150个保。此区划沿用至同安解放。同安解放初，暂以民国旧保甲为基础，划全县为7个区150个保2325个甲。第一区驻灌口后祥，辖27个保；第二区驻潘涂后溪，辖22个保；第三区驻垵柄，辖16个保；第四区驻布塘，辖19个保；第五区驻马巷，辖30个保；第六区驻曾厝，辖22个保；第七区驻大同，辖14个保。1950年年底开始，废除保甲制，建立乡政权。至1951年3月，全县共建立7个区2个镇，下辖139个乡9个街道。1952年10月民主建政，扩为10个区138个乡2个镇。1953年11月，划集美乡归厦门市。1955年10月，重新划为7个区（东孚、后溪、洪坂、后寨、布塘、马巷、洪钟）1个镇（城关），下辖141个乡6个街。1956年6月，合并为4个区（策槽、汀溪、马巷、灌口）2个镇（城关、马巷），下辖49个乡10个街道。次月，增设灌口镇，镇周围农村设张庄乡。1957年，灌口区的金山、锦宅2个乡划入龙溪县，东孚、鼎美等12个乡改隶厦门市郊区。至此，全县实为3个区2个镇36个乡。1958年3月撤区并乡，全县为16个大乡2个镇。乡下辖高级农业社，镇下设居委会。是年下半年，开始撤销乡建制，建立人民公社。至1959年2月，全县共建立7个公社（莲花、汀溪、策槽、布塘、马巷、新店、城关）6个农林场（天马、大帽山、白沙仑、竹坝、竹山、汀溪），下辖127个大队5个居委会。1960年4月，全县并为4个大公社（策槽、汀溪、马巷、城关），下辖116个大队5个居委会，增设4个国营农林场（凤南农场、白云飞林场、海滨林场、祥溪林场）。1961年9月，恢复区建制，全县设5个区（莲花、策槽、汀溪、马巷、新店区，下辖18个公社1个农场）2个县属公社（城关、渔业）12个农林场，下辖213个大队5个居委会。1964年4月，撤销区级建制，全县共划为12个公社（莲花、汀溪、新民、策槽、洪塘、果园、新圩、巷东、马巷、新店、东坑、城关），下辖202个大队、5个居委会，另设8个农林场。此后行政区划相对稳定。1969年2月，撤销东坑公社建制，下辖的大队分别并入马巷或新店公社。1971年3月，原南安县属的大嶝公社及石井公社的莲河、霞浯2个大队划归同安县，全县仍为12个公社。1984年4月，恢复马巷镇建制。是年9月，改社为乡。城关镇改名大同镇，马巷公社改名后滨乡，新民公社改名祥桥乡，策槽公社改名西柯乡，巷东公社改名内厝乡，果园公社改名五显乡，以及莲花、汀溪、新圩、新店、洪塘、大嶝6个乡。1987年，撤后滨乡并入马巷镇，新店撤乡建镇。次年12月，新圩撤乡建镇。1991年12月，大嶝、莲花、西柯、汀溪、内厝、祥桥、洪塘、五显全部撤乡建镇。1992年3月，改祥桥镇为新民镇。至1997年4月撤县建区之前，全县共辖12个镇7个农林场213个村委会18个居委会2175个村民小组246个居民小组。2000年12月，由大同镇、新民镇、西柯镇析3个居委会10个村委会置祥平街道。2003年4月，同安区析东部大嶝、马巷、新圩、新店、内厝5个镇置翔安区。随着村改社区，至2018年12月，同安区下辖2个街道（大同、祥平）6个镇（莲花、新民、洪塘、西柯、汀溪、五显）59个社区81个村委会。

【人　口】2018年，同安区户籍人口年末总人口390602人，比上年增长3.04%，其中迁入人口12706人，比上年增长19.7%。户籍人口中，男性为195515人，女性为195087人。常住人口61.10万人，比上年增长5.13%。全年出生率18.7‰，死亡率3‰，自然增长率15.7‰，比上年减少3.5个千分点。全区出生性别比为111.92。

经济与社会发展

【概　况】2018年，同安区实施“双千亿”工作、高质量发展落实赶超等一系列重要战略，落实企业改制上市、总部经济发展等一揽子政策措施，着力推动质量提升、产业升级。全年实现地区生产总值422.65亿元，比上年增长8.3%；规模以上工业增加值213.84亿元，比上年增长8.1%；财政总收入90.42亿元、区级财政收入23亿元，比上年分别增长21.1%和14.9%；全社会固定资产投资比上年增长29.9%；城镇、农村居民人均可支配收入比上年增长8.5%和9.4%。12项主要经济指标中，财政总收入、区级财政收入、固定资产投资3项指标增速位居全市各区第一，地区生产总值增速位居全市各区第二，批发零售贸易业销售额、社会消费品零售总额、全体居民人均可支配收入、农村居民人均可支配收入4项指标增速位居全市各区第三。

【产业结构】 2018年，同安区加大供给侧结构性改革，加快产业结构调整和发展方式转变，三次产业结构比为2.3∶59.3∶38.4。工业经济平稳运行，569家规上工业企业完成产值877.25亿元，比上年增长14.6%，其中358家企业产值比上年实现增长、增产面达62.9%；生物医药与健康、机械装备、新材料等传统优势产业比上年增幅均超15%，鹰君生态农业在新三板挂牌，保沣实业、固克集团等5家企业成为上市后备企业；高新技术产业实现增加值103.37亿元，比上年增长7%，44家企业被认定为省、市科技小巨人领军企业，金牌厨柜智能制造试点示范项目获工信部立项扶持。第三产业增量提质，商贸业在京东、信和达等强势拉动下，增长势头良好，全年批发零售贸易业销售额601.08亿元，比上年增长17.1%，社会消费品零售总额245.5亿元，比上年增长12.0%；建成运营华强方特三大主题公园、厦门万豪酒店等旅游项目，成功举办“两高厦门·古韵同安”“滨海厦门·玩趣同安”等旅游推介活动，全年接待游客1276万人次、实现旅游收入44.3亿元，比上年分别增长13%和29%；其他营利性服务业实现营业收入23.13亿元，比上年增长143.2%，增速位居全市第一。都市农业加快发展，全年农林牧渔业总产值18.51亿元，比上年增长0.53%；百利现代农业科技园、军营村省级农民创业示范基地等8个农业产业化示范项目有序推进，9个农业标准化示范基地、9个设施大棚建成投用，规模化、集约化发展水平不断提升；拥有4个国家级、13个省级、17个市级休闲农业与乡村旅游示范点，规模位居全市前列；以绿帝生物桂圆深加工、鹰君药业林下铁皮石斛和银祥肉品加工等为重点的农工贸一体化产业链持续壮大，农业龙头企业实现转型升级。

【重点项目】 2018年，同安区开展105个省、市、区重点项目建设，完成投资333亿元、完成计划投资数的104.34%，东纶智创物流园、京东电子商务产业园等58个项目超序时推进；61个省、市重点项目中，同安区作为责任单位的12个项目全部开工，完成投资20.5亿元、完成计划投资数的110.9%，综合考评位居全市第二。全年新增“五个一批”项目189个、总投资1147亿元，第二季度“五个一批”正向激励综合考评全省排名第七。完成房屋征收115万平方米、土地征收7600亩（506.67公顷），完成量分别位居全市第一、第二，轨道交通4号线等38个项目完成年度征收计划，紫光科技园等14个重点项目全线交地。

【招商引资】 2018年，同安区批准新设立项目54个（含自贸区项目17个），累计投资总额139748万元，合同利用外资190457万元（约29366万美元），完成市任务140000万元（约21205万美元）的136.04%。主要项目有趣店融资租赁（增资63339万元）、英博利科技（新设39205万元）、迅赞物流（增资6706万元）、东亚机械（增资12574万元）。实际利用外资146654万元（约22648万美元），完成市任务135800万元（约20569万美元）的107.99%。主要项目有趣店融资租赁（126163万元）、迅赞物流（6540万元）、高时实业（3301万元）。

【基础设施建设】 2018年，同安区加快建设骨干路网，推进实施同安东路、同翔大道等道路交通项目，同集路（海翔大道—福泽路段）跨线桥开工动建，同安大道（海翔大道—同南路段）建成通车；全年新改建城区道路54条，美峰路、横一路等全线贯通；投用第二外国语学校等4座人行天桥，新增公共停车场8座、停车位2500个；建成新城公交首末站，启用BRT同安枢纽站。持续提升城区功能，丙洲、美峰两大片区基本成型，滨海浪漫线一期等对外开放。实施西柯污水处理厂、美山路地下综合管廊等市政配套工程，环东海域医院、同安一中滨海校区高中部等民生保障项目；推进第二轮城市改造提升，实施中山路等9条街区立面综合整治，完成邮电新村等16个老旧小区和南门市场改造，建成文笔塔、美峰生态等5个公园，铺设市政管网26.9公里，投用66座清洁楼和20个垃圾转运点。实施乡村振兴战略，改善农村人居环境，完成美丽乡村建设项目11个，完成农房“平改坡”和裸房整治300栋；建成“四好”（建好、管好、护好、运营好）农村路15条29.9公里、道路安保工程10项36.8公里、亮灯工程23条117公里；建成265个分散式污水处理设施和1200多公里污水管网。

【生态环境治理】 2018年，同安区推进国家生态文明试验区6大改革行动、26项重点任务，创新“1+8”（1个法院+8个部门）生态司法联动机制，妥善调解全省首个生态环境损害赔偿案件；完成“四绿工程”（绿色城市、绿色村镇、绿色通道、绿色屏障）重点生态区修复造林6319亩（421.27公顷）；

在全市率先发布区级环境质量公报。系统编制四大流域治理方案，推进东西溪综合整治、隘头潭断面治理等项目，实施16个安全生态水系工程，完成河道清淤250多公里，治理河道总长全市第一；整治小石材、小作坊383家，清退牛蛙和规模化畜禽养殖4000余场，建成餐饮隔油池400多个；集中纳管项目完成94%；芸溪、埭头溪黑臭水体基本消除，汀溪水库饮用水源水质达标率100%，国家、省控监测断面达标率100%，顺利通过国家黑臭水体治理、饮用水源地保护和省环保专项督察。大力开展守护蓝天“百日攻坚”行动，整治VOCs（有机挥发物）企业142家，改造锅炉19台，投放纯电动公交车51辆，空气质量优良率96.1%。扎实开展重点行业企业用地土壤污染调查，加强21家危险废物重点源企业监管，推进凤南简易垃圾填埋场整治。

【社会事业】 2018年，同安区建成22个学校项目，新增6590个学位，教育信息化走在全国前列，跻身首批全国中小学校责任督学挂牌督导创新区。改扩建医院、卫生院6所，新增病床位300张；组建同安区总医院，有序推进紧密型医联体改革试点，基本公共卫生服务增至14类55项；全区医疗机构、医师、护士100%实现电子化注册；全年出生人口政策符合率96.1%，男女出生人口性别比111.98。集中修缮文笔塔、五显第一溪桥、禾山石佛塔等文物保护单位，改造提升文化馆、图书馆，建成投用2个镇级综合文化站、26个村级文化服务中心，成功举办世界拳击联赛第八季全球总决赛、第三届国际朱子文化节等活动。

【民生保障】 2018年，同安区落实更加积极的就业创业政策，引导失业人员再就业6254人、城镇困难人员就业1768人，支出各类就业补助1.85亿元。出台“一户多残”等困难群体扶持措施，落实被征地人员和退养渔民养老保障等补助2.84亿元。建设移民造福二期、祥平地铁社区等保障性安居工程，解决400多个困难户住房问题。建成区社会福利中心、殡仪新馆安泽园和20个农村幸福院，完成居家养老信息化服务等14个市级为民办实事项目。启动全市首个“执行110”联动机制，破获一批涉恶案件，打掉一批涉黑涉恶团伙，刑事警情比上年下降26.2%，顺利通过中央扫黑除恶斗争专项督导检查。推进实施“雪亮工程”，建设视频监控6265路、覆盖68个村居；受理和办结群众信访举报件1.2万件，化解省市积案和旧改历史遗留问题28个。开展道路交通、危险化学品、消防安全、建筑施工等重点行业领域安全整治，排查、整改隐患1万多项；建成区级救灾生活物资储备库；完成160个高陡边坡和地质灾害点治理项目。出台信用联合奖惩暂行办法，建成区公共信用信息平台。创新价格争议调解模式，凤祥社区价格调解工作站被列为全省、全市创新典型，经验材料被省物价局公众号、市发改委公众号刊载。成立全市首个区级房东协会，完成136个村（居）组织换届选举，梧侣社区跻身全国第一批流动人口社会融合示范社区，垵炉村、前格村、军营村获评“全国文明村”。

（张　萍）

大事记

1月

5日，省重大、市重点民生工程建设项目——厦门市环东海域医院动工建设。

23日，同安区首个台湾青年创业基地“莲花罗汉山——同安台湾青年创业孵化基地”揭牌成立。

28日，同安区殡葬管理所新馆举行揭牌仪式。

1月，同安前格村生态农业观光园、鑫美园都市农庄获评“2017年福建省级休闲农业示范点”。

2月

7日，同安工业集中区社区卫生服务中心正式运营。

2月，同安区全面开展扫黑除恶专项斗争。

2月，陈化成主题公园开工建设，这是继苏颂公园、卢戆章公园之后，同安区第三座以历史名人命名的公园。

3月

4日，国道324复线同安段建成通车。

5日，“同安区志愿服务超市+星火工程”启动仪式暨学雷锋先进表彰大会在同安文体中心外广场举行。

12日，全市首个基层法院生态环境审判庭在汀溪镇揭牌成立。

21日，同安区首个校园安全体验室在大同中心小学古庄校区正式揭牌。

25日，同安区首届中小学生羽毛球锦标赛在第一实验小学体育馆举行。

30日，全市首个校园家庭教育指导中心——祥平中心小学家庭教育指导中心正式揭牌成立。

3月，同安区获批筹建“全国健身器材产业知名品牌创建示范区”。

4月

19日，同安区第一届文化旅游研讨会暨旅游协会会员代表大会在莲花罗汉山举行。

4月，海峡两岸旅游文化交流活动暨文化传承特色路线方特首发仪式在厦门方特旅游区举行。

4月，厦门万豪酒店及会议中心在环东海域新城开业，是新城首家开业的按五星级标准建造的酒店。

5月

8日，同安区公共法律服务中心挂牌成立。

13日，由新民镇鼎映文化传媒有限公司拍摄的精准扶贫电影《三年》正式杀青。

23日，第三届闽浙赣美术特色教育“十五校联盟”暨高峰论坛活动在厦门市第二外国语学校举办。

25—26日，国内东南地区最大的电子音乐节——亚洲星光音乐嘉年华活动在洪塘镇方特主题公园举办。

26日，2018首届同安区小学生美丽乡村研学活动在汀溪镇路下村启动。

30日，同安区首个省级中小学名师工作室——同安区第一实验小学“张茹华名师工作室”正式启动。

5月，莲花中心小学人防工作室揭牌成立并投入使用，这是全市第三家、岛外第一家进驻小学校园的人防工作室。

6月

9日，厦门市首例“公推直

2018 年 6 月 9 日，同安区纪念“文化和自然遗产日”农民画漆画展在区文化馆一楼开展　　（区文体广电出版局供图）

选”的村级党组织换届选举在莲花镇军营村举行。

9 日，同安区首届文物守护志愿认领仪式在同安孔庙举行。

14 日，同安区纪念“文化和自然遗产日”农民画漆画展在区文化馆一楼展厅开展。

18—20 日，首届黑脸妈祖民俗文化节在同安区举行。

21 日，同安区启动第四次全国经济普查。

22 日，同安区房东协会成立大会暨第一次会员代表大会在同安会堂召开。

6 月，同安区第一座 S 形天桥——同城湾至苏颂公园景观步行桥投入使用。

6 月，同安区企业智童时刻（厦门）科技有限公司上榜“2018 年中国人工智能商业落地 100 强榜单”。

7月

5 日，新组建的国家税务总局厦门市同安区税务局揭牌成立。

6 日，同安区物业管理法律服务站在区建设局揭牌成立。

22 日，位于白沙仑农场的华盛石材加工厂顺利拆除，标志同安区小石材加工综合整治工作全面完成。

7 月，同安区开展首届“最美同安人”推选活动。

7 月，同安区启动中山路、城西路、三秀路、埔前路等 10 条道路城市市政设施和园林绿化综合整治提升工作。

8月

11 日，厦门方特旅游区举行福建省中小学生研学实践教育基地授牌仪式。

15 日，同安区召开实施乡村振兴战略试点工作推进会，汀溪镇顶村村和莲花镇军营村、白交祠村等 25 个村（居）将试点先行。

16 日，“同安区智能垃圾分类信息化”项目启动仪式在祥平街道凤祥社区举行，标志同安区垃圾分类工作实现信息化。

24 日，厦门市首批公租房项目之一——后吴公寓实现主体工程全面完工。

28 日，同安区关工委在汀溪镇陇尚牧场设立青少年自然生态体验基地并举行授牌仪式。

8 月，同安区启动环城东路、环城西路、环城南路、中山路、三秀路、凤山路、埔前路、城西路等 8 条道路城市街区立面综合整治提升工作。

8 月，省、市重点项目——市第三医院康复病房综合楼（三期）主体工程竣工验收。

（陈　水）

2018 年 8 月，市第三院康复病房综合楼（三期）项目建成投用（图右侧楼）

（区卫计局供图）

9月

2日，同安3个村获评“全国文明村”，其中五显镇垵炉村连续三届获评，汀溪镇前格村、莲花镇军营村首次上榜。

10日，同安区第一家公建民营养老机构同安区社会福利中心正式揭牌。

8—11日，第20届中国国际投资贸易洽谈会上同安区签约项目28个，项目总投资额355亿元。

10日，厦门市同安区第三实验小学、厦门市同安区大同第二中心小学揭牌成立。

11日，厦门方特旅游区举行福建省中小学生研学实践教育基地授牌仪式。

12日，芸溪社区离退休干部党支部揭牌，是同安区成立的首个社区离退休干部党支部。

23日，厦门市首届“中国农民丰收节”在同安区竹坝农场开幕。

28日，以“海滨邹鲁·礼仪传世”为主题的2018年厦门（同安）孔子文化节在同安孔庙举行。

28日，“颂歌献祖国·共筑中国梦”——2018年同安区庆国庆文艺演出在同安文体中心广场举行。

30日，同安区总医院揭牌暨成员单位授牌仪式在厦门市第三医院举行。

9月，厦门市同安区管乐专业委员会和同安区爱乐管乐团正式揭牌成立。

9月，厦门市首个乡村电动汽车站在军营村建成投用。

9月，现存最早的同安地方志书《大同志》点校出版。

2018年10月，孔庙修建工程启动　　（何东方　摄）

10月

1—5日，第四届梅沙教育杯全国青少年帆船俱乐部联赛总决赛在同安新城举行。

16日，以“弘扬开闽文化，振兴美丽乡村”为主题的第五届北辰山开闽王民俗文化节暨醉美五显旅游品牌宣传月活动在同安北辰山风景区举行。

18日，2018厦门（同安）第三届国际朱子文化节在同安县衙旧址厦门朱子书院举办。

25日，同安区获批国家外贸转型升级基地。

27—28日，第十一届世界同安联谊大会在马来西亚雪兰莪州沙阿兰实达城举办。

10月，白交祠村进入“2018年中国美丽休闲乡村”榜单。

10月，汀溪镇获评“2018年度四星级乡村旅游休闲集镇”。莲花镇军营村获评“2018年度四星级乡村旅游村”。

10月，同安孔庙维修保护工程正式动工，这是近30年孔庙的首次大规模修缮。

10月，同安区首个企业妇

2018年10月22日，厦门安踏公司（同安园）成立同安区首个企业妇联

（区妇联供图）

联——厦门安踏公司（同安园）妇联成立。

10月，市第三医院参加在广州举行的“中国创伤救治联盟创伤救治中心建设单位”授牌仪式，是厦门地区唯一创伤救治中心建设单位。

10月，滨海旅游浪漫线一期建成开放。

11月

15日，祥平街道和洪塘镇9个村改居社区、西柯镇2个试点村同步举行社区居家养老信息化服务项目启动仪式，同安区城乡55个社区居家养老信息化工作全面完成。

17—18日，2018年新教育国际高峰论坛在同安举行。

30日，全市首个“预防青少年违法犯罪服务超市”在同安工业社区团校正式挂牌成立。

30日，同安区公布民间武术宋江阵等21个同安区民俗文化基地。

11月，环东海域新城两大民生项目“同安新城公交首末站”和“嘉德胜市场”完工。

11月，2018年“互联网+中国智造”高峰论坛暨全国轻工外贸基地发展大会上，同安区获商务部颁发“国家外贸转型升级基地（运动健身器材）”牌匾。

12月

7日，同安区监察委员会在大同街道举行区监委派出镇（街）监察组揭牌仪式。

10日，以“海丝先贤·泽被世界”为主题的2018厦门苏颂国际文化节在同安文体中心广场开幕。

12日，同安区首个“公建民营”养老服务中心——祥平街道居家社区养老服务照料中心正式投用。

15日，同安区融媒体中心挂牌成立。

18日，厦门市老年体育健身（西浦）示范点挂牌，这是同安区首个市级老年体育健身示范点。

29日，市重点项目——趣店创新园开工奠基仪式在同安新城举行。

2018年，同安区组织庆祝改革开放四十周年系列活动。

同安区民俗文化保护与传承

同安自西晋太康三年（282年）置县，距今已有1700多年。历史上同安文教昌盛，素有海滨邹鲁的美誉。在长期的生产生活中，同安人民创造了丰富多彩的民俗文化活动，如西柯吕厝“送王船”习俗，五显北辰山纪念“开闽王”祭拜典礼，莲花镇小坪地区盛行的莲花褒歌，在同安各类庙会、节庆活动中活跃着的宋江阵、车鼓弄等。这些民俗文化活动，体现了同安人民敬奉祖先的虔诚、纪念先贤的情怀、热爱劳动的品格、祈求平安的期盼，具有浓郁的闽南地方特色，承载着同安人民代代相传的情感寄托。为了更好地保护和传承这一珍贵的历史文化遗产，同安区于2010年首次评出14个民俗文化基地，经大力扶持、建设，于2018年增加到21个民俗文化基地，成为同安民俗文化传承的重要阵地。本文梳理了同安民俗文化及相关保护和传承工作情况。

一、同安区民俗文化工作概况

解放前，同安县民俗文化主要依靠民间团体发展和传承。每逢农闲或节假日，各类民间团体组织表演宋江阵、车鼓弄、歌仔戏、舞狮舞龙等民俗活动。解放后，同安县人民政府十分重视民俗文化保护和传承工作，1953年举行首届戏曲观摩会演，1955年举办首届民间音乐舞蹈观摩会演、首届农民画展。1958年，同安文化馆深入乡村走访老车鼓艺人，揉合三种车鼓表演形式加工成《庆丰收车鼓舞》，1959年赴省、市演出获奖，被《福建日报》等新闻媒体专题报道，于1983年再度加工后被厦门艺校列为民舞教材。2006年同安区成立非物质文化遗产保护办公室，先后组织两次大规模的普查工作，挖掘了大量有价值的民俗文化线索，申报评选首批区级非物质文化遗产项目名录，建设一批非遗传习中心及民俗文化基地。近十几年来，同安区民俗文化保护和传承工作主要在以下几个方面开展：

（一）开展非遗普查工作，抢救濒危文化遗产

非物质文化遗产蕴含着大量的民俗文化，开展非遗保护传承，抢救濒危文化遗产，对于保护和传承民俗文化非常关键。2009年以后，同安区在“保护为主、抢救第一、合理利用、传承发展”方针指引下，开展大型非物质文化遗产普查工作，全面挖掘全区民间民俗文化项目，保护民间民俗文化遗产。从2009年3月开始，同安以村（居）为单位，进行为期5个月的非物质文化遗产普查工作，搜集“非遗”项目线索3531条，调查项目1067个，编纂整理《厦门市非物质文化遗产普查成果汇编·同安分卷》共9册，全面清晰地摸清本辖区非物质文化遗产种类、数量与分布状况，建立比较完备的民俗文化资源档案，及时抢救多项濒临消失的非物质文化遗产。2018年，开展为期一年的民间文学与海洋文化普查，全区共采集项目2685项，编撰普查成果汇编本9册，并将较为经典的故事编辑成册，全面摸清辖区民间文学、海洋文化的种类、数量与分布状况，进一步挖掘、保护同安区非物质文化遗产。截至2018年，同安区共有闽台送王船国家级非遗项目（传习点）1个，莲花褒歌、车鼓弄、厦金宋江阵、汀溪珠光青瓷烧造技艺等省级非遗项目9个、市级非遗项目4个，区级非遗项目10个；有非遗省级传

2018年同安区非物质文化遗产名录一览表

表5

项目名称	级别	项目申报单位
国家级非物质文化遗产名录（1个）		
闽台送王船	第三批国家级	厦门市闽南文化研究会
省级非物质文化遗产名录（9个）		
莲花褒歌	第二批省级	厦门市文化馆
厦门同安车鼓弄	第二批省级	厦门市文化馆
厦金宋江阵	第二批省级	厦门市文化馆
珠光青瓷烧制技艺（同安汀溪）	第四批省级	厦门市同安区汀溪镇文化中心
同安区王审知信俗	第五批省级	厦门市同安区北辰山管理委员会
厦门同安薄饼制作技艺	第五批省级	厦门市同安区文化馆
厦门酱油古法酿造技艺	第五批省级	厦门古龙食品有限公司
同安装瓯祭祖习俗	第一批至第四批扩展名录	厦门市同安区西柯镇吕厝吕氏宗亲会
同安传统锡雕技艺	第一批至第四批扩展名录	厦门市同安区新赐锡雕工作室
市级非物质文化遗产名录（4个）		
同安朝元观玉皇信俗	第二批市级	厦门市同安区朝元观管理委员会
同安农民画	第四批市级	厦门市同安区文化馆
厦门澳头蠔干粥传统手工技艺	第四批市级	厦门沃头中餐有限公司
岗头大笼甜果手工制作技艺	第四批市级	厦门市同安区岗头里老年人协会
区级非物质文化遗产名录（10个）		
南音	第一批区级	同安银安堂南乐研究会
荷叶说唱	第一批区级	厦门市同安区梧侣文体活动中心
大广弦说唱	第一批区级	厦门市同安吕实力芗剧演出团
南少林五祖鹤阳拳	第一批区级	厦门市同安区南少林五祖拳阳拳研究会
同安封肉传统制作技艺	第一批区级	厦门市同安区薄饼嫂美食园
同安炸枣传统制作技艺	第一批区级	厦门市同安区薄饼嫂美食园
厦门香贡贡肉制品（肉松、肉干）传统制作技艺	第一批区级	厦门宏旺昧香食品有限公司
同安青草药	第一批区级	同安永建中医诊所
同安莲山大人信俗	第一批区级	同安区莲花镇后埔村村委会
马队迎王信俗	第一批区级	同安龙虎宫管委会

承人10名，市级传承人9名，区级传承人13名。

（二）加大队伍建设力度，夯实非遗人才储备

在开展民俗文化保护和传承工作中，2008年起，同安区陆续建设了莲花镇小坪村褒歌习俗保护区、汀溪镇造水民间阵头游艺保护区、北辰山庙会与开闽王信俗保护区等闽南文化生态保护实验区以及小坪莲花褒歌传习中心、珠光青瓷传习中心、传统锡雕传习中心等多个传习中心；于2009年在在各大学校、乡镇、社区（村）、剧团等基层组织中建立宋江阵、车鼓弄、舞龙舞狮、民间戏曲、闽南童谣、农民画等14个民俗文化基地。在民间传承、政府培育的基础上，积极开展民间艺术团队、民俗文艺项目的展示、培训、传习工作，培养大量非遗人才，并以此推广至全区。2018年，同安区重新评选21个民俗文化基地，建有宋江阵5队、车鼓弄4队、歌仔戏5团、木偶戏6台、舞狮2队、南音3队等，依托这些团队，每年开展各类演出、展示、比赛，专题宣传、时政教育等活动达50场以上，为同安区的非遗项目、民俗民间艺术的传承和发展保护注入活力，奠定深厚的基础。

在抓好队伍建设同时，同安区还积极鼓励各种民间艺术门类后继传承人才的培养。汀溪镇造水村民间阵头游艺保护实验区积极开展宋江阵进校园活动，从2010年起，常年在汀溪中心小学开办培训中心，每周3节培训课程，让更多学生接触了解宋江阵；大同街道溪边车鼓弄传习中心除定期开展传习活动外，传承人卓来治还积极到国投集团、国税局等企事业单位教授车鼓弄，将车鼓弄技艺推广到全区各地。“银安堂南音研究会”不断吸纳中青年南音爱好者参加，并多次组织团员前往印尼、菲律宾及中国澳门地区进行交流或参加庆典活动。2015年起，由文化馆主办、“银安堂南音社”承办南音公益培训；“丙洲南音社”把南音送进国祺中学，音乐老师亲自学，并把南音当成音乐得必修课。这几个南音社培养出一批青少年南音的传承人，并在比赛中屡屡获奖。2016年，同安区区选送的南音节目《咱厝南音》获第二届“丹桂奖”少儿曲艺大赛二等奖，市少儿曲艺比赛一等奖；在历届厦门市南音唱腔比赛中，同安区选手多次获一二三等奖、优秀表演奖，优秀组织奖等奖项。

（三）恢复节庆传统活动，提高民俗文化影响力

节庆传统活动是民俗文化的重要载体。同安区依托传统节庆日，着力打造大型传统民俗文化活动，提高民俗文化影响力。自2007年起，在莲花镇小坪村举办原生态“莲花褒歌”比赛，至2018年已举办十二届；在北辰山庙会与开闽王信俗保护试点举办一年一届的“北辰山王审知信俗庙会”，后于2014年开始举办北辰山开闽王民俗文化节，举行祭祀大典、开展闽王文化研讨会等。从明朝开始，吕厝华藏庵每四年举办一次“送王船”活动，2012年举办“闽台送王船文化节”，2016年再次举办，除传统送王船、祭祀颂典外，还开展宋江阵、车鼓弄等民俗文化表演。2007年起，每两年举办一届同安区民俗文化艺术节，开展车鼓弄展演、宋江阵展演、民俗风情摄影比赛、民间传统手工艺展览等活动全面展示民俗文化。在政府的支持、引导下，同安区以传统节庆日、庙会为契机，通过民俗文化节、乡村文化艺术节、比赛等形式，全面展现同安区民俗文化的风采，让传统戏曲、曲艺、民间舞蹈、民间美术、杂技与竞技、传统饮食等在活动中得到原生态的保护，进一步提高民俗文化的影响力。

（四）发挥非遗文化魅力，开展对台文化交流

历史上有大批同安人移居台湾，两岸民俗同根同源。近年来，同安区充分利用各种两岸交流平台，让非物质文化遗产得到交流展示，让两岸群众共享非物质文化遗产硕果。吕厝“吕实力歌仔戏团”和“同安芗剧团”多次前往台湾地区进行文化交流、演出。同安区宋江阵队伍多次前往金门参加大型庙会活动、交流宋江阵技艺，与金门同胞结下了深厚的友谊，为增强两岸的文化认同做出贡献。区文化馆“金秋艺术团”成立后也编排了多个民间民俗表演节目，2006年成为厦门市第一个访问金门的中老年艺术团体，2013年、2014年两次访问金门交流表演，并且多次在同安与台湾同胞开展联谊活动。

（五）完善闽南文化生态保护区建设，优化非遗文化保护生态环境

同安区进一步完善闽南文化生态保护区硬件设施建设，培育一个有利于文化遗产保存、保护和发展的环境。为更好的展示北辰山庙会与开闽王信俗，同安区在北辰山修建主路口广场、山门、闽南神道、拜剑长廊、迭水区、闽南印象广场、闽王纪念馆等。2012年，闽王纪念馆开馆，在传统观览场馆基础上运用“环幕电影”“幻影成

2010年3月12日，同安吕实力芗剧演出团获邀赴金门演出

（区文体广电出版局供图）

像”“虚拟翻书”等技术手法，真实再现闽王王审知当年“竹林兵变”“三拜三升”等场景，让游客在声乐及互动中感受闽王文化。此外，2010年起，同安区在莲花镇小坪村、汀溪镇造水村等保护区建设传习培训场所，小坪褒歌传习中心建筑面积180平方米，位于小坪村道地自然村内。造水宋江阵传习中心于2012年建立，建筑面积240平方米，位于造水村三甲。这些设施的修建保障非物质文化遗产的传承和推广工作顺利开展。

二、同安部分民俗文化项目介绍

同安历史上因民间信仰盛行，民俗文化十分丰富。随着时代变迁，传统民俗文化赖以延续、生存的环境发生了变化，部分传统民俗文化产生萎缩、消失的现象，同时又生产了新的民俗文化，如解放后同安农民参加集体劳动时兴起农民画创作。至2018年，部分在民间有较大影响力的民俗文化项目有：

（一）闽台送王船

闽台送王船是流行于闽台沿海渔港村的民间习俗，2011年被列入国家级非物质文化遗产名录。送王船是指送出巡王爷，即代天巡狩，代替皇帝巡游四方、赏善罚恶，保佑风调雨顺、国泰民安。通过掷筊在固定的农历月份确定某一天举行送王船仪式，制造一艘王船，或是用杉木制成，或是纸制，把王爷请上王船，载上柴、米、油、盐以至各项生活用品等实物，在海边焚烧。“送王船”仪式依序有王船的制造、出仓、祭奠、巡境、焚烧等。通过祭海神、悼海上遇难的英灵，祈求海上靖安和渔发利市。同安吕厝华藏庵自1408年起举行“送王船”活动，每四年举行一次。明清以后，大批同安人移居台湾及海外，在台湾及东南亚等地发展了华藏庵分炉位有200个，跟华藏庵保持着密切的联系，送王船习俗也在台湾与东南亚等地流行一时。2016年，吕厝华藏庵举办第151届“送王船”活动，来自中国台湾、中国大陆及东南亚信众达7万人以上。吕厝“送王船”已成为海峡两岸及东南亚华人文化交流的重要平台。

（二）王审知信俗

王审知（862—925年），河南固始县人。唐朝末年，朝廷腐败，各地百姓纷纷揭竿起义。王审知三兄弟参加了安徽寿州人王绪领导的起义军向福建进发。王绪治军无方，在路经北辰山（属当时大同场的北山）时被部下发动兵变所擒杀。众人拥立王审知当头领，他谦让给其兄王潮。后王审知统领全闽，为民生息，恩泽八闽，百姓尊为“开闽第一”。后人感念王审知德政，在当年建立根据地的地方修建了祠堂及衣冠冢，祠名“忠惠尊王庙”又名“广利庙”，宋太祖御赐“八闽人祖”匾额。每年农历二月十二日闽王忌辰，同安北辰山举办祭拜开闽王的典礼仪式、进香过炉、迎神赛会、戏曲阵头表演等活动，逐渐形成北辰山王审知信俗，流传于闽南、台湾以及东南亚各地。2009年，北辰山开闽王信俗入选厦门市第二批市级非物质文化遗产项目名录。2017年，入选福建省第五批省级非物质文化遗产项目名录。

（三）厦门同安车鼓弄

车鼓弄又称弄车鼓、车鼓阵，属于闽南早期滑稽小戏“弄戏”的一种，是同安地区一种具有浓厚地方色彩的传统民俗娱乐形式。自古同安就有“文看车鼓弄，武看套宋江”的谚语。它是一种说唱、表演合一的传统歌舞艺术，以动作朴实简单、易学易演，诙谐幽默的风格受到了广大人民的喜爱。车鼓弄主角是男丑“车鼓公”、彩旦“车鼓婆”，两人在二弦、三弦、竹笛、唢呐等锣鼓动弦乐声中，踏着四方交叉步进行说唱表演，内容多为孝道劝善、夫妻情趣等。车鼓弄通常在庙会祭祀时表演，有时也被邀请到婚庆人家演出。2007年，厦门同安车鼓弄入选福建省第二批省级非物质文化遗产名录。

（四）厦金宋江阵

宋江阵，亦称“套宋江”，是在春节、元宵、中秋等民间传统节日里表演的一种群众性武术操，流行于福建厦门、泉州、漳州以及台湾和金门等地区，相传起源于明代抗倭斗争中的军旅步战武术阵法和乡团训练，后倭寇内乱平定，但民众习武健身搞暴的习俗却一直沿袭下来，并随着闽南人开拓台湾而在金门一带广泛流传。在发展过程中，宋江阵从最初的武术表演不断融入音乐、戏曲、表演等元素，区分为三十六天罡、七十二地煞分别扮成梁山好汉模样，逐步形成宋江舞大旗、梁山泊好汉携十八般兵器展示打圈、开四城门、巡城、排城、破城等固定表演阵势，成为群众喜闻乐见的民间艺术表演形式。2007年，厦金宋江阵入选福建省第二批非物质文化遗产项目，至2018年，同安区有汀溪镇造水村、莲花镇淡溪村、祥平街道西湖社区、洪塘镇郭山村四个宋江阵团队，均成立宋江阵培训演示基地。

（五）南音

南音又称“南乐”“南曲”“南管”，亦称“弦管”，源于古歌谣，由指、谱、曲三大部分组成，伴奏一般用琵琶、二弦、三弦、洞萧或竹笛，通称四管，以碧板掌握节奏。演奏“指”“谱”时，则加唢呐和交锣响盏、四块、瓷杯等小打击乐器。因其演唱时至今仍用闽南话，读音保留了中原古汉语音韵，而被称为“中原古语的活化石”，是中国现存最古老的乐种之一。17世纪，南音即在同安流行。清道光十二年（1832年），城关开设“澄怀轩”曲馆，名师叶壬水执教；咸丰三年（1853年），原同安县马巷镇开设“碧月阁”曲馆，由名师吴坤老执教。光绪八年（1882年），同安、南安、安溪弦友在厦门共同组建“集安堂”曲馆，这些曲馆成为同安南音主要活动基地。南音长于抒发乡人思亲、游子怀乡的思想感情，因而随移居海外的同安人广泛传播到菲律宾、印尼、新加坡、马来西亚等多个国家，成为维系乡情的精神纽带。同安人纪经亩被誉为“南琶高手”“南音泰斗”，19世纪40年代曾到新加坡、马来西亚、印尼及中国台湾等地执教。2015年，南音入选同安区首批区级非物质文化遗产项目名录。2018年，同安区有银安堂南乐研究会、丙洲南音协会等总计2个南音协会。

（六）歌仔戏

歌仔戏，又称“芗剧”“台湾戏仔”。源于台湾歌仔唱，在中国200多个戏曲剧种中，是唯一由大陆和台湾地区人民共同创作和培育的戏种。明末郑成功收复台湾之后，大量闽南人移民台湾，用闽南方言演唱的锦歌、车鼓弄、民歌也流入台湾，吸收台湾民歌小调后，最终形成歌仔戏。民国17年（1028年），台湾歌仔戏“三乐轩”班回到同安白礁谒祖进香演出，歌仔戏遂在同安流行。丙洲、阳翟、潘涂等村落自发组织歌仔阵。抗日战争期间，曾被诬为“亡国调”禁唱，后经艺人邵江海创造了一种新唱腔，保留歌仔调韵味又有变化，俗称改良调，经都马剧团再次传入台湾，称都马调。抗战胜利后，歌仔戏恢复与并改良调整合并存。1954年，歌仔戏剧种在大陆被定名为芗剧。1978以后，有剧团改为歌仔戏名称，两类通用。民国期间，同安歌仔戏班有新女、彩云、新莲春、福金春等班，1949年解放时仅存福金春班，后女班主重新创立凤凰春班，几经改制后1996年变更为同安县歌仔戏剧团。1978年，民间职业芗剧团兴起，据1988年统计，全县有36团。2006年，歌仔戏入选第一批国家级非物质文化遗产名录，同安歌仔戏演员林丽虹被评为市级非遗项目代表性传承人。2018年，全区共有吕实力芗剧团等注册在案的芗剧团5个。

（七）莲花葆歌

莲花葆歌是流传于同安区莲花镇小坪地区的一种闽南语民歌。相传自16世纪中叶（明朝嘉靖年间）起，同安小坪地区及相邻安溪县各村，有茶园处就有褒歌。山民在种茶、制茶、农事耕作之中，即兴创作短歌，以歌抒情。一般为对歌形式，一首四句，每句押韵，一方起歌，另一方答歌。内容有爱情类、采茶类、农作类、道德类等，曲调优美，歌词通俗，歌风质朴热情、明快爽朗，具有浓郁的乡土气息。2006年，在厦门市非物质文化遗产普查中，莲花褒歌被挖掘整理出来，翌年8月，被列入福建省非物质文化遗产名录。莲花褒歌不仅登上各级文艺表演舞台，而且被编入本地小学音乐教材。

（八）厦门同安薄饼制作技艺

同安人逢农历三初三有敬祖吃薄饼的传统习俗。薄饼相传为明朝重臣、五省经略同安人蔡复一夫人李氏所创。蔡复一为了抄写整理朝廷文书，废寝忘食，蔡夫人十分着急，终于想出一个妙法：把面粉搅成糊状，在锅上轻轻一抹，做成一张薄薄的面皮，再把干饭做成香甜可口的油饭，再把胡萝卜丝、肉丝、蚵煎、芫荽等炒制成熟，然后用面皮卷成圆筒状，叫作“包薄饼”。每到就餐时分，蔡夫人用手捧着薄饼，送到丈夫嘴边。蔡夫人做薄饼助夫的故事在同安传为美谈，薄饼不仅随后成为蔡氏家族传家的制作技艺，也成为同安人广泛流传的食用习俗。同安薄饼制作技艺于2009年入选厦门市第二批市级非物质文化遗产名录，2017年入选福建省第五批省级非物质文化遗产名录。

（九）同安农民画

同安农民画形成于解放后集体生产公社化时期，同安一些热爱绘画的农民在农作休息时创作壁画、

2018年3月2日，第十二届厦门市莲花褒歌比赛在金光湖景区举办

（区文体广电出版局供图）

年画等，发展成为风格独特的同安农民画。农民画作者从民间剪纸、绣花、彩扎、泥塑中造型技艺，展示农村生产生活和乡风民俗，有现实世界中的田间农作、圩日赶集采茶摘果、养蚝捕鱼等，也有车鼓弄、南音等艺术表演及神话掌故、人文景观等，绘画风格既绚烂又朴实，既夸张又真实。经过长期积累传承，同安农民画逐渐在国内民间绘画界崭露头角。在1987年“首届全国农民画展”上，同安农民画《同安车鼓》获得二等奖；1987年首届中国艺术节上，同安农民画《春》在中国美术馆展出并被中国民间艺术馆收藏；1988年，同安县被文化部命名为全国首批“现代民间绘画之乡”。2013年，同安农民画入选厦门市第四批市级非物质文化遗产项目名录。2018年，同安区有多位农民画作者作品入围全国及福建省农民画展。

三、同安区民俗文化艺术培训基地简介

为进一步促进民间文艺保护传承和发展繁荣，推动同安区文化事业发展，2010年，同安区评选首批14家民俗文化基地。2018年7月，同安区启动新一轮民俗文化基地评选工作。评选对象为同安区首批确定的民俗文化基地及近年来有一定民俗文化培训基础的单位，评选条件为同安区的法人单位，成立一年以上，有固定的活动场所、负责人和管理制度；能经常性开展各种民间文化传承活动，有一定特色或影响力，发挥较好社会效益；积极参与各级群众文化工作，并受到欢迎和好评。经组织本辖区民俗文化单位申报、专家委员会评审、区文体广电出版局集体审核、公示等程序，11月26日，正式建立民间武术宋江阵等21个同安区民俗文化基地。

1.民间武术宋江阵培训演示基地（汀溪镇造水村、莲花镇淡溪村、祥平街道西湖社区、洪塘镇郭山村）

汀溪镇造水村宋江阵，从明代流传至今已有三四百年历史，它分为阵式：八卦阵、长蛇阵、八字形阵、五组拳、正付旗、青龙刀、长枪、硬气功《筷子刺喉》空中喷火等十八般套路，带头人江开良于当年被评为省级非物质文化遗产项目代表性传承人。该团队近年来参加过数次节庆日同安区民俗活动及厦门市郑成功文化节活动，并前往金门县参加文化交流活动。莲花镇淡溪村宋江阵，位于大山深处，少为外人所知，但是传承的历史已有三、四百年。至2018年，还保留着各式各样的阵势表演，有单打（单人护身术）：使用关刀、雨伞、三叉、双刀、双斧、单棍、旗舞等；双打：关刀对雨伞对打、三叉对马挂刀对打；另外还有三十六人迷魂阵势、十六人迷魂阵势、二十四人八卦心对打、十六人反东西南北阵势等，阵容强大。洪塘镇郭山村宋江阵可以追溯到清朝时期，后因忙碌农业生产而中断。在郭山村村两委的组织带头和上级相关各部门的大力支持和鼓励下，洪塘镇郭山村“宋江阵”于2009年农历九月十三日正式重新组队开始了“宋江阵”的练习。至2018年，郭山村的“宋江阵”总人数有九十几个。其中走队人数有七十几个，锣鼓、护队和组织人数共十几个。祥平街道西湖社区宋江阵至今已流传两百多年，多次参加市区庆祝活动及同安的民俗日活动。至2018年，总人数有50多人，最长年龄82岁，最小年龄12岁。宋江阵拳种器械繁多，有太祖、猴拳、罗汉拳、五祖拳、雨伞花、大刀、丈二、旗花、单刀、扣子、藤牌、连环尾等十八般武器。值得一提的是八卦阵，由十八人组成阵势，根据八卦的两仪四象而变化。

2.青少年南音培训演示基地（国祺中学、西柯镇丙州社区南音协会）

西柯镇丙洲社会南音协会于2017年成立。丙洲村的南音传承已有几百年历史。明末清初，丙洲村依靠海运为生，有航运北方沿海港口的商船队伍，时称“大北船”。清初，在闽浙沿海盛传丙洲人行北船唱大曲，可见当时丙洲村就开始传唱南音。道光年间丙洲村南音鼎盛，二十三年（1843年）农历五月初八，居住厦门洪本部一带和薛岭、枋湖的丙洲人，在昭惠宫组建“同华阁”南乐馆，为民族英雄（丙洲陈氏十五世）陈化成隆重举行殉国周年祭。光绪年间（1908年）丙洲陈氏十七世陈美弦为首发起成立厦门“集安堂”南乐馆，任馆长。至民国初年丙洲村各角落以及厦门海口码头、美仁宫等丙洲人聚居地有兴办曲馆传唱南音。解放后，丙洲村南乐更为普及。改革开放以后，丙洲村的南乐爱好者在没有经济来源支撑的情况下，无私奉献投身于南音传承事业，先后培育了十来批学员，总人数达到300余人，1995年丙洲村儿童文化园的南音团队，代表福建省农村娃进京献艺，在中南海向中央首长汇报演唱自编的《盼团圆》曲目。二十几年来，保持与国内外兄弟社团南乐弦友不定期的进行互动交流、切磋技艺、业务水平不断提升。积极组织参加全市举办的各届南音比赛，多次获各类团体组织奖和个人奖项。

国祺中学南音协会于2003年成立。国祺中学位于丙洲社区，立足丙洲乡土文化，充分利用丙洲社区民间南音传承这一得天独厚的优势，积极推进闽南文化进校园活动，开展南音进课堂活动、成立南

音兴趣小组，整理编写了南音校本教材，并在音乐课堂上普及传承，让每个学生都了解会唱南音。每年举办一次南音合唱比赛，在省、市、区举办的各类艺术比赛中成绩突出。先后被评为全国（南音）特色学校、市级“非遗进校园”示范校、厦门市闽南文化生态保护实验区建设工作先进单位等，校内拥有专职南音教师及外聘专业南音教师。几年来持续不断向高校输送南音专业人才，2006年至2018年，国祺中学每年都有学生考入泉州师院南音本科班、集美大学音乐系等专业艺术院校。

3. 民间戏曲培训演示基地（西柯镇吕实力芗剧团）

厦门同安吕实力芗剧演出团建团于1981年，是一家民间芗剧团。组建后常年活跃在闽南地区演出，并多次到台湾澎湖，大、小金门等地开展文化交流，每年演出最少260场。多次参加市、省戏剧调演并获优秀剧目奖、银奖、铜奖，华东六省一市小戏“判牛”银奖等奖项，2015年，大广弦说唱《一曲弦歌唱厦门》参加福建省首届“丹桂奖”曲艺（电视）大赛，荣获业余组节目奖一等奖。剧团先后获“省先进剧团”、“省十佳民间职业剧团”等称号。1993年剧团应邀到新加坡演出，观众场场爆满，是解放以后全国第一个出国演出的农村剧团。2001年至2005年连续5年赴文莱国演出，2009年10月1日为庆祝中华人民共和国成立60周年大庆在文莱国际会议中心舞台专场文艺演出受到中国驻文莱使馆的嘉奖。多次到台湾澎湖及大、小金门交流演出。2007年剧团首创民间剧团委托专业艺术学院培养专业戏曲人才的先河，斥资委托厦门艺术学院培养专业戏曲优秀人才，至2018年，为厦、漳、泉地区输送专业歌仔戏、高甲戏优秀演员20名。

4. 南音培训演示基地（银安堂南乐社）

厦门市同安区银安堂南乐研究会成立于1991年，前身是清道光十二年（1832年）成立的澄怀轩南曲馆，迄今已有180多年的历史。银安堂南乐研究会的宗旨是传承和宣扬中国千年传统南乐艺术，注重于南乐资料的收集、整理、交流的工作，培养南乐人才，发展壮大南乐队伍，至2018年有会员50多人；先后多次受邀赴菲律宾、印尼及中国澳门等地，参加海内外大型国际南音交流活动，于1996年、2000年和2004年参加第二、四、六届同安世界联谊会的演出，从2008年起应邀参加菲律宾、新加坡、印尼、马来西亚等国举办的世界南音大会唱，在促进闽台文化交流乃至世界华人对祖国文化认同方面，发挥了桥梁纽带作用。在国内，银安堂利用各重大节庆日积极组织会员参与活动或举办专场演出，进一步扩大南乐的宣传影响。如泉州南音大会唱等活动，举办北辰山南音专场演出等。在市文广新局、市教育局、市文联联合主办的历届南音比赛中，银安堂组团屡获佳绩。2016年7月，银安堂编排的南音表演唱《咱厝南音》，代表同安区文联和同安区文化馆，参加由福建省文联和省教育厅主办的“丹桂奖”福建省第二届少儿曲艺大赛电视总决赛，荣获省二等奖。2017年，在厦门市第19届南音唱腔比赛中，银安堂取得1个一等奖、3个二等奖、5个三等奖、2个优秀奖。

在区文化馆的大力支持下，银安堂积极开展南音的传承工作，以弦会友，开展弦友交流联谊活动，培养出大批南音艺术人才。从2015年开始，每年的7月至12月，由区文化馆主办，银安堂承办举行南音公益培训活动，为广大南音爱好者提供一个学习南音的平台。2017年元宵节以后，由区文化馆主办，银安堂承办每两周一次的苏颂公园南音公益演出。

5. 莲花褒歌培训演示基地（莲花镇小坪村）

在莲花小坪山区一带的褒歌已流传几百年。2007年元宵节，同安区在小坪村举办厦门市首届原生态褒歌比赛，至2018年已举办11届；2008年由福建省文化厅在小坪村授牌成立“闽南文化生态保护区示范点”；2010年2月，位于小坪村的“厦门市同安区莲花褒歌传习中心”注册成立。至2018年，传习中心吸引褒歌爱好者近200名，其中小坪村的褒歌爱好者近20人。莲花褒歌已成为厦门市文化旅游的重要品牌，每年一度的元宵莲花褒歌比赛也成为厦门市民及周边山村民众文化生活的一大盛事。闽南民间以及台湾澎湖多地多有来员来团参加比赛或演出，在海峡两岸民间文化领域产生了一定的影响，增强台湾同胞对祖国传统文化的认同，各级媒体报纸电视台多有报道，得到社会各界关注。2012年起，该传习中心进莲花小坪小学、莲花中心小学、莲美中学、启悟中学、国祺中学、厦门大学、集美大学等大、中、小学广泛开展葆歌传承活动。

6. 珠光青瓷培训演示基地（厦门市同安区珠光青瓷传习中心、铜鱼堂文化创意有限公司）

厦门市同安区珠光青瓷传习中心成立于2016年9月7日，属于民办非企业单位，主要从事陶瓷文化培训、展会展览服务。传习中心致力于珠光青瓷烧制技艺的传承和开发，珠光青瓷文化历史的宣传。公司主要与学校合作，开展珠光青瓷技艺传承课程，深受广大师生的欢迎。

厦门铜鱼堂文化创意有限公司成立于2015年11月，位于同安区祥平街道，公司秉承朱子文风，立足于中华传统瓷器工艺，潜心珠光青瓷之文化与工艺，发扬与创新，培养工艺人才，推广工艺创意。

7. 青少年民间绘画创作培训基地（厦门市同安区新辉小学）

厦门市同安区新辉小学成立于1922年，从2013年起，把农民画作为学校办学特色，他们将这一民间绘画艺术纳入课堂教学内容，在同安农民画传承人柯登科的带领下，开设了农民画（民间绘画）美术教育，让孩子们在学习书本知识的同时，学习和创作农民画，传承民间艺术。学校临公路的围墙上，楼梯、走廊、美术教室，处处可见色彩艳丽、构图饱满、创意夸张的农民画，使学生充分感受同安“中国现代民间绘画之乡”的氛围。学校还积极指导学生创作农民画题材参加各种赛事，至2018年，学生以绘画作品等国家、省、市、区级以上各类比赛中获奖200余人次，先后获得第二十一届全国少年儿童美术作品大赛、第二十四届全国中小学生绘画书法作品比赛等重要奖项。

8. 同安农民画创作培训基地（同安美术家协会）

同安区美术家协会成立于2016年12月，至2018年有会员76人，大部分是高校美术专业毕业生，一部分是农民画家。协会活动场所在文化馆三楼，业务挂靠同安区文联管理，是具有法人资格的社会团体。为了做好传承和发扬同安现代民间美术“农民画”这一本土、传统的优秀艺术，成立以来，同安区美术家协会发挥纽带功能，积极搭建平台，团结广大美术爱好者和农民画家，利用协会美术专业人才的优势，承建同安区民间绘画传承推广基地，开展同安区现代民间绘画培训推广等系列活动。如不定期组织同安区现代民间绘画家、“农民画”作者深入乡村开展采风创作，组织辅导同安区现代民间绘画、“农民画”作品参加各级各类展览交流，定期与不定期开展同安区青少年现代民间绘画“农民画”展览、竞赛、培训等活动；与同安区文化馆合办的同安农民画夏令营已坚持举办近20年。

9. 闽南童谣培训演示基地（琴韵敦煌艺术中心、尚音艺术学校）

琴韵敦煌艺术中心成立于2003年，位于祥平街道芸溪社区文化艺术中心，致力于闽南童谣公益培训及创作，基地秉承“专业、专注、专长，传艺、传道、传承”要求，以传承闽南优秀传统文化为己任，融创作、创新、编导、演出闽南童谣为一体，自成立以来，紧紧围绕“五个一”开展闽南童谣传习工作，即建设一个传习基地，在芸溪社区六楼建有专业传习基地；开展一系列公益培训班，至2018年举办12期闽南童谣传唱表演公益培训班；组建一个闽南童谣歌舞表演艺术团；开展一系列活动，每年举办公益演出、慰问演出、参加区民俗文化艺术节、团拜会等；推出一系列闽南童谣品牌，先后创作《年兜》《红砖仔埕》《五月节、钻芦粟》《三月好时节》《厦门海》《海上大观园》《咱厝的榕树》《中秋暝》《来阮兜》《阿嬷爱看戏》，车鼓说唱《拜年》，歌仔戏《嘉庚精神芗曲唱》，南音说唱《乡音乡情》等多部经典作品。先后荣获第七届全国校园春节联欢晚会活动金奖、第十八届全国校园春节联欢晚会金奖、全国首届“丹桂奖”厦门赛区少儿曲艺选拔赛一等奖等国家级、省级、市级大奖。

厦门市同安区尚音艺术培训学校创办于2005年，开设有国学、舞蹈、美术书法、声乐、器乐等科目，至2018年有在校学员1000多人，是福建省首批文化示范基地与厦门市素质教育基地。学校自成立以来，坚持以弘扬中华传统文化为己任，引进国际高端文艺理念，致力于艺术培训、舞台表演、公益讲堂等文化产业的开拓与发展。同时，积极创作和传承闽南童谣，结合舞蹈编排展示闽南童谣。排练创编闽南童谣舞蹈《月亮月光光》《阮厝的溪》《同安好所在》《西北雨直直落》《日头圆仁仁》参与各级演出及比赛，获2017全国特长生舞蹈比赛特等奖、第一届“闽南童谣”比赛二等奖、第六届“舞动两岸杯”中小学生艺术教育成果展演特等奖、第六届“全国舞蹈教师创编与美育培训”少儿成果展示福建赛区金奖等重要奖项。

10. 同安区漆线雕传承培训基地（厦门市鹭艺轩工贸有限公司）

厦门市鹭艺轩工贸有限公司成立于2003年，系厦门著名漆线雕专业生产厂家。公司坚持正统漆线雕制作工艺，在制作过程中由福建省特级工艺师严格把关，精雕细琢，一丝不苟。经过多年近乎苛刻的执着追求，鹭艺轩漆线雕于2010年被评为福建省著名商标，2010年作为福建省展品参展上海世博会。多年来，鹭艺轩漆线雕作为国家外事礼品，跟随国家领导人出访世界各地，2017年，成为金砖国家领导人厦门会晤礼品。近年来，积极开展漆线雕技艺的传承发扬工作，在基地举办培训班，2018年办班5次、培训近200人次，并积极进校园开展漆线雕的传承与培训。

11. 闽南民间歌舞培训演示基地（同安区金秋艺术团）

金秋艺术团成立于2005年，是一支由文化志愿者组成的艺术团队。至2018年有团员40人。艺术团的宗旨是“播撒文明　绽放金

秋　点亮人生”。自成立以来，金秋艺术团挖掘传承保护提升闽南民间文化，把舞台打造成成传承闽南文化的阵地。至2018年，艺术团已创作演出10多个各种形式的闽南艺术节目，有通过抢救、挖掘的，也有抓住原元素二次再创作提升的，如《车鼓弄》、《莲花褒歌》、《跳鼓舞》等，这些节目广泛受到闽南地区群众欢迎。至2018年，艺术团参加各种形式的台湾地区及省内外闽南文化交流20多场次。

12. 传统中国民乐培训演示基地（厦门华兴学校）

厦门华兴实验学校创办于1992年，是同安区唯一九年一贯制、全封闭、全寄宿、现代化的民办学校。近年来，华兴学校的特色办学目标是学生从入学就接受民族音乐文化的熏陶与学习，通过普及民族音乐基础知识及基本技能技巧，组织学生参加一些民乐社团演唱演奏，让学生充分接受本民族的优秀音乐文化熏陶。2014年，学校投资500多万元，建成集教学、排练、演出等功能的艺术场馆3000多平方米，以民族器乐为主的专用教室50多间，购置器乐500多件，在全国引进专业教师40余名，将艺术课程纳入学校必修课程，开设了二胡、笛子、唢呐、琵琶、古筝、扬琴、中阮、民族打击乐、钢琴、大提琴、舞蹈、声乐等艺术课程近20门，学校还组建了青少年民乐团、青少年团等学生社团5个。近三年，学校仅用在音乐艺术教育方面的投资高达一千多万元。其开设民族音乐教育课程门类之齐全，课时之多，教师的数量和专业程度之高，在全国同类学校均属于前列。

通过几年实践，学校人人有一门艺术特长的氛围已基本形成。2017年第十三届全国校园才艺电视选拔活动，华兴学校的中学民乐团荣获“全国校园才艺电视选拔活动——福建赛区决赛”一等奖；小学民乐团获“全国校园才艺电视选拔活动——福建赛区决赛”二等奖、学校获得优秀组织奖。

13. 传统锡雕技艺培训基地（厦门市同安传统锡雕技艺传习中心）

厦门市同安传统锡雕技艺传习中心于2018年成立。创办人郑天泗、庄亚新夫妇分别为省级、市级非遗项目锡雕传承人，之前创办的同安区新赐锡雕工作室成为同安传统锡雕技艺保护单位。郑天泗、庄亚新夫妇秉承“文化自觉”的理念与工匠精神，沿用传统的手工技艺结合现代的设计理念，设计制作出许多有特色的锡雕作品，作品种类有宗教器具、文创小作品（茶道、香道、花道）、饰品、摆饰品等。由十几道工序精制而成：刻模、灌模、敲型、压板、锻造、焊接、锉型、篆刻、按金箔等。锡雕作品《长寿平》获中国工艺美术“百花奖”铜奖；锡雕作品《富贵吉祥》获2013年由中国工艺美术学会海峡两岸文化产业博览会、台湾工艺家协会联合举办的“中华优秀作品奖”银奖；《福禄寿喜》获由中国工艺美术学会举办的海峡工艺博览会优秀作品评比“金奖”等。其间，《福建日报》、《海西晨报》、香港《文汇报》、《厦门晚报》、新华社、福建电视台、厦门电视台等媒体进行专题报道。2018年，同安传统锡雕技艺传习中心广泛开展锡雕制作技艺传承活动，先后多次在汀溪幼儿园、西源小学、祥平中心小学、厦门市松柏二小开展锡雕制作体验；在同安职业学校授课24个课时，受训学生20人；在同安方特旅游景区、厦门博物馆、厦门日报举办的“深田创玩市集”展示作品；参展2018厦门文博会。

14. 闽南传统美食技艺培训基地（厦门市同安区薄饼嫂美食园）

薄饼嫂美食园成立于2001年，位于同安区祥平街道，由省级非物质文化遗产传承人吴招治创办。吴招治致力于弘扬闽南传统美食文化，将传承推广同安薄饼传统习俗作为己任。为增强青少年对闽南传

2018年12月12日，在招治薄饼美食园内，省级非遗传承人吴招治向马来西亚五条巷同安联谊社青少年学生“银同之旅”冬令营营员介绍同安美食薄饼的历史　　（区侨联供图）

统美食技艺的了解和提高青少年的动手能力，吴招治将传统美食园打造为中小学生甚至大学生闽南传统美食研学实践的第二课堂，在面积1000平方米的美食园开展“吴招治闽南传统美食”特色研学实践教学。将本土特色小吃薄饼、封肉、炸枣、汤圆、闽南烧肉粽等美食通过观宣传片、与传承人互动交流、实践制作、品尝等环节让青少年在动手实践中切身感受传统美食技艺的魅力。2015年，在多年开展研学教学的基础上，薄饼嫂美食园成立闽南传统美食技艺培训基地，通过培训，让更多人在动手实践中切身感受薄饼等传统美食技艺的魅力。2018年，基地接待参观青少年300人次。

15. 永和九年书法培训基地（永和九年书院）

永和九年书院于2014年由中国书法家协会会员李伟新创办，意在上承先贤文脉，立足中华优秀传统文化，传播书法知识，培养书法人才，为推动同安文化事业发展贡献力量。书院开办以来，在李伟新的带领下，引进人才，积极开展各项书法活动：开设专业书法培训班、承办大型集体书法培训、承办各种书法展览、比赛、策划各种书法活动等。至2018年，书院老师走进多所中小学校开展活动，或帮助学校开展书法教学活动，或指导学校创建书法特色校；深入多个机关单位，协助单位组建书法协会、书法兴趣班；多次组织书法家迈入军营开展书法讲座、笔会交流；书院师生每年进入社区、农村，为群众书写春联数十场。

16. 民间传统手工艺培训基地（同安实验幼儿园）

厦门市同安区实验幼儿园创办于1951年，1969年因“文化大革命”停办，1982年复办，是一所有着50年办园历史和文化积淀的区直属公办幼儿园；1994年通过福建省标准幼儿园评估验收；2006年通过福建省标准幼儿园复评暨厦门市优质幼儿园评估；2008年又创办芸溪园区，现有后炉和芸溪两个园区。2013年通过省示范性幼儿园评估。

实验幼儿园用心挖掘和充分利用闽南本土文化资源，主要从儿歌童谣、儿戏童玩、历代名人、民间艺术、名胜古迹、地方特产、风味美食、家乡建筑等几个方面为课程开发的核心，将它们进行筛选、整理、加工，使其成为满足幼儿身心发展需要，幼儿易于理解、接受的教育内容，建构出涵盖五大领域、丰富多彩的本土文化主题式课程，并汇编成资源书。在学校设置珠绣区、编织区、漆线雕区、剪纸区、捏面人区等，积极开展民间传统手工艺培训。

17. 舞龙民俗文化培训演示基地（祥平街道祥桥社区）

同安区龙舟龙狮运动协会祥桥社区舞龙舞狮队成立于2014年，活动地点位于同安祥桥社区活动广场，成员均来自于该社区居民，参加人员有公车司机、失地农民、学生、企事业单位工作人员等，总计约100人，年龄最大的65岁，最小16岁，他们利用晚上下班时间聚集在一起，每周进行3～5次的训练，邀请国际级舞龙舞狮教练员、裁判员，厦门市龙狮运动协会秘书长，厦门工学院讲师杨江伟长期担任该基地的日常训练与指导，同时邀请了集美大学、华侨大学等相关的民俗专家、传统体育研究专业教授，作为该项目的顾问，为祥桥社区的龙狮发展提供了宝贵的建议与发展思路。龙狮队自成立以来多次参加区级、市级活动的演出及比赛，2014年、2015年、2016年连续三年受区文体广电新闻出版局邀参加同安区陈化成杯武术大赛开幕式演出并获得一致好评。2015年参加世界同安联谊会的开幕式会演，吸引大批的新闻媒体的报道，获央视《新闻30分》栏目播出。在2017年作为厦门地区仅有的一支社区龙狮队，参加了“我要上全运”福建省舞龙舞狮大赛暨天津全运会选拔赛，在20支参赛队伍中名列第五，获得三等奖。在2018年由厦门市教育局、厦门市体育局主办的全民健身运动会舞龙比赛中，获得成人组第一名。

18. 莲花镇军营村腰鼓传承基地（莲花镇军营村）

军营村位于莲花镇境内，与安溪县大坪乡接壤，距离同安城区32公里，面积12.49平方公里，平均海拔900多米，属边远山区村。2018年，全村农户296户，人口1046人。军营村历史上是一个山高路陡、信息闭塞、观念落后的偏僻山村，村民收入主要来源于茶叶生产加工、地瓜种植和外出务工。夜晚在村里没有什么娱乐活动，村民们自发组织活动，腰鼓队便是其中之一。村里的腰鼓队成员共计30人，每年春节、正月十五、妇女节以及进香期间、村集体活动都会进行表演。1986年、1997年，习近平总书记两度到军营村视察，与村民共谋发展，军营村走上了生态农业、乡村旅游发展道路，村民文化生活也蓬勃发展起来，军营腰鼓队的表演也日益活跃，丰富村民的文化生活。

19. 莲花镇白交祠弄狮舞传承基地（莲花镇白交祠村）

白交祠村在莲花镇政府驻地西北16.5公里，面积12.49平方公里，平均海拔1000多米，白交祠，又名“白蛟祠”，因山高雾浓，被誉为“云雾避暑山庄”“雾都”。2018年，有农户211户，人口967人。白交祠打狮队从三百年前流传至今，在白交祠各种喜庆节日表演，现存传承人杨文此，杨文田，杨金成等。相传打狮队主要是被邀请到各个村参与进香割香等节日的表演项目，清末曾受邀到漳州长泰表演，在20世纪50年代，曾到附近村庄水洋、尾林、莲花公社表演。有一次，受澳溪仙宫割香邀请表演路过同安田洋，因打狮队精彩的表演引来附近的村民围成一圈又一圈不愿让打狮队离开。完整的打狮队需由40人左右组成，主要由两人持狮头狮尾，其余人手持刀、锤子、勾子、铁边、三向耙子等。整个表演由打、躲组成，持器人欲击打狮子，而抬狮人要灵活躲避击打的过程而形成的表演。打狮队主要的动作有“打大围、三拜、狮扒皮、狮滚沙”等。

20、后田民俗文创艺术基地（申报单位：西柯镇文化服务中心）

后田艺术村落是自发形成一个以青年艺术工作室而开展活动和运营的聚落，位于同安后田社区，一期规划占地约36亩（约2.4万平方米），均为后田社区的闲置老房子。艺术村落以保护和发展当地文化为主旨，大力提倡艺术营造社区等理念；在合作项目中，形成较强的集体意识，有利于对外合作项目的执行和协作；社区居民参与公共艺术的活动，也有利于提高居民对于社区的认同感和归属感。后田国际艺术园区促进社区的社会交往和社区动员，推动社区文化组织建构带动经济发展。至2018年，入驻的艺术家工作室有12家，自主开展设计、定制、网上销售等生产运营，内容包含绘画、雕刻、漆画、手艺、动画等；邀请或内外艺术家展开在地展览和论坛活动，包含有绘画、电影、设计、音乐、手艺等。

21. 南洋文化（竹坝）演示基地（竹坝开发区管委会）

竹坝开发区是同安区唯一东南亚归侨聚居地。同安区是著名的侨乡，历史上移居南洋者众多，在当地定居繁衍，深受定居地颇具特色的南洋文化影响，与同安闽南文化相习相成，形成东南亚华人华侨独特的文化习俗。60年代以来，同安先后安置印尼、越南、缅甸、新加坡、柬埔寨、马来西亚、菲律宾、泰国8个东南亚国家的归侨，将南洋文化完整带入同安。许多人现仍保留着海外的生活习惯，讲着多种语言，穿着色彩斑斓的南洋服饰、唱着欢快愉悦的南洋歌、跳着激情洋溢的南洋舞蹈、尝着香甜可口的印尼糕点、吃着赏心悦目的越南美味，喝着醇香浓厚的竹坝米酒，展示富有特色的南洋文化，在厦门及周边县市很有影响力。竹坝开发区群众文体活动也十分活跃，南洋歌舞代代相传，老中青少文艺队伍俱备；歌舞和器乐爱好者众多，日常和节假日群众自娱自乐，文艺气氛浓厚。开发区多次承办南洋文化节，每年举办一次南洋文艺下乡汇演活动，利用节假日举办南洋美食节与美食展示、承办市区文艺和旅游活动，各项活动均成功举办，获得群众好评。

（区委党史方志室　区文化馆）

中共同安区委员会

综　　述

【概　况】 2018年，中共同安区委深入学习贯彻习近平新时代中国特色社会主义思想和中共十九大精神，认真贯彻落实习近平总书记对福建、厦门工作的重要指示精神，统筹推进稳增长、调结构、促改革、惠民生、防风险等各项工作，推动全区经济、政治、文化、社会、生态文明和党的建设。召开全体（扩大）会议3次，研究部署高质量赶超发展，实施乡村振兴战略等有关事宜；召开区委常委会40次，涉及学习传达中央、省、市有关精神和经济、社会、党建、文化、干部等各类议题；召开区委专题会议142次，涉及党建富民强村、乡村振兴、重点项目调度、安全生产和维稳、招商引资、民生补短板、东西部扶贫工作、环保督察、流域综合整治、土地收储出让、集体发展用地开发、土地流转、国有农场改革、农村集体产权制度改革、街区立面综合整治、交通项目规划、美丽乡村建设、历史遗留问题、宣传文化旅游工作、抽水蓄能项目移民安置等议题。实施重要决策，1月，出台《同安区总工会、共青团区委、同安区妇联、同安区科协等4个改革方案》，全面推进区总工会、团区委、妇联、科协改革。2月，出台《同安区扫黑除恶斗争实施方案》，全面推进同安区扫黑除恶斗争工作。同月，出台《同安区建立完善食品安全责任体系的实施意见》，建立完善“党政主抓、部门主管、企业主体、主官主责、人人主人”的食品安全责任体系，加快同安区创建国家食品安全示范城市。3月，出台《同安区区属国有企业党（总）支部委员会议事规则》，进一步加强党对区属国有独资及国有控股企业的领导，充分发挥企业党（总）支部的领导核心和政治核心作用。4月，出台《关于实施乡村振兴战略的意见》，明确乡村振兴战略的总体要求、重点任务和工作机制，在全区深入实施乡村振兴战略。5月，出台《关于进一步推动国有农场改革发展的实施意见》，全面推进区属凤南、白沙仑农场改革。同月，出台《关于做好2018年村（居）级组织换届选举工作的实施意见》，制定村（居）级组织换届领导小组、督查指导组、监察委员会、三级观察员制度，扎实开展2018年村（居）级组织换届选举工作。7月，出台《关于推进安全生产领域改革发展的实施意见》，进一步健全完善同安区安全生产责任体系、监管体系、法治体系、风险防控体系、应急救援体系和保障服务体系。8月，出台《2018年同安区东西部扶贫工作意见》，围绕精准扶贫、精准脱贫，全力以赴做好对口甘肃临夏州康乐县的扶贫协作工作。9月，出台修改《中共厦门市同安区巡察工作实施办法》的决定和《中共厦门市同安区委巡察工作五年规划（2017—2022年）》，全面落实从严治党要求，严肃党内政治生活，净化党内政治生态，加强党内监督，规范巡察工作。同月，出台《关于进一步激励广大干部新时代新担当新作为的实施意见》，建立激励机制和容错纠错机制，进一步激励广大干部新时代新担当新作为；出台《同安区全面推行湖长制实施方案》，构建责任明确、协调有序、监管严格、保护有力的湖泊管理保护机制。10月，出台《关于加快高质量发展推动和落实“双千亿”工作的实施意见》，重点打造同安区现代物流、现代都市农业、旅游文化、生物医药和健康、软件和信息服务等5条百亿元产业链群。同月，出台《关于完善农村土地所有权承包权经营权分置办法的实施意见》，推动同安区“三权分置”有序实施。11月，出台《厦门市同安区重点引进人才住房租金补贴暂行办法》和《厦门市同安区农业产业人才引进和培育暂行办法》，进一步优化同安区人才环境，完善人才政策体系。同月，出台《关于开展质量提升行动推动质量强区建设的实施意见》，深入实施质量强区战略，打造“品质同安”。同月，出台《关于坚持高质量发展落实赶超加快建设富美同安的意见》，推进同安区高质量发展落实赶超；出台《关于进一步加强和改进区委理论学习中心组学习的实施办法》，明确学习组织领导、学习内容、学习方式等，落实区委理论学习中心组学习制度。12月，出台《同安区各级党政有关部门安全生产责任清单》，明确同安区安全生产“三个必须”（管行业必须管安全、管业务必须管安全、管生产经营单位必须管安全）、“党政同责、一岗双责、齐抓共管、失职追责”等要求。同月，出台《关于进一步加强和改进调查研究的实施办法》，推动同安区在实际工作中加强调查研究作风。

重要会议

【区委十三届八次全体（扩大）会议】 3月2日，区委召开区委十三届八次全体（扩大）会议。会议深入学习贯彻习近平新时代中国特色社会主义思想和中共十九大精神，全面落实中央、省委和市委农村工作会议各项决策部署，落实乡村振兴战略，推动农业全面升级、农村全面进步、农民全面发展，奋力开创富美同安乡村振兴新局面。会议审议通过《中共同安区委第十三届八次全体会议决议》。

【区委十三届九次全体（扩大）会议】 10月12日，区委召开区委十三届九次全体（扩大）会议。会议深入学习贯彻习近平新时代中国特色社会主义思想和中共十九大精神，认真落实习近平总书记对福建、厦门工作的重要指示精神，按照省委十届六次全会、市委十二届七次全会部署要求，动员全区上下进一步解放思想、真抓实干，坚持高质量发展落实赶超，全力推动富美同安赶超发展在高质量上取得新的更大成效。审议通过《中共厦门市同安区委关于坚持高质量发展落实赶超　加快建设富美同安的意见》；审议通过《中共同安区委第十三届九次全体会议决议》。

【区委十三届十次全体会议暨全区经济工作会议】 12月29日，区委召开区委十三届十次全体会议暨全区经济工作会议。会议深入学习贯彻习近平新时代中国特色社会主义思想特别是习近平总书记关于改革开放的重要论述精神，全面贯彻落实中央庆祝改革开放40周年大会和省委十届七次全会、市委十二届八次全会的部署要求，回顾总结同安改革开放以来特别是区划调整十五年以来的改革成就和宝贵经验，客观分析当前经济形势，按照中央和省市经济工作会议精神，部署2019年经济工作。会议审议通过《中共同安区委第十三届十次全体会议决议》。

2018年同安区委常委会议题一览表

表6

会议日期	议题
1月11日	传达学习习近平总书记在中共中央政治局民主生活会上的重要讲话精神；传达学习习近平总书记在中央农村工作会议上的重要讲话精神，研究同安区贯彻意见；传达市“两会”精神；传达2018年市管干部个人有关事项填报工作要求；传达全省城市基层党建工作经验交流座谈会精神，研究同安区贯彻意见及研究汀溪学校小学部投资概算超估算事宜；研究《区委关于进一步加强和改进保密工作的实施意见》任务分工方案；听取2017年审计项目完成情况及整改成果的汇报；听取厦门市第十五届市级文明单位考评情况报告
1月24日	学习习近平总书记在中央政治局民主生活会上的重要讲话精神；传达学习习近平总书记在新进中央委员、候补委员和省部级主要领导干部学习贯彻习近平新时代中国特色社会主义思想和中共十九大精神研讨班上的重要讲话精神、省委常委会会议精神和市委常委会会议精神，研究同安区贯彻意见；学习《中国共产党党务公开条例（试行）》；根据中央、省委、市委关于召开2017年度民主生活会有关要求，开展专题研讨；听取区人大常委会、区政府、区政协党组以及区法院、区检察院党组工作汇报；研究审定《同安区进一步贯彻落实中央八项规定精神执行办法（送审稿）》；听取关于2018年政府性基建项目投资计划编制情况的汇报；审议《第二轮城市街区立面综合整治提升、市政设施和园林绿化综合整治提升工作实施方案》；研究市第十五届精神文明建设暨第五届创建全国文明城市工作部分先进集体和个人推荐名单；听取第三医院三期项目建设资金补助的情况说明；研究关于向南平市政和县购买七等水田补充耕地指标相关事宜；研究有关干部工作
2月2日	听取区委常委民主生活会准备情况的汇报；研究区委常委班子2017年度民主生活会对照检查材料
2月11日	研究省、市、区重点项目情况；研究2018年全区土地房屋征收计划；研究《关于表彰同安区2017年度重点项目土地房屋征收工作先进单位及先进个人的方案》；研究北动车等项目征地拆迁历史遗留问题；研究高铁350运用所西塘段夹角地征收问题；研究“厦门北站至同安食品工业园市政隧道工程”涉及红彤彤公司征迁补偿问题；研究中航国际厦门公司意向开发地块相关事宜；研究石博园项目收储事宜；研究盛之乡温泉度假村要求补助有关事宜；研究厦门抽水蓄能项目移民奖励方案等相关事宜

续表 6

会议日期	议题
2月12日	传达学习十九届二中全会精神和市委常委会会议精神，研究同安区贯彻意见；传达学习省“两会”精神，研究同安区贯彻意见；传达学习全国、全省、全市组织部长会议暨老干部工作会议精神，研究同安区贯彻意见，审议《2018年组织工作要点（送审稿）》；传达学习全国宣传部长会议和省委、市委常委会会议精神，研究同安区贯彻意见，审议《2018年宣传工作要点（送审稿）》；传达学习习近平总书记对政法工作的重要指示精神和中央、省委、市委政法工作会议、全国、全省、全市扫黑除恶专项斗争会议及省委、市委常委会会议精神，研究同安区贯彻意见，审议《2018年政法工作要点（送审稿）》；传达学习全国、全省统战部长会议和省委、市委常委会会议精神，研究同安区贯彻意见，审议《2018年统战工作要点（送审稿）》；传达学习中央、省委、市委农村工作会议精神，研究同安区贯彻意见（研究《关于实施乡村振兴战略的实施意见（送审稿）》）；传达学习全国、全省、全市财政、金融工作会议精神，研究同安区贯彻意见；听取推荐评选“全国五好家庭”先进名单情况的汇报；听取同安区2017年意识形态工作责任制落实情况的报告；研究2018年区委常委会工作要点，审议《2018年区委常委会工作要点（送审稿）》；研究2018年党建工作要点，审议《同安区2018年党建工作要点（送审稿）》；通报2017年度省审计组对同安区经济责任审计的整改工作情况；研究处级干部年度考核优秀等次联评；研究干部有关工作
2月23日	研究关于表彰2017年重点项目土地房屋征收工作先进单位及先进个人有关事宜；听取关于购买补充耕地指标相关事宜的汇报
3月1日	研究区委十三届八次全体会议方案、有关文件文稿；听取关于推荐2018年省级劳动模范人选的情况汇报；听取同安区推荐市级（2015—2017年度）文明单位和文明市民标兵情况汇报；研究2017年干部选拔任用“一报告两评议”有关事宜
3月14日	传达学习《习近平同志在福建宁德工作时反腐倡廉的生动实践》及相关评论文章；传达学习《中共厦门市委关于修改〈中共厦门市委巡察工作实施办法〉的决定》；传达全省宣传部长会议精神，传达全省文明办主任会议精神，并研究《2018年同安区精神文明建设工作要点》；传达学习国务院办公厅《消防安全责任制实施办法》，听取同安区微型消防站运行经费有关事宜汇报；审议区政协2018年度协商议题、民主监督议题和重点提案有关事项；审议《同安区建立完善食品安全责任体系的实施意见》；传达2018年国家、省卫生计生工作会和全市卫生计生暨深化医改工作会议的主要精神，听取同安区贯彻落实情况汇报；听取关于再次延长《同安区促进就业和服务企业用工工作若干意见的通知》有效期的汇报；审议《厦门市同安区事业单位公车改革实施意见》；审议《同安区小石材加工综合整治项目实施方案》；研究向三明市建宁县购买补充耕地指标相关事宜；听取关于推荐2017年厦门市五一劳动奖状奖章的情况汇报；研究《国有企业党（总）支部委员会议事规则（送审稿）》；传达市区人才工作联系会精神，研究同安区贯彻意见；研究2018年干部教育培训计划；传达中央、省、市对台工作会议精神；传达党中央关于宗教工作重大决策部署经验交流会及省、市统一战线工作领导小组专题会议主要精神，研究同安区贯彻意见
3月28日	传达全国“两会”精神及省委、市委常委会（扩大）会议精神，研究同安区贯彻意见
3月28日	传达学习习近平总书记2月24日在中央政治局第四次集体学习时的重要讲话精神，结合学习领会新修改的《中华人民共和国宪法》，开展学习研讨；传达学习中共十九届三中全会精神和《中共中央关于深化党和国家机构改革的决定》；传达学习中央领导和省委书记于伟国有关批示精神；传达市领导调研新城建设有关精神；研究有关干部工作
4月12日	传达学习习近平总书记3月30日在中央政治局会议上的重要讲话精神和省委常委会会议精神、市委常委会会议精神，研究同安区贯彻意见；传达学习习近平总书记2018年1月23日在中央全面深化改革领导小组第二次会议上的重要讲话精神、2018年3月28日在中央全面深化改革委员会第一次会议上的重要讲话精神和省委常委会会议精神、市委常委会会议精神，研究同安区贯彻意见；研究《中共同安区委全面深化改革领导小组2018年工作要点及重点任务清单（送审稿）》《中共同安区委全面深化改革领导小组工作规则、专项工作小组工作规则、专项工作小组督查员会议制度和办公室工作细则（送审稿）》；传达学习市委《关于加强巡察成果运用的若干意见》；听取区委巡察问题整改情况汇报；听取2017年度省对市（涉及同安区）、市对区全面从严治党主体责任检查移交问题整改任务分工有关情况汇报；审议《莲花水库水源保护区生态补偿实施细则》；审议《莲花水库水源保护区畜禽与牛蛙退养实施方案（送审稿）》；听取关于调整县道414（上埔—奎武岫）路面大修工程概算的汇报；研究《2018年同安区机关效能建设工作要点（送审稿）》；研究2017年度三等功表彰及嘉奖有关事宜；研究有关干部工作
4月20日	会议传达学习了习近平总书记在博鳌亚洲论坛2018年年会开幕式和庆祝海南建省办经济特区30周年大会上的重要讲话精神和省委常委会会议精神、市委常委会会议精神。会议同时作为区委理论中心组学习会及区委全面深化改革领导小组会议

续表 6

会议日期	议题
4 月 28 日	传达学习习近平总书记 4 月 2 日在中央财经委员会第一次会议上的重要讲话精神和省委常委会会议精神、市委常委会会议精神，研究同安区贯彻意见；传达省委常委会会议关于全省深入学习宣传贯彻习近平新时代中国特色社会主义思想工作部署和市委常委会会议精神，研究同安区贯彻意见；传达学习中共中央办公厅关于向党中央请示报告制度和加强调查研究两个文件精神；研究《2018 年全区党委（党工委）理论学习中心组学习计划（送审稿）》；传达学习习近平总书记扫黑除恶重要批示精神，听取同安区扫黑除恶阶段性工作情况汇报，研究《厦门市同安区关于推进深入学习习近平总书记扫黑除恶重要批示精神的具体实施方案（送审稿）》；审议《关于进一步推进国有农场改革发展的实施意见（送审稿）》；审议《同安区国有农场办社会职能改革实施方案（送审稿）》；研究同安公安分局党委换届人选等有关干部事宜
5 月 10 日	传达学习习近平总书记在全国网络安全和信息化工作会议上的重要讲话，以及致首届数字中国建设峰会的贺信等精神；传达学习习近平总书记对中国游客在朝鲜发生重大交通事故作出的重要指示精神、《中华人民共和国安全生产法》、中办国办印发的《地方党政领导干部安全生产责任制规定》及省委常委会会议精神、市委常委会会议精神；传达学习习近平总书记关于建设生态宜居美丽乡村的重要指示精神及省委有关会议精神、市委常委会会议精神，听取同安区生态文明试验区建设情况和进一步落实中央环保督察反馈意见整改落实情况的汇报；传达中共中央办公厅、国务院办公厅关于印发《毒品问题严重地区责任考评办法》文件精神，听取同安区禁毒工作情况汇报；审议《全面推进法治同安建设 2018 年工作要点（送审稿）》；研究关于工业集中区雨水管网整改、箱涵清淤工程委托水务集团实施相关事宜；研究省、市、区重点项目征拆奖励相关事宜；研究终止吕子凉（原西柯镇吕厝社区党总支书记）党代表资格相关事宜；研究军转干部等有关干部挂职工作
5 月 18 日	会议听取 2018 年同安区村（居）级组织换届选举工作有关事项及工作建议的情况汇报
5 月 23 日	传达学习习近平总书记在中共中央政治局第五次集体学习时和在纪念马克思 200 周年诞辰大会上的重要讲话精神及省委常委会会议、市委常委会会议精神，围绕“学习《共产党宣言》，坚持思想建党、理论强党，深刻感悟和把握马克思主义真理力量，进一步增强学习宣传贯彻习近平新时代中国特色社会主义思想、谱写新时代新福建建设新篇章的自觉坚定性”主题，开展学习研讨；学习《习近平关于总体国家安全观论述摘编》，传达学习习近平总书记在十九届中央国家安全委员会第一次会议上的重要讲话精神及省委常委会会议、市委常委会会议精神，研究同安区贯彻意见；审议《在全区全面推行行政执法公示制度、执法全过程记录制度、重大执法决定法制审核制度工作方案（送审稿）》；审议《厦门市同安区 2018 年法治政府建设重点工作安排（送审稿）》；听取关于传达做好市、县级党委政府表彰奖励工作的汇报，并研究落实贯彻情况；审议《关于加快推进企业改制上市的若干意见（送审稿）》；研究有关干部工作
6 月 12 日	传达学习中央领导同志重要讲话和全国生态环境保护大会精神及省委常委会会议精神、市委常委会会议精神，研究同安区初步贯彻意见；传达学习习近平总书记在中国科学院第十九次院士大会、中国工程院第十四次院士大会上的重要讲话精神及省委常委会会议精神、市委常委会会议精神，研究同安区贯彻意见；研究区委 2018 年度全面从严治党主体责任清单；听取九届省委巡视整改落实情况“回头看”工作情况汇报；传达全省基层党建工作重点任务推进会和发展壮大村级集体经济及村级组织活动场所建设现场会主要精神，听取同安区承办全市推进会和现场会有关情况；听取同安区 2018 年村（居）级组织换届选举工作有关情况；研究农场改制后的分管区领导、主管部门等有关事宜；研究乡村振兴相关工作机制；研究有关干部工作
6 月 21 日	传达学习习近平总书记在中央审计委员会第一次会议上的重要讲话精神及省委常委会会议精神、市委常委会会议精神，研究同安区贯彻意见；传达学习贯彻习近平总书记在中央政治局会议审议乡村振兴战略规划时的重要讲话精神及省委常委会会议精神、市委常委会会议精神；传达学习贯彻习近平总书记在中央全面深化改革委员会第二次会议上的重要讲话精神及省委常委会会议精神、市委常委会会议精神；传达学习中央领导同志出席海峡论坛等会议活动和在厦考察时的讲话精神及省委常委会会议精神、市委常委会会议精神，研究同安区初步贯彻意见；传达学习省区市纪检监察工作座谈会及省委常委会会议、市委常委会会议等有关会议精神，研究同安区贯彻意见；传达全市基层党建工作重点任务推进会和发展壮大村级集体经济及村级组织活动场所现场会主要精神，研究同安区初步贯彻意见；审议《关于推进安全生产领域改革发展的实施意见（送审稿）》；研究进一步理顺镇级事权支出责任方案相关事宜；审议《同安区政策性融资担保机构组建方案（送审稿）》；研究关于增强镇级财力保障水平方案相关事宜；研究后宅中学、第三实验小学 2018 年基建投资调整有关事宜；审议《同安区组建总医院工作实施方案（送审稿）》

续表 6

会议日期	议题
7 月 2 日	听取同安置业有限公司关于参与三得兴商住用地竞拍及后续资金保障等事宜的汇报
7 月 11 日	学习新华社长篇通讯《习近平同志推动厦门经济特区建设发展的探索与实践》；传达学习习近平总书记关于脱贫攻坚重要批示精神和省委、省政府主要领导有关批示精神，以及省委常委会会议精神、市委常委会会议精神，听取同安区东西部扶贫协作情况汇报，研究同安区贯彻意见；传达学习习近平总书记在中央外事工作会议、中央外事工作委员会第一次会议上的重要讲话精神及省委常委会会议精神、市委常委会会议精神，研究同安区贯彻意见；听取迎接中央扫黑除恶专项斗争督导检查准备部署情况和同安区扫黑除恶专项斗争开展情况汇报；听取同安区禁毒工作开展情况汇报；研究同安区“雪亮工程”三年规划等有关事宜；研究同安区中小学及幼儿园校园污水治理有关事宜；审议《中共同安区委关于 2018 年上半年意识形态工作责任制落实情况的汇报（送审稿）》；听取同安区庆祝改革开放 40 周年活动方案的汇报；审议《同安区优秀传统文化传承发展工程实施方案（送审稿）》；审议《关于镇人民代表大会会议一年召开两次的意见（送审稿）》；研究有关干部工作
7 月 12 日	研究确定溪声垃圾填埋场业主及采用邀标方式产生施工单位等事宜；研究关于申请火炬二期每亩 8000 元征地补助相关事宜；研究乌涂外口生活小区历史遗留问题；研究确定被征收工业企业建筑物综合成新率的意见
7 月 30 日	传达学习贯彻习近平总书记在中央全面深化改革委员会第三次会议上的重要讲话精神和省委全面深化改革领导小组第二十一次会议精神；传达学习贯彻习近平总书记在中共中央政治局第六次集体学习时的重要讲话精神及省委常委会会议精神、市委常委会会议精神；传达学习习近平总书记对上合组织青岛峰会成功举办作出的重要指示精神；传达学习贯彻习近平总书记在中央政治局常委会会议上关于上半年经济形势的重要讲话精神及省委、市委常委会会议精神；传达学习贯彻习近平总书记对防汛抢险救灾工作作出的重要指示精神及省委、市委常委会会议精神；传达学习习近平总书记对推进中央和国家机关党的政治建设作出的重要指示精神及省委、市委常委会会议精神；传达学习习近平总书记对实施乡村振兴战略的重要指示精神及全国实施乡村振兴战略工作推进会和省委、市委常委会会议精神；传达学习习近平总书记与团中央新一届领导班子成员集体谈话时的重要讲话精神和省委、市委常委会会议精神，以及共青团十八大精神；传达学习习近平总书记对吉林长春长生生物疫苗案件作出的重要指示精神和李克强总理批示精神，以及省委、市委常委会会议精神；审议《2018 年同安区东西部扶贫协作工作意见（送审稿）》；审议《关于初步认定低效工业用地操作规程（送审稿）》；审议《厦门市同安区 2017 年度纳税大户表彰工作方案（送审稿）》；审议《厦门市同安区 2017 年财政决算（草案）情况的报告（送审稿）》；听取关于 2017 年度区本级预算执行和其他财政收支的审计情况汇报；研究县道 421（竹坝—后烧）等道路提升改造工程相关事宜；研究第十一届世联会有关事项；听取关于 2017 年度市、区绩效评估结果及 2018 年度绩效管理工作方案的汇报
8 月 22 日	传达学习中宣部《正确认识妥善应对中美经贸摩擦》（党委中心组学习参考 2018 年第 3 期），听取关于国际贸易形势变化对同安区工业影响的情况汇报；传达学习《厦门市党政机关新闻发布工作规定》，研究同安区贯彻意见；传达学习贯彻习近平总书记在中共中央政治局会议分析研究当前经济形势和经济工作时的重要讲话精神和在中共中央党外人士座谈会上的重要讲话精神及省委常委会会议精神、市委常委会会议精神；传达学习国务院金融稳定发展委员会防范化解金融风险第七次专题会议纪要精神；传达学习贯彻习近平总书记在中共中央政治局会议审议《中国共产党纪律处分条例》时的重要讲话精神及省委常委会会议精神、市委常委会会议精神；传达学习习近平总书记在中央财经委员会第二次会议上的重要讲话精神及省委常委会会议精神、市委常委会会议精神，研究同安区贯彻意见；传达学习习近平总书记在中共中央政治局第七次集体学习时的重要讲话精神及省委常委会会议精神、市委常委会会议精神，研究同安区贯彻意见；传达贯彻中央领导同志在闽考察时重要讲话精神及省委常委会会议精神、市委常委会会议精神；传达全国、全省、全市组织工作会议精神，研究同安区初步贯彻意见；审议《2018 厦门国际投资贸易洽谈会厦门市代表团同安分团工作方案》；研究厦门第二外国语学校篮球场改造增容停车场及游泳馆等运动场区建设事宜；审议四口圳学校、四口圳幼儿园、祥平中心小学二期建设方案；研究第二轮城市街区立面综合整治提升、市政设施和园林绿化综合整治提升工程建设相关事宜；研究同安区志愿者联合会换届有关事宜；研究有关干部工作
8 月 29 日	传达学习习近平总书记在中央政治局会议审议《中国共产党纪律处分条例》时的重要讲话精神，专题学习《关于新形势下党内政治生活的若干准则》《中国共产党党内监督条例》文件精神，并专题通报厦门市原副市长郑云峰、李栋梁严重违纪违法案件；传达学习习近平总书记在全国宣传思想工作会议上的重要讲话精神和《中共中央办公厅关于当前意识形态领域情况的通报》（中办发〔2018〕38 号）精神，以及省委常委会、市委常委会会议精神，研究同安区贯彻意见；审议《同安区清理规范老年人协会实施方案（送审稿）》；研究区委常委民主生活会有关事项

续表 6

会议日期	议题
9月13日	传达学习《中央巡视工作规划（2018—2022年）》推进会、省委常委会、市委常委会等有关会议精神，研究同安区贯彻意见，听取关于修改《中共厦门市同安区委巡察工作实施办法》和修订《中共厦门市同安区委巡察工作五年规划（2017—2021年）》的情况汇报；传达学习习近平总书记在中央全面依法治国委员会第一次会议上的重要讲话精神和省委常委会、市委常委会会议精神，研究同安区贯彻意见；传达学习习近平总书记关于信访工作的重要批示精神和省委常委会、市委常委会会议精神，听取同安区信访工作情况汇报，研究同安区贯彻意见；传达学习贯彻习近平总书记在推进"一带一路"建设工作5周年座谈会上的重要讲话精神和省委常委会、市委常委会会议精神，研究同安区贯彻意见；传达学习习近平总书记关于坚决遏制农地非农化乱象的重要批示精神和省委常委会、市委常委会会议精神，研究同安区贯彻意见；传达学习习近平总书记对首个"中国医师节"作出的重要指示精神和省委常委会、市委常委会会议精神，研究同安区贯彻意见；听取凤南垃圾填埋场整治工程有关情况的汇报；听取2018年老旧小区改造项目有关问题的汇报；研究选聘第四批非公党建工作指导员有关事宜；研究同安税务局党组织设置有关事宜
9月27日	在同安会堂召开区委常委（扩大）会暨全区安全生产工作会议
9月28日	传达学习贯彻习近平总书记在全国教育大会上的重要讲话精神及省委常委会会议精神、市委常委会会议精神；传达学习习近平总书记致第二十届中国国际投资贸易洽谈会开幕式贺信精神及市委常委会会议精神，研究同安区贯彻意见；传达学习中央、省、市进一步激励广大干部新时代新担当新作为及加强改进选调生工作座谈会精神，研究同安区贯彻意见；听取2017年度省对市（涉及同安区）、市对区主体责任检查整改情况及同安区2017年度落实全面从严治党主体责任检查情况汇报；听取同安区前五轮巡察情况的汇报；听取关于同安区2018年1—7月预算执行情况及预算调整方案（草案）的报告；听取关于同安区2018年1—7月国民经济和社会发展计划执行情况的报告
10月11日	审议《同安区加快高质量发展推动和落实"双千亿"工作的实施意见》；研究《关于坚持高质量发展落实赶超　加快建设富美同安的意见（送审稿）》；研究区委十三届九次全会方案和有关文稿；听取同安区2018年镇村民生补短板项目征集情况的汇报；研究竹坝开发区—京东段道路提升改造工程相关事宜；审议《关于完善农村土地所有权承包权经营权分置办法的实施意见（送审稿）》；传达全省、全市精神文明建设工作表彰、创建动员大会精神，研究同安区贯彻意见；听取同安区2017年度区级文明创建各类先进推荐考核情况汇报；研究关于驻地部队生活污水治理项目相关事宜；研究同安区农村环境卫生体系经费保障机制
10月19日	审议《关于进一步推进国有农场改革发展的实施意见》和《同安区国有农场办社会职能改革实施方案》；审议《同安区政府专职小型消防站建设方案》
11月7日	传达习近平总书记在中央政治局第八次集体学习时的讲话精神；传达学习习近平总书记10月10日在中央财经委员会第三次会议上的重要讲话精神及省委常委会会议精神、市委常委会会议精神，研究同安区贯彻意见；传达学习习近平总书记给"万企帮万村"行动中受表彰的民营企业家回信精神；传达学习习近平总书记对全国党委秘书长会议作出的重要指示精神，全国党委秘书长会议精神及省委常委会会议精神、市委常委会会议精神，研究同安区贯彻意见；传达学习贯彻习近平总书记对脱贫攻坚工作作出的重要指示精神及省委常委会会议精神、市委常委会会议精神；传达贯彻孙春兰副总理出席第四届中国"互联网+"大学生创新创业大赛及在闽考察时的讲话精神和省委常委会会议精神、市委常委会会议精神；传达学习深化专项治理扶贫领域腐败和作风问题工作推进会精神及省委常委会会议精神、市委常委会会议精神；传达市领导调研同安区村级组织建设工作有关精神，研究同安区初步贯彻意见；听取关于《中国共产党同安区委员会工作规则（送审稿）》起草情况及主要内容的汇报；审议《关于进一步加强和改进区委理论学习中心组学习的实施办法（送审稿）》；审议《关于开展质量提升行动推动质量强区建设的实施意见（送审稿）》；审议《2018年区属国有企业负责人经营业绩考核方案》；审议《福厦客专（同安段）西湖安置房设计方案》和《福厦客专（同安段）龙西安置房设计方案》；研究同安区拟推荐参评第七届厦门市道德模范候选人名单；审议《同安区农业产业人才引进和培育暂行办法（送审稿）》《同安区重点引进人才住房租金补贴暂行办法（送审稿）》；研究区卫计局党工委改设党组事宜；研究有关干部工作

续表 6

会议日期	议题
11 月 22 日	传达学习贯彻习近平总书记重要讲话和重要批示精神，围绕“高举新时代改革开放旗帜，继续全面深化改革、全面扩大开放，以更坚定的信心、更有力的举措把改革开放不断推向深入，推进高质量发展落实赶超任务”主题，开展学习研讨；传达学习中央巡视工作领导小组署名文章《巡视整改落实是“四个意识”的试金石》精神及省委常委会会议精神、市委常委会会议精神，研究同安区贯彻意见；传达学习中宣部《党委中心组学习参考》有关文章及市委常委会会议精神；传达学习习近平总书记在同全国妇联新一届领导班子成员集体谈话时的重要讲话精神，中国妇女第十二次全国代表大会精神和省委常委会会议精神、市委常委会会议精神，听取同安区贯彻意见汇报；传达学习贯彻习近平总书记与中华全国总工会新一届领导班子成员集体谈话时的重要讲话精神，中国工会第十七次全国代表大会精神和省委常委会会议精神、市委常委会会议精神，听取同安区工会工作情况及贯彻意见的汇报；传达中央领导同志在出席第五届世界佛教论坛上的致辞及省委常委会会议精神、市委常委会会议精神，研究同安区贯彻意见；通报黄燕添书记率团参加第十一届世界同安联谊大会，并出访日本、马来西亚、菲律宾等有关情况；传达学习全国、省、市人大常委会深入学习习近平总书记关于坚持和完善人民代表大会制度的重要思想交流会精神，研究同安区贯彻意见；传达学习全省、全市宣传思想工作会议精神，研究同安区贯彻意见；审议《同安区“十三五”规划实施情况中期评估报告（送审稿）》；听取关于 2018 年政府性投资项目调整工作情况的汇报；研究上埔大桥—顶村段道路提升改造工程相关事宜；研究梧侣二小、凤南中心小学、凤南中心幼儿园、凤岗小学概算超估算调整相关事宜；研究向邵武市购买补充耕地指标的事宜；关于拟申报推荐新一届市级文明单位等各类先进名单的工作汇报；审议《同安区 2017 年度绩效评估奖发放办法》；研究有关干部工作。
12 月 6 日	深入学习中办国办印发的《地方党政领导干部安全生产责任制规定》《福建省党政领导干部安全生产责任制实施细则》《厦门市党政领导干部安全生产责任制实施细则》，围绕主题开展学习研讨；传达学习纪念毛泽东同志批示学习推广“枫桥经验”55 周年暨习近平总书记指示坚持发展“枫桥经验”15 周年大会精神及省委常委会会议精神、市委常委会会议精神，研究同安区贯彻意见；通报同安区“福建省 2016—2018 年度重点项目建设先进工作者人选”推荐名单；听取《关于进一步加强和改进调查研究的实施办法（送审稿）》起草情况和主要内容的汇报；研究区“两会”有关事宜；审议《关于设置镇（街）监察组和驻村（居）监察联络员的意见（送审稿）》；听取同安区解决弱势群体困难工作情况汇报；听取同安区 2018 年东西部扶贫协作和省级扶贫开发、山海协作工作情况汇报；研究同安区 2019 年度因公出访计划及应邀赴台计划
12 月 23 日	传达学习习近平总书记在第五个国家宪法日之际作出的重要指示精神及省委常委会会议精神、市委常委会会议精神，研究同安区贯彻意见。深入学习贯彻习近平总书记关于宪法的重要论述，围绕“尊崇宪法、学习宪法、遵守宪法、维护宪法、运用宪法，全面推进依法治区，为坚持高质量发展落实赶超提供坚强的法治保障”主题，开展学习研讨；传达学习习近平总书记在中共中央政治局就中国历史上的吏治举行第十次集体学习时的重要讲话精神及省委常委会会议精神、市委常委会会议精神，研究同安区贯彻意见；传达学习中央领导同志到闽出席 2018 两岸企业家峰会年会时的讲话精神及省委常委会会议精神、市委常委会会议精神，研究同安区贯彻意见；传达全省、全市城市基层党建及互联网企业党建工作推进会会议精神，研究同安区贯彻意见；研究区“两会”有关事宜；审议《同安区各级党政有关部门安全生产责任清单（审议稿）》；审议《同安区农村生活污水治理建设三格化粪池实施意见》；研究 2017 年农村污水治理项目补充下达资金情况相关事宜；审议《厦门市同安区社会治安综合治理领导责任制考评及奖励处罚办法（暂行）》；研究凤南农场和白沙仑农场“低进低出”养老保险补缴工作有关事宜；研究拟推荐评选“福建省三八红旗手”先进名单

重要决策和活动

【功能型大党工委成立】 2018 年，区委推动成立功能型大党工委。1 月 25 日，成立同安工业园区功能型大党工委，进一步整合工业园区内机关、学校、镇（街）村（居）、非公企业党组织资源，统筹开展全区工业集中区、城东工业区、城南工业区、食品工业园、同安新城工业园等 7 个工业园区的非公领域党建工作。4 月 16 日，成立同安区医院集团功能型大党委，进一步整合同安区医院资源，构建区医院集团大党委牵头，各部门各司其职、协同推进的大党建工作格局，促进区医院集团改革顺利开展，增强基层卫生和健康工作能力。

【扫黑除恶专项斗争全面推进】 2 月，区委出台《同安区扫黑除恶专项斗争实施方案》，成立扫黑除恶专项斗争领导小组，明确职责分工，全面推进扫黑除恶专项斗争工作扎实开展。

【乡村振兴战略全面实施】 2018 年，区委出台《关于实施乡村振兴战略的实施意见》，按照“产业兴旺、生态宜居、乡风文明、治理有效、生活富裕”的总要求和“富美同安”总体发展目标，紧扣“建设现代农村，发展都市农业，培育新型农民”发展思路和区委区政府

"三转三加强"工作要求，建立健全城乡融合体制机制和政策体系，在全区深入实施乡村振兴战略，加快推进同安区农业农村现代化。

【国有农场改革全面推进】 2018年，区委出台《关于进一步推进国有农场改革发展的实施意见》，全面推进区属凤南、白沙仑农场企业化改革，剥离国有农场办社会职能，将2个农场原有社会职能分别移交新民镇政府、莲花镇政府，确立农场企业化经营管理体制，增强国有农场发展活力。

【同安区机构改革】 2018年，区委开展同安区机构改革工作。7月5日，厦门市同安区税务局揭牌成立，承担原区国税局、地税局的税收、社保费和非税收入征管职责。12月底在全市率先成立区退役军人事务管理局。

【同安区总医院组建】 2018年，区委出台《同安区组建总医院工作实施方案》，以市第三医院为基础，整合区中医医院、区皮肤病防治院、9家卫生院（社区卫生服务中心）、竹坝卫生所和区域内公益性村卫生所组建同安区总医院，保留市第三医院牌子；保留同安区中医院机构建制，实行总医院和中医院"一套班子、两块牌子、一个法定代表人、一体化管理"。总医院由区政府管理，承担区域内办医主体职责及公共卫生服务等工作。设立总医院委员会和纪律检查委员会，进一步加强党的领导。

（陈绳乾）

组织工作

【概　况】 2018年，中共同安区委组织部坚持以习近平新时代中国特色社会主义思想为指导，深入贯彻落实中共十九大精神，全面落实新时代党的建设总要求和新时代党的组织路线，开展基层党组织建设、干部队伍建设、人才队伍建设等各项工作。坚持把政治建设作为根本性建设，持续开展习近平新时代中国特色社会主义思想"大学习"活动，推进"两学一做"学习教育常态化制度化。出台进一步严格落实"三会一课"制度规定等4份规范性文件，开展党支部建设规范提升年和党支部达标创星活动，落实好"三会一课"、民主生活会、领导干部双重组织生活会等基本制度，全区1175个基层党组织开展专题学习、主题党日活动1.5万余次，覆盖党员2.1万余名。开展纪念中国共产党建党97周年系列活动，组织党员干部学习郑德荣等7位模范人物的先进事迹，提前谋划"不忘初心、牢记使命"主题教育。坚持重基层、重实绩、重担当、重公认的用人导向，全年提拔干部56名，其中处级15名、科级41名；交流干部60名，其中处级15名、科级45名。加大年轻干部培养力度，35岁以下处科级干部达到57名。加强基层党组织建设，推行农村党组织"123"工作模式，开展乡村振兴人才队伍建设，发展壮大村级集体经济，开展村级组织活动场所规范化建设。深入开展城市基层党建示范引领行动，持续推广"街道大党工委—社区大党委—小区党支部—楼栋党小组"横向到边、纵向到底的城市社区党建模式，开展新一轮互联网企业党建工作"百日攻坚行动"，在机关深入开展"勇当排头兵、机关作表率"主题实践活动，推行教育系统党建工作视导制度，推动党建全面发展。持续优化人才发展环境，累计引进和培育国家、省、市级人才60名，民俗文化传承人增至58名。至年底，同安区共有基层党组织1329个，其中党委33个、党总支134个、党支部1162个。在基层党委中，乡镇党委6个、机关党委6个、企业党委3个，区委派出的党工委8个（其中机关党工委6个、街道党工委2个）。全区共有党员21867名，其中：女党员7290名，占党员总数的33.33%；少数民族党员85名；35岁及以下党员7131名、36～45岁5276名、46～55岁3746名、56～60岁1222名、61岁及以上4492名；研究生414名，大学本科7582名，大学专科4086名，中专1827名，高中、中技2334名，初中及以下5624名。

·小资料·

"123"工作模式即一套发展机制："党建富民强村"发展新机制。两种和谐关系：村主干、班子关系和谐，争创"好搭档"；党群、干群关系和谐，营造"好氛围"。三项基础建设：阵地建设、队伍建设、制度建设。

【习近平新时代中国特色社会主义思想"大学习"活动】 2018年，同安区在全区机关企业单位广泛开展习近平新时代中国特色社会主义思想"大学习"活动。建立区领导上党课制度，四套班子领导面向基层党员干部上党课31次，深入一线与基层群众交流学习70余次。充分利用理论中心组、干部周末学堂、党校培训等渠道，分层次组织学习、分专题进行研讨、分类型开展宣讲，不断拓展学习广度深度，举办两轮18期新思想和十九大精神专题培训班，轮训干部998人次，实现处科级领导干部全覆盖。各级基层党组织举办各类专题学习讨论培训1250余场次，参训党员达2.2万余人次。

【全面推广厦门党建e家平台】 2018年，同安区全面推广厦门党建e家平台，2018年全区1329家党组织纳入厦门党建e家平台管理。实施积分考核管理办法，举办管理员培训班10余场，培训人员2000余名。在线发起“三会一课”69844场次，开展主题党日、主题实践活动7611场次，网上接转组织关系3299人次。

【干部教育培训】 2018年，区委组织部发挥干部周末学堂、各级党校主渠道主阵地作用，灵活采取课堂教学、现场教学、研修教学等形式，开展干部党性教育和专业化建设。全年举办处科级主体班6期，培训干部105人次；举办社会综合治理提升等专题培训班5期，培训干部骨干200名。组织147名处科级领导干部参加省市委党校主体班、专题班学习。优化干部成长路径，选派171名干部到重点项目指挥部、基层一线挂职锻炼，促进干部在多岗位锻炼成长。

【一线考察干部常态化】 2018年，同安区建立干部一线考察常态化机制。年内组成6个干部考察组，全面走访镇街机关、重点项目指挥部、专项工作组等72个单位，考察在重大工程、重点项目建设、重大专项工作等急难险重任务中干部表现，进一步拓宽选人用人视野，及时发现储备敢担当善作为的优秀干部。坚持部务会定期议班子、议干部制度，强化综合分析研判，对干部好中选优，为区委选拔任用干部提供依据。2018年提拔干部56名，其中有基层一线工作经历的49名，具有基层一线工作经历的干部占提拔总数的88%，树立重基层、重实绩、重担当、重公认的用人导向。

【激励干部担当作为】 2018年，同安区出台《关于进一步激励广大干部新时代新担当新作为的实施意见》鼓励干部增强有担当有作为精神。按照“三个区分开来”要求，即把干部在推进改革中因缺乏经验、先行先试出现的失误和错误，同明知故犯的违纪违法行为区分开来；把上级尚无明确限制的探索性试验中的失误和错误，同上级明令禁止后依然我行我素的违纪违法行为区分开来；把为推动发展的无意过失，同为谋取私利的违纪违法行为区分开来，建立容错纠错会商、信访举报倒查问责机制。成立工作领导小组，开展加强作风建设激励干部担当作为专项行动，对参公、事业单位和村主干中表现突出、敢于担当、勇于负责的干部给予推荐调任，解决3名埋头苦干、群众认可的年纪较大公务员的职务职级待遇，将1名事业编制干部调任公务员，招录4名村（居）主干为公务员和事业单位工作人员，有效提振干部队伍干事创业的干劲。开展“为官不为”专项治理，有力推进干部能上能下，着力解决干部队伍中存在的“不想为、不会为、不敢为”等问题，8名因身体原因等不能履职干部进行组织调整或转任非领导职务，强化“干与不干、干好干坏”不一样的用人标准。落实关心关爱基层干部各项举措，严格执行乡镇工作补贴，落实走访慰问、困难救助等关心关爱干部措施，慰问困难党员、社教分子、干部1498人次，发放慰问金136万元，为基层一线指挥部挂职干部单列30%的优秀年度考核指标，鼓励一线基层干部奋发有为。

【干部监督审查】 2018年，同安区建立干部监督管理分级预警机制，发现苗头性、倾向性问题及时批评教育，全年开展干部谈心谈话215人次。进一步规范领导干部出国（境）审批和因私证件管理工作，加大领导干部个人有关事项报告两项法规的抽查核实力度，查核领导干部个人有关事项报告94份，对存在漏报瞒报行为，按照“两项规定”严肃处理，批评教育16人、组织诫勉3人。

【村级组织换届选举完成】 2018年，同安区136个村（居）完成村（居）级组织换届选举，共选举产生新一届村（居）“两委”班子成员903名，全区党组织和村委会换届选举一次性成功率均达到100%；党组织书记和村（居）委会主任“一肩挑”比例达46.32%，换届选举工作整体呈现审核把关“严”、工作指导“细”、选人渠道“宽”、换届风气“正”、班子结构“优”五大特点。建立“三级联审”制度，细化16类43项审查认定标准，审核初步候选人3934人次，取消161名不符合条件候选人的参选资格。拓宽选人渠道，公开遴选34名国有企事业单位工作人员及非在编人员到村（居）任职，推进“三推一选”，在祥平街道祥平社区、祥文社区、凤祥社区、莲花镇军营村试点“公推直选”，吸引129名大学生、致富能手等返乡任职。全面推行“3+3”约谈制度、全程视频监控、“六个一百”、“竞职四承诺”等特色做法，助推选举风清气正。抓好村级组织换届后续工作，组织899名新任村两委成员签订《履职辞职承诺书》，制定《村规民约》，分层分批举办新任村（居）主干培训班，组织开展对903名新一届村（居）“两委”成员任职资格条件复核。

·小资料·

“三推一选”指党员推荐、群众推荐、组织推荐，党员大会选举；“公推直选”指把党委直接提名和委任变为在党组织领导下，通过党员个人的自我推荐、党员群众的联名推荐、党组织的推荐这三个环节产生候选人，然后由全体党员直接参与选举产生党组织领导班子；“3+3”约谈指选前与候选人谈“纪律政策、参选动机、信访问题”，选后主动与离任、落选村居干部谈心谈话，逐个与当选人谈“服务、做人、发展”；“六个一百”指百名镇（街、场）党组织书记挂百村、百名派出所走百村、百名镇（街、场）干部入百户责任清单、百名村（居）“两委”干部入百户、百名律师联百村、百名金融助理察百村活动；“竞职四承诺”指公开竞职承诺、履职创业承诺、失职辞职承诺、不涉黑涉恶承诺。

【扫黑除恶专项斗争】 2018年，同安区成立扫黑除恶专项斗争组织建设组及办公室，制定《同安区在扫黑除恶专项斗争中加强基层组织建设工作方案》等16份配套文件，把扫黑除恶与加强基层组织建设结合起来，明确将涉黑涉恶人员列入村级组织换届选举资格审查一票否决清单，铲除黑恶势力的滋生土壤。持续整顿软弱涣散党组织，一村一策制定整顿提升方案，通过领导挂钩联系、派驻第一书记及驻村工作组等方式，完成11个软弱涣散党组织整顿提升。以开展“六项行动”为载体，广泛发动全区党员群众参与扫黑除恶专项斗争，共开展200余场扫黑除恶“主题党日”活动，开展194场以案说法宣传教育活动，参与人数达18000余人次；组织700余名新任村（居）主干旁听陈世杰案等涉黑涉恶案件庭审，14000多名党员干部签订扫黑除恶承诺书。

【村级组织活动场所规范化建设】

2018年，同安区率先在全市开展村级组织活动场所规范化建设。统一编印《村级组织活动场所规范化建设参考指南》，推动村级组织活动场所从“有址办公”向“优址办公”升级，按照“办公面积最小化、服务群众最大化”原则，推行“一室多用、一所多能”效用理念，整合村级组织活动场所公共服务资源，打造标准化综合服务平台，推行村干部坐班制，做到“三要三有”工作法（要记录《村情日志》、要挂牌上岗、要限时办结；有分析总结、有考核奖惩、有责任追究），提供一站式便民服务。打造顶村、前格、溪声等9个样板村（居）和17个重点村（居）村级组织活动场所样板，成功举办全市、全区基层党建工作重点任务推进会和发展壮大村级集体经济及村级组织活动场所规范化建设现场会，28家重新选址建设，以点带面在全区136个村居全面铺开。

【村集体经济发展壮大】 2018年，区委组织部采取多种措施发展壮大村集体经济。组建四大片区9个乡村振兴专项工作组，推动72个市区机关企事业单位挂钩帮扶薄弱村，充实乡村振兴项目开展一线力量。推进党建富民强村工程，全面推行“村居划片、跨村联带”机制，探索资产运营型、资源开发型、服务创收型、产业带动型、土地经营型等五种发展模式，深化“国企+合作社+村民”股份合作试点，推进“一村一品”特色农业产业布局，打造乡村旅游品牌，因村制宜谋划生成132个乡村振兴发展项目，莲花镇军营村等6个发展案例入选全省村级集体经济发展典型案例，全部村（居）经营性收入均达15万元以上，其中20万元以上村居49个，100万元以上的村（居）达21个，初步实现“经济强村有突破、经济一般村有发展、经济薄弱村有起色”的目标。

【党员教育管理】 2018年，同安区实施发展党员区级预审制度，推行“2233”工作法，加强党员发展资格审查。处置不合格党员7名，促进党员队伍质量提升。规范党费收缴管理使用，对19个党（工）委近3年党费使用情况开展专项检查。加强党员日常教育管理，全年培训党支部书记400余人、党务干部1500余人、基层党员2万多人次。

·小资料·

“2233”工作法即“两推荐”，即党支部通过公推优选的方式，从经过半年培养教育的入党申请人中择优公开推荐入党积极分子人选；党支部对培养考察一年以上的入党积极分子中民主推荐发展对象人选。“两票决”，即预备党员接收、预备党员转正均需要党支部采取无记名投票方式讨论表决确定。“三公示”，即党支部接受入党积极分子、确定发展对象、预备党员转正“三个环节”应按要求公示一周，方便党员群众了解和监督发展党员工作情况。“三报备”，即党支部确定入党积极分子后、拟确定发展对象前，须向上级党（工）委报备；党（工）委审批预备党员后，须向区委组织部报备，从源头上保证发展党员质量。

【社区村居党建】 2018年，同安区深入开展城市基层党建示范引领行动，推广“街道大党工委—社区大党委—小区党支部—楼栋党小组”横向到边、纵向到底的城市社区党建模式，成立2个街道大党工委、28个社区大党委和56个小区（院落）党支部。发挥党建联席会议平台作用，深化结对共建机制，创新“四位一体”(“街道大党工委—社区大党委—小区党支部—楼栋党小组”)、“一支一会制”[一个小区（院落）设置一个党支部、成立一个业委会]横向到边、纵向到底的社区治理模式，推动街道社区党建与单位党建、行业党建相结合。开展“三亮双管一服务”在职党员进社区服务活动，3500多名在职党员深入136个村居报到服务，认领义诊等4000余项服务项目，建立572支党员志愿服务队，常态化推进“清洁家园”等志愿服务。打造凤山社区“御园一家亲”、西池社区“池家人”等党建新品牌，“家庭党课”品牌入选全省基层党建特色项目。

2018年3月26日，“部长会客厅”走进同安新城党群活动服务中心

（区委组织部供图）

【非公企业和社会组织党建】 2018年，区委组织部以互联网企业为重点，开展新一轮互联网企业党建工作“百日攻坚行动”，实现13家互联网企业党建“双覆盖”。持续推广功能型大党工委和党建联盟两种区域化党建机制，拓展工业社区党群服务中心服务功能，先后举办新思想宣讲、主题党课等活动50余场，参与党员近万人，接待来自全国各地的参观考察团53批次1452人次。鸿源技术学校打造“领航·铸魂”党建品牌做法在全省人社系统社会组织党建工作座谈会上作经验交流发言。

【引进人才队伍建设】 2018年，同安区借力国家、省、市重点人才工程，采取以企引才、以才引才，精准引进重点、新兴、特色产业创新创业人才，当年引进和培育国家、省、市级人才13名，累计引进60名。推动产学研合作，支持企业建设6家重点实验室、企业技术中心等企业研发机构和产学研合作平台，指导人才创建2个省市级“劳模创新工作室”。坚持需求导向，加快引育民生紧缺人才，新引进优秀师范毕业生38名，审核认定自主培育高层次教育人才64名，柔性引进高层次卫生人才8名，认定卫生骨干人才9名。

【乡村振兴人才队伍建设】 2018年，同安区加强乡村振兴人才队伍建设。投入126万元专项资金推进“一才一基地”品牌建设，支持南音、歌仔戏、莲花褒歌、宋江阵、锡雕等民俗文化人才传习基地和百利、鑫美园、青云岭等现代农业基地建设。依托闽南文化生态保护区、民俗文化培训基地和传习中心的建设，推行非遗文化师徒结对机制，民俗文化传承人累计增至58名。依托农业类“双百”人才企业，开展农业实用技术培训8期，培训乡村振兴带头人、农村实用人才、农业技术骨干人才等544人次。成立8个农村实用人才工作站，发挥农业龙头企业、农业社带动作用，构建农副食品加工业百亿产业链，实施“人才+互联网+农业+金融”模式，选派28名科技特派员深入村（居）助推乡村振兴，从事三角梅种植、艺术稻田等技术支持工作，推动乡村振兴战略实施。

【人才发展环境优化】 2018年，同安区优化人才发展环境。健全区级领导干部挂钩联系高层次人才制度，17位党政领导挂钩联系各级人才45名。开通人才建议直通车，举办“部长会客厅”、高层次人才座谈会，发动人才参与“我为富美同安献一策”活动，发挥人才在决策中的参谋智库作用。实施人才素质提升工程，依托同安工业社区大学等平台，举办培训班20余场、主题沙龙活动近10场、大型文体活动3场，近万人次参加。提高人才服务水平，协助43名人才申请创业扶持资金、办理企业落户、入住人才公寓。

【厦门市完成首例“公推直选”村级党组织换届选举】 6月9日，厦门市首例“公推直选”的村级党组织换届选举在莲花镇军营村完成。莲花镇军营村有党员40人，其中有选举权的正式党员38人，党组织换届选举工作按照制定方案、宣传发动、自愿报名、资格审查、推荐考察、差额提名、直接选举七个步骤进行。在换届选举大会上，经36名党员和8名群众代表民主推荐产生支委候选人5人。经党员直接选举，最终候选人高泉阳以全票赞成的结果当选军营村党支部书记。

（黄银斌）

宣传思想工作

【概　况】 2018年，区委宣传部围绕组织全区学习贯彻习近平新时代中国特色社会主义思想开展宣传思想工作，为富美同安赶超发展提供思想引领、舆论推动、精神激励和文化支撑作用。进一步完善意识形态责任制、细化考核办法。成立融媒体中心，加强对外宣传。成立乡村讲师团加强乡村理论宣传。组织实施优秀传统文化传承发展工程。推进文化旅游产业融合发展。年内，同安区继续保持省级文明城区称号，获评省级社会科学普及示范创建区，在市对区意识形态工作责任制考核、市对区文化产业发展绩效考核中均排名全市第一。

【理论宣讲】 2018年，区委宣传部印发《关于在全区进一步兴起习近平新时代中国特色社会主义思想“大学习”热潮的通知》《进一步开展习近平新时代中国特色社会主义思想“大宣讲”工作实施意见》，引导广大干部群众深入学习近平新时代中国特色社会主义思想。举办全区习近平新时代中国特色社会主义思想学习汇报会，区领导与干部群众面对面交流学习体会70余次，举办各类培训班137场次，参训党员9600余人次。在“富美同安”微信工作群管理系统推送十九大理论学习文章160多条次、深度报道38条次。举办2018年文化科技卫生“三下乡”服务活动，推动习近平新时代中国特色社会主义思想和中共十九大精神与乡村振兴、文明创建、移风易俗、扫黑除恶、生态保护、垃圾分类等各项工作相结合。持续打造“干部周末学堂”理论宣讲品牌，全年举办专题辅导6场，参加辅导干部2000余人次，深化对新思想的理解和把握。组建“新时代　新思想　新作为”理论宣讲轻骑兵，深入基层开展互动化宣讲25场次。

【理论学习中心组学习】 2018年，区委宣传部制定《关于进一步加强和改进区委理论学习中心组学习的实施办法》《关于进一步健全完善全区各级理论学习中心组学习机制的意见》，推进学习制度化、规范化，改进学习方式、方法，组织开展相关研讨活动，转化运用学习成果，提升学习深度、实度。共组织区委理论学习中心组学习27次，开展荐书自学活动7次，组织学习《习近平治国理政（第二卷）》《习近平新时代中国特色社会主义思想三十讲》《党员干部理论学习应知应会》《新时代面对面》等14本学习辅导读本。

【意识形态工作】 2018年，区委将意识形态工作列入年度工作要点和党建工作要点、区委巡察工作范围，推动各党委（党组）书记主动履行意识形态工作第一责任人责任，带头抓意识形态工作，班子成员将意识形态工作作为民主生活会和述职报告的重要内容。修订《厦门市同安区党委（党组）意识形态工作责任制考核指标体系2018版》，完善检查内容、方法、程序和结果运用。组成督查组对各镇（街、场、开发区）党委（党工委）和区直相关单位开展一年两次的专项督查，及时发现问题，督促整改提升。及时传达学习、贯彻落实上级有关意识形态领域的工作部署和会议精神，区委常委会专题研究意识形态工作4次。定期分析研判意识形态领域情况，将意识形态工作培训纳入区委党校教学课程，提升全区意识形态工作能力和水平。强化意识形态阵地建设，开展公共领域宣传载体检查整改，加强户外LED电子显示屏、讲座论坛、报告会等各类意识形态阵地管理。

【主题宣传报道】 2018年，区委宣传部围绕十九大精神、庆祝改革开放40周年、党建引领、重点项目、老城提升、新城建设、生态文明、扫黑除恶、村居换届、移风易俗等中心工作策划相关主题宣传，营造良好社会舆论氛围。在市级以上媒体刊发报道1500余篇，在厦视直播室《今日视区》播出52档新闻208条，在区广播电视台播出新闻1923条，采制《同安农民画》《同安红》等专题片39部。在厦门日报、厦门晚报等主流媒体开展《重点项目开门红》《直击同安征拆》《乡村振兴带头人》《同安故事》《同安百村行》《桥城说桥》《富美同安四大行动促赶超》等多个系列报道，在区广播电视台推出《镜看同安》《俯瞰——富美同安》《走进同安新城》等大型系列报道，进一步凸显主流媒体的舆论强势。扫黑除恶精准宣传受到中央扫黑督查组肯定，军营村以褒歌形式宣传扫黑除恶成效获中央政法委在全国推广，莲花镇闽南语版荷叶说唱《扫黑除恶，人人有责》得到央视报道。

【舆论引导】 2018年，区委宣传部制定《同安区党政机关新闻发布工作规定》，推进新闻发布工作制度化、规范化。充实全区新闻发言人84名、网评员91名，组织相关职能部门的新闻发言人参加“新闻宣传与突发事件舆情应对”专题研修班。召开全区网信工作会议传达学习全国、全省和全市网络安全和信息化工作会议精神，研究我区网络意识形态工作情况，提高管网治网用网的能力水平，有效开展舆论引导工作。制定《在突发事件敏感舆情应对处置中落实意识形态工作责任制的通知》，建立突发事件和敏感舆情协调机制，构建舆情快速处置平台。全年监测收集负面网络舆情信息1053条，编辑报送《新闻舆情》简报246期。妥善处置“向阳坊债务问题”“考古人员处置古尸被质疑不专业”等多起敏感舆情，年内全区网络舆情平稳，没有发生特别重大舆情。

2018年12月13日，在同安区乡村讲师团启动仪式上，市委宣传部等部门领导向讲师团成员颁发证书　　（区委宣传部供图）

【同安区融媒体中心挂牌成立】 12月15日，同安区融媒体中心在区广播电视台挂牌成立。中心按照“统一指挥、统一策划、多次生成、资源共享、多平台发布、多层次传播”的思路，融合新闻采编、舆情管控等业务，打造立体式宣传模式。定期召开驻同安媒体记者联席会，结合区委区政府中心工作，发布同安新闻近期采访要点，通过本地广播、电视、广电网络视频点播、“富美同安”App、政府网站、户外LED电子显示屏、同安生活网等民间网站，发布同安相关正能量信息；通过市级以上纸媒、省市广电媒体、央视移动网、今日头条等新媒体，开展对外宣传树立新形象；通过“富美同安工作群”管理系统及各单位相关工作群等各类树状微信工作群，开展多层次精准传播。区广播电视台完成电视设备高清改造，引入达芬奇调色、延时航拍等国内高端技术，节目质量显著提升。

【全市率先成立乡村讲师团】 12月13日，区委宣传部在全市率先试点成立乡村讲师团。讲师团由专业技术人员、创业致富能手、乡土人才、农村合作社负责人等30多人组成，成立理论宣讲、农业科技、民生服务、农村管理4个小组，推行“菜单式”授课模式，按照“产业兴旺、生态宜居、乡风文明、治理有效、生活富裕”的总要求提供宣讲目录供基层单位选择，宣讲教员紧密结合农业农村的生产、生活实际，用通俗易懂的语言开展宣讲，助力乡村振兴，引领乡风文明。

【庆祝改革开放40周年活动】 2018年，区委宣传部组织同安区庆祝改革开放40周年系列活动。编写书籍《同安奋进40年》，从经济、社会、文化等方面记录改革开放以来同安区（县）取得的成就。征集理论文章汇编成书——《亲历　亲见　亲闻》，反映同安在全面深化改革进程中取得的成绩；总结新实践、新成就和新经验；汇编普通群众、普通家庭在改革开放大潮中的生活变迁和奋斗经历。拍摄纪录片《航程》通过新老画面对比反映全区四十年巨大变化。举办“富美同安新时代”农民画展、“庆祝改革开放40周年”文艺晚会，展现同安区改革开放的生动实践。在厦门日报推出8篇系列报道、在同安区广播台、电视台开设专栏推出系列报道《同安故事·四十年共同记忆》，全方位、多角度、立体式呈现同安区40年来的改革发展历程。

【启动新一轮文明城市创建】 2018年，同安区继续保持省级文明城区称号，在省级文明城区暗访测评中被通报问题全市最少。文明创建常态化、长效化机制建设成果初显，“同安文明卫士”文明创建平台做法被中国文明网推广，共纳入9项城市管理职能，实现创建督查工作队伍和创建督查市民志愿者“双过万”，月均上报、处理事件1.3万件以上，整改率98.5%以上。开展6轮“僵尸车”整治，清理废弃汽车、摩托车、电动车、自行车等各类车辆2000余辆。建立城市管理考评月点评会制度，“第三方”暗访考评机制不断完善。

【深化群众性精神文明创建】 2018年，同安区加强和改进社区书院建设，推进社区书院与新时代文明实践中心相融合。选塑新时代先进典型，刘冲、刘良镇、颜立水、康英德、杨冬英等人分别获评福建好人榜、全省岗位学雷锋标兵、感动厦门十大人物、厦门市践行社会主义核心价值观“最美农民”“最美社区工作者”。同安区获评省级社科普及示范创建区，莲花镇获评全省农村宣传思想文化工作先进典型。全区有全国文明村3个，居全市第一，省级文明镇4个，占全市一半。

【丰富群众业余文化生活】 2018年，同安区推进文体设施建设，完成区图书馆、文化馆、2个镇级、26个村级基层综合性文化服务中心改造提升，完成东宅村等7个文体小广场建设，军营村等9个LED户外电子显示屏投用，48套灯光篮球场设施和4套健身路径设备投用。春节元宵期间，举办各类文艺演出、体育比赛、民俗活动约250场次，其中，区级活动近30场、镇级活动20余场、村级活动近200场。持续举办“百姓大舞台周周演”活动，文化馆及梧侣文体活动中心组织书法、古筝等16个免费培训班，图书馆、少儿馆图书流通85.9万册次、到馆读者61.8万人次，电影公司放映农村公益电影2692场，观众12.1万人次。举办福建省第二届国展获奖书家书法作品邀请展、“高雅艺术进同安”、爱沙尼亚演奏家钢琴音乐会等大型活动。举办“富美同安”全省摄影大赛，收到省内外参赛作者266人作品4205幅，创下同安区有史以来摄影比赛参赛作品数量之最。

【优秀传统文化传承保护】 2018年，区委宣传部制定《同安区优秀传统文化传承发展工程实施方案》。完成文笔塔修缮及周边整治、五显第一溪桥修缮和禾山石佛塔修缮，开工建设孔庙建筑群及卢戆章故居修缮工程。全区共有国家级、省市区级非遗项目24项、非遗传承人32名。组织开展全区非物质文化遗产普查暨民间文学、海洋文化专题调查，收集整理资料2685项并汇编成册。开展文物守护志愿认领活动，首批50位市民志愿者认领46处乡村文物点。出版《老时光里的同安》《同安民间信俗》《莲花褒歌》《同安故事丛书》等书籍。评选21个（27处）区级民俗文化基地开展民俗传承活动。组织木偶制作等十余项传统手工艺走进31家中小学、幼儿园培训。举办第八届孔子文化节、第三届朱子文化节、第七届苏颂文化节、第五届开闽王文化节等节庆活动。年内厦门朱子书院获评省级、市级社科普及基地。

【文艺精品创作扶持】 2018年，同安区扶持文艺精品创作，银安堂南乐研究会芗曲说唱《乡村美》荣获第三届福建省曲艺“丹桂奖”少儿大赛二等奖。吕实力芗剧演出团表大广弦说唱《闽南人讲闽南话》荣获“厦门市首届歌仔说唱征文与展演比赛”展演一等奖。洪冬梅及其团队荣获厦门市第二十届南音比赛“十佳选手”“十佳团队”。新增1人被中国美术家协会吸收为会员、3人被中国摄影家协会吸收为会员。组织近百幅同安农民画参展2018艺术厦门国际博览会，全区40名老中青农民画家历时半年集体创作60米农民画长卷，展现我区改革开放40年成就。结合同安培育的三角梅新优品种“同安红”，组织创作歌曲《同安红》，并制作配套的同安风光MV宣传片。

【推进文化旅游融合发展】 2018年，区委宣传部完成《同安区文化产业政策咨询报告》，修订《同安区文化产业发展专项资金管理暂行办法》，制定《同安区文化创意产业实施细则》，推动重大文化、体育、旅游产业项目和活动融合，助推同安区文化产业发展。年内在同安新城举办世界拳击联赛、全国青少年帆船俱乐部联赛、中国羽超联赛等国际性、全国性大型文体赛事活动，带动新城文体产业发展。推进华强方特创建省级重点文化产业园区，启动叶拱南故居修缮项目，策划打造珠光青瓷陶瓷文创中心，推动北部地区特色文化旅游产业发展。组织12家特色文创企业参加第十一届海峡两岸文博会。全年同安区接待国内外游客1276万人次，比上年增长13%；实现旅游收入44.3亿元，比上年增长29%。

（林成杰）

精神文明建设

【概　况】 2018年，同安区持续开展省级文明城区创建工作，年内再次获得“省级文明城区”荣誉称号。建立实施文明单位常态化创建考评机制、“门前三包”四级街长制，正式推出“同安文明卫士”App。建立城市管理考评月点评会制度，推动一大批管理盲区落实管理责任部门解决热点、难点问题。完善“第三方”暗访考评机制，加强考评成果运用，考评结果通报成为指导城市综合管理的重要依据。推进群众性精神文明创建活动，在同安区举办厦门市第十二届和谐邻里节开幕式。围绕乡村振兴战略，深化乡风文明建设，重点推动新时代文明实践中心建设。在城乡拓展“银城文明引力波”公益广告阵地，深化移风易俗工作。五显镇垵炉村、莲花镇军营村、汀溪镇前格村、同安区国税局分别获中央文明委表彰为全国文明村、全国文明单位；在福建省精神文明建设成果表彰中，全区共被表彰省级文明单位17个，文明校园4所，文明村镇9个，文明社区2个；在厦门市精神文明建设成果表彰中，全区共被表彰市级文明单位46个，文明校园36所，文明村14个，文明社区19个；在同安区2018年度精神文明建设成果表彰中，全区共表彰区级文明单位65个，文明校园84所，文明村镇46个，文明社区19个，文明风景旅游区3个。

【文明单位常态化创建考评机制建立】2018年，同安区建立文明单位常态化创建考评机制，转变“一阵风”“走马观花”的考评方式。根据市级城市综合管理考评标准，重新设置区级市容管理考评项目和标准。聘请社会监督员及志愿者总计12人组成考评组，坚持每周对各级文明单位进行常态化抽查考评，并将考评结果作为推荐评选各级文明单位的主要依据。全年对现届各级文明单位、学校、村居完成一轮常态化考评。

【“同安文明卫士”App正式推出】2018年，区委文明办正式推出“同安文明卫士”App，纳入市容、环卫、绿化、市政、交通、两违、环保、消防、土头等9项城市管理职能。年内完成软件二期建设，新增“交通违法行为”一键拍、道路信息化管理等子系统及“图片编辑”等新功能。广泛发动机关事业单位职工、热心市民注册App，开展文明督查和文明志愿服务工作。至年末，在App登记的创建督查工作人员8023人，市民志愿者9811人。全年上报、处理城市管理事件179933件，月均长期保持在1.3万件以上，整改率达到98.5%以上。

【“银城文明引力波”】2018年，同安区继续开展“银城文明引力波”活动。在城区办公区域、综合文化站（服务中心）、公园广场、景区景点、主次干道、背街小巷、公共场所、社区小区等区域开展公益广告宣传。新建81个广告牌宣传栏，在城乡累计建成公益广告880个，开展社会主义核心价值观、深化文明城市创建、未成年人思想道德建设、文明树新风（文明旅游、文明交通、垃圾分类、生态文明、“八不行为规范”、道德模范、志愿服务）等宣传。

【移风易俗攻坚年活动】2018年，同安区开展移风易俗攻坚年活动，出台移风易俗奖励激励办法，推动村（社区）将民俗日活动转化为成立各类慈善教育基金或举办文体活动，视活动规模大小、参与人数多少给予最高3万元专项补助。开发移风易俗App智能管理系统，通过扫描二维码，从“事前申报”和“事后报告”窗口实时申报、“检查”窗口实地实时上传检查信息，“统计报表”自动生成分析报告等，形成跨行业、跨领域、多层次，全民共管、全民参与的立体督查体系，实现移风易俗工作高效管理。持续深化民俗日不宴请、红白喜事简办等工作，广泛宣传把满月宴变成“敬老节”、民俗节变成“文化节”、民俗日变成“爱心日”、非遗民俗转为乡村大舞台等移风易俗先进典型，全年为群众节约开支3.52亿多元。经调查群众对开展移风易俗知晓率为93.9%，支持率为96.5%，满意率为96.7%，被省纪委以“做得好的地区”全省通报表扬，在全省督查中排名第二，在厦门电视台移风易俗访谈节目中被作为典型推广。

【新时代文明实践中心建设】2018年，同安启动新时代文明实践中心建设。区级建设文明实践中心，8个镇街建设新时代文明实践所，社区建设文明实践站，开展文明创建工作，深化乡风文明建设。全年建设18家典范实践所（站），3家达标实践站。建立“一点多核”建设推进模式，即“1个中心+8个实践所+N个实践站+N个实践岗”。建设“5+N”平台模式，以理论宣讲平台、教育科技、文体健身、科技科普、乡风文明五大平台为主体，同时延伸“5+N”项实践功能拓展，融合乡村振兴战略、典范村居建设、基础设施提升、村居务民主管理、村居民自治、社会组织培育发展、社区精神塑造及长效管理机制等功能。树立“党建统领+文明实践”工作模式，通过文明实践站平台，推动党员在文明创建中发挥带头模范作用。开展“党员+”实践活动，制定“文明实践”清单，以“菜单”的形式向基层配送资源和服务，增强实践服务的针对性和精准度。文明实践中心成立13支区级志愿服务总队，各文明实践所、站相应成立志愿服务队，广泛开展实践“微心愿、微心语、微公约、微事迹”志愿服务；开展“送志愿、送服务、送温暖、送政策、送科技、送文化、送岗位、送健康、送科普、送项目、种文化、种队伍”“十送两种”志愿活动。

【志愿服务网络完善】2018年，同安区完善以区志愿者联合会+志愿服务孵化中心+志愿服务驿站（点）“一核多点”的志愿服务网络，新增2家志愿服务驿站；以“920就爱您”志愿服务联盟为平台整合志愿服务队，新增志愿服务队34支2300人；在“志愿厦门”网站新增注册132支志愿队伍，新增注册志愿者6300多人。至年末累计12家志愿服务驿站，以“920

就爱您”志愿服务联盟共有 563 支 2.78 万名志愿者队伍。“志愿厦门”网站发布 2118 个服务项目，有社区服务、敬老服务、关爱儿童、法律维权、助残服务、文明礼仪、文化教育等 20 个大类，服务总时长 59.4 万小时。

【志愿服务超市 + 星火工程项目】 2018 年，同安区实施“同安区志愿服务超市 + 星火工程”。结合实施乡村振兴战略，在乡村培育志愿服务组织，依托 920 志愿服务联盟旗下的 42 支专业志愿队，采用“1+1”“1+N”“2+1”等模式，与 114 个村（居）结对共建，通过开展“送志愿、送服务、种志愿”系列活动，协助全区各村居培育志愿服务组织，把志愿服务从城市延伸到乡村。至年底，乡村志愿队新增 34 支总计 2300 人，广泛开展洁净家园、平安创建、社区服务、敬老服务、关爱儿童、助残服务、文明礼仪、文化教育、医疗卫生、环保宣传、植树造林、河流治理等志愿服务活动。

【最美新同安人评选活动】 2018 年，同安区首次举办最美新同安人评选活动，进一步激发外来员工创业创新热情，营造关心关爱流动人口的社会氛围，让外来员工更好地融入富美同安建设。活动由同安区文明办联合厦门日报社举办，采取单位举荐、公众推荐、个人推荐 3 种方式，在同安区各类企业、事业、机关单位工作的籍贯（原籍）非厦门籍贯的外来人员中开展评选，评选条件为行业先进典型、见义勇为模范、公益事业模范、为社会经济发展作出较大贡献者等。活动自 7 月底启动征集，8 月初进行报名、线上推选，10 月为线上投票时间，11 月底为专家评审阶段。12 月评选结果揭晓，首届“最美新同安人”共 10 人，全部来自全区各行各业基层一线职工，分别为医疗专家、企业技术骨干，公检法办案能手、志愿者协会领头人等。12 月 5 日，在工业集中区举行同安区首届“最美新同安人”颁奖典礼，10 名外来员工杰出代表被同安区文明办授予“最美新同安人”称号。

【未成年人德育】 2018 年，同安区深入开展社会主义核心价值观教育引导系列活动。在全区中小学校广泛开展“扣好人生第一粒扣子”主题教育系列实践活动。以培育和践行社会主义核心价值观为主线，以“扣好人生第一粒扣子”为主题，在未成年人中深入开展理想信念教育、社会主义核心价值观教育，建好未成年人正确世界观人生观价值观的根基。在“两堂一校”（同安孔庙道德讲堂、同心父母学堂、云埔小学传统文化示范校）的基础上创设“流动父母学堂”，继续开设“孔庙道德讲堂”，面向成年人讲授优秀国学教程，2018 年开展“德润人生”系列课题 36 场；在同安孔庙、莲花中心小学、云埔小学、新星小学等单位举办优秀传统文化进校园，进课堂等活动，累计 96 场次，累计受益人数达 3000 人左右；在莲花中心小学开展“传承之道——立德树人，做学生一生的贵人”的“种子讲师”的教师培训；在前格“国学教育实践基地”举办“传承之道——德行天下，陪伴孩子绽放生命的光辉”系列“书香家庭”讲座；推动新星小学示范型“书香校园”的校园文化建设工程及传统文化校本教材的编写，于 9 月 28 日在新星小学举行传统文化进校园的成果会演。创设“亲子悦读成长计划”品牌活动，在进修附属小学、新星小学、区少儿图书馆、区图书馆、馨贝昉幼儿园、同心慈善会、樊登小读者同安分会等地，通过形式多样的阅读方式培养孩子爱学习、爱动脑的良好习惯，加强记忆，传授生活小常识等，全年共开展 51 场，总阅读人次 29861 人次。

2018 年 3 月 4 日，志愿服务超市 + 星火工程启动仪式举行

（区委文明办供图）

【“高山上的阅读”主题教育实践活动】 10 月，同安区创设“高山上的阅读”主题教育实践品牌项目。区委文明办联合同心慈善会实施项

目，以莲花镇的白交祠、军营村教学点为试点，在周末及法定节假日，通过志愿者陪伴孩子阅读的形式，培养农村儿童养成“爱读书、读好书、善读书”良好阅读习惯，提高思想道德素质、文化素质、阅读水平。至年底，共开展11场课程，参与讲师8人次，志愿者累计达92人次；参与学生210人次。

【“儿童五防”进校园活动】 2018年，区委文明办联合同安区恒星义工协会开展“儿童五防”进校园活动，同安区恒星义工协会在云埔小学等10所乡村学校开展20堂防性侵、防拐卖、防校园暴力、防灾害、防意外“儿童五防”安全课，受益学生1191名，参与志愿者112人次。

【“同·安心工程”创设】 2018年，同安区创设“同·安心工程”心理健康辅导工作品牌，强化全区情理健康辅导工作。区心理健康辅导站全年接待个体心理咨询870人次，其中面对面咨询532人次，电话及网络咨询338人次。各类活动共计开展70场，受益人数3000多人。开展20场“安心家园——父母成长沙龙”系列活动；教育经验分享会1场；进校园讲座11场；团队培训14场；进企业讲座6场；进社区讲座4场；大型公益讲座活动8场；志愿者培训会议12场；协助举办全市未成年人心理健康辅导站业务工作会。微信公众平台微信总关注人数2000多人，共推送出600多篇微信宣传软文，文章平均点击率达百次以上。举办同安区第一届“维护自尊，学会自爱”主题校园心理剧比赛活动，促进青少年身心健康。

【首届同安区小学生研学活动】 2018年，同安区开展首届小学生研学活动，通过各种参观实践活动，研究学习历史文化。5月26日，在汀溪镇路下村举行启动仪式，来自同安区26所学校的200名学生参观叶拱南故居、叶成章故居、南洋寨等，学习汀溪珠光青瓷的知识，动手体验中国陶艺、插花工艺等，完成研学实践记录。全区14个社会实践基地共接待团队5000多批次，接待未成年人60多万人次。

（林文足）

统战工作

【概　况】 2018年，同安区统战部坚持以习近平新时代中国特色社会主义思想为指导，深入贯彻落实中共十九大精神，推动全区统战工作。全年召开全区统战工作会议1次，布署全年统战工作。举办2018年度同安区统战系统理论学习培训班，学习贯彻习近平总书记新时代统一战线新思想。组织召开4场参政议政会，听取各民主党派、工商联和无党派代表人士的意见和建议。持续打造“同心”行动公益品牌，开展救灾、救困、扶贫等活动，全年共计发动捐资约50万元，扶持282人次侨界贫困户、贫困生。指导各宗教活动场所和民间信仰点接待海内外来访团37团2200多人次。汇编同安区统一战线参政议政《调研文选》第九集。

【巩固统一战线思想政治基础】 2018年，区委统战部以习近平新时代中国特色社会主义思想为指导，深入贯彻落实中共十九大精神，开展统战领域思想政治工作。在市委党校举办为期3天的全区统一战线理论学习班，来自全区的各民主党派、工商联、无党派代表人士共100余人参加学习培训，集中学习习近平总书记新时代统一战线新思想。支持各民主党派、无党派人士深入开展“不忘合作初心，继续携手前进”主题教育活动。在非公有制经济人士中深入开展以“守法诚信，坚定信心”为重点的理想信念教育活动。在党外知识分子和新的社会阶层人士中深入开展践行社会主义核心价值观主题活动。在宗教界人士中开展《宗教事务条例》宣传培训。结合纪念中共中央发布“五一口号”70周年，组织统一战线广大成员开展座谈交流、传统教育、社会服务、文艺会演等形式多样的纪念活动，组织重新学习“五一口号”精神。

【协商议政】 2018年，区委统战部组织召开4场专题参政议政会，分别听取各民主党派、工商联和无党派代表人士对党风廉政建设、教育资源配置、民生基础设施建设、乡村振兴方面工作的意见和建议。全年各民主党派共完成38个调研课题，提出意见建议63条，有5篇建言在《银城内参》刊登。

【新的社会阶层人士统战工作】 2018年，区委统战部增设同安区人才创业园新的社会阶层人士联谊点，完善和提升同安新阶层代表人士联谊交友线上线下平台，加强新的社会阶层人士的统战工作。3月18日，组织新阶人士到五显鑫美园、竹坝百利种苗等农业园区考察调研。4月27日，推荐我区5位新的社会阶层人士参加市委统战部举办的“改革开放40年——我与厦门共成长”访谈活动。7月23日，市委统战部副部长郑秀文一行到同安区调研新的社会阶层人士统战工作情况，并在同安工业大学新阶联络点与部分新阶人士座谈。

【党外代表人士队伍建设】 2018年，区委统战部分别推送4名党外代表人士参加市委统战部“党外科级干部培训”和“第八期新的社会阶层人士培训”学习班。推荐2名党外干部到镇（街）挂职锻炼。

【海外、港澳台同安社团联谊】 2018年，同安区与海外及港澳台地区80多个同安社团开展联谊活动。6月7日，接待到厦参加海峡论坛的台湾地区金门同乡会一行60人到环东海域参观考察。6月19日，接待马来西亚同安厦门金门联合总会总会长郭明发、新加坡同安会馆会长陈汉栋等第十一届世界同安联谊大会筹委会主要成员到访同安，就第十一届世联会在马来西亚举办的事项进行交流沟通。10月26—28日，第十一届世界同安联谊大会在马来西亚巴生区召开。区委书记黄燕添率领同安区代表团参加大会，与来自世界各地的16个国家和中国港澳台地区的80多个社团2000多名海内外同安乡亲共叙乡情、共谋发展。12月18—21日，接待马来西亚金厦同翔陈氏宗亲会会长陈厚梁一行13人到访同安，开展联谊交流、商务考察活动。同月21—22日，第二届同根同源闽台民俗文化节在东山古庙举行，来自台湾地区的20家社团200名台胞参加。

【海外、台港澳新生代联谊】 2018年，同安区全年共举办缅甸华裔青少年夏令营、菲律宾漳厦龙同海总会华裔青少年“寻根之旅”夏令营、印尼华裔青少年“中国寻根之旅”夏令营、北美华裔青少年寻根之旅和马来西亚五条港“故里同安——银同之旅”冬令营等5期海外青少年夏（冬）令营活动，266人次参加。与华侨大学联合举办华侨大学境外学生“走进侨乡——古城同安行”活动，来自南非、安哥拉、刚果、马来西亚、阿拉伯、柬埔寨、菲律宾、新加坡、越南、日本、泰国、缅甸、朝鲜、老挝等十几个国家及中国香港、澳门、台湾地区的250多名华侨大学2018级境外新生参加。

【统战信息宣传】 2018年，区委统战部向市委统战部报送信息65条，其中20条信息被市委统战部采用，4条简讯在《厦门统战信息》刊登；向区委、区政府信息报送平台报送信息40条，其中5条被同安区委、区政府信息报送平台采用。

（钟杨燕）

2018年12月11日，“故里同安——银同之旅”冬令营团员在朱子学院合影

（区委统战部供图）

纪检监察

【概　况】 2018年，区纪委监委以监察体制改革为契机，建立落实主体责任“五责同步”（规范清单明责、监督检查督责、点评通报压责、面对面评责、问责促责）工作法，持续推动全面从严治党向纵深发展。由全区各党委（党工委）自查、提交问题清单，由区领导带队对大同街道、区经信局等18个党（工）委开展年度检查考核，发现问题253个，提出问责建议18条，问责6人，督促建章立制20项，组织对15个单位“三公”等经费支出进行检查，督促整改存在问题。全年共对19人次进行责任追究。全区运用监督执纪“四种形态”处理415人次，其中，第一种形态处理（谈话函询）319人次；第二种形态处理41人；第三种形态处理34人；第四种形态处理21人。采取留置措施4人。制定《区纪委监委领导班子成员工作分工》，明确每个班子成员挂钩联系1～2个基层党委。成立区村（居）级组织换届选举监督委员会，加大综合协调、资格审查、信访受理和案件查办等重点环节跟踪监督力度。强化对村（居）“两委”成员候选人资格条件审核把关，取消候选人资格158人。全年共办理检控类信访举报403件，处置问题线索251件。上报立案84件，结案76件，其中组织纪律3件，违反中央“八项规定”精神和廉洁纪律17件，违反工作纪律8件，违反国家法律法规56件。立案查处84人，其中

科处级干部9人，涉嫌违法犯罪移送司法机关处理4人，给予行政记过处分1人，党内警告31人，党内严重警告9人，留党察看3人，开除党籍31人。

【区委巡察工作】 2018年，区委围绕重点人、重点领域和重点问题，开展巡察监督工作。实行巡审结合工作机制，结合年度审计重点和工作计划开展巡察，巡察审计同时进驻，相互协作，形成巡察、审计双轨并行合力。建立“一巡一指定”工作机制，每轮巡察指定一个区纪委纪检监察室对接巡察组，及时移交扎实、可查性强的问题线索，推进巡察与执纪审查无缝对接。前五轮巡察17个单位，共移交问题线索79条，立案17件，党纪政纪政务处分17人。通过梳理巡察发现党建工作不规范、村（居）“三资”管理不到位、国有资产管理不规范、工程项目建设管理不规范等普遍性问题和共性问题，向组织、农林、财政、建设等相关职能部门提出巡察建议15条，督促完善制度机制。对区委前五轮常规巡察的17家单位巡察整改落实情况开展专项督查，进一步推动问题整改到位。

【完善纪检监察派驻机构】 2018年，区纪委监委建立派驻机构监察机制。向全区8个镇（街）派出监察组，并授权相应监察职责，加强镇（街）监察工作。面向全区遴选干部和购买服务人员充实派驻机构，完善派驻机构统一管理和督查考核机制。8月，下发《同安区基层纪检监察机关分片“推磨式”案件审理工作操作规程（试行）》，在基层成立五个片区审理组，采取互不交叉循环方式开展案件审理工作，保证基层案件质量，有效提高基层纪检监察干部的业务素质。全年共审理案件13件。

【专项督查】 2018年，区纪委监委持续开展落实中央“八项规定”精神“1+X”专项督查工作。围绕公车管理使用、公款吃喝、公款购买节礼、大操大办婚丧喜庆事宜、违规使用工会经费等方面，会同各“1+X”相关职能部门，组织对全区各镇（街、场、开发区）、区直各单位、国有企事业单位内部食堂、停车场、温泉酒店、农家乐等场所严格开展监督检查120批次，针对检查发现的问题，向相关单位发出《督查督办通知单》19份，督促及时整改。针对领导干部利用名贵特产类特殊资源谋取私利问题，组织全区副科级以上领导干部开展自查自纠。持续推动移风易俗工作，督促各职能部门健全完善相关配套制度机制，促使工作常态化、长效化。紧盯重要时间节点，组织对党员干部、公职人员办理婚丧喜庆等事宜报备情况开展现场抽查核实。全年对3名违反移风易俗有关纪律要求的党员干部予以党纪处分，并对1名违反移风易俗工作要求的村干部予以党内警告。至年末累计为群众节约3.96亿多元。经省纪委在全省10个县（区）级联系点督查考评，同安区被列入“做得好的地区”第二位。部署开展民生资金监管、移风易俗、农村集体“三资”、教育、医疗及征地拆迁、形式主义官僚主义等突出问题专项治理工作，切实加大压力传导和问责力度。在帮扶领域腐败和作风问题专项治理检查中，发现部分单位贯彻和落实上级有关要求不到位、帮扶对象识别不精准、个别工程项目资金迟滞拨付、帮扶资金发放延迟等问题68个，发现问题线索4条；对牛蛙退养工作中存在的两起形式主义、官僚主义问题进行通报，强化警示震慑；立案查处2起帮扶民生领域腐败和作风问题。

【廉政文化建设】 2018年，区纪委监委重视发挥正反面典型案例警示作用，在重要时间节点，通过在“银城清风”微信公众号、“富美同安”App上传党内重要法规和典型案例，向全区党员干部群发廉洁短信、下发文件通报违纪违法案例等方式，加大廉政教育宣传力度。重视发挥优良家风促民风社风作用，着力用良好家风涵养社风民风。推动与厦门监狱共建的廉政警示教育基地项目建设，在厦门监狱内设置廉政教育展馆，用身边的反面典型对党员领导干部进行廉政教育。

【纪检监察队伍建设】 2018年，区纪委监委结合监察体制改革，开展综合业务、审查调查安全、医疗急救知识等培训5期，332人次参与，推动执纪审查与依法调查顺畅对接，促进人员融合和工作磨合。选派1名镇纪委副书记到市纪委挂职锻炼，1名机关干部到省纪委跟班，外派参加上级各类培训28人次，推动提升履职能力。制定《关于开门搞监督促进作风转变的实施意见》，建立区纪委监委密切联系基层联系群众的机制。健全完善全区纪检监察系统干部廉政档案，新建纪检监察干部廉政档案19份，做到一人一页。发挥干部监督机构作用，严格查处对反映纪检监察干部的问题线索，全年无约谈、处理纪检干部。

【涉黑涉恶案件查处】 2018年，区纪委监委开展涉黑涉恶案件查处。梳理2013年以来涉黑涉恶信访问题线索29条，严肃查处一起党员干部涉恶典型案件，并在全区范围内点名通报，形成有力震慑。

（张　伟）

机关效能工作

【概　况】2018年，区效能督查办开展机关效能建设、市区绩效管理、重点项目推动、工作作风改进和群众投诉办理等工作，完成8轮市级绩效跟踪督办，4轮区级绩效跟踪协调，4轮省、市级效能督查；督办书记批示件270件，其中12份整份纪要跟踪，每日一督1件，两日一督1件，每周一督6件，每月一督1件；办理区长批示件24件；网上受理效能投诉89件，接收群众投诉电话586件次，接待来访群众67批次，共计135人；《银城督查》发刊27期。

【效能督查】2018年，区效能督查办开展省、市、区效能季度督查。围绕重点项目、“12345”便民服务平台、行政服务质量、补齐民生社会事业短板、群众诉求等工作，开展区级效能督查，涉及25个部门，形成专报件。针对督查过程中存在的问题，要求各部门举一反三，开展自查自纠，并由牵头部门开展“回头看”。与建设局、执法局、行政审批中心等部门开展多次联合督查，将指导、跟踪、督办相结合，提升垃圾分类、“两违”治理、行政服务质量等方面工作，改善市对区绩效薄弱环节。开展区领导督办件督办工作，抽调5个挂职干部，成立2个督查组，针对流域治理、乡村振兴、地质灾害治理、滨海旅游浪漫线管护等291件重点工作开展督查。全年《银城督查》通报27期，涉及窗口服务、项目进展、专项工作等方面总计476个需整改问题，至年末基本整改完成，整改率99.57%。被省市效能督查通报共计5件，比2017年少9件。

【市对区绩效指标清单管理实施】2018年，区效能督查办实施市对区绩效指标清单管理。针对市对区绩效指标制定满分工作清单，由牵头单位紧密对接市级相应部门，围绕清单开展指导、跟踪、协调工作，各职能部门配合牵头部门具体落实细则。区效能督查办开展绩效指标自评工作，针对落后指标开展督查，推动绩效指标成绩向满分靠拢；开展8轮跟踪协调，对满分工作清单的扣分隐患点进行协调跟踪，以清理隐患为导向加强部门间协调机制，推动各责任部门做好对标工作；根据指标落实情况进行滚动式管理，到相关部门开展11轮走访、指导、协调和督办。截至12月上旬，跟踪解决117项，涉及执法局、安监局、河长办、司法局等各部门内页资料收集整理上报备检工作，部分项目开工要求，便民服务代办点全覆盖，2017TP04地块入统，垃圾分类工作，技改专项指导等工作。

【区级绩效管理体系完善】2018年，区效能督查办与市对区绩效考评体系紧密对接，完善区级绩效管理体系。完善指标设置，删除21个不具可比性指标，增设32个指标，共设置76个区对镇指标。调减部门自评分值，新增组织建设、环保工作、企业服务、人才工作等46项专项工作指标。优化考核范围，增加对重大办、前期办、道交办、强村办4个临时牵头单位的考核，实现对各级各部门覆盖，同时对抽调到区委办、政府办、重大办、前期办、道交办、强村办等6个部门的挂职干部，按挂职单位的绩效等次发放奖励，鼓励干部挂职锻炼。突出正向激励，将机制创新成果被选送参加省级评选并获得前三名的、单位获得区主要领导的肯定和表扬性书面批示或公开表扬的（有书面表彰）、单位工作有创新，领导和社会公认等纳入激励项目，同时根据市对区考评指标在6个区中获得名次排名予以加减分。

（上官玲妍）

区直机关党建

【概　况】2018年，区直机关党工委深入学习宣传贯彻习近平新时代中国特色社会主义思想，坚持全面从严治党，组织开展党支部达标创星活动，组织召开区直机关党的政治建设推进会，集中培训党务干部，全面提升机关党建工作水平。指导2个机关党总支升格为机关党委、2个机关党支部升格为党总支，指导77个基层党组织换届选举。全年区直机关新发展党员10名，预备党员转正2名。截至年底，机关党工委辖机关党委2个，直属党总支14个，直属党支部28个，分设支部92个，共有党员1800名。

【习近平新时代中国特色社会主义思想“大学习”活动】2018年，区直机关党工委组织开展习近平新时代中国特色社会主义思想“大学习”活动。成立理论宣讲小分队，进机关、进农村、进社区开展宣讲。组织中心组理论学习16次，所属基层党组织开展专题学习984次、宣讲活动256次、研讨交流233次，举办专题培训班34次，选送3部作品参加全市首届党员教育微视频大赛，1部作品获奖。

【党员教育培训】2018年，区直机关党工委组织党员干部到海沧井延革命教育基地、闽南地委厦门市工委革命旧址、军营村等地开展现场教学，各党总支、党支部组织党

2018年10月29日，同安区直机关党务干部党性教育专题培训班在大别山干部学院开班　　（区直机关工委供图）

员干部参加1251人次。9月，召开区直机关党的政治建设推进会，深入学习贯彻习近平总书记关于加强中央和国家机关党的政治建设重要指示和中央、省市有关会议精神，组织区直机关党组织书记参观同安公安分局党员活动中心建设“模范机关”展览。10月，组织44名区直机关党务干部到大别山干部学院进行党性教育专题培训。

【党支部达标创星活动】2018年，区直机关党工委开展党支部达标创星、规范提升活动。以党支部为基本单位，依托“厦门党建e家”平台，按照摸底排查、建立台账，分类指导、开展创建，逐家验收、评级定星，跟踪管理、改进提升等四个步骤要求，对所属党支部进行评级定星，按照比例评选出区委党校党支部等19个先进党支部，以点带面、典型示范，推动区直机关所属党支部建设水平整体提升。对基层党组织会议、活动、台账、记录、党员管理进行规范，进一步推进机关党建工作规范化、制度化、科学化。制定《基层党建工作重点任务清单》，实施党建工作每月一次集中汇报、半年一次部署推进、年度一次述职考评等有效制度措施。加强党员活动阵地建设，制定《党员活动室建设管理规范》，对区直机关各支部党员活动室设置标准、使用管理等进行规范。

【党建主题活动】2018年，区直机关党工委开展“新思想、新担当、新作为”专题学习讨论，引导机关党员干部结合岗位实际，对标新思想找差距，增强履职担当、积极作为的自觉性。开展“加强作风建设激励担当作为专项行动”，引导区直机关党员干部进一步转变作风，强化责任意识、担当意识和奉献意识。围绕“勇当排头兵、机关作表率”主题，利用主题党日开展重温入党誓词、踏红色印记践初心等主题实践活动154次。

【区直机关党风廉政建设】2018年，区直机关党工委组织2轮全面从严治党主体责任落实情况检查督导，对照年初制定的责任清单、全年党建重点工作任务以及上级党委要求，指导督促各基层支部认真抓好工作落实。针对巡视巡察中发现的组织生活会不够深入、会议记录不够规范等机关全面从严治党问题，督促机关各级党组织落实整改。开展“厦门党建e家”平台巡查，检查基层党支部在落实“三会一课”、主题党日活动、党组织管理、组织生活、党员管理、党费管理、工作台账、积分管理等方面存在的问题，及时通报并限时整改。

【机关文明创建】2018年，区直机关党工委协同文体局推行机关工间操制度，组织机关管乐队参加扫黑除恶专场文艺演出和纪念改革开放40周年等文体活动。协同文明办制定机关单位文明创建规范化管理办法，广泛开展移风易俗活动，联合开展文明交通、文明旅游、文明上网和文明餐桌宣传教育活动。开展形式多样的学雷锋志愿服务活动，推动志愿服务制度化常态化。组织广大机关党员干部职工踊跃参与“万人献爱心”“职工医疗互助”“无偿献血”“对口帮扶”等活动，参加各种社会公益活动2860人次；参加各种爱心捐助1500人次、36万元；组织慰问机关困难党员干部职工46人次、6.8万元。

（李开旺）

机构编制工作

【概　况】2018年，区委编办按照中央、省、市有关机构改革的部署和任务要求，全面理清全区党政机关机构编制现状及非常设机构设置现状，扎实做好区级机构改革基础性前期准备工作。完成全区186家事业单位法人2017年度报告公示工作，办理注销登记3家、变更登记87家120项，新设立登记9家。

【“放管服”行政审批制度改革】2018年，同安区持续开展“放管服”行政审批制度改革。区委编办推行“简证便民”措施，梳理出要求相对人提供的证明材料93项，经审核精简后，取消42项，保留51项；梳理出为相对人开具的证明事项58项，经审核精简后，取消17项，保留41项；全面梳理镇街便民服务事项（公共服务）。至2018年年末，各街道便民服务事项有60项，各镇便民服务事项有44项，所有事项均已按要求在区政府门户网站向社会公开。联合区行政审批服务中心梳理全区审批服务事项特殊程序，经清理，保留58项特殊程序，取消4项特殊程序。区审改办发布《厦门市同安区行政审批制度改革领导小组 厦门市同安区行政服务中心管理委员会关于推进行政许可标准的通知》，并将《厦门市行政许可标准化实施指南》转发给各相关单位参照执行，推进行政审批标准化。大力推行网上审批、智能审批，对全区办事事项进行全面梳理整合，全面推进办事“一趟不用跑”和“最多跑一趟”，至年末全区“一趟不用跑”和“最多跑一趟”办事事项共计1153项，占全区审批服务事项总数的88%。区审改办积极推进投资领域供给侧结构性改革，组织区直各投资项目管理部门和各镇街梳理编制《厦门市同安区企业投资项目管理专项权责清单（2018年）》，总计梳理47个项目。实现投资权责专项管理，落实企业投资自主权。开展证照分离改革试点工作，在厦门火炬高技术产业开发区（同安片区）开展“证照分离”改革试点工作，采取审批改备案、实行告知承诺制、优化审批流程、简化审批材料、压缩审批事项6种改革方式，涉及区卫计局、区文体局、区安监局、区交通运输局、区财政局5个部门的18个审批服务事项，进一步推进政府职能转变，营造一流营商环境，激发市场活力。调整权责清单，梳理全区对应取消行政权力和公共服务事项10项，承接市下放行政权力和公共服务事项2项，调整行政权力和公共服务事项26项；梳理全区对应承接行政许可事项5项，调整行政许可事项1项，取消行政许可事项11项；梳理形成全区行政协助事项清单共计88项并上报市审改办；配合区安委办梳理安全生产权责清单。

【政务服务质量提升】 2018年，区审改办联合区行政服务中心管委会、区效能督查办联合印发《关于健全各级各部门办事窗口督查机制提升窗口服务质量的通知》，形成“一季度一督查”常态督查机制；制定《同安区审改办明察暗访督查工作作风服务质量细则》，从出勤管理、行为规范、卫生环境、效廉监督、业务能力、服务态度、便民自助、窗口设置等方面对服务质量提出具体的标准和详细的要求，健全各级各部门办事窗口督查机制，提升窗口服务质量。

【事业单位改革】 2018年，同安区开展各类事业单位改革。推进生产经营类事业单位改革，撤销厦门市同安区福利印刷厂事业单位建制，收回事业编制10名，改制基准日为2018年6月30日。完成全区国有林场改革，整合福建省同安汀溪国有防护林场和福建省同安祥溪国有林场，整合后的机构名称为“福建省同安双溪国有林场”，为隶属于区农业与林业局管理的公益一类事业单位。

【事业单位职能调整】 2018年，同安区合理调配事业单位机构编制资源。按照精简、效能的原则，对于因工作需要承担某项职责的事业单位，根据其所承担的工作量，原则上不增设机构、不新增事业编制，只在原有机构加挂牌子。在厦门市同安区信访服务中心加挂“厦门市同安区政务热线服务中心”牌子，增加负责“12345”群众诉求件的批转与审核工作等职能。厦门市同安区突发公共事件应急中心加挂“厦门市同安区预警信息发布中心”牌子，由区气象局牵头承担预警信息发布平台的运行管理和预警信息发布相关工作的职责。

（卓玉山）

党校教育

【概　况】 2018年，区委党校举办各类培训班15期，受训学员1500余人次。其中，2期科级干部进修班和2期处级干部进修班104人；1期军转干部培训班103人；2期入党积极分子培训班197人；1期年轻干部班31人；5个专项培训班183人；与区委组织部合办2期习近平新时代中国特色社会主义思想轮训，基本覆盖全区处级以下领导干部。高山党校全年共举办126个班次的党员干部培训，共培训党员干部6087人次。

【课程设置】 2018年，区委党校坚持主业主课，突出习近平新时代中国特色社会主义思想在培训中的中心地位。在主体班教学中确保马克思主义理论教育和党性教育不低于总课时的70%，党性教育课不低于总课时的20%，确保每个班次都把学习习近平新时代中国特色社会主义思想作为核心必修课，并占理论教学主课程的50%以上。统筹抓好中央、省委、市委、区委重大决策部署的学习培训，深入开展理想信念教育、党的宗旨教育、道德品行教育、法治思维教育、反腐倡廉教育、扫黑除恶教育等，加强《关于新形势下党内政治生活的若干准则》《中国共产党廉洁自律准则》《中国共产党纪律处分条例》《中国共产党问责条例》等党内法规以及党内有关规章制度的学习教育。组织学员到江西瑞金、陕西延安等红色教育基地开展党性教育活动，传承红色基因。以服务区委中心工作为导向，邀请同安区委常委、组织部部长、党校校长王秀珠到主体班上党课《以提升组织力为重点夯实基层基础》。根据干部履职需要开设有针对性的实务课程，先后开设领导力与执行力及其提升、实施乡村振兴战略中的问题与对策、贯彻执行新时代保密法、统计法及相关知识解读、新安全法解读、交通先行助力“乡村振兴”等。

【教学基地建设】 2018 年，区委党校加强教学基地建设。做大做强军营村、白交祠村高山党校教育教学基地品牌，2018 年编写印制特色教材《阳光照耀下的军营村》《春风和煦白交祠》各 2000 册，组织修订特色教材《习近平同志在同安下基层》，聘请 4 名当年习总书记到两村的见证者作为现场讲解教师。修缮现场教学点，对基地农家乐用餐点用餐环境、卫生、食材进行监管。每天都有来自全国各地的大中小学校学生老师、企业职工领导、事业单位党员干部到高山党校接受党性锻炼，2018 年共计开展 126 个培训班次、6000 多名党员干部接受培训，与 2017 年相比实现培训班次与培训人数翻一番。12 月，新增苏颂故居芦山堂同安区党员干部教育培训基地，以北宋科学家、历史文化名人苏颂的为官品德、为人作风、家风家训为培训内容，改进干部作风，致力于培养一支忠诚、干净、有担当的干部队伍。

【课题研究】 2018 年，区委党校组织教师围绕“改革开放 40 年的历程、经验与成就”“新时代全面从严治党”“习近平同志与同安改革发展的思想与实践”等主题，深入开展理论研究工作。积极参加庆祝改革开放四十周年征文活动，撰写了《关于建设现代化经济体系的几点思考》《全面从严治党，提高发展党员质量》《全面推进依法治国的总目标》《习近平同志指导同安农村改革发展的思想与实践》4 篇理论文章，其中《习近平同志指导同安农村改革发展的思想与实践》获得同安区委宣传部举办的“庆祝改革开放 40 周年征文活动”一等奖。组织教员深入基层调研和外出考察，共计撰写调研文章 8 篇。其中《凝神聚力推进同安发展》《正确认识和处理乡村振兴战略实施过程中的三大关系》分别于《厦门日报》《厦门特区党校学报》发表。撰写《关于加快北部生态区乡村旅游发展促进农民转产增收》《发挥人大职能作用，推进我区乡村振兴战略有效实施的思考》《正确认识和处理乡村振兴战略实施过程中的三大关系》《农村产业发展助推脱贫攻坚的经验及提升策略》4 篇调研论文，供区委区政府决策提供参考。

（叶　菁）

信访工作

【概　况】 2018 年，同安区共受理群众信访 14439 批 17793 人次，比上年分别上升 35.22%、20.52%。信访总量 14439 件，比上年上升了 35.22%。其中，来访 721 批 4075 人次，比上年分别下降 14.57% 和 17.32%，集体访 156 批 2989 人次，比 2017 年分别下降 7.69% 和 13.46%，进京越级访 16 批 21 人次，批数比上年下降 23.81%，人次与上年持平，进京到非接待场所上访 2 批 2 人次，分别比上年下降 71.43% 和 77.78%；来邮 93 件，比上年下降 1.08%；政民互动 1432 件，比上年下降 31.74%；来信 637 件，比上年上升 29.73%；“12345”便民服务平台 11556 件，比上年上升 61.55%。保障区领导 42 人次开展接访约访，接待群众 39 批 402 人次，带动普遍性、倾向性问题成批解决。5 月 28 日成立村（居）换届选举信访受理组，至 11 月共转送交办 227 件信访举报。维护全国“两会”、数字中国建设峰会、上合组织峰会、第 20 届投洽会等重要会议期间的信访秩序稳定。

【“四类重点”信访矛盾攻坚战】 2018 年，区信访局制定《打好信访矛盾化解攻坚战方案》，以信访矛盾化解为主攻方向，细化阶段任务，分解工作责任，开展“重点领域”“重点群体”“重点问题”“重点人员”信访矛盾攻坚战。全年共化解中央信访联席办交办的信访件 2 件，省级信访积案 1 件，市级信访积案 5 件，吕某某、胡某某、庄某某等重点突出信访问题 18 件。

【信访矛盾纠纷排查】 2018 年，区信访局推广厦门会晤时矛盾纠纷排查的好经验，通过网格排查、逐级预警、联动化解、依法处置等措施，努力把问题解决在初始阶段、把矛盾化解在当地。全年共召开矛盾纠纷排查月例会 9 次，排查化解矛盾纠纷 27 件。

【信访多元化解机制强化】 2018 年，区信访局强化信访多元化解机制。将群众反映比较激烈的重信重访事项纳入专案评审、公开听证、复查复核范围，发挥第三方力量在处置重复信访、化解矛盾纠纷的重要作用，减少重信重访存量。全年共专案评审3件、公开听证2件，开展复查复核47件。

【法治信访建设】 2018年，区信访局进一步深化诉访分离改革，深入推进依法分类处理信访诉求工作。全年开展宣传活动3次，发放宣传册400多份，引导15批进入法定途径维权。完善律师参与信访工作制度，确保各类诉求在法治轨道上得到妥善解决，全年律师共参与接待群众36批296人次。加大对到非接待场所上访行为的处置力度，进一步规范信访秩序。全年共有2批2人次进京到非接待场所上访，区信访联席办均及时移送公安机关依法处置。

【信访工作效能督查】 2018年，区信访局建立常态化的带案督办与专项督查工作机制，跟踪落实重点信访事项特别是区委区政府主要领导接访事项妥善解决。全年共召开协调会33次、现场办案19次，实地督查13次，其中3次会同区效能督查办进行联合督查，进行全区通报4次。

【便民服务工作机制优化】 2018年，区信访局健全便民服务投诉办理配套制度，梳理完善便民服务事项清单，优化便民服务工作机制。出台《同安区信访局12345平台诉求事项办理责任制度》，健全流转机制、督办机制和考评机制，梳理便民服务事项清单90项。加强“12345”便民服务平台操作业务培训，着力提升“及时接收率、联系率、答复率、反馈率”四率，推动信访事项办理流程规范化。全年共开展业务培训3次，便民服务事项接收率100%、联系率99.39%、答复率100%、反馈率100%、满意率97.68%。建立“满意度回访”机制，对来电群众通过短信形式进行满意度回访，第一时间甄别分析群众不满意的事项及原因，必要时对承办单位进行“二次交办”、实地督办。全年开展实地督办、回访9次，推动乐海城市广场噪音扰民、柑岭村垃圾无人清理等便民事项及时妥善化解。

【信访责任部门联动机制强化】 2018年，区信访局进一步强化信访责任部门联动机制。结合同安区监察体制改革，进一步加强同纪检监察部门联调联动，全年向区纪监委移送线索721条。深化信访与民事行政检察联动工作，加强线索研判及移送，全年向区检察院移送线索1195条。加强同公安部门联动。排查梳理涉黑涉恶线索188条，并及时报送公安部门。加强与环保部门联动，同安环保分局和区信访局联合成立工作组在信访局办公，受理黑臭水体专项整治信访件15件。

（赖智峰）

老干部工作

【概　况】 2018年，全区离休干部31人（含易地安置2人），其中抗日战争入伍5人，县处级以上离休干部19人；区属“5.12”退休干部10人；退休区领导23人，其中副厅级以上退休干部5人，正处（副局）级退休老领导18人，共计64人。离休干部遗属63人。同安区落实离退休老干部“听政、议政、参政”制度，全年召开2次老干部区情政情通报会，组织老干部参观市、区重点建设项目，在市委党校举办读书班。加强社区老干部工作，9月，在芸溪社区成立离退休干部党支部；12月，成立凤山、祥文社区老干部“四就近”服务站，全区老干部“四就近”服务站累计6个。

【老干部政治生活待遇落实】 2018年，同安区召开2次老干部区情政情通报会，并把参加通报会的对象扩大到全区副处级以上退休干部。3月，组织离退休干部和区级老领导考察参观同安滨城小学、滨海旅游浪漫线、厦门实验中学等市、区重点项目；11月组织区级老领导暨离退休党支部书记在厦门市委党校举办读书班，学习中共十九大精神，参观厦门“天语舟”气象科技园。为老干部及老干部遗偶发放春节慰问金198人次187600元；发放老年节慰问金75人次37500元；发放困难补助共计19人次9000元。住院慰问28人次18000元；发放异地安置在同安的离休干部生活补贴2人8400元。协助处理14位老干部治丧事宜。走访慰问安置在省内和外省的老干部和老干部遗偶，共发放慰问金4000元。

【老年大学建设】 2018年，区老年大学开设26个专业，57个教学班级，学员1982人次，学员人数比上年增加10%。8月，建设老年大学教学录播系统，使部分基层老年学校通过教学互动系统直接参与老年大学的课堂教学，也可使区老年大学和基层老年学校学员通过网站、微信点播学习。派遣教师到芸溪社区、凤祥社区和丙洲社区支教14人次，鼓励教师、学员到基层老年学校任教或开办讲座，发动专业学会与基层老年学校开展联谊活动，积极带动基层老年学校发展。鼓励各专业学会积极配合党委、政府开展各种宣传活动，成立义诊志愿者服务队和文化宣传志愿者服务队，积极开展志愿服务活动，全年到社区、乡村为群众开展文艺会演、写送春联、义诊、垃圾清理等各类服务活动50多场。每季度编辑发行一期《银城夕阳红》校刊，积极向社会宣传涉老政策、传递老干工作信息和展示办学成果。

【老年（干）活动中心建设】 2018年，区委老干局以“搭敬老平台，构康乐家园”为主题，在老年活动中心开展系列活动。春节期间与区老年福利协会联办送书画下乡、义写春联、下乡笔会活动；“五一”期间，联系企业搭爱心平台，和相关部门联办象棋、扑克、门球、乒乓球、台球、钓鱼、羽毛球等13项交流活动；“六一”期间，与区关工委组织“庆六一老少同乐”系列展示活动；与区老科协组织科普宣传健康义诊、保健讲座等。对老年活动中心楼内外各综合活动场所及室外环境进行提升改造，该项目于10月动工。

【开展机关、事业单位离退休党员干部“进社区、亮身份、献余热”活动】 1月，区委老干局开展机关、事业单位离退休党员干部“进社区、亮身份、献余热”活动。组织广大离退休党员干部到居住社区报到登记，引导老干部积极担任小区（院落）党支部书记、社区党建观察员、党小组长、楼栋长等，公开承诺“十带头”，充分发挥老干部个人专长，融入社区建设与发展实践。全区老干部参与活动336人，分别参加社区巡逻、维护市容市貌；协助小区居民垃圾分类；参与纠纷调解、意见协调等事务，发挥老干部正能量作用。

·小资料·

“十带头”：带头宣传党的政策、带头遵守法律法规、带头倡导社会公德、带头参与社区建设、带头帮扶困难群众、带头搞好邻里关系、带头维护社会治安、带头保护公共设施、带头弘扬文明新风、带头创建和谐社区。

2018年9月12日，芸溪社区离退休干部支部揭牌　　（区老干局供图）

【“老党员之家”成立】 6月27日，区离退休党工委在区老年活动中心挂牌成立“老党员之家”，为同安区离退休干部党员就近学习、活动和发挥作用提供平台，解决老党员学习活动场所不足、学习内容不够丰富、组织生活形式单一的问题。“老党员之家”定期开展各类退休党员学习活动；同时依托老年活动中心和老年大学，组织全区老干部、老年人开展文化学习、健康咨询、乒乓球、健身、门球、柔力球等形式多样的文体活动。

【同安区成立首个社区离退休党支部】 9月12日，同安区首个社区离退休党支部——芸溪社区离退休党支部正式揭牌成立。市委老干部局、区委组织部等相关部门领导及工作人员，部分社区老党员代表出席揭牌仪式。支部有在册党员22名，进社区报道的党员81名，同安区原科协主席吴宁平担任支部书记。支部成立有利于辖区老党员参加党支部的组织生活，加强离退休干部党员的教育管理，加强离休干部思想政治工作；同时也为离退休党员干部在社区发挥先锋模范作用提供平台。

（蔡志轩　陈晓莉）

党史研究

【概　况】 2018年，区委党史办积极开展党史研究和党史宣传教育活动。继续编撰《中国共产党同安历史（1949—1978）》，即中共同安党史“二卷”。开展纪念改革开放40周年系列活动，撰写《同安工业集中区的建设与发展》，参与撰写《同安奋进40年》编撰工作；举办“纪念改革开放40周年”专题报告会。积极参与筹建同安政治生活馆并提供详实史料。组织党史老专家赴南安调研，举办“纪念建党97周年、新四军东进80周年”专题报告会。

【编撰《中国共产党同安历史（1949—1978）》】 2018年，区委党史办继续编撰《中国共产党同安历史（1949—1978）》，即中共同安党史“二卷”。书稿分为四章，分别为“人民民主政权的建立和向社会主义过渡的实现”“社会主义建设在探索中曲折发展”“文化大革命”“在徘徊中前进和实现伟大的历史性转折”。

【同安区首个传承红色基因基地揭牌】 5月4日，中共闽粤赣边区厦门市委机关旧址革命活动陈列室被授予“厦门市同安区党史国史教育基地”称号，是同安区第一个传承红色基因教育基地。当日在中共闽粤赣边区厦门市委机关旧址广场举行同安区“传承红色基因 争做时代新人”主题教育活动启动仪式暨党史国史教育基地授牌仪式，区委组织部、区关工委、区党史办等相关部门及阳翟小学师生200多人出席。

（陈绳乾）

档 案 工 作

【概　况】 2018年，区档案局完成机关事业单位的立卷归档3451卷。指导全区18个单位完成至2018年的各种文件材料的收集整理工作，移交档案入馆共计3451卷。持续推进档案数字化工程，完成馆藏档案全文数字化扫描100万页，导入馆藏档案查询数据库，截至2018年年末档案馆可提供831.7376万页的全文数据查阅量。举办以“档案见证改革开放”为主题的国际档案日活动。便民服务大厅提供档案利用查询服务和政务公开信息查询服务，全年接待来访群众2560人次，查阅档案1130卷次。

同安邮政分公司设计的老时光活动纪念邮戳　　（区档案局供图）

【档案规范化建设】 2018年，区档案局出台镇（街、场）档案管理实施细则、考核机制，加大对基层立档单位进行实地的档案规范化建设监督指导，共监督指导立档单位25家，提出问题整改意见57条，涉及工作制度、八防设备设施完善等方面，至年底全面整改到位。

【数字档案工作】 2018年，区档案局继续开展2015年之前接收入馆馆藏档案全文扫描数字化工作，2018年完成馆藏档案全文数字化扫描100万页，截至2018年年末，完成档案全文数字化扫描19923件、62618卷、共831.7376万页，数据量12T，并实现对外的查询利用服务。

【国际档案日活动】 6月9日，区档案局以“档案见证改革开放”为主题举办2018年国际档案日活动。在区文化馆举办“再见老时光”老照片年代秀、《老时光里的同安》一书首日封、“慢时光胶囊”展览，即举办首日封放到邮箱、5年后寄出活动，同时展出从向社会公开征集到的11023张照片遴选出的152张照片。照片时间跨度为改革开放40年，内容涵盖人文古迹、体育精神、两岸交流等，具有鲜明的历史时代特征，具备较高的留史存档的价值。展出获得厦门日报、厦门晚报、海西晨报大版面报道，同安电视台的现场采访，共获得93968人次浏览、1983人次参与互动分享。

（叶明良　康　宁）

关心下一代工作

【概　况】 2018年，全区关工委组织209个，其中区级1个、区直机关和事业单位9个、镇（街、场）10个，农村81个，社区51个，学校32个，企业25个。关工委“五老”志愿者队伍133支，在册人数2264人。区关工委举办以传承红色基因和“三爱”（爱国、爱党、爱社会主义）、“两史”（党史、国史）教育为主题的专题报告会14场。区教育局关工委开展以《红旗飘飘，引我成长》为主题的五好小公民系列主题教育，组织中小学生参加教育部举办的征文比赛，荣获教育部优秀奖集体奖，获特等及一、二、三等奖的学生总计64名。继续推进普法宣传进学校、进社区、进农村活动。全区21个青少年社会实践基地，全年接待青少年2万多人次。全年举办夏令营62个，开展社会实践、心理拓展等活动，参加学生总计8200人次。做好乡村创新创业人才培养工作。协同农业科技部门为创业青年举办20场农业科技培训，300多人参训。同安区教育局关工委连续16年被教育部关工委评为先进集体，年内组织学生参加教育部举办的五好小公民主题教育征文活动，获特等奖一名，一、二、三等奖共64名。同安区关工委、同安商会关工委获得省关工委授予的关心下一代工作先进集体称号，吴永年、庄团春、陈和平、卓火其被评为全省关心下一代工作先进工作者。

2018年5月4日，区委常委、组织部长、关工委主任王秀珠及区关工委、区新四军历史研究会、启悟中学等相关单位领导共同按下水晶球，正式启动同安区“传承红色基因·争做时代新人”主题教育活动　　（区关工委供图）

【青少年法制教育】 2018年，全区各级关工委在中小学和社区开展普法宣传教育，积极配合零犯罪校园、社区创建活动，大力推进普法宣传进学校、进社区、进农村活动。开办10多场法律讲座，听讲3000多人次。组织青少年走进法治教育基地、禁毒基地接受教育，参加活动4500人次。6月25日，联合同安区禁毒委员会办公室、区教育局、大同街道等单位在东山中学举办2018年国际禁毒日“健康人生、绿色无毒”主题宣传活动，举行禁毒签名墙上签名、健康长跑等活动。在岳口小学举行以“法治进校园梦想新启航”为主题的“送法进校园”暨2018年秋季开学典礼，区关工委常务副主任、报告团团长吴永年作《学习新宪法上好开学第一课》法治宣传教育的专题报告，全校31个班1500多名师生听讲。广泛铺开中小学争创零犯罪学校活动，3所学校实现争创达标。协助社区开展青少年遵纪守法教育，西柯镇美人山社区对发现的行为偏差的年轻人进行警示教育，并以“一帮一”方式落实关爱责任，全社区实现无毒、无赌、无斗殴、无犯罪记录、无伤害和零诉讼，零犯罪创建活动获得了显著成效。开展失足青少年帮教，各级关工委与司法局、法院、检察院及部分爱心企业、学校，共同组建帮教团队，介入社区矫正站开展关爱行动，形成帮教、帮学、帮就业一条龙服务机制，累计有十名失足者经帮教后复学或就业。

【扶困助学】 2018年，区关工委联系各部门开展扶贫助学活动。组织资助贫困学生和奖励优秀学生6312人，总金额405多万元，其中由关工委牵头联系区商会爱心企业家和区爱心人士资助考入大专院校的学生41人，每人6000元，总金额24.6万元；资助贫困中学生306人，每人1500元，总金额45.9万元。

【“传承红色基因、争当时代新人”教育活动】 2018年，同安区各级关工委开展“传承红色基因、争当时代新人”教育活动，5月4日在中共闽粤赣边区厦门市委机关旧址广场举办教育活动启动仪式。各级关工委组织青少年走进革命历史教育基地，参观学习，接受教育熏陶。全年组织青少年参观中共闽粤赣厦门市委旧址，总计12批7000多人次；8月，汀溪镇关工委组织多批少儿到老区路下村举办“学当小红军，永远跟党走，争当新时代好少年”的红色之旅活动，总计6批3000多人次，获中央关工委和省市关工委肯定。

（林惠瑜）

台港澳事务与外事侨务

【概　况】 2018年，同安区与海外、台港澳地区加强互访交流，积极开展经贸、文化、民俗、社区管理等方面交流活动，总计接待同安籍华人华侨、港澳同胞46团次，台胞 116 团次到同安开展交流。同安台商 2 人被授予厦门市荣誉市民称号。加强与台湾经济、文化交流，举办海峡两岸现代农业与乡村旅游生态转型论坛暨创业孵化项目对接会同安分会场、银同天后宫戊戌年两岸黑脸妈祖民俗文化节。第十一届世界同安联谊大会在马来西亚举行，同安派出代表团参加。继续做好对外宣传工作，出版《同声报》12 期（第 198 期至第 209 期），印数 3 万份，发挥窗口作用，向海外华人华侨推介同安，巩固同安侨乡品牌。

【同安台商获厦门荣誉市民称号】 6 月，厦门第十批厦门市荣誉市民揭晓，同安 2 名台商上榜，分别为厦门市台商协会会长、厦门佳好建材有限公司董事长吴家莹，厦门东亚机械工业股份有限公司董事长韩萤焕。吴家莹在促进海峡两岸交流和祖国统一方面贡献突出；韩萤焕在积极为厦门引进先进技术和人才、设备，促进厦门高新技术发展方面贡献突出。

【两岸企业交流合作】 9 月 9 日，海峡两岸现代农业与乡村旅游生态转型论坛暨创业孵化项目对接在同安分会场举行，该会议由厦门市委组织部、厦门市高层次人才发展中心主办，同安区委组织部、同安区委人才办承办，两岸农业专家、全国各地现代农业和乡村旅游的企业代表、风投代表、市委组织部和市高层次人才发展中心领导、区四套班子领导、区人才工作领导小组成员单位领导和各级乡村振兴示范（试点、重点）村（居）负责人等近 300 人出席会议。论坛上，海峡两岸创业孵化项目台湾微晶木蜂箱及云创绿谷两个项目举行路演和对接。其中，台湾微晶木蜂箱项目与汀溪悠谷签约，云创绿谷项目与听泉山签约，两个项目均落地于同安区汀溪镇。

【两岸民间信仰及宗亲交流】 3 月 30 日，来自海峡两岸的上百名黄氏宗亲到同安五显镇四林村的清代水师提督吴升（本姓黄）墓前，共同缅怀先贤。6 月 19 日，“银同天后宫戊戌年两岸黑脸妈祖民俗文化节”举办。11 月 22 日，来自台湾的郑氏宗亲与同安、南安郑氏后裔聚首同安区莲花镇澳溪村三太庙，共同祭祀郑成功。12 月 22 日，第二届同根同源闽台同安东山古庙民俗文化节在同安东山古庙举行，来自台湾三清总道院、“中华道教中坛元帅弘道协会”等 200 多名台湾信众参加民俗文化活动。

【两岸文化交流合作】 4 月 28 日，海峡两岸旅游文化交流活动暨文化传承特色线路方特首发仪式在厦门方特旅游区举行，来自台中、台北、高雄、嘉义等地的百余名台胞组成台湾同胞首发团参加，参观方特旅游区新推出的文化传承游览线路。5 月 1 日，2018 海峡两岸禅文化节之“艺海同心海峡两岸艺术文化交流会”活动在同安三六零度文化中心举办，来自台湾的艺术家代表厦门台商协会副会长叶永松、台湾知名书法家曹原彰、李金龙等与大陆书画名家现场进行艺术创作与交流，书法家们现场每人为禅文化节魁星阁书画征集活动捐献 1～2 幅作品，筹措善款捐献给同安贫困家庭高考学子。8 月 10 日，2018 海峡两岸禅文化节暨同安魁星文化公益助学活动在同安梵天禅寺外广场举行，来自海峡两岸的书画家、楹联专家与数千市民群众齐聚现场，以禅为介、以文会友，共续两岸五缘，共助学子圆梦。8 月 8 日，2018 传统文化艺术巡展“海丝丹青风狮爷文化艺术展”在同安文化馆一楼展厅开幕，200 多尊风狮爷亮相，展品主要来自厦门、泉州地区，部分来自金门地区。9 月 13 日，台湾政界人士翁世维、荣誉总裁邱春溶参访苏颂故居同安芦山堂，与相关部门和人士深入探讨苏颂 1000 年诞辰纪念活动事宜。9 月 28 日，以“海滨邹鲁·礼仪传世”为主题的 2018 年厦门（同安）孔子文化节在同安孔庙举行，数百名两岸同胞到场观礼，感受儒家

2018 年 12 月 22 日，第二届同根同源闽台同安东山古庙民俗文化节开幕式在东山古庙举行　　（区外侨台办供图）

文化的博大精深。10月16日，以“弘扬开闽文化，振兴美丽乡村”为主题的第五届开闽王民俗文化节暨醉美五显旅游品牌宣传月活动在北辰山举行，来自海内外近千名专家学者、嘉宾、王氏宗亲及旅游达人参加。10月26—28日，应金门县西口小学等学校的邀请，同安区汀溪中心小学宋江阵应邀赴金进行文化交流演出。11月10日，同安吕实力芗剧团应金门烈屿东林林氏宗亲邀请，到金门进行歌仔戏文化交流演出。11月29日，厦门市同安区第三实验小学和台湾台北永吉小学开展第一次远程互动共学活动，本次教学内容是“秋去秋来”，由台湾台北永吉小学谢卉婷老师主教，同安区第三实验小学郑晓恬老师辅教。12月3日，闽台两地书院20多位成员、朱子学研究学者到同安朱子书院，参加“朱子之路——闽台书院文化之旅”。

【第十一届世界同安联谊大会举办】 10月27—28日，第十一届世界同安联谊大会在马来西亚雪兰莪州沙阿兰实达城举办。27日，大会在沙阿兰实达城会展中心开幕，来自世界16个国家和地区80多个社团的逾2000余名同安乡亲参加，探讨在“一带一路”倡议下如何共享发展机遇。马来西亚财政部长林冠英、中国驻马来西亚大使馆公使衔参赞陈辰、中共厦门市委副书记陈秋雄、马来西亚同安金门厦门联合总会总会长郭明发、新加坡同安会馆主席陈汉栋、同安区委书记黄燕添等出席大会开幕仪式并致辞。本届大会设经贸论坛、青年论坛等活动。以“一带一路：‘东盟与中国新时代的桥梁’”为主题的经贸论坛于27日下午举行，来自厦门同安区、翔安区以及新加坡、马来西亚的嘉宾共论世界经济发展趋势，介绍各地投资商机。在28日举行的青年论坛上，来自世界各地的同安籍青年创业者参加，分享创业经验。

【银同天后宫举办黑脸妈祖民俗文化节】 6月19日，“银同天后宫戊戌年两岸黑脸妈祖民俗文化节”在同安银同天后宫举办。文化节由银同天后宫管理委员会主办，台湾圣母三妈文化交流协会、台湾云林虎尾慈龙宫、广东惠阳三太子宫协办，举办祈安法会、祈福绕境、法会普施等活动，来自海峡两岸各宫庙、社团代表约500名乡亲参加。

·小资料·

银同天后宫是闽南最早奉祀妈祖的宫庙之一。明末清初，妈祖香火随郑成功收复台湾而入台。2007年经厦门市人民政府立碑，确定银同天后宫为台湾黑面妈祖祖庙，属市级涉台文物古迹。近年来，每年都有大批台湾进香团、参访团来访。

【海外招商联谊】 4月10日，马来西亚IOI集团董事会主席丹斯里李深静一行9人参观考察同安环东海域及罗汉山，同安区委书记黄燕添、区委副书记蔡伟中等领导陪同。4月25日，澳洲澳中文化交流协会会长王增华等一行在巴西伊瓜苏驻中国厦门办事处主任苏国历、助理李培丽的陪同下，到同安工业集中区莱尔斯特（厦门）科技有限公司考察玻璃幕墙项目，寻求项目合作商机。6月8日，三满益（马中）国际集团主席、马来西亚长青集团首席顾问陈成自、三满益（马中）国际有限公司集团主席陈顺利、马来西亚宏泰国际集团总裁谬福林、马来西亚宏泰国际集团总经理封丽等一行10人到同安开展商务考察，就燕窝市场方面寻求合作商机。10月9日，老挝侨商吴耀弁一行到同安工业集中区进行商务考察，并开展联谊交流。

【海外文化交流】 1月13日，新加坡亨德生狮子会、新加坡忠邦狮子会、新加坡Compassvale狮子会等一行13人到访同安联谊交流，参观孔庙、罗汉山。1月15日，巴西足协副主席、足球教练肯尼迪·卡瓦略（Kennedy Carvalho）、巴西驻广州总领事馆特助马克仕（Marcos Lombello）一行在巴西侨领苏国历陪同下到访同安，考察足球运动项目，参观工业集中区厦门格林豪斯集成房屋有限公司。5月11日，华侨大学缅甸留学生到同安联谊交流，参观孔庙、北辰山景区和竹坝归侨史馆，实地了解同安孔子文化、开闽历史和归侨文化。5月12日，第六届厦门市侨界联欢节在同安竹坝经济开发区举行，此次盛会以“侨联四海，情暖银城”为主题，来自各区侨联、各归侨联谊会及海外留学生联合会代表约700多人参加活动。9月5日，菲律宾内湖省比尼扬市市长驻外特使许自福一行三人到访同安，为比尼扬市市长到厦门市考察作准备。

【华侨捐资奖学助学】 6月12日，厦门市侨商会捐设同安四林小学“侨爱心图书角”，捐献图书1100册。8月18日，同安区第三十六届柯朝阳奖学金颁奖仪式在同安会堂举行，柯氏家族代表为同安、翔安籍高考文理科总分位列前三的优秀学生颁发助学金共7.2万元，此外，柯氏家族第三代2018年继续捐资1万元，扶助同安区5名侨界贫困生。11月22日，由华侨捐资创办的教育促进会暨德三教育促进会为同安国祺中学优秀教职工和147名品学兼优学生颁发奖金31万余元。

（林　臻）

同安区人民代表大会

综　述

【概　况】2018年，同安区人大常委会全年召开区人民代表大会会议1次、区人大常委会会议10次、区人大常委会主任会议12次。作出《厦门市同安区人大常委会关于深入学习宣传和贯彻实施〈中华人民共和国宪法〉的决定》等重大事项决定、决议6项，任免国家机关工作人员41人次，组织宪法宣誓21人次，免去人民陪审员职务5人次。召开政情通报会1次，听取区政府区长王雪敏向区人大代表通报2018年上半年全区经济社会发展情况。围绕经济转型、民生改善、重点项目建设、生态文明建设、法治建设等工作重点行使监督权，听取和审议区政府、区法院、区检察院专项工作报告24项，开展对区政府推进法治政府建设、财政重点绩效开展情况等专项工作报告满意度测评，开展对区安监局、区行政执法局的专项工作评议，对区政府发展同安区养老事业工作进行专题询问。围绕民生和发展两大主题认真开展各项调查研究，全年组织市、区人大代表开展视察3次，《中华人民共和国消防法》执法检查1次，专项调研6项。收到区政府报送备案审查的规范性文件共8件。受理群众来信9件，来访16批30人次，办理上级人大转办信访件10件。区十七届人大二次会议交办的议案1件，重点建议3件，建议、批评和意见74件，至年底已办理完毕或基本完毕的有14件，占18%；正在办理或已列入计划办理的有57件，占73%；因条件限制或其他原因需待以后办理的7件，占9%。

重要会议

【区十七届人大三次会议】12月26—28日，区十七届人大三次会议在同安会堂举行。本次会议实有代表180人，暂时停止执行代表职务2人，实到175人，请假缺席3人。会议听取和审查区长王雪敏所作的《同安区人民政府工作报告》；审查和批准《关于厦门市同安区2018年国民经济和社会发展计划执行情况与2019年国民经济和社会发展计划草案的报告》及厦门市同安区2019年国民经济和社会发展计划；审查和批准《关于厦门市同安区2018年财政预算执行情况和2019年财政预算草案的报告》及厦门市同安区2019年财政预算；听取和审查区人大常委会主任毛立臻所作的《同安区人大常委会工作报告》、区法院代院长李桦所作的《同安区人民法院工作报告》、区检察院检察长郑祥发所作的《同安区人民检察院工作报告》，并通过以上6个报告的决议。大会补选李桦为同安区人民法院院长。大会收到代表建议103件，其中4件代表建议作为重点建议，交由区政府研究办理。

【区十七届人大常委会会议】2018年，区十七届人大常委会共举行10次人大常委会会议。听取和审议区政府、区法院、区检察院专项工作报告24项，对区政府发展同安区养老事业工作专题询问1项，任免国家机关工作人员41人次。

【区十七届人大常委会主任会议】2018年，区十七届人大常委会共举行12次人大常委会主任会议，讨论提出区人大常委会2018年度工作要点草案，提请常委会会议审议；决定区人大常委会每次会议开会日期、列席人员，提出区人大常委会会议的议程草案，提请常委会会议决定；讨论提出《同安区人民代表大会常务委员会组成人员守则（草案）》；讨论提出区人大常委会关于接受吴再阳、林起辞去厦门市第十五届人大代表职务的请求的决定草案；讨论提出区人大常委会关于接受刘新平辞去区人民法院院长职务的请求的决定草案；讨论、通过《厦门市同安区人大常委会主任会议关于提请决定李桦代理区人民法院院长职务的议案》等议案，提请区人大常委会会议审议；处理区人大常委会其他重要日常工作。

行使职权

【重大事项决定、决议】 2018年，区人大常委会作出6项决定（决议），分别为《厦门市同安区人大常委会关于深入学习宣传和贯彻实施〈中华人民共和国宪法〉的决定》《厦门市同安区人大常委会关

2018年同安区十七届人大常委会会议主要议题一览表

表7

时间	会议	会议情况
1月19日	区第十七届人大常委会第十三次会议	审议通过区人大常委会2018年工作要点，审议、通过区人大常委会关于接受纪针辞去区第十七届人大代表职务的请求的决定，通过决定任免区政府组成人员职务，通过任命李隽为同安区人民法院副院长、审判委员会委员、审判员，免去刘辉煌的同安区人民法院副院长、审判委员会委员、审判员职务和审判人员任免事项，区检察院检察人员任命事项，并举行新任命政府组成人员、审判人员、检察人员集体宪法宣誓仪式
3月29日	区第十七届人大常委会第十四次会议	学习十三届全国人大一次会议精神。听取和审议区政府关于区十七届人大二次会议议案实施方案的报告，听取和审议区政府关于区十七届人大二次会议“加快推进城区公共停车场所建设”“建立和完善城乡环境综合整治长效机制”“加快农村学前教育发展”重点建议办理措施的报告。听取和审议区政府关于2017年推进法治政府建设情况的专项工作报告，并开展满意度测评，测评结果为满意。听取和审议区政府关于同安区2017年度环境状况和环境保护目标完成情况的报告，审议通过区人大常委会关于调整区人大常委会妇女儿童工作组成员的决定，审议区政府、区法院、区检察院关于2018年开展依法治区工作安排的报告（书面），审议区人大常委会法工委关于2017年度规范性文件备案审查情况的报告（书面），通过决定任命区政府组成人员，并举行单独宪法宣誓仪式，通过任免区法院审判人员等人事任免事项，并举行集体宪法宣誓仪式
5月30日	区第十七届人大常委会第十五次会议	学习《中华人民共和国消防法》《厦门市消防管理若干规定》。听取和审议区政府关于同安区实施《中华人民共和国消防法》《厦门市消防管理若干规定》情况的报告和区人大常委会法工委关于消防法、市消防管理若干规定执法检查情况的报告。通过对区安监局、区行政执法局专项工作评议，区安监局、区行政执法局被评为专项工作评议满意单位。通过免去区法院审判人员、人民陪审员职务等人事免职事项
7月31日	区第十七届人大常委会第十六次会议	审议通过《同安区人大常委会关于许可对区第十七届人大代表颜金钗采取刑事强制措施的决定》，审议通过《厦门市同安区人民代表大会常务委员会组成人员守则》，审议通过《同安区人大常委会关于修改〈厦门市同安区国家工作人员宪法宣誓办法〉的决定》。听取和审议区政府关于厦门市同安区2017年本级预算执行情况和其他财政收支的审计工作报告，听取和审议区政府关于厦门市同安区2017年财政决算（草案）的报告和区人大常委会财经工委关于厦门市同安区2017年财政决算（草案）的审查报告，通过区人大常委会关于批准同安区2017年财政决算的决议，听取和审议区政府关于2017年财政重点绩效开展情况的专项工作报告，并开展满意度测评，测评结果为满意。听取和审议区政府关于区十七届人大二次会议议案、建议、批评和意见办理情况的报告，审议区政府关于区人大常委会对同安区2017年推进法治政府建设情况审议意见研究处理情况的报告（书面），审议区政府关于区人大常委会对同安区2017年度环境状况和环境保护目标完成情况审议意见研究处理情况的报告（书面），通过免去区检察院检察人员职务的人事免职事项
8月9日	区第十七届人大常委会第十七次会议	听取和审议厦门市公安局同安分局关于提请审议许可对区人大代表叶晓煌采取刑事强制措施的议案及说明，听取区人大常委会法工委关于区人大代表叶晓煌执行代表职务情况的报告，审议通过《同安区人大常委会关于许可对区第十七届人大代表叶晓煌采取刑事强制措施的决定》
8月30日	区第十七届人大常委会第十八次会议	听取和审议厦门市公安局同安分局关于提请审议许可对区人大代表李魁冰采取刑事强制措施的议案及说明，听取区人大常委会法工委关于区人大代表李魁冰执行代表职务情况的报告，审议通过《同安区人大常委会关于许可对区第十七届人大代表李魁冰采取刑事强制措施的决定》

续表 7

时间	会议	会议情况
9 月 29 日	区第十七届人大常委会第十九次会议	传达学习栗战书在福建调研时的重要讲话精神。审议通过《厦门市同安区人大常委会关于深入学习宣传和贯彻实施〈中华人民共和国宪法〉的决定》。听取和审议区政府关于 2018 年 1—7 月国民经济和社会发展计划执行情况的报告和区人大常委会财经工委的审查报告；听取和审议区政府关于 2018 年 1—7 月财政预算执行情况的报告、关于提请审议 2018 年财政预算调整方案（草案）的议案和区人大常委会财经工委的审查报告，通过区人大常委会关于批准 2018 年财政预算调整方案的决议。听取和审议区政府关于同安区创建教育强区情况的报告；听取和审议区政府关于同安区农民转产增收情况的报告；审议通过区人大常委会关于接受吴再阳、林起辞去厦门市十五届人大代表职务请求的决定，听取和审议市人大代表林丽娜履职情况的报告，审议江国沈、叶惠琼、蒋思彬 3 位市人大代表履职情况报告。通过免去区监察委监察人员、区法院人民陪审员、区检察院检察人员职务等人事免职事项
10 月 30 日	区第十七届人大常委会第二十次会议	听取和审议区政府关于同安区养老事业发展情况的报告和区人大常委会法工委关于同安区养老事业发展情况的调查报告，审议中，对区政府开展养老事业发展工作进行专题询问
11 月 23 日	区第十七届人大常委会第二十一次会议	传达学习全国、省、市人大常委会深入学习贯彻习近平总书记关于坚持和完善人民代表大会制度的重要思想交流会精神。听取和审议区政府关于区十七届人大二次会议议案实施情况的专项工作报告，并开展满意度测评，测评结果为基本满意。听取和审议区政府关于区十七届人大二次会议重点建议办理情况的报告，并开展满意度测评，测评结果为满意和基本满意。听取和审议区政府关于“十三五”规划实施情况中期评估报告。听取和审议区政府关于同安区加强文化遗产保护利用情况的报告。审议通过区人大常委会关于接受陈震辞去区十七届人大常委会委员、区十七届人大代表职务的请求的决定。听取和审议区人大常委会代表资格审查委员会关于个别代表的代表资格的报告。审议通过区人大常委会关于补选区十七届人大代表的决定。听取和审议市人大代表廖广元、柯溪水履职情况的报告，审议郑海雷、谢芳芳、黄日全、阮雅虹 4 位市人大代表履职情况报告。审议区政府关于 2018 年实施进一步加强依法治区决议、推进法治政府建设情况的报告（书面），审议区法院关于 2018 年实施进一步加强依法治区决议情况的报告（书面），审议区检察院关于 2018 年实施进一步加强依法治区决议情况的报告（书面），审议区政府关于区人大常委会对 2017 年财政决算报告审议意见研究处理情况的报告（书面）、审议区政府关于区人大常委会对 2017 年本级预算执行情况和其他财政收支的审计工作报告审议意见研究处理情况的报告（书面）、审议区政府关于区人大常委会对 2017 年财政重点绩效开展情况报告审议意见研究处理情况的报告（书面）。通过任命陈艺松为厦门市同安区监察委员会副主任，并举行宪法宣誓仪式；通过任命李桦为厦门市同安区人民法院副院长、审判委员会委员、审判员，并举行宪法宣誓仪式；通过区人大常委会关于接受刘新平辞去同安区人民法院院长职务的请求的决定；通过区人大常委会关于李桦代理同安区人民法院院长职务的决定
12 月 14 日	区第十七届人大常委会第二十二次会议	听取和审议区人大常委会代表资格审查委员会关于个别代表的代表资格的审查报告，确认补选曾东生、李桦、郭宽、陈开为同安区第十七届人大代表的代表资格有效。审议通过区人大常委会关于召开区十七届人大三次会议的决定和有关事项，通过免去区法院审判人员职务等人事免职事项

于召开厦门市同安区第十七届人民代表大会第三次会议的决定》《厦门市同安区人大常委会关于修改〈厦门市同安区国家工作人员宪法宣誓办法〉的决定》《厦门市同安区人大常委会关于李桦代理厦门市同安区人民法院院长职务的决定》《厦门市同安区人大常委会关于批准厦门市同安区 2017 年财政决算的决议》《厦门市同安区人大常委会关于批准厦门市同安区 2017 年财政预算调整方案的决议》。

【行使任免权】 2018 年，区人大常委会依法任免国家机关工作人员 41 人次，其中，决定任免区人民政府组成人员 8 人次，任免区监察委员会监察人员 2 人次，任免区人民法院审判人员 19 人次，免去区人民法院人民陪审员职务 5 人次，免去区人民检察院检察人员职务 7 人次。组织宪法宣誓 21 人次。全年对 15 名拟任命人员进行任前法律知识考试；对“一府两院”及其工作部门进行专项工作评议 2 项；对 3 项专项工作报告进行满意度测评。

2018年同安区人大常委会任免国家机关工作人员表

表8

时间	会议	任免名单
1月19日	区第十七届人大常委会第十三次会议	决定任命：林虹为厦门市同安区人民政府办公室主任 叶国生为厦门市同安区建设局局长 曾学东为厦门市同安区民政局局长 决定免去：叶国生的厦门市同安区人民政府办公室主任职务 林虹的厦门市同安区民政局局长职务 李水跃的厦门市同安区建设局局长职务 林拥护的厦门市同安区城市管理行政执法局局长职务 任　　命：李隽为厦门市同安区人民法院副院长、审判委员会委员、审判员 陈原煌为厦门市同安区人民法院执行庭庭长 免　　去：刘辉煌的厦门市同安区人民法院副院长、审判委员会委员、审判员职务 陈原煌的厦门市同安区人民法院执行庭副庭长职务 庄水波的厦门市同安区人民法院审判员职务 任　　命：陈婧为厦门市同安区人民检察院检察员 曾艳玲为厦门市同安区人民检察院检察员 决　　定：接受纪针辞去同安区第十七届人大代表职务的请求
3月29日	区第十七届人大常委会第十四次会议	决定任命：郑森为厦门市同安区城市管理行政执法局局长 任　　命：杨明洁为厦门市同安区人民法院刑事审判第一庭庭长 洪佩兰为厦门市同安区人民法院新民人民法庭庭长 李金森为厦门市同安区人民法院汀溪人民法庭庭长 金玲为厦门市同安区人民法院刑事审判第一庭副庭长 叶小波为厦门市同安区人民法院大同人民法庭副庭长 免　　去：杨明洁的厦门市同安区人民法院刑事审判第一庭副庭长 洪佩兰的厦门市同安区人民法院新民人民法庭副庭长 李金森的厦门市同安区人民法院大同人民法庭副庭长职务 金玲的厦门市同安区人民法院立案庭副庭长职务 王伟彦的厦门市同安区人民法院审判员职务 陈炳辉的厦门市同安区人民法院审判员职务 通　　过：厦门市同安区人民代表大会常务委员会妇女儿童工作组组长：林中英（女）；副组长：李雪萍（女）、黄福华（女）；成员：（按姓名笔划排列）朱水鑫、纪雪娇（女）、何岚岚（女）、陈春兰（女）、陈胜强、赵飞羽、洪明理（女）
5月30日	区第十七届人大常委会第十五次会议	免　　去：林云集的厦门市同安区人民法院大同人民法庭庭长职务 免　　去：吕子凉的厦门市同安区人民法院人民陪审员职务
7月31日	区第十七届人大常委会第十六次会议	免　　去：曾梅玲的厦门市同安区人民检察院检察员职务
9月29日	区第十七届人大常委会第十九次会议	免　　去：邵国永的厦门市同安区监察委员会副主任职务 免　　去：叶根在、陈佳佳、陈国胜、吴朝生的厦门市同安区人民法院人民陪审员职务 免　　去：廖志忠、蔡水坝、赖加林、蔡建民的厦门市同安区人民检察院检察委员会委员职务 接　　受：吴再阳、林起辞去厦门市第十五届人大代表职务的请求，报厦门市人大常委会备案、公告
11月23日	区第十七届人大常委会第二十一次会议	任　　命：陈艺松为厦门市同安区监察委员会副主任 任　　命：李桦为厦门市同安区人民法院副院长、审判委员会委员、审判员 接　　受：刘新平辞去厦门市同安区人民法院院长职务的请求，报同安区第十七届人民代表大会第三次会议备案 决　　定：李桦代理厦门市同安区人民法院院长职务 接　　受：陈震辞去厦门市同安区第十七届人大常委会委员、区第十七届人大代表职务的请求，报同安区第十七届人民代表大会第三次会议备案 补　　选：曾东生、李桦、郭宽、陈开为同安区第十七届人大代表 确　　认：补选曾东生、李桦、郭宽、陈开为同安区第十七届人大代表的代表资格有效

【养老事业发展工作专题询问】 10月30日，在区第十七届人大常委会第二十次会议上，同安区人大常委会对区政府开展养老事业发展工作专题询问，贯彻区委关于加快补齐民生板决策部署，把加快养老事业发展作为补齐民生短板的重要工作来抓，加强对政府开展养老事业发展工作的监督。听取和审议区政府《关于我区养老事业发展情况的报告》，常委会组成人员先后对老人拥有养老床位与规划差距还比较大、养老活动场所小缺少户外活动场所、如何加快居家社区养老服务照料中心和农村幸福院建设和运营服务、如何加强居家社区养老医疗服务、如何发展老年教育事业丰富老年人的精神文化生活、政府兜底保障政策的落实、采取哪些措施推动养老服务人才队伍建设、如何加大财政投入加快补齐养老事业短板更好地推动养老事业发展等一些群众高度关注的内容进行询问，指出当前养老事业发展工作中存在的问题。区政府副区长陈艺萍和区民政局、同安规划分局、同安国土分局、区卫计局、区老龄办、区文体局、区财政局、区人社局、区教育局等多个政府部门负责人到会应询。

【代表议案建议督办】 2018年，区十七届人大二次会议交办议案1件，重点建议3件，建议、批评和意见74件。区人大常委会督促区政府及各承办单位认真办理议案和建议，及时向代表反馈议案和建议办理情况。区第十七届人大常委会第十四次会议听取和审议区政府关于区十七届人大二次会议议案实施方案的专项工作报告，听取和审议区政府关于区十七届人大二次会议“加快推进城区公共停车场所建设”“建立和完善城乡环境综合整治长效机制”“加快农村学前教育发展”重点建议办理措施专项工作报告。区第十七届人大常委会第二十一次会议听取和审议区政府关于区十七届人大二次会议议案实施情况和重点建议办理情况的专项工作报告，并开展满意度测评，测评结果为基本满意。常委会组织对办理情况进行跟踪调研和视察，及时指出问题，督促区政府加大办理力度。首次推行代表建议逐件督办落实和“面对面”测评工作制度，针对74件代表建议召开13场督办协调会，区政府分管副区长、承办单位领导向领衔代表当面逐件答复，代表当场进行测评。对首轮督办协调会代表“基本满意”“不满意”的6件建议，交由承办单位再次办理，经过两轮督办、测评，承办单位与人大代表直接沟通交流，代表建议全部得到答复办理，代表对74件建议办理情况的满意率达100%，其中推动产业转型、加快乡村振兴、补齐民生短板、创新社会治理等一些涉及群众切身利益、长期未解决的问题得到较好的解决。

【专题视察】 2018年，区人大常委会及市人大同安代表小组围绕同安区加快补齐民生短板和增进民生福祉工作情况，组织市、区人大代表开展专题视察3次。4月19日，常委会组织视察同安区完小的办学现状和提升情况工作情况，实地察看厦门市同安区五峰小学和厦门市同安区莲花中心小学。8月9日，常委会组织视察同安区重点工程项目建设进展情况，组织视察火炬产业基地同安片区、京东厦门电子商务产业园等项目进展情况。11月16日，常委会组织视察区十七届人大二次会议关于“加快北部生态区乡村旅游发展促进农民转产增收”的议案和关于“加快推进城区公共停车场所建设”“加快农村学前教育发展”“建立和完善城乡环境综合整治长效机制”重点建议办理情况，实地察看文笔塔公园、西洋幼儿园、田洋村及古坑三角梅基地。通过专题视察，为区人大常委会会议审议以上各项专题工作报告做好审议准备。

【规范性文件备案审查】 2018年，区人大常委会收到区政府报送的规范性文件共8件，主要涉及推进企业改制上市、促进建筑业发展、民宿管理、充电桩建设运营、东西部扶贫劳务协助以及个人住宅、安置房建设管理等方面，解决同安区经济和社会发展中的热点难点问题，提高社会治理法治化水平。

2018年同安区人大常委会规范性文件备案审查目录表

表9

序号	文件名称	文件号	报备时间
1	厦门市同安区人民政府关于印发同安区落实东西部扶贫劳务协作若干意见的通知	厦同政〔2017〕261号	2018.1.18
2	厦门市同安区人民政府关于印发同安区个人住宅建设管理暂行办法的通知	厦同政〔2018〕2号	2018.2.7
3	厦门市同安区人民政府办公室关于印发同安区民宿管理实施意见（试行）的通知	厦同政办〔2018〕18号	2018.2.22
4	厦门市同安区人民政府办公室关于印发厦门市同安区两轮电动车充电桩建设运营管理试行办法的通知	厦同政办〔2018〕29号	2018.4.8

续表 9

序号	文件名称	文件号	报备时间
5	厦门市同安区人民政府关于印发同安区安置房建设与管理暂行规定的通知	厦同政〔2018〕56 号	2018.4.19
6	厦门市同安区人民政府关于印发加快推进企业改制上市若干意见的通知	厦同政〔2018〕85 号	2018.6.22
7	厦门市同安区人民政府关于印发促进建筑业加快发展实施办法的通知	厦同政〔2018〕116 号	2018.8.1
8	厦门市同安区人民政府关于公布继续有效（含待修订）废止和失效规范性文件目录的通知	厦同政〔2018〕120 号	2018.8.29

【执法检查】 5 月 17 日，区人大常委会执法检查组对全区实施《中华人民共和国消防法》和《厦门市消防管理若干规定》情况开展执法检查。执法检查组实地检查了乐海城市广场、尚美花城小区及消防大队的消防装备以及消防物联网建设情况，召开座谈会听取消防大队、安监局、建设局等 8 个单位实施“一法一规定”情况的汇报，提出要进一步落实消防安全责任、加强消防宣传教育、强化火灾隐患排查整治、完善公共消防设施、强化消防队伍建设 5 点建议意见，促进全区依法依规做好消防安全工作。

【专题调研】 2018 年，区人大常委会组织专题调研 6 次。2—6 月，区人大常委会组织开展同安区“两违”治理工作情况专题调研，结合常委会对区城市管理行政执法局的专项工作评议工作，先后深入全区 8 个镇（街）与基层干部、人大代表座谈调研城管执法工作，形成《关于推进我区“两违”治理工作的思考》专题调研文章，提出进一步加大城管执法力度、坚持源头治理、推进历史遗留“两违”分类处置、加强拆后土地监管等建议。2—6 月，区人大常委会组织开展对基层人大代表履职监督工作情况的专题调研，形成《关于加强人大代表履职监督的思考》，指出现阶段存在的代表信息公开不够到位、代表履职登记落实不够有力、代表履职考核机制不够完善、代表履职奖惩机制不健全等问题，提出完善代表信息和履职公开机制、建立代表履职登记和履职档案制度、设立代表履职考核“量化”指标、规范代表履职请假和履职通报制度、建立有效的责任追究机制等建议。2—6 月，区人大常委会课题组对同安区中小学教师职称评聘工作情况进行专题调研，形成《关于同安区中小学教师职称评聘工作情况的调研报告》，指出中小学教师职称评聘工作存在学校管理岗位未完全按照单位相应的规格进行聘任等问题，提出校级领导配备优先从高级教师职称中选拔等改进意见。2—6 月，区人大常委会组成课题组对同安区属国有企业发展情况进行专题调研，形成《同安区属国有企业发展情况调研报告》的专题调研文章，指出区属国有企业市场活力不够、国资办监管力度不足、企业管理成本较高、专业人才缺乏等问题，提出优化国企监管方式，加强成本控制，积极拓展国企增收渠道，实施人才战略为区属国企发展提供智力支撑等建议。2—6 月，区人大常委会组成课题组对同安区生态建设和环境保护情况进行专题调研，形成《同安区生态建设和环境保护情况的调查与思考》的专题调研文章，指出同安区水环境、空气质量、农村环境方面问题、提出采取措施提高公众环保意识、加大力度推动产业转型升级、加强环保基础设施建设管理、全面强化监管能力建设等建议。3—10 月，区人大常委会组织对同安北部生态区生态文明建设情况进行专题调研，实地调研形成《同安北部生态区生态文明建设实践与思考》调研文章，指出同安北部生态区生态文明建设中存在生态资源、生态环境等得不到有效充分利用，未能将生态优势转化为产业优势等问题，建议要合理开发利用生态资源，推动美丽乡村建设及乡村旅游、休闲农业发展。8—10 月，区人大常委会组织对同安区养老事业发展情况进行专题调研，形成《关于我区养老事业发展情况的调查报告》的专题调研文章，指出居家社区养老服务有待提升、机构养老服务存在短板、养老队伍建设有待加强、养老工作保障有待强化等问题，提出要注重提高居家社区养老服务水平、提升机构养老服务品质、推动养老人才队伍建设等建议。

（庄根森）

同安区人民政府

重要会议

【概　况】2018年，区长王雪敏主持召开区政府常务会议19次，传达学习国家、省、市农村、卫生计生、金融、消防安全、安全生产等会议精神和相关文件规定，研究审议同安区民宿管理实施意见、乡村振兴战略实施、小石材加工综合整治、莲花水库水源保护区生态补偿、畜禽牛蛙退养、产权制度改革、土地确权、国有农场改革、国有林场改革、进城务工人员随迁子女小学积分入学、道路交通事故社会救助保险、总医院组建、市政园林环卫管养一体化管理考核、工业企业蒸汽价格补贴、"厕所革命"、老旧小区改造等164个议题，推动"富美同安"建设各项工作开展。

（陈　水）

2018年同安区政府常务会议主要议题一览表

表10

时间	会议	会议情况
1月18日	第21次	研究2018年政府性基建项目投资计划编制，《同安区关于〈厦门市民宿管理暂行办法〉的实施意见（试行）》《第二轮城市街区立面综合整治提升工作实施方案》和《第二轮城市市政设施和园林绿化综合整治提升实施方案》，轨道6号线（同安段）及福厦客专地铁社区三期D16、H11地块安置房代建单位产生，第三医院三期项目建设资金补助申请，购买补充耕地指标，《同安区人民政府重大行政决策若干规定（送审稿）》共7个议题
2月9日	第22次	会议传达学习中央、省委和市委农村工作会议精神并研究《关于实施乡村振兴战略的意见（送审稿）》，传达学习全省财政、金融工作会议和全市金融工作会议精神并研究《同安区贯彻落实财政、金融工作部署具体工作计划》，传达学习国务院办公厅《消防安全责任制实施办法》并听取全区消防工作情况汇报，研究区供销社纳入机关社保问题、购买补充耕地指标共5个议题
3月9日	第23次	研究《同安区建立完善食品安全责任体系的实施意见》《同安区政府资产处置管理暂行办法》《同安区小石材加工综合整治项目实施方案》《厦门市同安区安置房建设与管理暂行规定》《厦门市同安区事业单位公车制度改革实施意见》及购买补充耕地指标、传达2018年国家、省卫生计生工作会和全市卫生计生暨深化医改工作会议精神并听取同安区贯彻落实情况汇报、再次延长《同安区促进就业和服务企业用工工作若干意见的通知》有效期共8个议题
3月28日	第24次	研究《厦门市同安区人民政府关于"加快农村学前教育发展"人大重点建议办理措施的报告（送审稿）》《厦门市同安区人民政府关于建立和完善城乡环境综合整治长效机制办理措施的报告（送审稿）》《厦门市同安区人民政府关于加快推进城区公共停车场所建设重点建议办理措施的报告（送审稿）》《厦门市同安区人民政府关于加快北部生态区乡村旅游发展促进农民转产增收议案办理实施方案的报告（送审稿）》《厦门市同安区人民政府关于2017年推进法治政府建设情况的报告（送审稿）》《厦门市同安区莲花水库水源保护区生态补偿实施细则（送审稿）》《同安莲花水库水源保护区畜禽与牛蛙退养的实施方案（送审稿）》《同安区2018年进城务工人员随迁子女小学积分入学办法实施细则（送审稿）》及同安区政府兼职法律顾问续聘及报酬标准、调整县道414（上埔—奎武岫）路面大修工程概算共10个议题

续表 10

时间	会议	会议情况
4月27日	第25次	研究《同安区突发公共卫生事件应急预案》,《关于进一步推进国有农场改革发展的实施意见（送审稿）》《同安区国有农场办社会职能改革实施方案（送审稿）》,《同安区2018年地质灾害防治方案》、工业集中区雨水管网整改、箱涵清淤工程委托水务集团实施，省、市、区重点项目征拆奖励,《同安区道路交通事故社会救助保险方案》，继续实施交通辅警量化考核补助机制,《厦门市同安区关于统筹推进城乡义务教育一体化改革发展的实施方案（送审稿）》，暂借“低进低出”单位负担资金，企业服务事项受理部门相关事宜,《全面推进法治同安建设2018年工作要点（送审稿）》共12个议题
5月16日	第26次	研究《同安区迎接国家卫生城市2018年复审工作方案（送审稿）》《同安区组建总医院工作实施方案（送审稿）》《同安区关于加快推进企业改制上市的若干意见（送审稿）》《同安区在全区全面推行行政执法公示制度、执法全过程记录制度、重大执法决定法制审核制度工作方案（送审稿）》《同安区2018年法治政府建设重点工作安排（送审稿）》及传达省、市关于做好党委政府表彰奖励工作的主要精神并研究《同安区拟设立表彰项目》共6个议题
6月15日	第27次	研究《关于推进安全生产领域改革发展的实施意见（送审稿）》,《2018年区属国有企业负责人经营业绩考核方案》，进一步理顺镇级事权支出责任方案，设立政策性担保公司、增加镇级财力保障水平，同安区中小学及幼儿园污水治理，第二轮城市街区立面综合整治提升及市政设施和园林绿化综合整治提升工程建设相关事宜，2018年秋季中小学幼儿园招生维稳工作情况，后宅中学和第三实验小学评审投资超2018年基建投资规模相关事宜，听取全区产权制度改革、土地确权、国有农场改革、国有林场改革工作情况汇报，给予陈荣坤开除处分决定共11个议题
7月2日	第28次	听取同安区妇女儿童工作情况汇报，研究《同安区低效工业用地认定暂行办法》、“雪亮工程”三年规划及项目建设计划、同莲路改造配套污水管网工程泵站扩容及概算单项增量、《同安区群众举报毒品违法犯罪奖励办法（试行）》、同安区人民政府与鹏博士电信传媒集团股份有限公司《战略合作协议书》共6个议题
7月19日	第29次	研究《2018年同安区东西部扶贫协作工作意见（送审稿）》、2017年度区本级预算执行和其他财政收支情况审计结果、2017年度绩效评估结果及2018年度绩效管理工作方案、《同安区人民政府　厦门市农商银行“乡村振兴战略”合作协议（送审稿）》、《同安区人民政府　福建农林大学战略合作框架协议（送审稿）》、《同安区人民政府与厦门国贸控股集团关于竹坝五显片区乡村振兴的战略合作框架协议》、《同安区2017年度纳税大户表彰工作方案》、《同安区2017年财政决算（草案）的报告（送审稿）》、部分道路提升改造工程事项、《关于促进建筑业加快发展的实施办法（草案）》、2020年海绵城市建设重点区域选取方案、《同安区市政园林环卫管养一体化管理考核办法（送审稿）》、《同安区市政园林管养一体化管理专项资金管理暂行规定（送审稿）》、市政绿化保洁养护一体化管护合同、滨海旅游浪漫线一期示范段及人道救援相关事宜、兑现2016—2017年度建筑业企业奖励共15个议题
8月6日	第30次	研究《2018厦门国际投资贸易洽谈会厦门市代表团同安分团工作方案》,《厦门市同安区人民政府关于公布继续有效（含待修订）、废止和失效规范性文件目录的通知（送审稿）》，第二外国语学校篮球场改造、增容停车场及游泳馆等运动场区建设，四口圳学校、四口圳幼儿园、祥平中心小学二期建设方案，购买城市管理行政执法辅助服务，执行就业补助政策有关情况,《关于工业企业蒸汽价格补贴的实施办法》共7个议题
8月20日	第31次	听取同安区扫黑除恶专项斗争工作情况汇报，研究《2018年全区治理“餐桌污染”建设“食品放心工程”工作方案》、《同安区餐饮业综合整治实施方案》、2018年度同安区规划编制计划及经费安排相关事宜、《同安区汀溪水库饮用水源地农业面源防止污染工作实施方案》、《同安区汀溪水库饮用水源地现代高优农业和果林科学种植工作实施方案》共6个议题
9月1日	第32次	传达学习中办、国办《关于推进城市安全发展的意见》和省委办、省政府办《关于推进城市安全发展的实施意见》，听取2018年以来全区安全生产工作情况汇报，研究《厦门市同安工程建设项目审批制度改革试点实施方案（送审稿）》、《同安区进一步推进“厕所革命”工作方案》、凤南垃圾填埋场整治工程相关事宜、2018年老旧小区改造项目相关事宜、《同安区牛蛙与畜禽退养后场地开发利用方案》《关于完善农村土地所有权承包权经营权分置办法的实施意见》、《同安区关于促进龙眼产业发展的六条措施》、民办退养教师补发过节费、综治奖共9个议题

续表 10

时间	会议	会议情况
9 月 20 日	第 34 次	研究《关于进一步规范区级预算执行和调剂审批制度的通知》《同安区溪流养护（含安全生态水系建设项目）定额标准》《同安区农村环境卫生体系经费保障方案》《同安区 2018 年 1—7 月份预算执行情况及预算调整方案（草案）的报告（送审稿）》《同安区人民政府关于 2018 年 1—7 月国民经济和社会发展计划执行情况》《同安区加快高质量发展推动和落实“双千亿”工作的实施意见》《关于建立同安区“双千亿”工作协调推进机制》及 2018 年镇（街、场）民生补短板滚动项目情况、驻地部队生活污水治理项目相关事宜、同安大道（海翔大道—国道 324）公交候车亭工程建设、重新核定区域内公交运营补助标准、竹坝开发区—京东段道路提升改造工程建设共 11 个议题
10 月 10 日	第 35 次	研究《关于坚持高质量发展落实赶超　加快建设富美同安的意见（送审稿）》，听取同安区消防工作情况汇报，研究政府专职小型消防站建设方案、同安区城市消防远程监控系统平台二、三期项目建设、文山郊野公园（斗拱片区）一期、莲花山公园（一期）、美人山水库周边整治工程、西山岩生态步道（一期）等四个项目占用山体问题的情况说明及《同安区农业产业人才引进和培育暂行办法（送审稿）》《同安区重点引进人才住房租金补贴暂行办法（送审稿）》《同安区农村危房户和无房户解危解困工作方案》《关于进一步推进国有农场改革发展的实施意见（送审稿）》《同安区国有农场办社会职能改革实施方案（送审稿）》共 8 个议题
10 月 29 日	第 36 次	研究今年 1—9 月同安区推进高质量发展落实赶超和经济运行情况，传达学习《福建省党政领导干部安全生产责任制实施细则》，听取全区安全生产工作开展情况汇报，研究《关于开展质量提升行动推动质量强区建设的实施意见》《同安区创建国家生态园林城市工作实施意见》以及创建国家生态园林城市工作领导小组成员名单、《福厦客专（同安段）西湖安置房设计方案》和《福厦客专（同安段）龙西安置房设计方案》、铁路沿线环境综合整治专项行动有关事宜，重温习近平总书记关于扫黑除恶专项斗争重要指示精神，传达市扫黑办主任会议精神并听取同安区扫黑除恶专项斗争明年工作思路，研究《同安区 2018 年第四季度“两违”综合整治方案》，听取同安区第四次全国经济普查工作进展情况汇报，研究《同安区“十三五”加快残疾人小康进程专项规划》相关配套扶持政策共 11 个议题
11 月 14 日	第 37 次	研究 2018 年政府性投资项目调整意见、《同安区“十三五”规划实施情况中期评估报告（送审稿）》，听取同安区非洲猪瘟防控工作情况汇报并研究《同安区非洲猪瘟防控应急实施方案》，研究《同安区实施农用地管理实施细则（试行）》、向邵武市购买补充耕地指标相关事宜，听取同安区国防动员工作情况汇报，研究《同安区 2017 年度绩效评估奖发放办法》，听取上半年同安区综治“三率”工作情况汇报并研究部署下一步综治“三率”提升工作，研究上陵至白交祠段道路提升改造工程建设、上埔大桥至顶村段道路提升改造工程建设、申请同安区“三实”信息采集经费、梧侣二小、凤南中心小学、凤南中心幼儿园、凤岗小学 4 个项目概算超估算调整相关事宜、《同安区 2019 年区级行政事业单位部门预算定额标准》共 13 个议题
11 月 19 日	第 38 次	听取调整同安区工业园区环保负面清单的报告，研究工业园区产业及环保管控措施（负面清单）调整事宜 1 个议题
12 月 6 日	第 39 次	研究区“两会”相关材料 [《2019 年政府工作报告（送审稿）》《同安区 2018 年国民经济和社会发展计划执行情况与 2019 年国民经济和社会发展计划（草案）》《同安区 2018 年预算执行情况及 2019 年财政收支预算（草案）》]、《同安区各级党政有关部门安全生产责任清单》、《同安区区属国有企业参与村集体发展用地项目建设运营管理暂行办法》、《同安区农村生活污水治理建设三格化粪池实施意见》、2017 年农村污水治理项目补充下达资金、修订《厦门市同安区社会治安综合治理领导责任制考评及奖励处罚办法（暂行）》、西湖挂牌地块西侧西路路的公共管廊建设、凤南农场和白沙仑农场“低进低出”养老保险补缴共 8 个议题
12 月 24 日	第 40 次	研究《同安区属公立医院院长目标年薪制管理办法（试行）》和《同安区属公立医院工资总额管理暂行办法》《同安区村（居）便民服务代办点整合试点方案》《同安区进一步推进养老服务事业发展若干措施》《同安区城市社区综合用房暂行管理办法》《同安区关于建立大病医疗救助保险机制方案》《同安区城市社区工作站其他工作人员（网格员）遴选为社区专职工作者暂行办法》《同安区城市社区工作站其他工作人员（网格员）招聘试行办法》《关于给予太阳城、古琳达姬两家同安区民营企业赴康乐县投资建厂扶持措施》《同安区进一步推进创新驱动发展若干措施》及全区安全生产工作共 10 个议题

综合政务

【概 况】2018年，同安区人民政府办理人大建议130件，政协提案149件。开展10个市级为民办实事项目。开展政务督查，累计下发督查事项逾1600项。

【人大建议、政协提案办理】2018年，区政府收到市十五届人大二次会议转来的建议52件，其中重点督办建议3件、议案1件；区十七届人大二次会议转来的建议78件，其中重点建议3件、议案1件。收到市政协十三届二次会议提案58件，其中重点提案3件；区政协十三届二次会议转来的提案91件，其中重点提案4件。区政府经分类登记和研究，将市、区两级的人大建议和政协提案进行任务分解，交由相关职能部门进行办理，办复率均为100%。

【为民办实事项目】2018年，同安区开展市级为民办实事共6个大项目，共10个子项目，主要涉及保障性住房、基础教育、卫生医疗、交通出行等事项，至年末，除第二轮立面改造正抓紧推进外，其余各子项目均完工。

2018年同安区为民办实事项目一览表

表11

序号	项目名称	工作目标内容	具体支撑项目
1	提升交通保障水平，改善群众出行条件	推进道路交通安全隐患整治工程，整治道路交通安全隐患路段14处，其中道路中间隔离护栏建设1处，人行天桥建设2处，高杆灯建设11处	1. 工业集中区25公里道路中间隔离护栏建设； 2. 同安一中、洪塘中学2座人行天桥建设； 3. 五显镇四林路口、明溪村路口、宋宅村路口、军村路口、后垄村路口、垵炉村2个路口、潘厝村路口、后塘村路口、下峰村路口、溪西村路口等11杆高杆灯建设
2	持续改善城乡居住环境，提升居民生活品质	启动第二轮城市整治提升工程，完成9个立面项目和10条道路提升改造	1. 立面：包括环城北路支路城西路（环城北路—西桥路）1公里、环城北路支路中山路（环城北路—西桥路）0.65公里、环城北路支路三秀路（中山路—环城北路）1公里、环城东路支路铺前路（环城东路—凤山路）0.5公里、环城南路支路凤山路（南门桥—环城南路）1.7公里、环城东路（东桥—环城南路）3公里、环城南路（烧灰路口—同丙路）0.7公里、环城南路（同集路—环城西路）1公里、环城西路（银湖中路—环城南路）1.5公里等9个立面整治工程，建设内容包括：拆违、改碰窗、封闭阳台、立面改造、外环境绿化美化、管线落地、店招整治等项目 2. 市政道路提升改造：包括凤山路（南门桥—岳东路）、中山路（环城北路—南门路、凤碧路（凤山路—碧溪路）、环城东路（东桥—旧G324线）、城西路（环城北路—西桥路）、岳东路（环城东路—旧G324线）、同辉北路（旧G324线—同莲路）、朝晖路（朝洋路—同南路）道路提升工程、朝洋路（同安大道—环城北路）道路提升工程、铺前路（环城东路—凤山路）等项目，道路综合改造约8.97公里，主要进行管网建设、管线下地、绿化提升、路面白改黑等道路改造
		结合立面整治及基础设施建设，完善15个小区改造	大同街道15个改造项目
		推进街巷路灯节能改造	大同街道东山社区亮灯工程（路灯立杆）154盏
3	加大基础教育设施投入，缓解“入学难”问题	完成7个中小学项目的建设，新增学位4970个学位	1. 大同中心小学古庄校区三期 2. 柑岭小学扩建 3. 梧侣学校扩建 4. 进修附小教学综合楼 5. 瑶头小学教学综合楼 6. 竹坝学校体育综合楼 7. 同安职校扩建三期
		完成3个幼儿园的开建工作，其中康浔幼儿园竣工投入使用，新增学位270个	1. 康浔幼儿园 2. 地铁社区二园 3. 西柯第二中心幼儿园

续表 11

序号	项目名称	工作目标内容	具体支撑项目
4	加大文体设施建设力度，丰富群众精神文化生活	建设完成达标镇（街）综合文化站 2 个，村（居）文化服务中心 26 个	基层综合性文化服务中心提升建设（2 个综合文化站、26 个村级文化服务中心）
		举办 20 个全民健身项目活动	举办全民健身乒乓球、钓鱼、气排球、拔河等 20 个项目的比赛
5	加大对特殊群体帮扶力度，提升城市托底功能	推动建设 20 个农村幸福院项目	莲花镇窑市村等 20 个农村幸福院项目
		推动 1 个居家社区养老照料服务中心项目建设	祥平居家社区养老照料服务中心项目
		推进居家养老信息化服务项目	27 个村改居社区居家养老信息化服务项目
		推动改造 3 个老旧小区适老化建设项目	大同街道同新社区、北门社区、城西社区适老化建设项目
6	提升公共安全保障水平，增强群众安全感	为全区居民统一购买社会治安综合保险	购买社会治安综合保险项目
		治理“餐桌污染”，提高基层监管人员执法食品安全监管能力	增配 52 名食药专职协管员

【政务督查】 2018 年，区政府累计下发督办事项逾 1600 项，包括对省、市、区《政府工作报告》确定的年度工作任务进行分解督办、季度通报，办理、转办市委市政府督查件 10 件，区委会议纪要任务分解 161 条、区委主要领导批示件 42 件，区政府常务会议纪要 12 份、专题会议纪要 29 份、区长批示件 321 件、明确事项 12 项及全区经济工作会议材料 1 份、农村工作会议材料 3 份、政务信息 12 份、舆情专报 29 期。围绕区委、区政府中心工作，配合中央环保督查，开展卫星图斑整改、地质灾害整治、重大项目建设进展、鳗鱼牛蛙退养、为民办实事等重难点工作现场督查 143 次，有效保障黑臭水体整治、国务院大督查等专项工作。

【办文办会】 2018 年，区政府办紧扣全区中心工作，积极辅助区政府领导，做好各类会议筹备和组织保障，区领导交办事项跟踪落实，人大建议、政协提案办理等工作。全年，共收存国家、省、市、部门文件 11635 件，制发区政府公文 399 件，政府办文 214 件，形成常务会议纪要 19 件、专题会议纪要 361 件。

（陈　水）

人事管理

【概　况】 2018 年，同安区有党政机关公务员 741 人，参照公务员管理的事业单位工作人员 538 人，事业单位工作人员 6757 人，其中管理人员 739 人、专业技术人员 6141 人、工勤人员 206 人。按照按需设岗、竞聘上岗、按岗聘用、合同管理的要求开展事业单位岗位设置，完成 83 家事业单位、3266 个岗位的重新设置工作。全年完成 7583 人次机关、事业单位年度考核。

【工资福利和退休管理】 2018 年，区人社局共审核机关事业单位年度考核“称职”（合格）以上人员正常晋升级别工资、正常晋升级别工资档次 1167 人次，正常增加薪级工资 6211 人。确定并审批机关事业单位新录用人员工资 447 人，审批职级变动、岗位工资变动 913 人。审核新增退休人员 135 人，增加高龄补贴 198 人，办理遗属补助 18 人。

【年度考核】 2018 年，区人社局完成区政府系统机关单位 786 名公务员年度考核，其中优秀 152 人，称职 607 人，不定等次 12 人（为新招录公务员），优秀人员比例 19.71%。连续三年考核优秀获公务员三等功 9 人。完成事业单位 6797 人年度考核，其中优秀 1226 人，合格 5212 人，不定等次 230 人。

【人员招录】 2018 年，区人社局通过公开招聘，招考录用政府系统公务员及参照公务员管理事业单位工作人员 5 人；补充事业单位编内人员 94 人，其中卫生专业技术人员 47 人。办理机关事业单位人员调动、毕业生人事调动手续 99 人，接收安置军转干部 97 人。

【职称评审】 2018年，区人社局按照职称评聘的有关规定要求，在确保职称工作质量的同时强化服务意识，主动与各单位联系和沟通，及时通报评审申报事项，积极组织开展评审申报工作。全年为4776名专技人员办理聘任及续聘手续；审核完成教育、卫生、文化、农业、建设、化工、交通等高中级专业职称晋升材料202份，其中高级72人，中级130人。确认及转发确认专业技术职务591人，其中：高级61人，中级111人，初级427人。指导区教师系列、工程技术系列开展1次初级评审会议，共评审186人，确认通过158人。

【人才代理工作】 2018年，同安区共办理毕业生调动手续473人次。办理接收毕业生报到手续734人，接收整理本区未就业毕业生档案1847份，与618家企业签订立户人事代理协议，新增签订立户人事代理协议企业54家。

（卢　超）

对口支援

【概　况】 2018年，同安区按照“政府主导、社会参与、优势互补、互惠互利、长期合作、共同发展”的原则，进一步加大东西部扶贫、省级扶贫开发及山海协作帮扶工作力度，分别与甘肃省临夏州康乐县建立东西部扶贫协作、与漳州市诏安县建立省级扶贫开发和山海协作、与龙岩市上杭县建立山海协作关系，在组织领导、资金项目、人才支援、产业投资、劳务输转等方面给予帮扶支援。全年共支出帮扶资金7196.48万元，其中拨付康乐县5796.48万元、诏安县1300万元、上杭县100万元，开展康乐县乡镇光伏产业、扶贫车间和民生基础设施、诏安县中草药种植基地建设、上杭县环境整治提升等一批项目。

【对口支援项目建设】 2018年，同安区拨付诏安县1300万元帮扶资金，主要用于诏安县贫困户住房改造，道路硬化，八仙茶、中草药种植基地等富民项目建设。拨付上杭县100万元山海协作资金，开展庐丰乡蓝氏家庙环境整治提升工程等项目建设。落实康乐县财政帮扶资金5700万元、社会帮扶资金96.48万元，先后完成7个乡镇光伏扶贫项目，惠及1388户贫困户；帮扶6个扶贫车间建设，修建3所贫困村级幼儿园，完善1所幼儿园附属工程，修护护坡及道路工程，扶持2个村发展贫困村养殖农民专业合作社及778户贫困户发展养殖增收。

【拓展康乐县扶贫路径】 2018年，同安区积极拓展对口扶贫县甘肃省康乐县扶贫路径，进一步提升其可持续发展能力。突出产业协作，新注册成立康乐县同康发展有限公司，联合厦临分公司投资康乐县鸣鹿乡养殖基地建设，带动当地约290人就业；发动古琳达姬（厦门）股份有限公司和太阳城（厦门）户外用品科技股份有限公司赴康乐投资建厂，建成后预计可解决当地约1600名富余劳动力。开展产业扶贫，康乐县同安现代农业有限公司在康乐县推动马铃薯种植约500亩（33.33公顷）。惠及107户建档立卡户，并协助马铃薯运抵厦门销售。加强人才交流，找准康乐县人才薄弱点，派专业人才到康乐县开展智力扶贫。在教育、医疗方面给予康乐县指导和帮助，并为康乐县干部人才培训建立“绿色通道”。年内，同安区选派1名优秀干部到临夏州挂职，14名优秀教育和医疗专业人才到康乐县支教支医，累计接收康乐县20名干部和4名医生到同安区挂职锻炼、120余名教师到同安区交流学习，形成了良好的人才支援机制。拓宽劳务合作，完成381名康乐籍务工人员输转到同安，并开展种养殖、电焊、掐丝珐琅等各类技能培训25期，完成就业培训共892人次；完成5名康乐籍建档立卡贫困初中毕

2018年8月9日，同安区积极销售扶贫农产品——工人正在对从甘肃省康乐县来的马铃薯进行分装　　（陈嘉新　摄）

业生到我区接受中等职业教育，完成5名康乐籍建档立卡贫困对象入职区属国有企事业单位；做好康乐籍务工人员生产生活服务保障工作。深化结对帮扶，发动8个镇（街）的10个村（居）与康乐县8个乡镇的10个贫困村结对，每村帮扶不少于30户贫困户，共投入500万元，通过修建便民桥和贫困户暖棚、成立肉驴养殖合作社等方式帮助贫困村、贫困户发展产业，实现稳定脱贫。

（陈　水）

民族与宗教事务

【概　况】 2018年，同安区开展民族工作，举办民族团结进步广场宣传活动，开展民族政策宣传。加强与上杭县庐丰畲族乡的联系，落实和推动2018年对口帮扶项目建设。积极开展“五个再提升”主题活动，加大对宗教活动场所的管理，提高宗教活动场所管理水平。进一步建立健全安全隐患排查整治工作机制，印发《关于春节前排查重大安全风险隐患工作实施方案》等多个方案，切实履行安全监管工作职能。抓好梅山寺正月十五灯展、梵天禅寺正月廿日庙会等宗教活动场所及银同妈祖天后宫等重点民间信仰点举办大型活动的安全管理工作，确保了各项活动安全顺利。引导宗教活动场所积极参与公共文明建设，进一步完善服务设施，开展垃圾分类活动，优化美化环境，积极创建“和谐寺观教堂”，使宗教活动场所成为展示富美同安与和谐宗教的文明窗口。妥善办理各种信访件，2018年以来办结市长热线反映问题5件、来信1件。积极引导宗教与社会主义社会相适应，最大限度发挥宗教积极作用。支持宗教界开展公益慈善活动，宗教界倡导正信善行回馈社会的作用得到较好的发挥，全年全区宗教团体和宗教活动场所为困难户和残疾人家庭捐款捐物共计52.42万元。发挥同安区民间信仰的独特优势，以闽台民间信仰同祖同源为精神纽带，积极倡导两岸一家亲理念，支持打造以民间信仰祖庙为依托的两岸交流互动平台，全区民间信仰活动场所接待台湾信众组团来访37个团2200多人次，各项文化交流活动顺利开展，推进两岸民间交往。

【民族团结进步工作】 9月29日下午，由祥平街道党工委、祥平街道办事处及芸溪社区党总支部主办，区民宗局、区实验幼儿园等单位协办，在芸溪居住公园举办以“民族大融合，拥抱新时代”为主题的民族团结进步宣传月社区主题活动。活动现场开展民族政策法律法规知识问答、发放民族宗教宣传品、举行别具特色的文艺会演，进一步提升群众对党和国家民族宗教政策的知晓率。12月12日下午，区委统战部及区民宗局领导到同安一中看望2名新疆教师、2018级新疆班学生并赠送慰问金。

【挂钩帮扶工作】 4月，区政府副巡视员蔡江瑶带领区委统战部、区民宗局、区发改局、财政局等部门，赴庐丰畲族乡实地考察，确定2018年对口帮扶项目为帮扶蓝氏家庙环境整治提升工程。支付对口帮扶项目资金100万元。

【“五个再提升”主题活动】 2018年，区民宗局加强宗教管理，开展“五个再提升”主题活动即环境再提升、安全再提升、管理再提升、文明再提升、服务再提升。加强宗教思想文化建设，引导宗教界积极探索宗教中国化，尊重和传承中华传统文化，在讲经布道中对宗教教义作出符合时代要求和社会进步的阐释，用积极、健康、文明的内容引导信众；做好各宗教场所信息的采集、核对工作，并按规定要求组织宗教场所更换新版宗教场所登记证；指导宗教活动场所积极参与公共文明建设，在重点宗教活动场所开展“平安同安建设”和文明进香、垃圾分类等相关宣传。

（区民族宗教局）

地方志工作

【概　况】 2018年，同安区地方志办公室完成二轮修志工作，《同安区志》于8月出版。继续开展综合年鉴编纂工作，完成《同安年鉴（2017）》出版，开展《同安年鉴（2018）》编纂工作，完成《福建年鉴（2018）》、《厦门年鉴（2018）》同安区栏目编纂工作。参与《同安奋进40年》编写。深入挖掘同安历史文化资源，出版康熙版《同安县志》点校本、影印本，联合区政协文史委、区侨联编写《同安境外乡团史略》。搜集整理历史典籍等地情资料，接待社会各界寻根问祖，咨询地情。

【《同安区志》正式出版】 8月，同安区第二轮修志成果——《同安区志》正式出版。同安区于2008年4月正式启动第二轮修志。2010年年底承编各单位完成初稿编纂，2012年完成总纂。2014年，召开省、市、区三级评稿会，邀请60多名省内外专家、学者参会。会后根据专家关于评审意见在篇目设置、资料补漏、记述方法等方面修改，报送市方志办审查。2017年，根据市方志办下发审查验收意见进行修改，同时向各单位及社会各界公开征集图片，年底送交方志出版社出版，于2018年8月印刷成书。《同安区志》记述时间上限为1997年5月1日同安撤县设区挂牌，下限为2007年12月31日。总计分29个栏目，189万字，记述同安撤县设区后11年间在政治、经济、文化、社会各领域的发展成就。

【综合年鉴编纂】 2018年，区方志办开展综合年鉴编纂工作。于8月完成出版《同安年鉴（2017）》，全书共设特载、大事记、区情概览、中共同安区委员会等23个栏目，总计56万字。同步开展《同安年鉴（2018）》编纂工作，至年底完成80%初稿编纂工作。

【《大同志》点校本出版】 9月，康熙版同安县志——《大同志》点校本出版，为向第11届世界同安同安联谊大会献礼。《大同志》是现存最早的同安地方志书，系康熙五十三年（1713年），时任县令朱奇珍组织县里的生员、贡生17人纂修。全书包括卷首和内文12卷，有舆地志、规制志、水利志、官守志、物产志、人物志、征文志等21篇分志，记述同安县的建制、山川、水利、物产、风俗、人物等。《大同志》点校出版后，与民国版《同安县志》互为补充，展示不同时代同安的地情和文化风貌，进一步丰富同安的历史文献及文化内涵。

（黄慧佶）

行政服务工作

【概　况】 2018年同安区推进深化工程审批改革，提升审批服务效率。同安区行政审批服务中心（以下简称“中心”）牵头制定《同安区工程建设项目审批制度改革试点实施方案》，并印发实施。以审批服务集中办理为目标，推行“一窗受理”业务受理模式。规范同安区办事窗口审批服务行为。推进窗口服务效能建设，建立联合监督考评机制，协同区效能督查办、区审改办，对同安区办事窗口服务进行全面的排查和规范提升。制定《同安区镇（街）便民服务中心标准化建设规范（试行）》和《同安区村（居）、社区便民服务代办点标准化建设规范（试行）》，推进镇街便民服务标准化。截至2018年12月，同安区行政服务中心共进驻单位45个，工作人员129人。中心设办事窗口77个，可办理事项756项，其中行政审批事项337项、公共服务事项261项。全年累计受理量300370件，比上年增长27.5%。办结296315件，办结率98.65%。其中：即办件210692件，即办率70.14%；承诺件89678件，办结85623件，承诺件提前办结率95.48%。日均办件量1295件。福建省网上办事大厅受理量1926件，办结量1363件，24小时便民自助服务机受理量25153件，周末办件量达12863件。承接全区重点工程前期手续报批工作，受理8个镇（街、场）上报26个安置地、26个发展用地项目。

【工程审批改革】 2018年，同安区出台《同安区工程建设项目审批制度改革试点实施方案》，实施工程审批改革。自9月1日起，同安区工程建设项目审批按改革后的新流程开展试运行工作，进一步压缩了审批环节、审批事项、审批时限、优化审批流程，将财政投融资项目从申报立项用地规划许可阶段到办理产权登记，审批时间控制在90个工作日内；一般社会投资项目从取得用地到办理产权登记，审批时间控制在70个工作日内；带方案出让用地的社会投资项目及小型社会投资项目从取得用地到办理产权登记，审批时间控制在50个工作日。

【“一窗受理”业务模式推行】 2018年，“中心”推行“一窗受理”业务模式。以审批服务集中办理为目标，归类整合部门办事服务窗口，按照“精简效能、整合资源、便利办事”的原则设置综合服务窗口，打破原有单一业务窗口的设置形式，变“一事一号”为“一类一号”。区税务局、不动产登记中心窗口强化部门协同办事，群众办事无须分类取号，而是只取一个号，即可办理不动产登记审批和不动产缴税服务；区建设局整合全部服务窗口，设立综合业务窗口，实现“前台综合受理、后台分类审批”；区公安分局、市场监管局、社保分中心按专业类型整合前台综合受理窗口变“一事一号”为“一类一号”，其中，公安分局设立治安、户籍和出入境三类综合受理窗口，市场监管局设立个体工商业务、商事登记业务和食品药品及医疗器械审批业务三类综合受理窗口，社保分中心设立社会保障卡、社保综合业务、医保综合业务三类综合受理窗口。

【联合监督考评机制建立】 2018年“中心”与区效能督查办、区审改办组成联合考评组，建立联合监督考评机制，规范同安区办事窗口审批服务行为，进一步提升标准化建设水平。根据省、市相关文件要求修改制订专项考核指标文件，每季度根据考核指标，对区级部门及镇（街）便民服务中心“行政服务质量”工作情况进行专项督查，区效能督查办牵头定期予以通报。通过检查考评，及时发现部门在日常的审批服务中存在的不规范行为，引导部门对窗口服务工作加大重视力度，不断提升服务质量，规范审批服务行为。

【办事清单梳理】 2018年，“中心”按照成熟一批、公布一批的原则，梳理公布同安区“马上办、网上办、就近办、一次办”事项清单共计1178项以及全城通办、靠前联办、全程网办、自助快办等审批服务事项清单共计238项，推进全区审批服务便民化。继续推进“一趟不用跑”和“最多跑一趟”办事清单的梳理工作，及时做好事项目录调整，确保已经梳理公布的“一趟不用跑”和“最多跑一趟”事项清单与权责清单系统中的事项目录、省网上办事大厅、各审批系统的办事清单目录保持一致，区级事项“一趟不用跑”和“最多跑一趟”比例提升达90%以上。继续深入推进审批特殊环节清理规范工作，指导部门对本级行政审批和服务事项的办理流程进行进一步梳理，公布同安区保留规范及第二批取消的审批特殊环节目录清单，经清理，保留58项，取消4项。所有涉及特殊环节的审批服务事项已全部调整相应的服务指南并对外公布，同步纳入电子监察、接受网上监督。

【镇街便民服务标准化推行】 2018年，“中心”促推镇街便民服务标准化，打造15分钟便民圈。结合省、市标准化建设有关要求及镇（街）便民服务中心、城市社区、村居代办点等不同类型基层服务点的实际情况，制定《同安区镇（街）便民服务中心标准化建设规范（试行）》和《同安区村（居）、社区便民服务代办点标准化建设规范（试行）》，深入调研城市社区、工业社区、村改居、农村社区等具有代表性的便民服务代办点，整理汇总分类归并形成三类村（居）便民服务清单，编制《镇（街）便民服务中心和村（居）便民服务代办点标准化指导图》，以图文形式，有针对性的分类指导镇（街）、村（居）因地制宜、分类施策，开展服务标准化建设工作。

（陈　水）

机关事务管理

【概　况】 2018年，区政府办行政科开展区机关大院物业管理工作。做好机关大院人员、车辆出入排查、登记，车辆登记备案3000辆；建立消控安保监控中心，安装进出大门车辆人员管理识别系统。开展固定资产新增、报废、调拨、清查等各项工作，全年共新增固定资产1311.47万元；报废固定资产1859.13万元；调入固定资产1685.17万元，调出固定资产177.27万元。督促物业公司做好绿化养护和补植工作，做好病虫害防治及大型树木的修剪；投入资金10万元，完成大院花卉四季更新改造。加强对排水、照明、消防、漏电、电梯空调等系统进行日常巡查，全年共维修水电设施1200次。做好重大会议保障工作。完成年度会务保障1900余次，接待参会人员9500余次。

【公车管理】 2018年，区政府完成事业单位车改任务。本次车改共取消车辆42辆，经过拍卖车辆21部，剩余车辆将按规定实施报废。严格执行公务用车派车制度，有效保障符合规定的各项公务用车。2018年度通过公车管理平台接受派车9347单，驳回824单，协调取消625单，实际派车7898车次，保障区直机关、参公单位、临时机构等85个单位的日常公务用车需求。

【办公大楼设施维修】 2018年，区政府办行政科实施政府办公大楼中央空调系统改造任务，投资595万元，拆除旧空调系统，完成空调管道恢复及新系统安装。新空调系统包括外机组16台，室内机286台。投入419万元，完成区行政中心配电室增容改造，改造内容包括拆除旧设备，安装SCB11-1250千伏安变压器2台、高压开关柜、低压配电柜设备，增设双回路电源。投入120万元，对会堂、机关食堂、人大政协楼、文化中心的室内外建筑物进行维修加固。

【公共机构节能管理】 2018年，同安区完成行政中心及文化中心的节能改造任务，项目总投资375万元，采用合同能源管理方式进行改造，由施工方投资，节能效益共享，预计节约电费64.29万元，实际节约电费78万元。实施区检察院2018年度节能示范项目建设，投资约20万元完成空调、照明、办公设施、建筑外围墙节能改造，获市级奖励资金10万元；年内，区检察院通过省级节能示范单位评审。

（苏燕东）

政协同安区委员会

综　述

【概　况】2018年，区政协全年召开常务委员会会议7次，审议通过常委会2018年工作要点、开展协商议政等事宜。召开主席会议8次，审议通过《区政协十三届常委会2018年工作要点和工作任务分解表》《区政协2018年委处活动计划》等。12月召开区政协十三届三次会议。召开重要会议组织视察走访活动4次，涉及同安文笔塔公园和雪樵公园建设、都市农业发展情况、安全生态水系工程建设等经济社会热点问题。完成4个重点课题调研。举办2次主席接待委员会日活动。编发《社情反映》12期、《专报件》6期、《同安政协信息》15期，其中《建议相关部门加大力度对小区物业进行监管》等多件社情民意，获区委主要领导批示在《银城内参》刊发并转交相关部门处理。

重要会议

【区政协第十三届第三次会议】12月25—27日，同安区政协第十三届第三次会议召开，168名政协委员及政协各界别代表出席。市政协副主席黄国彬、区各套班子成员及公检法主要负责人应邀参加大会。会议审议通过政协第十三届同安区委员会常务委员会工作报告、提案工作报告、提案初审报告以及大会决议，4位政协委员作大会发言。

【区政协主席会议】2018年，区十三届政协召开主席会议8次，审议通过《区政协十三届常委会2018年工作要点和工作任务分解表》《区政协2018年委处活动计划》等。

【区政协常委会会议】2018年，区十三届政协召开常务委员会会议7次。3月29日，区政协召开十三

2018年同安区政协主席会议一览表

表12

时间	会议	主要内容
3月9日	第十次主席会议	讨论确定《关于加快同安一中人行天桥建设的建议》《关于加快落实北镇路改造的建议》《建议搬迁祥平街道卫生服务中心预防接种门诊部》《关于鼓励民营资本投入健康养老产业的建议》4件提案为2018年度重点提案
7月31日	第十一次主席会议	围绕“做实家庭医生签约工作，增强签约居民获得感”协商议政
8月24日	第十二次主席会议	研究常委会协商事宜、召开纪念改革开放40周年座谈会事宜
9月28日	第十三次主席会议	研究确定召开区政协十三届第九次常委会议题
11月5日	第十四次主席会议	研究确定召开区政协十三届第十次常委会相关事宜
11月21日	第十五次主席会议	研究分析区政协党组2018年全面从严治党主体责任清单落实情况，研究部署区政协十三届三次会议筹备工作委员会成立等相关事宜
12月13日	第十六次主席会议	研究确定召开区政协十三届第十一次常委会议程
12月24日	第十七次主席会议	研究确定召开区政协十三届第十二次常委会议题、审议并原则通过区政协十三届三次会议议程（草案）、日程（草案）等相关事宜

届七次常委会议，审议通过政协机关有关委员和委处领导任免职名单以及区政协十三届常委会2018年工作要点、区政协各委处2018年主要工作和活动计划等事项。7月17日，区政协在革命老区上杭县召开十三届第八次常委会，组织全区政协系统学习“习近平总书记关于加强和改进人民政协工作的重要思想”，集中交流研讨，汇报学习研讨成果。9月28日，区政协召开十三届九次常委会议，围绕“着力发展都市农业，助推我区农业产业升级”开展协商议政。区政府副区长康自展，区政协副主席赵建明、叶文雅，秘书长李妙音，政协各办（室）主任、全体政协常委及议政发言委员参加会议。11月9日，区政协召开第十三届第十次常委会，围绕2017年区政协“关于积极推进我区小流域治理建设案”落实情况进行民主监督及协商议政。与会人员听取区河长办主任谢育添关于同安区小流域治理落实情况的专题汇报，围绕同安区流域综治治理情况进行座谈讨论。

主要工作

【视察工作】 4月28日，区政协组织部分委员视察文笔塔公园和雪樵公园建设情况。区政协领导带队到现场开展视察活动，并听取建设局及相关单位领导现场介绍两个项目施工进展情况。5月25日，区政协会同区政府办、区政协提案文史办以及区民政局、规划分局、国土房产分局等重点提案办理单位围绕重点提案《关于鼓励民营企业资本投入健康养老产业的建议》开展调研座谈。区政协副主席洪祖溢、区政协社会法制委的政协委员参与调研活动。调研组分别实地视察厦门迦南地安养中心和厦门莲花恩慧养老院（区社会福利中心），并听取提案主办单位区民政局对重点提案《关于鼓励民营企业资本投入健康养老产业的建议》办理情况的汇报。9月6日，区政协组织部分常委及委员到禾沣文旅生态农业园、厦门鑫美园果蔬农业合作社、厦门百丽现代农业科技园开展“着力发展都市农业、助推我区农业产业升级”调研视察活动。区政府副区长康自展，区政协副主席洪祖溢、赵建明、叶文雅以及区农林局、旅游局等相关单位领导参加。11月9日，区政协组织政协常委会组成人员及区河长办、农林局、建设局、水利局等部门领导到西柯镇、五显镇实地视察埭头溪三角洲人工湿地绿化种植工程及东溪安全生态水系工程建设情况。

【提案工作】 2018年，区政协共征集案119件。经审查，立案100件，其中党派、团体和委处等单位集体提案31件，委员提案69件。立案的提案并案后为91件，其中，涉及经济建设方面35件，城市建设与管理方面28件，教科文卫体方面17件，政法、民政、统战、人力资源和社会保障等方面提案11件。提案交由31个单位办理，没有立案的提案转送相关部门参阅。截至年底，提案全部办复，所提建议已经解决或基本解决的25件，正在解决或已列入计划解决的51件，因受条件限制或其他原因只能以后研究解决的12件，所提问题留作参考或不可为的3件。从提案者征询反馈的意见，对承办单位办理结果表示满意的85件、基本满意的6件，满意和基本满意率达100%。

【课题调研】 2018年，区政协按照区委“三转促发展，三加强惠民生”的工作思路，确定“发展都市现代农业，加速农村产业振兴”“着力打造苏颂文化名片，促进富美同安建设”“关于做大做强竹坝华侨经济开发区旅游业的探讨”“加强政协民主监督的思考”4个重点调研课题。各委处围绕做大做强实体经济、构建宜居宜业城区、助力乡村振兴民生改善等内容，组织委员深入开展调查研究，撰写8篇课题调研报告，提出做好城乡绿化、预防青少年犯罪、加大小区物业管理与监督、做实家庭医生签约工作、加强食品安全源头监管等具体建议。

【社情反映】 2018年，区政协报送社情反映信息16篇，其中《部分港澳社团换届典礼大操大办社会反响差》被全国、省政协采用。编发《社情反映》12期、《专报件》6期，其中《建议相关部门加大力度对小区物业进行监管》等多件社情民意，获区委主要领导批示在《银城内参》刊发并转交相关部门处理。

2018年度同安区政协社情反映

表13

序号	期号	名称	签发日期
1	第一期	建议深入挖掘东西溪三古桥历史人文底蕴进行展示宣传提升东西溪慢行道景观人文内涵	2018.1.9

续表 13

序号	期号	名称	签发日期
2	第二期	关于整顿渣土车污染环境及违规行为的建议	2018.5.22
3	第三期	关于发展装配式建筑工业化产业的建议	2018.6.14
4	第四期	关于对文化创意产业园发展的建议	2018.7.4
5	第五期	关于深入挖掘乡村文化资源　助力乡村振兴的建议	2018.7.31
6	第六期	关于加强公共场所犬类管理的建议	2018.8.20
7	第七期	盘活资源，满足城区学前教育需求	2018.9.3
8	第八期	关于企事业单位分类垃圾桶设置的几点建议	2018.9.12
9	第九期	关于改造阳翟西路路口排水的建议	2018.9.30
10	第十期	建议相关部门加大东西溪流域夜间渔类盗捕的管理力度	2018.11.16
11	第十一期	洗车场污染环境问题应引起重视	2018.11.20
12	第十二期	建议将前格村乡村旅游区转型为生态郊野公园	2018.12.17

2018 年度同安区政协专报件一览表

表 14

序号	期号	名称	签发日期
1	第一期	关于凤岗屠宰场搬迁的几点建议	2018.4.23
2	第二期	区政协组织视察文笔塔公园、雪樵公园建设情况	2018.5.7
3	第三期	关于开展我区住宅小区私搭乱建集中整治的建议	2018.5.14
4	第四期	凤岗水电站是当代珍贵历史遗址，建议尽快保护	2018.9.12
5	第五期	建议相关部门加大力度对小区物业进行监管	2018.10.1
6	第六期	区政协组织对《关于积极推进我区小流域治理建议案》落实情况的监督视察	2018.11.23

【文史工作】 2018 年，同安区政协完成《苏绅学术论文集》出版发行。挖掘同安匾额的文化资源，编撰《同安古匾额》。完成《同安文史三千问》初稿定稿和装帧设计。组织文史编撰员为市政协拟出版的《厦门科举纪事》一书提供书稿 31 篇、照片 23 张。联合区侨联、区方志办出版《同安境外宗乡社团概略》，为在马来西亚召开的第十一届世界同安联谊大会献礼。加强文史研究和交流，举办“文史沙龙”活动 7 期，组织部分文史编撰员到广西南宁等地学习调研苏颂文化，到婺源学习调研朱子文化。整理库存书籍，向全区各中小学图书馆（室）赠送历年出版的《同安文史资料》共计 2993 册。做好新出版文史资料的发行和交流工作，《同安文史资料》被国家图书馆等 60 多个单位列入馆藏。围绕区委、区政府补短板、惠民生的工作，参与文笔塔公园、南镇山公园、双溪公园改造和提升的文化景观咨询。参与朱子文化节、开闽王文化节、苏颂文化节等节庆活动。

（林永矛　张海玲　邵菲婷　陈淑梅）

法治　军事

社会管理综合治理

【概　况】2018年，同安区落实综治责任制，区、镇（街）两级党政主要领导签订《2018年度社会管理综合治理目标管理责任书》，推动综治平安建设各项工作。区委常委会、区政府常务会研究通过《厦门市同安区社会治安综合治理领导责任制考评及奖励处罚办法（暂行）》，建立完善综治考评动态考核机制，实施差异化动态考评。开展扫黑除恶专项斗争，破获涉黑恶案件93起，一审判决5个恶势力犯罪集团。投入5700万元升级改造公检法机构设施。加强辅警队伍建设，新招聘警辅人员146人，全区警辅队伍达1300余人，出台《同安公安分局警务辅助人员考核办法》。全区社会治安形势持续转好，年内刑事警情4034起，比上年上年下降18.75%；道路交通事故致人死亡63人，比上年上年下降18.67%。2018年下半年省对区综治三率测评，同安区在全省87个县区中，群众安全感率排名第15名、平安建设知晓率排名第7名、执法满意率排名第24名，三项指标在全市六个区排名均在第2名。

【公检法机构设施改造】2018年，同安区升级改造公检法机构设施。投入3200万元修缮改造交警大队业务技术用房、警务训练馆和营院等基础设施，投入800万元建设同安公安分局办案中心和刑侦大队业务技术用房，投入1700万元建设区检察院办案与专业技术用房。

【扫黑除恶经验获推广】2018年，同安区开展扫黑除恶专项斗争，工作经验在全市推广。3月，同安区破获西柯镇吕厝社区宗族恶势力团伙，率先在全市取得成果。全年破获新民镇四口圳欺行霸市、强迫交易恶势力犯罪集团案，汀溪小城镇集中安置房工地敲诈勒索、寻衅滋事案等涉恶典型案件及竹坝水库非法占用耕地、盗挖高岭土案，共抓获涉黑恶犯罪嫌疑人322人，逮捕54件145人，移送起诉67件191人，一审判决5个恶势力犯罪集团，破获涉黑恶案件93起。扫黑除恶专项斗争通过中央扫黑除恶斗争专项督导检验，工作经验和做法在厦视一套“平安厦门”播出，同时在福建法治报、厦门日报、海西晨报等主流媒体、刊物上刊登。

【道路交通亡人事故专项整治】2018年，同安区开展道路交通亡人事故专项整治。持续推进G324线、G324复线、S206线以及各县道、乡道、村道等170余处道路隐患治理工作。聘请市交通研究中心开展全区道路交通安全规划，投入4390万元完成高杆灯、人行天桥、隔离护栏建设等14个项目。投入4500万元建设交通监控抓拍系统，建设同安老城区智能红绿灯升级改造项目、同安大队前端设备新能源车牌识别升级改造及电警路口反向卡口增补等项目，建成并投入使用52套违停监控抓拍设备、5处行人闯红灯自动抓拍系统、升级281个电子警察监控设备，优化交通安全通行环境。全年共查处道路交通“五类十项”严重违法行为74000余起，比上年上升11.19%。突出摩托车违法行为专项整治，查处摩托车违法行为8万余起。开展“全民随手拍·晒交通陋习”活动，曝光交通违法行为。发动交通志愿者队伍在重点时段、重要路段守护斑马线。

【“雪亮工程”建设】2018年，同安区实施“雪亮工程”12个项目建设，主要完成人像微卡口系统前端建设、无物业小区安防工程建设及同安新城公共安全视频监控（一期）三个项目的落地实施，在大同、祥平、新民、西柯、五显等镇（街）开展三类视频监控建设，年底完成1265路一、二类视频监控建设以及5000路三类视频监控整合接入。

【同安区房东协会成立】2018年，由区政法委牵头，同安区成立厦门

2018 年 2 月 2 日，同安区举行社会治安综合保险启动仪式

（区综治办供图）

市首个区级房东协会，首批有 30 个社区房东协会会员单位加入。区房东协会将成为沟通政府管理部门和出租屋房东的桥梁和纽带，加强对房东会员政策法规的宣传和培训，制定全区出租屋房东的自律规范，整合各类资源服务会员，并开展出租房人口信息采集、出租房消防安全隐患排查等各类政府委托服务事项，集成管理数据库，实现“以房管人”综治目标。

【群防群治队伍规范化建设】 2018 年，区综治办、公安分局、区财政局联合印发《同安区群防群治治安巡防队伍以奖代补实施办法》，每年安排 500 万元经费对村居巡防队伍达到“五有”标准（有专门办公场所、有专职队伍、有队伍装备、有安排巡防、有巡防成效的）建设的村居给予奖励，计划 2019 年全面完成所有村（居）护村巡防队“五有”队伍建设和 100% 实行“以奖代补”奖励。截至年底，全区 140 个村（社区）有 89 支治安巡逻队完成“以奖代补”经费奖励，完成率 63%。

【社会治安综合保险推出】 2 月，同安区在全市率先推出社会治安综合保险惠民政策。投入 460 多万元为全区 13.2 万户 80 余万常住人口购买社会治安综合保险，包含家庭财产盗抢损失、个人银行账户资金安全保险、“两抢”案件救助、精神病人伤人救助等 9 个险种，保障同安居民家庭财产、银行卡账户资金、人身安全。建立快速理赔机制，引入保险经纪公司监管。保险于 2 月 10 日起正式起保。

【道路交通事故救助保险制度实施】 5 月，同安区实施同安区道路交通事故救助保险制度，对同安区内（不含高速公路）发生道路交通事故有生命危险需要紧急抢救的受害人，存在抢救费用超过交强险医疗费责任限额、肇事机动车未参加交强险的、机动车肇事后逃逸的三种情况给予救助。截至年底，同安区综治险共理赔案件 312 起，总计理赔金额 100.501 万元。其中 288 起家庭财产盗抢损失案件，理赔金额 68.47 万元；重大恶性案件 3 起，理赔金额 26.5 万元；启动救助制度 11 次，救助交通事故 11 起，涉及伤亡人员 14 人，累计清算垫付资金 62.6 万元，累计挽回经济损失近 80 万元。

（庄瑶琳）

政府法治建设

【概　况】 2018 年，同安区印发《同安区 2018 年法治政府建设重点工作安排》，对依法全面履行政府职能，完善依法行政制度体系，推进行政决策科学化、民主化、法治化。强化对行政权力的制约和监督，完善行政执法相关制度，督促各行政执法部门按照行政执法三项制度即行政执法公示制度、执法全过程记录制度、重大执法决定法制审核制度要求，积极对接上级部门制定完善本部门相应制度，区安监局、财政局、卫计局等部门制定配套制度，全区各执法部门全面梳理本部门执法人员、执法事项及其执法流程。开展行政案卷评查工作。对各执法部门的行政许可和行政处罚案卷进行抽查，问题清单于 10 月下发各执法单位，要求各执法单位举一反三做好整改工作。加强对政府工作人员特别是领导干部的法治教育培训，全年举办处级和科级领导干部培训班各 2 期。开展宪法学习工作。印制最新宪法 5000 册，并为全区各部门及全区领导干部订购修正后的《中华人民共和国宪法》，引导干部职工深入掌握宪法的基本知识。全年共印发 8 件规范性文件，并全部完成备案工作。严格按照市政府规范性文件清理工作的统一安排，对由同安区公布的规范性文件进行全面清理，2018 年，废止和失效规范性文件共 15 件；待修订文件 7 件。

【全面梳理权责清单】 2018年，同安区全面梳理各区直部门、各镇（街）的权力清单、责任清单。至年末，区直部门的各类权责事项共2832项，镇（街）的各类权责事项共1409项，除涉密事项外均已录入“厦门市权责清单管理系统”向社会公开，并接受社会监督。完善权责清单动态管理。由区委编办牵头，印发《关于贯彻落实厦门市权责清单动态管理办法的通知》，进一步规范同安区权责清单的动态管理，做好厦门市权责清单管理系统的后台审核和管理工作。全年梳理对应取消行政权力和公共服务事项10项，承接行政权力和公共服务事项2项，调整行政权力和公共服务事项26项，梳理对应承接行政许可事项5项，调整行政许可事项1项，取消行政许可事项11项。

【证明事项清理】 2018年，区政府全面开展证明事项清理工作。6月，共取消42项要求相对人提供的证明事项和17项为相对人出具的证明事项。10月，对国家法律、行政法规，省（市）法规、规章设定的证明事项提出清理建议，取消区级规范性文件自行设定的证明事项1项。

【规范行政执法主体资格】 2018年，同安区规范行政执法主体资格。对全区执法人员依法进行清理，确认行政执法主体单位和持有行政执法证工作人员，未持有执法证的工作人员不得开展相关工作，并要求各具备行政执法权的部门严格按照要求安排执法工作人员参加培训考试。全年共有15人参加第一期行政执法培训考试，31人参加第二期行政执法培训考试，10人参加行政执法证注册考试。

【法制机制建设】 2018年，区政府强化法制机制建设。各行政执法部门制定并完善重大行政执法决定法制审核制度，区财政局制定《厦门市同安区财政局重大行政执法决定法制审核制度》、区城管执法局制定《厦门市同安区城市管理行政执法局重大行政执法决定法制审核实施办法（试行）》；充分发挥政府法制机构推进法治政府建设的组织协调和保障作用。依法办理政府交办的各项涉法事务，确实做好法制保障和法律服务工作。进一步推进政府法律顾问参与法律事务，强化行政决策法制审核，发挥法律顾问咨询论证、审核把关的作用，2018年，法律顾问团参与法律事务共151人次。持续推动公职律师试点工作。组织新一批符合条件的公职人员参加律师岗前培训，年内有3人取得公职律师证件，并负责相关法制工作。

【行政复议应诉】 2018年，区政府共收到39件行政复议申请，转送11件，申请人撤回3件，受理26件，2017年结转5件，至年末办结23件。落实行政应诉相关制度，工作人员严格按照要求出庭应诉，2018年，区政府共接到11件行政诉讼案件，均按照要求做好应诉工作，并委托相关工作人员出庭应诉。做好案件释法说理工作。探索推行典型行政复议案件公开，对典型行政复议案件撰写案例分析，遴选案例，向市法制局投稿对外公开，化解行政争议。在行政执法过程、行政复议决定书、行政处罚决定书中进行释法说理。严格实行“诉访分离”。明确信访、复议、诉讼范围，严格按照法律规定做好“诉访分离”工作，引导当事人通过正确的渠道解决纠纷。

（郑晓旺　李文龙）

公　安

【概　况】 2018年，同安公安分局接报刑事警情4034起，比上年下降18.75%。刑事案件立案4817起，比上年下降16.68%，共破获各类刑事案件1599起，比上年下降28.84%。抓获刑事作案人员1783人，打掉各类犯罪团伙96个，逮捕542人，公诉966人，追赃739.16万元，侦破命案4起，命案侦破率100%。侦破“八类”案件138起，破案率81.06%。查处治安案件14992起，比上年下降17.57%。开展扫黑除恶、“飓风肃毒2018”暨“两打两控”等专项行动。全年保持等级响应102天，妥善处置向阳印克公司大门被围堵等多起敏感案事件，有力保障105个重点项目建设，实现重大活动和敏感节点时段，重点人员“零失控、零滋事”。刑事警情为近10年最低，综治考评公安项目取得全市第一。交通事故亡人数比上年下降17.81%，创2003年区划调整以来最低。全区火灾起数下降43%，保持火灾事故零伤亡。全年同安公安分局共有181个集体和个人受到各级各类表彰，分局荣立集体三等功并通过省级文明单位创建考核。分局10名抽考民警代表市局在全省公安机关实战考核比武中获得民警组第一名。区行政服务中心公安窗口连续两年获评“红旗窗口”。

【打击恶性暴力犯罪】 2018年，同安公安分局开展打击恶性暴力犯罪，立案132起，破案107起，破案率81.06%。其中故意杀人案立案5起、破案5起，抓获历年命案积案逃犯2名，故意伤害案立案90起、破案68起，强奸案立案28起、破案25起，绑架案立案1

起、破案1起，放火案立案1起、破案1起，抢劫案立案7起、破案7起。

【打击“盗骗抢”犯罪】 2018年，同安公安分局开展打击“盗骗抢”等专项行动，精准打击入室盗窃、“两车一盗”、电信网络诈骗等突出警情，全年盗窃类警情2640起，比上年下降25.02%；诈骗警情1309起，比上年上升1.08%；“两抢”警情12起，比上年下降68.42%。共抓获侵财类犯罪嫌疑人521人，打掉犯罪团伙60个，破获各类侵财类案件1046起，捣毁电信网络诈骗窝点47个，破10万元以上电信网络诈骗案8起，打击电信网络诈骗犯罪整体成效名列全市各区第二。

【打击毒品犯罪】 2018年，同安公安分局开展“飓风肃毒2018”暨“两打两控”会战行动，共查处吸毒人员401人次（完成三年均值102.3%），抓获毒品犯罪嫌疑人112人，逮捕犯罪嫌疑人70人，破获毒品刑事案件96起，缴获各类毒品397.78克。

【反恐防暴】 2018年，同安公安分局开展反恐重点目标规范化建设。组织开展华强方特大型反恐应急处突合成演练、最小作战单元拉动等各类演练96场次，对全区重点目标单位开展了联合督导检查12轮次、压力测试10轮次，发现整改问题隐患150余处。严格落实涉恐重点人管控措施和责任，依托区反恐办推进关注人员流动摊贩综合治理，全区社会面关注人员平稳可控。

【扫黑除恶】 2018年，同安公安分局开展扫黑除恶专项斗争。全年共打掉恶势力团伙5个83人，打掉3人以上“七类”团伙21个103人；抓获涉黑涉恶犯罪嫌疑人340人，逮捕56件147人，移送起诉74件207人，破获涉黑恶案件97起。破获涉枪刑案4起，抓获涉枪违法犯罪嫌疑人4名，缴获各类枪支3把、各类子弹1770发。推动审判恶势力犯罪集团5个，占全市判决的13个恶势力犯罪集团38.5%。

【社会治安管理】 2018年，同安公安分局共查处治安案件14992起，其中破获涉赌刑案49起、涉黄刑案40起，查处涉黄涉赌行政案件236起，其中省厅督办案件2起。破获“四黑四害”案件64起，抓获犯罪嫌疑人38人，涉案金额约1300万元，其中环境污染类案件8起。创建9个“无入室盗窃案件小区（自然村）”，均实现入室盗窃零发案。扎实推进群防群治队伍建设，建成“五有”群防群治队伍89支，其中7支队伍分别被评为市、区、镇典型示范。全区平安志愿者达8.18万人，发展村（居）群防群治力量1190人。健全完善平安志愿者“红袖标”队伍管理、村（社区）治安巡逻队、综治平安有奖举报等工作机制，全区群防队伍共提情提线135条，协助抓获违法犯罪人员113名，协破各类违法犯罪案件96起。按照“全域覆盖、全网共享、全时可用、全程可控”的目标，依托“雪亮工程”，全面提升社会治安科技防控水平，年内升级改造1626套视频设备并完成5000路视频的接入。牵头相关部门建设环东海域滨海智慧警务实战平台，汇集环东海域所有监控设施，引入148套人像识别监控、96套智能门禁、41套车辆微卡口等前端设备，打造集预警、管控、大数据分析、服务群众于一体的实战平台。

2018年6月12日，同安公安分局在华强方特景区开展大型反恐应急处突合成演练　　（同安公安分局供图）

·小资料·

四黑：制造假劣食品药品的“黑作坊”、制造假劣生产生活资料的“黑工厂”、收赃销赃的“黑市场”和涉黄涉赌涉毒的“黑窝点”。

四害：害百姓、害家庭、害社会、害国家。

【公共安全监管】 2018年，同安公安分局检查涉危涉爆单位398家次，整改隐患13处。查处烟花爆竹违法案件40起，治安拘留34人，缴获烟花爆竹847件。查获非法经营无证旅馆案46起，关停违规娱乐场所4家，处罚寄递物流网点2家共罚款3.5万元，对83家寄递物流企业负责人进行了约谈告诫，发现并函告主管部门黑网吧110家次。做好大型活动安保，先后完成青岛啤酒节、元宵梅山寺灯会等大型活动安保24场次，二级以上警卫任务6次。

【道路交通管理】 2018年，同安公安分局查处“五类十项”严重交通违法行为9.1万余起，其中查处酒驾醉驾1438起，比上年上升8.4%；拘留无证驾驶1175人，比上年上升61.85%。大力推进“亮灯工程”和交通科技防控体系建设，不断优化安全通行环境，新增电警系统125套，升级电警281套，优化红绿灯路口35处，如期完成14处省级为民办实事项目。督促客车、货车、危化品运输车等车辆、驾驶人审检验整改，排查“新五类”重点车辆1179辆，开展810次催办逾期未检验、未报废车辆，深入运输公司检查1383次。全年全区交通事故死亡60人，比上年下降17.81%，创2003年以来最低。

【消防安全管理】 2018年，同安区共发生火灾事故81起，比上年下降3.57%，财产损失182.83万元，比上年上升29.61%，未发生人员伤亡。持续开展“三合一”场所、出租房屋、电动车等消防重点整治，共检查单位33913家次，整改火灾隐患或违法行为8259处，行政处罚211家次，责令“三停”63家，罚款103.92万元。推动建成电动自行车充电桩113处2500个，对3.1万户出租房内楼道与电动车停放处实施硬隔离，全区共建成微型消防站332个，实现社区、行政村及消防重点单位100%建站。

【便民利民举措推行】 2018年，同安公安分局推行交管“放管服”改革20项举措，7月底实现车驾管业务“一窗办”、18类车管业务“一证办”，全年办理车管业务28058笔、驾管业务13354笔。深化“互联网+公安政务服务”，依托“福建治安便民”“厦门公安”等微信公众号，推行网上预约预审、“指尖办事”等服务举措。

【人口管理】 2018年，同安公安分局推荐23名社区民警担任28个社区居民委员会成员，推荐11名优秀辅警选派到村（居）任职，并配全专职社区辅警，健全常态化基础排查机制，结合流动人口服务管理专项活动，强力推进“一标三实”信息采集工作。全年共办理户籍1.34万人次、身份证4.42万人次、居住证4.2万人次、港澳台居住证636人次、出入境业务4.44万人次。

（惠　超）

检　察

【概　况】 2018年，区检察院共批捕370件522人，不批捕198人。起诉694件916人，不起诉54件91人。全年发出《检察建议书》12份，《检察意见书》8份，《建议函》2份，受理国家司法救助案件3件3人，向申请人发放司法救助金近10万元。“12309”检察服务中心共接待群众来访118批次158人次，来访批次比上年下降54.96%；接收群众来信（含网络、电话）101件，比上年增长70.20%。是年，区检察院获评2015—2017年度省级文明单位、全省检察机关“基层民事行政检察工作推进年”专项活动先进基层检察院；1个案件获评2017年度全省羁押必要性审查优秀案件；1个检察建议获评全省侦查监督检察建议精品案例；区检察院官方微信公众号获评2017年度全省检察机关新媒体建设“百优”评选优秀账号。

【刑事检察】 2018年，区检察院依法批准逮捕各类刑事案件犯罪嫌疑人522人，提起公诉955人。依法严惩各类严重刑事犯罪，重点打击影响社会治安和侵犯人民群众生命财产安全的犯罪，共批捕“两抢一盗”、诈骗等侵财型犯罪案件121件179人，起诉142件217人。批捕严重暴力犯罪案件106件127人，起诉51件72人。批捕涉毒犯罪案件30件36人，起诉26件29人。严厉打击破坏市场经济秩序犯罪案件，批捕15件30人，起诉30件45人。对涉嫌犯罪但无社会危险性的，决定不批捕55件76人；对犯罪情节轻微、依法不需要判处刑罚的，决定不起诉45件74人。

【未成年人司法保护工作】 2018年，区检察院创新未成年人司法保护工作机制，研发AR防性侵课程，在同城四季幼儿园等3所幼儿园试点推广；建设未成年人帮教救助线上平台，整合心理辅导、在线学习、司法救助等功能，实现未成年人帮教和救助网络化。开展附条件不起诉跟踪帮教工作，与区司法局联合签订《关于对附条件不起诉的涉案未成年人开展帮教试点工作的实施意见》，通过规范确定试点对接、提供多元帮教、参考综合评估等三方面的做法，进一步做好针对附条件不起诉的涉案未成年人的帮教考察工作。选取五显司法所作为试点开展工作。开展未成年人临界预防工作，联合区公安分局、区教育局对24名涉案未成年人及其家长开展普法宣传。推进未成年人司法救助，为一起强奸案中的被害幼女发放2万元司法救助款并提供技能培训。在全区中小学开展法治进校园活动，扩大法治宣传辐射面。对五显中学、同安职业技术学校、洪塘中学3所学校发出检察建议，督促整改学生聚众斗殴问题。

【扫黑除恶专项行动】 2018年，区检察院开展扫黑除恶专项行动。共批准逮捕涉黑恶类犯罪案件9件35人，提起公诉7件33人，均得到法院一审有罪判决。另1件20人1个单位指定管辖移送集美区检察院审查起诉。提前介入3件29人，引导侦查机关取证，确保打击效果。强化侦查活动监督，纠正漏捕3人，建议侦查机关对5人采取刑事强制措施。检察长列席区法院审委会会议，就相关涉恶案件发表意见，形成打击合力。针对“老人会”问题发出《检察建议书》2份，督促区相关部门采取措施进行监管。与区民政局签订加强社会组织管理的《协作意见》，延伸检察环节综治效果。

【生态领域司法保护】 2018年，区检察院共批准逮捕破坏生态环境资源犯罪案件6件11人，提起公诉20件33人。践行恢复性司法理念，监督促成3件5人开展“补植复绿”生态修复，涉及补植面积近64亩（4.27公顷），缴纳履约保证金11万元。监督促成2件2人缴纳涉案废液和原辅材料的无害化处置费1.6万余元，其中黄某污染环境案系全市首例缴纳无害化处置费案件。成立驻区河长办检察联络室，积极参与辖区埭头溪黑臭水体专项治理和流域综合整治攻坚行动，组织相关部门及企业代表观摩庭审，巩固工作成效。检察官在办理的一起非法采矿案中，将审查发现的相关人员可能涉嫌职务犯罪行为的线索移送区纪委监委处理，现已立案。

【民生民利保障】 2018年，区检察院针对办案中发现的治安、管理、安防等制度漏洞，发出法律监督文书67份、撰写年度综合报告1份、发布未成年人检察工作白皮书，提出相关工作建议，促进完善社会管理体系。建成“12309”检察服务中心实体大厅并投入使用，实体大厅配置全视角监控系统、查询一体机、视频接访系统等设施，整合“12309”检察服务热线，实现接受控告举报申诉、律师接待、视频接访功能，为群众开展法律服务。受理国家司法救助案件3件3人，向申请人发放司法救助金近10万元。向区仲裁委发出支持仲裁意见书1件解决拖欠职工劳务报酬问题并派员支持仲裁获支持。认真维护弱势群体合法权益，共办理支持起诉案件4件，其中交通事故案2件，抚养费纠纷案1件，健康权纠纷案1件。在抚养费纠纷案中支持某起强奸案受害者之女起诉支付抚养费，得到法院判决支持，有效维护被侵害所生孩子的合法民事权益。此案经正义网官方微信、博客报道后，获社会广泛关注并好评，当日阅读量突破150万人次。

【刑事诉讼监督】 2018年，区检察院开展侦查活动监督，受理立案监督9件，发出《纠正违法通知书》3份、《要求说明立案理由通知书》1份、《要求说明不立案理由通知书》2份、《应当逮捕犯罪嫌疑人建议书》2份。追诉漏犯7人1个单位、漏罪4件、遗漏犯罪事实22起，发出《检察建议书》12份，《检察意见书》8份，《建议函》2份。改变侦查机关定性20件。开展审判活动监督，共提出量刑建议355件370人，采纳率为97%。提请抗诉的一起50人组织、领导传销活动、抢劫、非法拘禁案，检察官的抗诉意见被法院采纳，并依法予以改判。共开展审查刑事强制措施执行监督46件46人，向办案机关建议予以变更强制措施28件28人，被采纳26件26人。开展刑事强制措施执行监督，共开展审查46件46人，向办案机关建议予以变更强制措施28件28人，被采纳26件26人。开展刑罚执行监督、认真开展监外执行人员脱管漏管专项检查，强化社区矫正检察监督，向区司法局发出《纠正违法通知书》2份，依法纠正漏管现象。对4名罪犯开展收监执行工作。其中对1起暂予监外执行人员的病情变化进行审查，经鉴定后确认应当收监，发出《收监执行检察意见书》，督促区法院对其收监执行。针对市第二看守所等部门在刑事执行过程中存在的不规范情形，发出《检察建议书》2份，促进相关整改工作。针对公安机关在剥夺罪犯政治权利届满时未及时书面通知，损害其合法权益的情形，发出《纠正违法通知书》1份，纠正违法7人。

【民事诉讼监督】 2018年，区检察院共办理民事执行监督案件10件。针对消极执行、执行程序不规范等情形，检察官发出检察建议3份，提出纠正意见2件，均被区法院采纳。办理行政非诉执行监督案件1件，针对区法院未依法受理区行政执法局申请强制执行对某公司非法占地行为作出的行政处罚决定的问题，向区法院发出检察建议。开展对行政机关执法行为的监督。

针对怠于履行职责、不当履行职责等情况，发出督促履职检察建议3份，促进行政机关依法行政、严格执法。

【专项检查监督】 2018年，区检察院开展监外执行人员脱管漏管专项检查，强化社区矫正检察监督，向区司法局发出《纠正违法通知书》2份，依法纠正漏管现象，对4名罪犯开展收监执行工作。加强财产刑执行专项监督，有效监督罪犯积极履行财产刑，建成刑事财产刑执行检察档案950人。开展判处实刑罪犯未执行刑罚专项监督，加强交付执行检察工作，建立交付执行检察档案604人。

【区检察院推进体制改革】 2018年，区检察院做好检察人员分类管理和检察官等级晋升工作，推荐选升四级高级以上检察官9名。贯彻“谁办案谁负责”的原则，完善检察官绩效考核量化计分细则，全面考核检察官的办案质效。严格落实入额院领导直接办案，入额院领导带头办理重大敏感复杂案件，共直接办理各类刑事案件66件82人。

【工作机制创新】 2018年，区检察院推行轻刑快审机制，适用认罪认罚从宽制度办理刑事案件309件315人，办理速裁案件222件223人，提高案件办理效率。出台相关工作机制，巩固刑事和解不提起公诉的办案效果。出台规范检察建议工作办法，加强检察建议刚性。积极顺应国家监察体制改革，提前介入区监委办理的职务犯罪案件2件2人，起诉1件1人。积极开展涉案未成年人临界预防工作，充分利用互联网平台开展检察工作，开发AR儿童自护课程和一体化帮教救助线上平台。

【全市首个派驻市场监督管理局检察室揭牌成立】 3月6日，全市首个派驻市场监督管理局检察室揭牌成立。检察室将适时介入提供协助，帮助市场监督管理局把好事实关、证据关，共同采取有力措施打击侵害人民群众切身利益的违法犯罪行为。揭牌当日区检察院与区食安办、区市场监督管理局三方联合签订《关于加强检察监督与食品药品行政执法协作机制实施意见（试行）》，建立联席会议及联络员制度、双向案件咨询制度，联合开展疫苗专项监督检查、餐饮服务环节食品安全检查。

【发出全市首例公益诉讼诉前检察建议】 6月，区检察院向同安国土房产分局与洪塘镇政府分别发出公益诉讼诉前检察建议，就其未履行其恢复治理废弃矿山生态环境的职责、存在侵害社会公共利益的情况，督促共同做好恢复治理废弃矿山生态环境的工作。这是自2017年实行公益诉讼制度以后，全市首例向镇一级政府发出的公益诉讼诉前检察建议。

（吴伟龙）

法　院

【概　况】 2018年，区法院全年共受理各类案件12436件，审结10763件，结案率86.55%，比上年分别下降7.47%和3.59%。一审服判息诉率89.4%位居全市基层法院第一名，司法改革成效初步显现。一审发改率0.82%，比上年上升0.47%；至年末两年以上长期未结案件5件。年内区法院有4个集体和27名个人获得市级以上荣誉表彰。

【刑事审判】 2018年，区法院审结刑事案件730件，判处罪犯890人，比上年下降19.96%。推进扫黑除恶专项斗争，加大线索摸排工作，向有关职能部门移送黑恶线索4条，移送涉嫌“套路贷”案件8件，审结涉黑涉恶犯罪案件8件24人，集中宣判5件30人。严惩故意伤害、绑架、非法拘禁等严重危害群众人身安全的恶性刑事犯罪105件154人。严厉打击“两抢一盗”、传销拐卖、电信网络诈骗等多发性、涉众型财产犯罪，审结33件87人，追回财物价值约50万元。打击涉及食品、药品安全犯罪，审结在食品中添加罂粟壳、硼砂等非食品化学原料及销售病死猪肉等食品安全违法犯罪案件4件。配合国家监察体制改革，促进司法审判与国家监察的有机衔接，审结监委移送起诉案件1件。加强涉未成年人案件审判，完善心理辅导、社会调查、社区矫正及判后帮教机制，为18名未成年犯封存犯罪记录，长期回访帮教9名失足少年。

【民商事审判】 2018年，区法院受理民商事案件6563件，审结5761件，比上年分别下降1.34%和2.11%。把防控金融风险摆在突出位置，组建金融审判专业团队，推进金融审判专业化。审结涉金融、房地产、公司企业等各类商事案件871件，比上年上升46.39%。其中涉公司股权转让、公司纠纷案36件，借款、担保、保险等涉金融纠纷案61件。针对住房信贷风险管理漏洞、保险公司诉讼财产担保规范性问题及时向金融机构、保险监管机构发出司法建议并被采纳。审结婚姻家庭、劳动就业、教育医疗等各类民事案件631件，比上年下降32.08%。

【行政审判】 2018 年，区法院全年共审结行政案件 695 件。其中，审结行政诉讼案件 9 件，比上年上升 125%；非诉行政案件 686 件，比上年上升 61.03%。以协调撤诉方式解决争议 7 件，协调撤诉率 77.78%。贯彻执行新行政诉讼法及其司法解释，加强对行政行为的合法性审查，将“裁执分离”案件范围拓展到除缴纳罚款之外的全部执行事项，要求执行单位出具执行预案并进行社会稳定风险评估，为涉及辖区“两违”整治的诉讼、执审案件开辟快审绿色通道。深化司法与行政良性互动，组织行政执法培训 5 次，为行政决策提供法律意见。

【案件执行】 2018 年，区法院共受理执行案件 4368 件，执结 3649 件，比上年分别下降 9.96% 和 19.05%，执行到位金额 3.05 亿元。依法惩处拒不执行裁判行为，司法拘留 78 人次；共移送拒执罪 14 人，其中 4 人被判处刑罚；失信惩戒 2701 人，拘留 78 人，罚款 6 人。开展“金融债权清收”专项行动，实际执行到位金额 6082 万元。与劳动行政部门共建濒危企业名录通报、裁判结果反馈等五项机制，协调联动化解劳资纠纷 187 件，妥善执结亚美、亚昱公司系列欠薪案件，为 1724 名员工追索劳动报酬 3800 余万元。

【区法院推进司法改革】 2018 年，区法院探索建立以员额法官为核心的新型审判团队，院庭长带头办案 5012 件，院庭长办案比例 40.60%。在全市率先出台《法官助理管理暂行办法》，从现有聘用制书记员中择优选聘聘用制法官助理，缓解法官助理配比不足问题。健全司法人员业绩评价制度，精确测算案件质效，员额法官人均结案数 307.2 件。大力推进繁简分流、简案速裁，组建 3 个速裁团队对 7 类民商事进行精简化审裁，分流全院 70.83% 的案件。推进以审判为中心的刑事诉讼制度改革，落实“三项规程”。完善刑事案件速裁和轻刑快审工作机制，适用认罪认罚从宽制度审结的刑事案件占比 41.3%，超过 85% 的案件在庭后两个工作日内审结。加快建设“智慧法院”，全面推进审判流程公开，直播庭审 412 场，上网公开裁判文书 8203 份。

2018 年 3 月 12 日，同安法院生态环境审判庭揭牌成立，同日举办审判开放日活动　（区法院供图）

·小资料·

“三项规程”即最高人民法院印发《人民法院办理刑事案件庭前会议规程（试行）》《人民法院办理刑事案件排除非法证据规程（试行）》《人民法院办理刑事案件第一审普通程序法庭调查规程（试行）》，自 2018 年 1 月 1 日起在全国试行。“三项规程”进一步明确和细化庭前会议、非法证据排除、法庭调查等关键环节、关键事项的基本规程，有助于解决庭审虚化、非法证据排除难、疑罪从难等问题，有助于提高刑事审判的质量、效率和公信力。

【同安法院生态环境审判庭成立】 3 月 12 日，区法院同安法院生态环境审判庭在汀溪镇揭牌成立。该审判庭集中管辖全市 6 个区涉生态环境资源的刑事、民事、行政一审和非诉行政执行审查案件，在全省率先实现生态环境“3+1”类案件跨区集中管辖。区法院从刑事、行政、民事、执行岗位抽调多名审判业务骨干，与来自国土、林业、环境等领域相关领域的专家陪审员组成生态合议庭，组建专业化生态环境审判团队；同时从辖区专业鉴定机构、环境领域研究所聘任 8 位生态环境审判咨询专家，为个案审理提供专业性意见。全年审结涉生态案件 474 件。

【区法院强化生态环境司法保护】 2018 年，区法院强化生态环境司法保护。成立同安法院生态环境审判庭。健全生态损害赔偿、修复机制，追索无害化处理费用 10 余万元，收取破坏生态刑事罚金、生态环境损害赔偿金近 200 万元，实现补植复绿面积 153 亩（10.2 公顷）。

完善“1+N”生态司法立体联动机制，设立驻区河长制办公室法官工作站，在信息共享、咨询建议、联合预防、恢复性“司法＋执法”四方面形成资源保护合力。加强生态环境司法保护宣传，以区法院典型案例为原型拍摄全市首部生态环保公益微电影《童画》，举办全市首个“生态环保、法治童行”少儿环保主题绘画比赛，创新设立生态环境司法法学教育实践及文化宣传教育基地。

【区法院提供乡村振兴司法保障】 3月，区法院在全市率先出台《厦门市同安区人民法院关于为辖区乡村振兴战略提供有力司法保障的实施意见》，为同安区乡村振兴提供司法保障。坚持亲近乡土、源头治理、依靠群众、区域特色等四项原则，深入探索并形成一套符合区情农情的司法惠农举措。围绕“营造安全稳定的乡村振兴发展环境”“服务农业产业升级和农村改革”“提升乡村绿色发展法治化水平”“助推农村信用体系建设”四个方面，妥善处理乡村振兴战略实施过程中的各类矛盾纠纷。全年审结涉农案件12件。创新工作机制，以司法审判教化村风民风，积极融入乡村治理工作。结合村居换届选举加大相关政策法律宣传力度，邀请百余名新任村居干部旁听涉黑涉恶案件庭审。

【人大代表特邀调解员聘任】 5月18日，区法院举行人大代表特邀调解员聘任仪式。通过在本辖区内各个村、居选聘各级人大代表担任特邀调解员参与矛盾纠纷化解及提供法律服务，充分发挥人大代表关注民生、反映民情的桥梁作用以及运用社会日常生活经验化解矛盾纠纷的独特优势，了解基层群众民意，切实解决群众实际问题和困难，最大限度从源头上预防和减少社会矛盾纠纷的发生，营造良好的法治环境。

【全市首个法院“执行110”工作机制建立】 6月6日，同安法院正式启动全市首个法院“执行110”工作机制。该机制实行执行警务化改革，建立由11名执行员和21名驻庭法警组成的执行警务队伍，对执行工作全面实行警务化管理。设立报警服务台，24小时受理执行线索举报，指挥中心负责下达处警指令。全天候轮班备勤，每班由1名执行员+4名法警组成，确保任何时段接警后15—30分钟内作出响应。强化执行设备保障，配备执行警务用车、单兵作战系统及执法记录仪等，常态化开展警务培训和值班效能督察，保持严打“老赖”高压态势。自正式运行，共受理有关部门及当事人举报线索102个，累计出警86次，拘传被执行人65人次，实际拘留26人，协助兄弟法院控制被执行人5人，有22名被执行人与申请执行人达成执行和解，17名被执行人主动还清债务，共兑现执行款355.16万元，另查扣车辆27部，省内异地查扣车辆4部，均在5小时内完成。

【交通事故网上处理平台升级】 2018年，区法院将原有交通事故网上一体化平台升级为2.0版，上线运用“司法道交一体化平台”、“无忧直赔”两个微信小程序，交通事故当事人足不出户即可完成交通事故赔偿金额预估、在线调解、在线赔付、担保医疗等交通事故处理需求。年内有650名伤者通过该平台进行赔付试算，22名伤者获得担保医疗，69名伤者获保险公司预先垫付医疗费125万余元。

（王　辛）

司法行政

【概　况】 2018年以来，同安区司法局扎实推进扫黑除恶专项斗争工作，组织8个司法所和38名村居法律顾问开展扫黑除恶巡回宣讲，重点解读扫黑除恶专项斗争会议精神和文件内容。开展社区矫正工作，引入国学教育、公益活动、“静思冥想”教学等创新形式，开展社区服刑人员入矫辅导，全年共开展入矫巡回教育8场次，教育人次272人，心理测试169人。着力建设多元化纠纷解决机制，积极参与一站式纠纷解决服务平台建设，开展3个月欠薪欠债不稳定情况专项摸排、“家暴”专项排查、“两会”、国庆等重点敏感时期纠纷排查化解、非法集资矛盾纠纷排查化解等多个专项排查活动。全年各司法所、各人民调解组织共排查各类民间纠纷608件，调处率100%。继续开展“七五”普法工作，深化“法律进村（社区）”宣传教育活动，推动宪法学习宣传教育，开展“送法进校园”“走基层，送法治，律师服务村（居）换届选举”活动。举办第二届“青少年与法”中小学生现场法治书法大赛，共吸引全区310名中小学生参与。推进法律服务公共平台建设，挂牌成立同安区公共法律服务中心。在福建同翔律师事务所成立法律援助工作站，率先在全市成立首支农民工法律援助志愿服务团队。2018年年内，法援中心被省司法厅和省人事厅授予全省区级法律援助机构唯一的“农民工法律援助品牌建设示范点”。

【法治教育】 2018年，区司法局开展同安区“七五”普法工作，遴选27名专家组成“七五”普法讲师团。下发“谁执法谁普法”责任清单到39家单位。完善乡村法治建设，不断加大农村普法力度，深化“法律进村（社区）”宣传教育活动，建设LED法治宣传栏、法治文化园、法治文化墙等宣传阵地，提高农村干部群众法治素养，至年末全区有4个村（居）获评国家级民主法治村（居），16个村（居）获评省级民主法治村（居）。推动宪法学习宣传教育，编印宪法最新修正版5000册，发放全区各单位和领导干部；开展“送法进校园”活动，为新辉以及岳口小学赠送《中小学法治教育读本》2681册；创新普法新形式，制作首部法治动漫宣传片，将同安动漫形象“法宝”融入普法宣传中。

【社区矫正工作】 2018年，区司法局采取现场授课、队列训练、教唱歌曲等多种形式扎实开展认罪悔罪教育，将国学教育引入社区矫正教育课堂内容。组织社区服刑人员开展公益活动，分别于3月、4月份组织社区服刑人员前往公益组织“雨花斋”开展“做义工，行善举”活动、走进同安区拱莲古寺开展“以禅渡人”公益活动，推动社区服刑人员塑造良好道德观念。开展心理矫治工作，11月8日，联合厦门监狱组织20名社区服刑人员开展“同心助矫”社区矫正心理训练活动。通过开展“静思冥想”教学，让社区服刑人员通过观察、学习、体验的方式，学习为人处世之道，提高自我调解能力，增强法律意识和社会责任意识。联合红十字会为全区48名困难“两类人员”送去温暖，建立促进特殊人群就业创业的“四类帮扶”体系。全年举办入矫教育11期，解矫教育6期。全区共接收社区服刑人员219人，解除矫正252人，在矫264人，新衔接刑满释放人员351人，在帮1547人。

【人民调解工作】 2018年，区司法局推进调解工作室品牌建设。培育服务弱势群体的“碧慧调解工作室”、擅长化解农村基层纠纷“文火调解工作室”、成功化解多起复杂疑难医患纠纷的律师陈小明“小明调解工作室”等品牌亮点。全年各司法所、各基层人民调解组织共排查各类民间纠纷656件，纠纷调处成功656件，成功率100%。其中司法所调解121件，医调委调解14件，工调委24件；按类型分，其中婚姻家庭纠纷37件，邻里纠纷244件，房屋宅基地纠纷39件，损害赔偿纠纷128件，征地拆迁纠纷5件，劳动争议纠纷35件，合同纠纷14件，生产经营纠纷15件，山林土地纠纷7件，物业纠纷15件，道路交通事故纠纷3件，医疗纠纷14件，其他纠纷100件。涉及死亡赔偿纠纷28件，涉及死亡赔偿金额1057.86万元。

【法律援助工作】 2018年，区司法局依托同翔律师事务所，设立全市首家律师事务所法律援助工作站。率先在全市成立首支农民工法律援助志愿服务团队，充分发挥职能作用，利用法律援助手段预防和解决农民工法律问题，成效显著，被省司法厅和省人社厅确定为区级法律援助机构唯一的“农民工法律援助示范点”，成为全省农民工法律援助品牌示范。加大特殊群体援助通道，截至12月，共有残疾人、老人等628名受援者受益于“爱心维权通道”便民援助服务；完善便民设施，在法援中心设立全市首个母婴室。法律援助中心全年共受理群众来电来访法律咨询4485人次，为受援人提供法律援助1077件，共为受援人挽回经济损失2412.69万元，免收法律服务费265.5万元；共协助党委、政府和信访等部门妥善处置群体性劳资纠纷和突发事件并提供法律援助38件，涉及劳动者665人。

【同安区公共法律服务中心挂牌成立】 5月8日，同安区公共法律服务中心正式挂牌成立。服务中心在原“法律服务大厅”提供服务基础上，率先在全市引入公证业务，整合办理医患纠纷调解、人民调解等业务。在功能职责定位上采用“3+X”模式，即以法律咨询、法律援助、人民调解三大职能为主并根据业务需要不断引入其他服务拓展职能，业务范围涵盖法律条文自助查询、法律服务工作者坐堂服务、简易纠纷现场调处、“148”法律咨询解答、法律援助审核受理、专业调解、公证等“一站式”的法律服务。至年末办理业务2387件，其中办理公证1310件，法律援助案件1077件。

【同安法援中心驻律师所援助工作站成立】 5月28日上午，同安区司法局在福建同翔律师事务所举行法律援助工作站的揭牌仪式和法律援助工作协议签订仪式。这是全市首家法援中心驻律师所援助工作站，主要工作职能是免费解答法律援助咨询，宣传法律援助制度，引导群众通过协商、调解、司法、仲裁、复议等合法途径表达利益诉求，协助来电来访群众申请法律援助，收转、登记、初审法律援助申请，办理法律援助案件等。

【“走基层，送法治，律师服务村（居）换届选举”活动】 5—12月，区司法局开展“走基层，送法治，律师服务村（居）换届选举”活动，选派38名优秀律师协助审查村居候选人，为村级组织换届选举预选办法、预选大会程序、无效票认定规则等关键环节提供跟踪监督式法律服务，协助相关部门严格审核把关换届选举有关文件、材料，对不符合法律法规的做法及时向村（居）提醒和纠正，对村（居）民提出的选举规程、操作程序等方面的问题及时答疑解惑，共协助审查108个村居候选人，审核人数874位，见证和监督88个村（社区）投票全过程。

【“送法进军营”法律援助共建活动】 12月12日，区司法局与厦门武警支队第七、第八中队共同签订“法律援助服务协议”。援助律师陈小山为武警官兵做普法宣讲《部队官兵及家属常见涉法问题解决方法》，区法援中心工作人员、援助律师为官兵提供一对一法律咨询服务，向官兵发放法律援助宣传材料、开展有奖问答等。

（洪峥涛）

人民武装

【兵员征集】 2018年，同安区积极构建政府、学校、企业、社区、家庭“五位一体”兵员征集宣传网络，实现征兵宣传全方位渗透、全社会覆盖。租用流动宣传车出动宣传107次。面向全体社会人员开设征兵微信群宣传征兵政策，在各主要街道悬挂横幅50条，张贴标语300条。5月，区人武部在启悟中学开展征兵宣传。加大廉洁征兵力度，实行征兵政策、廉洁措施、征兵数量“三公开”，做好事前规范、事中监督、事后核查，确保不出现违规入伍现象。全区年满18周岁应征青年兵役登记率为100%，登记率位于全市各区第一。

【国防教育】 2018年，区人武部坚持把国防教育纳入全民教育体系，建立以宣传部、人武部为主导、以学校为重心、以党政机关和社区群众为支撑的“三位一体”国防教育工作机制，实现国防教育进课堂、进单位、进社区。以“传承红色基因，汇聚强军力量”为宣传主题，深入开展第十八个全民国防教育日活动，向群众发放宣传单、宣传扑克、宣传带等1万多份。5月在东海学院组织大学生征兵宣传大会，10月参加厦门市国防教育演讲比赛获得三等奖，11月召开群众性征兵宣传晚会，发放各类征兵宣传品近万份。通过灵活多样的渗透式宣传教育，进一步强化广大群众危机意识、责任意识和国防观念。

（傅　勇）

2018年5月14日，区人武部干事晏政在厦门启悟中学开展征兵宣传

（区人武部供图）

边　防

【概　况】 2018年，同安边防大队共开展6轮次沿海治安要素摸排工作，共摸排船舶531艘，渔船民420人，澳口6处、停靠点2处、砂场46处、修船厂1处。落实口岸管控十条措施，发挥船管站、船管员的职能作用，结合技防系统及人巡、车巡手段对重点敏感码头、港岙口、船舶集中停泊点进行24小时不间断的巡查管控，全面筑牢沿海安全网。

【船舶监管】 2018年，同安边防大队开展无证船舶整治工作。积极协调镇政府、海洋渔政部门开展联合整治和宣讲工作，规划设置统一停泊点，严格出入港申报制度，规范化船舶停放和出入港秩序。同时召开渔船民大会，教育引导渔船民要严格遵守沿海治安管理条例等规章制度，杜绝出现越界作业、偷私渡等违法犯罪现象的出现。充分利用沿海高清监控、海防监控站、船舶防越界预警系统等技防手段，对重点敏感码头、港岙口、船舶集中停泊点进行24小时不间断的检查、巡逻，利用防越界系统成功劝回2艘在敏感海域作业渔船。全年共处罚船舶渔船民64艘65人。

【法制宣传】 2018年，同安边防大队强化沿海法制宣传。组织官兵深入澳口、船舶以及渔船民聚集场所，分发《海上作业安全宣传单》

和《法制教育普及手册》，积极向广大渔船民宣传有关法律法规，并利用渔船民休息间隙，向渔船民详细讲解了海上安全生产注意事项，解答渔船民咨询的法律难题。共发放宣传单500余份，开展渔船民法制宣传教育5场次，签订致渔船民一封信和责任状420份。

（同安边防大队）

人民防空

【概　况】 2018年，同安区完善人防应急准备指挥机构，成立区人防应急准备工作领导小组，区委副书记任组长；更新完善人防专业队编组；编制印发《同安区人防工程事故灾害处置预案》，做好人防工程灾害的预防工作；开展人防地下指挥所建设前期准备工作，完成选址并获区政府通过；人口疏散基地选址于双溪林场办公场所；组织开展“5·10”防空袭疏散演练；完善防空警报器设施，更新换代18台防空警报器，新安装2台防空警报器，即新星小学、洪塘头小学各1台。开展人防基层建设，完成莲花镇美埔村人防工作站建设，同安莲花中心小学开展小学人防教育试点建设。

【人防演练】 5月10日，在厦门市“防空警报试鸣日”，同安区在祥平街道凤祥社区开展防空警报试鸣暨人防演练（“5·10”防空袭疏散演练），检验人防警报通信控制系统的性能，面向社会普及防空疏散知识，提高居民防空应急能力。该演练由区人防办联合区委宣传部、区卫计局、同安消防大队、同安公安分局祥平派出所、市第三医院、祥平街道办事处等单位共同举办，共有1020名社区居民参加演练，同时组织伤员救护演练。区教育局同步组织全区教育系统240所学校总计12万余名师生开展应急疏散隐蔽演练。

【人防专业队伍整组】 2018年，同安区对已成立的警报器、抢险抢修、交通运输、医疗救护（卫生防疫）、通信、防化、消防、治安和交通管制8支人防专业队伍进行重新整组，细化各专业队编成，更新完善队伍人员花名册，8支队伍13支分队，共265人完成优化整组。

【村级人防工作站建设】 2018年，区人防办完成莲花镇美埔村人防工作站建设，增强村民的国防意识和人防观念，推进人防工作向基层拓展。利用美埔村部1间50平方米的房间设置为人防战备器材库，配备人防战备器材；将村部五楼会议室改造成多功能教室，作为人防工作的活动场所，配备投影、播放、音响及打印等设备，购置桌、椅；向村民发放人防知识手册及防空防灾方面的书籍供阅读；制作人防宣传图板，宣传人防知识、训练防灾技能。

【小学人防教育试点开展】 2018年，区人防办开展小学人防教育试点工作。在同安莲花中心小学建设人防工作室，工作室配有音响、投影、播放设备及相关教育影碟或录相，建设人防宣传教育栏，配置一批人防宣传知识手册及防空防灾方面的书籍供师生阅读，以宣传防空防灾知识，提高师生的防空防灾意识。

【人防宣传教育】 2018年，区人防办多形式开展主题宣传活动，努力做到人防知识“五进”（进机关、进学校、进社区、进企业、进媒体），同时结合“5·10”防空演练，组织发放人民防空宣传资料，增强社会的国防观念和防空防灾意识。全年组织发放相关资料2000余册，印有人防宣传标语的购物袋3000余个；在人流量较密集的地段悬挂宣传横幅43条，制作人防宣传版报23版。

（区人防办）

民主党派　社会团体

民 主 党 派

民革同安总支

【概　况】2018年，民革同安总支发展新党员6名。加强党员思想建设，组织党员249人次参加各级各类学习、培训10次。全年召开主委会6次，全委会6次。积极参政议政和服务社会，全年提交人大、政协建议、提案22个，组织各类义诊、慰问贫困幼儿等各类公益社会服务。至年底，民革同安总支有2个基层支部；民革党员64名，其中女党员27名。党员中大专以上学历55人，占党员人数的85.9%；中高级职称45人，占党员人数的70.3%。党员中人大常委会委员1人；政协常委1人，委员4人。

【思想建设】2018年，民革同安总支以纪念中共中央发布“五一口号”70周年和改革开放40周年为契机，开展一系列学习、参观主题联展、座谈会等活动。1月24日，组织党员参加区妇联举办的“巾帼心向党，建功新时代”座谈会；5月5日，组织20名党员到厦门团结大厦参加民革厦门市委2018年参政议政工作会议暨全国两会精神学习辅导讲座、到厦门华侨博物院参观“薪火相传，共创未来”为主题的厦门市纪念中共中央发布“五一口号”70周年系列活动的主题联展；8月6日，组织9名党员到市委党校参加2018年民革厦门市骨干培训；8月25—26日，组织以中青年党员为主的“纪念五一口号，走进瑞金学习”考察培训活动，总计32人参加；10月15日，组织2名党员参加政协教育委调研终身教育活动；12月9日，组织党员学习乡村振兴战略——实地参观考察大帽山寨仔尾。

【参政议政】2018年，民革同安总支完成《加大乡村学校师资投入补齐乡村教育“短板”》《关于促进非公办普惠性幼儿园发展的调研》市课题调研2个。完成政协提案21个，内容涉及取消教材循环使用、开通景区旅游交通专线、把乙肝纳入慢性病管理、促进农村居民居家养老等方面，其中省政协提案1个，市政协提案9个，区政协提案12个。

【社会服务】2018年，民革同安总支音教服务志愿队继续帮扶竹坝学校、莲花家庭贫困幼儿叶弼昌，每年上门慰问并赠送学习用品等。各党员利用特长开展社会服务，张英群、苏美月等长期担任老年大学音乐教师，叶海珍长期担任特殊教育志愿者。马龙率医疗队于7月28日到同安区溪边社区、南安民营医院义诊并宣传预防肝炎，8月19日组织第十一届闽西南肝病论坛，多次在第三医院开展肝病知识讲座，11月到工业集中区医院、病控中心为其医务人员培训传染病防治知识。

【纪念同安民革成立三十周年活动】4月21日，民革同安总支在同安朱子书院举办“不忘合作初心，继续携手前进”主题活动暨纪念同安民革成立三十周年庆典活动。民革市委、民革湖里、集美、翔安总支，同安区委统战部、各民主党派代表及民革同安全体党员等63人参会。民革同安主委邵真在会上发表“不忘合作初心，继续携手前行”的主旨演讲，回顾民革同安区委三十周年的风雨历程和在参政议政、祖统工作、服务社会、组织活动等方面以及民革党员在各自工作岗位上所取得的成果。民革市委副主委黄向阳、区统战部副部长郭斌超先后发言，充分肯定民革同安30年成就，并对民革同安未来发展提出期望。民革党员举办朗诵和歌唱节目的联谊活动。

（林秀环）

民盟同安总支

【概　况】2018年，民盟同安区总支发展新盟员2人，至年底，民盟同安总支有2个基层支部，盟员64名，其中女盟员29名。盟员中大学以上学历55人，占盟员人数的96%，中高级职称37人，有公务员系列11人。盟员中人大代表1人，其中区人大常委1人。政协委员5人，其中区政协常委1人。是年，民盟同安总支荣获民盟厦门市委会授予的“2018年度调研提案工作先进集体”“2018年度‘创特色·增活力’活动先进集体”“2018年度宣传信息工作先进集体”称号，1人荣获“2018年度民盟福建省反映社情民意信息工作先进个人”称号。

【课题调研】 2018年，民盟同安总支开展课题调研5个，其中4个被作为民盟党派界别省、市政协大会发言内容。《全面推进农贸市场改造　建设高颜值花园城市》课题在厦门市政协召开十三届十一次常委会议上被民盟市委专职副主委黄敏沁代表民盟界别做口头发言内容；《关于在我市率先开展密度板盒生产、使用限制及治理的建议》《新国标背景下对旧标、超标电动自行车淘汰处理应当多措并举》被汇编作为大会书面发言材料，并入选市政协常委建议案草案。《持续推进闽台两地深度融合的若干建议》入选民盟党派界别省政协大会快报。组织盟员前往汀溪镇半岭村农民家庭农场、汀溪镇前格村调研乡村振兴和乡村旅游发展现状、生态环境保护和乡村旅游发展间存在的矛盾问题，撰写调研报告《为建设生态美同安助力，建议将前格村乡村旅游区转型为生态郊野公园》报送区委统战部、区政协。

【社情民意信息报送】 2018年，民盟同安总支报送各类信息反映社情民意总计56篇，被中央、省、市、区各机构采用36篇，其中中央层级机构采用4篇次。采用篇数在民盟厦门市委会10个总支、基层委中名列第2。盟员涂志耿反映的《电商涉新疆、西藏物流公告敏感词充斥亟待整治》信息是2018年度福建省民盟唯一被中共中央办公厅采用的专报件，同时被中共中央统战部《零讯》《统战工作专刊》采用；参与撰写的《台胞申领港澳台居民居住证积极性不高问题应引起重视》被中共中央统战部《零讯》综合采用；反映的《关于改进企业印章刻制申请和印鉴备案管理的建议》信息作为专报件被福建省政协采用，获省政协主席批示，省公安厅督办。盟员游凤娘报送《加强社保卡管控，严防医保基金诈骗》信息被民盟福建省委会采用。

【社会服务】 1月4日，民盟同安总支邀请中央美术院厦门分院艺术家傅永明、胡文贤到同安区岳口小学为全校师生开展“以智助教”传统文化艺术进校园活动；5月21日，民盟同安总支协同上海段和段（厦门）律师事务所，在同安区岳口小学为全体教师举行关于涉及学校学生人身安全的相关法律讲座。盟员检察官游凤娘出任岳口小学法制辅导员，全年为该校小学生开展法制教育讲座2次。

【开通微信订阅号《银城盟讯》】 4月30日，民盟同安总支在同安区各民主党派中率先开通微信订阅号《银城盟讯》，主要栏目有盟务工作、参政议政、组织生活、盟员风采等，对内让盟员多了解党派新动态、对外向社会展现党派、盟员风采，至年末发布信息15条。

（涂志耿）

民建同安区总支

【概　况】 2018年，民建同安区总支发展新会员5人，1名会员转出。至年末，下设大同支部、祥平支部，会员总数79人。其中：女会员20人，占会员总数的25.3%；大专及以上学历41人，占会员总数的51.6%；中级及以上职称25人，占会员总数的31.7%。会员中，现任人大代表2人、政协委员15人。年内，组织会员参加民建厦门市委会举办的研习班8人次、政协第十三届同安区委员会举办的研习班30人次，走访慰问老领导、全国劳模、70岁以上老会员、困难会员等18人次。年内，3人被评为市民建先进基层工作者。

【参政议政】 2018年，民建同安区总支全年提交课题调研报告5篇、社会民意信息31篇；“两会”期间提交提案、议案10篇，其中4篇提案内容被列入区政协提案报告。《强化源头治污，推进流域治理》《关于加强食品安全源头监管，促进同安区畜禽养殖投入品绿色健康发展的建议》在市政协会议上作书面发言，并列入2018年民建市委会重要课题；《关于推进我区乡村振兴发展的几点建议》由《银城内参》专版刊发；关于实施城西市场改造、建设区属环保公司等多条建议被区委区政府采纳，实现成果转化。年内，洪汇前被评为市委会课题调研先进工作者；林志刚、吕晓阳被评为市民建信息工作和新闻宣传工作先进个人。

【社会服务】 2018年，民建同安区总支继续加强与经济界别、企业家会员的交流交往，针对中美贸易摩擦使企业受损的情况，会同区政协领导对9家实体经济企业进行实地走访，针对企业反映的流动资金短缺、产权证办理繁琐、税收税率减免等问题积极向有关部门反映，引起区委区政府高度重视，多次召开会议专题研究。年内，洪汇前、洪冬梅、洪小勤3名会员入选厦门市生态文明评价考核专家评审团；吕晓阳、颜金本、陈清镜等受聘担任区效能监督员。会员刘进森获得民建市委会“社会服务先进个人”荣誉。

（邵清泉）

民进同安区总支

【概　况】 2019年，民进同安区总支发展入会积极分子3名。积极组织参加各种学习、视察、考察和调研活动，参加会员176人次。积极参加民进市委会、区政协、区统战部组织的暑期骨干培训班、新会员培训班、暑期研习班和统战系统骨干培训班学习培训，组织会员参观民俗文化教育基地，到厦门翔安内厝锄山革命老区开展“不忘初心、牢记使命”主题教育活动等。至年底，民进同安区总支拥有会员54人，其中女会员22人，占40.7%，大专及以上学历有43人，占79.6%，中级及以上职称有33人，占61.1%，人大代表3人，政协委员4人。

【参政议政】 2019年，民进同安区总支完成调研报告8篇，包括市级课题2个，区级课题6个，并参与市委会课题——“关于推进我市新时代文明实践中心建设的调研”。其中《关于推进我区新时代文明实践中心建设的调研》和《关于深化推进审批服务便民化改革的几点思考》收入《银城内参》，《关于加强校外培训机构治理的调研》被作为政协大会发言内容。报送社情民意2篇，其中《加强校外培训机构治理的几点建议》，提出校外培训机构存在开办门槛低、师资力量薄弱、办学条件参差不齐、监管力度较差等方面的问题并提出建议，获副区长批示并在区政协《专报件》刊发。

【社会服务】 2019年，民进同安区总支充分发挥教育医疗卫生行业会员特长和优势，积极参与义教、义诊等社会服务工作。1月，联合新民镇社区教育学校梧侣社区开展“春联万家”活动；8月，组织民进会员参与甘肃省临夏州康乐县捐款扶贫工作；10月，组织民进会员参加溪边社区洁净家园行动。

（林永矛）

农工党同安区基层委

【概　况】 2018年，农工党同安区基层委发展新党员4人，至年底，农工党同安区基层委下设同安一中支部、同安医卫支部、同安综合支部3个支部，拥有党员79人，其中女党员29人；大专及以上学历有74人，占党员总数的93.7%；中级及以上职称有72人，占党员总数的91.1%；人大代表3人，政协委员7人，政协副主席1人。区基层委围绕区委区政府中心工作和群众关心的热点难道问题开展课题调研，完成调研报告8份。年内农工党同安基层委医卫支部在农工市委星级支部评审活动中被评为四星支部。

【参政议政】 2018年，农工党同安区基层委2名党员参加厦门市第十五届人大二次会议提交4个议案，其中“统筹教育资源，破解全面二孩政策下教师顶岗难题”议案受到市人大、市政府的高度重视，组织专题小组展开调研。6名党员参加区人大十三届三次、区政协十三届三次会议共提交区人大议案5个、区政协提案8个，均被采纳。

【课题调研】 2018年，农工党同安区基层委总共完成6篇调研课题，其中基层委完成《关于发展基础医疗在乡村振兴作用的调研》《关于丰富农村学生（留守儿童）课余生活的研究》《厦门市中小学幼儿园安全应急教育调研》；一中支部完成《关于“走班制”下师资情况及应对》；医卫支部完成《关于发挥基础医疗在乡村振兴中的作用研究》《关于村居养老推行医养结合研究》《医联体发展与共享医疗的研究》；综合支部完成《应对厦门地铁运营提升城市管理水平的研究》。6篇调研文章均被收入同安区统战部《调研文章汇编》，供各级政府部门施政参考。

【思想建设】 2018年，农工党同安基层委推荐党员参加农工党系统和统战部门各类培训13人次，其中1名党员参加市委统战部组织的第十期市民主党派骨干培训，1名新党员参加市委统战部组织的民主党派新成员培训，1名党员参加农工党全省基层骨干党员培训。一中支部组织全体党员前往翔安区澳头特色小镇参观学习，考察美丽乡村建设情况。

【社情民意反映】 2018年，基层委和三个支部加强社情民意反映，全年报送的各类信息有43条，比2017年增加13条。其中综合支部报送的6篇信息被《农工闽讯》采用，《应对厦门地铁运营提升城市管理水平的研究》被省政协《政情通报》采用；一中支部报送的信息《核心素养在这里落地生根》被《农工闽讯》和《厦门农工》报道。

【社会服务】 2018年，农工党同安总支发挥党员医务、教育工作者较多的专业优势作用积极参与社会服务活动。5月，医卫支部组织8名党员到莲花镇莲花村义诊；8月，一中支部组织15名党员开展“学科核心素养”如何落地生根主题送教下乡活动。综合支部结合党员特长开展苏颂文化推介、未成年人权益司法保护、法制宣讲进镇街、法制进校园等社会服务共计20多次，范围涵盖同安各个镇街。

（黄献磅）

致公党同安区总支部

【概　况】 2018年，致公党同安区总支部发展新党员2人，至年末，致公党同安区总支部下辖3个基层支部，拥有党员80人。其中女党员32名，党员中大专以上学历76人，占党员总人数的95%，中高级职称53人，占党员总人数的66.25%。党员中市级人大代表1人，区级人大代表2人（其中常委1人），镇级人大代表1人，区政协委员8人（其中常委1人）。分别于7月、8月和12月组织骨干党员参加本党市委会举办的党务骨干暑期读书班、人大代表和政协委员研修班和同安区委统战部举办的统一战线理论学习班。组织26名党员到厦门华侨博物院，参观以“薪火相传，共创未来”为主题的厦门市纪念中共中央“五一口号”发表70周年主题联展；组织党员参加本党市委会举办的“致公党厦门市委纪念中共中央“五一口号”发布70周年”征文活动，本总支提交的两篇征文分获市委二、三等奖。是年，总支总计提交人大政协提案13件，完成课题调研3篇。年内，致公党同安区总支部获得致公党厦门市委2018年度“基层组织活动奖”荣誉称号。

【参政议政】 2018年，致公党同安区总支共提交区人大议案件和区政协提案共13件。其中人大议案《关于尽快建设启悟中学东大门及东通道的建议》被区政府采纳列入基建计划，至年底完成方案设计。党员王永帅受聘为同安区委、区政府政风行风监督员。年内，第一支部、第三支部分别组织到汀溪镇顶村村、汀溪镇前垵湾休闲山庄开展乡村建设调研。全年完成《寄宿制学校中学生人际交往危机研究》《新能源发展背景下同安电动汽车充电桩建设存在的问题与对策》《建设特色小镇，助力乡村振兴》3篇调研课题，全部入选《同安区统一战线参政议政调研文选》（第九集）。

【社会服务】 2018年，致公党同安区总支分别于3月和5月与区委统战部和区侨联联合到竹坝华侨农场开展义诊送医送药、侨法宣传活动，医卫行业党员12人次参与，共接诊群众近500人次。国庆假期期间，第二支组织党员到滨海西大道开展“洁净家园”活动。11月，总支组织开展敬老座谈会，并与市委会领导一起慰问“田洋托养院”老人。党员林美艺致力于社会公益，为“同安区侨联奖学金”捐款1.32万元，用于助学济困，荣获2018年“全国归侨侨眷先进个人”称号。

（李卫红）

九三学社同安区委

【概　况】 2018年，九三学社同安区委下设3个支社，发展新社员1人，至年底，有社员54人，其中女性社员11人，占20.37%；高级职称16人，占29.63%；九三学社有同安区政协委员6人，其中区政协常委1名。九三学社同安区委继续加强档案资料管理，整理归档历年档案，年内打印《资料汇编》13册，整理历次出版专辑5本、各年度《学习材料汇编》《统一战线资料》《政策法规汇编》等；完善社员个人资料信息档案。是年，九三学社同安区第二支社获得九三学社厦门市委员会授予的“2018年度社会服务工作先进集体”称号，社员纪天富获“2018年中国人民人寿保险股份有限公司五一劳动奖章”，杨金镜获“2018年同安区生态文明建设先进个人”称号。

【队伍建设】 2018年，九三学社同安区委组织社员参加社市委和区委统战部组织的骨干培训。3月，1名社员参加九三学社中央在中国人民大学组织的骨干社员培训班学习；8月4—5日，组织21名社员到江西瑞金参观学习中国共产党革命斗争发展史，4名社员参加九三学社厦门市委会的2018年暑期读书班；11月17—19日，6名社员参加“九三学社厦门市委参政议政培训班”。

【参政议政】 12月，在区政协十三届三次会议上，九三学社同安区委提交《关于提升厦门市新农村建设水平振兴乡村经济的建议》《关于银莲路与银湖路交叉路口设立人行天桥的建议》《关于保护和传承地名文化遗产的建议》《关于传承优秀开闽文化，振兴乡村旅游产业的建议》《关于建立“同台姓氏族谱馆”的建议》提案5件，其中《关于提升厦门市新农村建设水平振兴乡村经济的建议》被市委统战部采纳提交市政府参考。

【课题调研】 2018年，九三学社同安区委全年提交《关于提升厦门市新农村建设水平振兴乡村经济的建议》《关于促进同安农民专业合作社健康发展的建议》《北辰山王审知信俗的由来与传承》《关于保护和传承地名文化遗产的建议》

《传承优秀开闽文化，振兴乡村旅游产业的建议》5篇课题调研报告，其中《关于提升厦门市新农村建设水平振兴乡村经济的建议》被立项为社市委调研报告。

【发起定向赠书】 11月，由到宁夏泾源高级中学支教的九三学社同安区委社员陈进修倡议发起，九三学社厦门市委员会组织开展向宁夏泾源县捐书活动。至年底，募集到科技、文史、教育类丛书4000多册，捐赠给宁夏泾源高级中学。

（杨金镜）

台盟同安支部

【概　况】 2018年台盟同安支部共有盟员8名，女性盟员5名。硕士研究学历1人，大学学历6人，大专学历1人；台盟福建省委委员1人，台盟厦门市委委员2人，市政协委员2人，区政协委员1人。组织盟员参加市委会组织的参政议政沙龙、“不忘合作初心，继续携手前进”、盟章培训、“习近平同志推动厦门经济特区建设发展的探索与实践”4次主题学习活动。全年提交调研报告2件。报送市委会信息2篇，其中1篇刊登于同安区《新闻舆情》的“党派建言”栏目。年内，台盟同安支部荣获台盟厦门市委授予的2018年度基础组织活力支部称号；蔡锦婷获台盟厦门市委2018年度宣传工作积极分子称号；洪晓瑜获台盟厦门市委2018年度参政议政先进个人称号。

【参政议政】 2018年，支部提交政协提案1篇，台盟市委会调研报告1篇，其中提案《关于建设同安儿童公园》提案被列为区政协十三届二次会提案，调研报告《关于加快推进厦门市农村公共法律服务体系建设的建议》获台盟市委优秀调研报告一等奖。提交信息4篇《适当调整地铁票价，让地铁成为市民乐于选择的出行方式》《关于教育资源配置扩容提质工作建议》《完善民生基础设施建设情况的建议》《关于同安区第二实验小学南门门口学生交通安全的建议》，其中《适当调整地铁票价，让地铁成为市民乐于选择的出行方式》报送台盟市委会，《关于同安区第二实验小学南门门口学生交通安全的建议》刊登于同安区《新闻舆情》的“党派建言”栏目。盟员参与盟市委“乡村文化建设”“社区日间照料中心”“城乡环卫一体化建设”等课题调研，并随同区政协教育委到嘉兴开展终身教育工作调研。

【社会服务】 3月11日，台盟同安支部组织盟员开展志愿服务，参与厦禾路及禾祥西路共享单车规范停放整治活动。6月，台盟同安支部与同安溪声小学联合开展“不忘初心，让爱传承”活动。

（蔡锦婷）

社 会 团 体

同安区总工会

【概　况】 2018年，厦门市同安区总工会（简称区总工会）新建基层工会86家，覆盖基层单位374个；新增会员3500人。基层工会换届219家。截至年底，全区共有独立基层工会2529家，覆盖基层单位4834家，会员数达16.3万。其中，农民工会员数达13.2万，占全区职工数的82%。区总工会继续强化镇街（园区）、村居、基层工会三级联动工作体系，大力推进基层工会规范化建设及达标创优工作，年内1家基层工会获全国模范职工之家、3家获省模范职工之家、2家获省职工小家称号，19家基层工会获“五星职工之家”称号，61家获评“四星职工之家”，3个职工服务站获市先进职工服务站称号。全区创建劳模创新工作室13家，其中7家工作室被省总工会授予“福建省劳模创新工作室”称号，康英德劳模创新工作室优秀科技创新项目连续两年获得“盖军衔奖励金”。

【劳模示范作用发挥】 2018年，区总工会推荐评选省级劳模3名、市五一劳动奖章19名、市五一劳动奖状4家；组织百名劳模、先进职工代表参观五大发展示范村及示范项目，学习农业劳模先进事迹，使广大劳模及职工感受发展新成果，引领劳动光荣新时尚；组织劳模、工匠、基层干部、一线职工成立“劳模工匠宣讲团”，开展劳模先进事迹宣讲活动，分享创业经验，积极开拓思路，在全区巡回宣讲20余场。

【职工维权工作】 2018年，区总工会举办以新《中华人民共和国安全生产法》和《中华人民共和国职业病防治法》为主要内容的“安康杯”知识竞赛。开展工资集体协商邀约行动月活动，分发提示函200余份，签订区域性工资集体合同10份，单独签订197份；在工业集中区、环东海域等地举办法律咨询现场会，面对面、一帮一为职工群众提供法律援助。建立服务站面向总工会的企业劳资纠纷预警“周汇报”和面向区人社局劳动监察大队的“月汇报”制度，对劳资隐患实施全程动态监管。积极配合相关部门协调处理亚美公司972人工资拖欠问题，解决金额2075万元。健全工会主席信访接待日制度，完善网上“12351”服务平台，积极

2018年10月17日，厦门市第二十四届职工技术比赛“手扶磨磨光板”项目在同安区举行　　（区总工会供图）

参与协调仲裁、法院开庭等事宜。全年共处理来信来访22件，涉及人数41人，涉及金额166.2万元，答复率100%。

【激励职工建功立业】 2018年，区总工会举办第二十四届职工技术比赛，组织34家企业参加橡胶制品品检、气保焊和手扶磨磨光板等项目比拼，完成3个B类比赛项目。大力推动职工技术创新，鼓励具有高技能的职工带头组建技术创新工作室，其中两家获授牌表彰。开展职工“五小”创新活动，推荐13个创新项目参加省职工技术创新大赛，3个项目荣获三等奖，其中厦门施米德智能科技有限公司研发的S-M5智能型多功能窗项目获市总工会资金扶持。

【职工普惠服务】 2018年，区总工会实施工会卡服务提升计划，加大职工普惠服务力度。全年为1830家基层工会共15.1万名职工办理工会会员卡，发展同安特惠商户15家，涉及医疗服务、消费购物、影视文化、餐饮休闲等多个领域。开展“2018平安返厦”活动，为14288名外来务工人员发放交通补助款253万元，免费邮寄包裹1247件。开展微信“月月抽”工会会员免费看电影活动，送出影券8238份，商家优惠“工会会员服务日”为职工送福利15万人次。

【慰问帮扶】 2018年，区总工会走访慰问病困劳模28人，发放慰问金11.8万元，职工医疗互助保障参保426家企业共47974人，为584名职工发放保障金229.4万元，为1932人发放小额住院补助金共计80.3万元，开展“金秋助学”活动，为26名困难职工就学子女发放补助款8.4万元；继续开展工会爱心驿站、职工好宿舍、职工亲子暑托班、环卫工人爱心服务点、女职工哺乳室和免费两癌筛查等为职工办实事项目。落实防暑降温慰问措施，慰问101家高温企业及重点工程，发放防暑降温慰问品金额共计65.1万元。

【工会制度化建设】 2018年，区总工会建立“232”挂钩联系制度，即区总工会机关按部室每个部室挂钩联系2个镇街工会或园区工会，区总工会领导班子联系3家重点企业工会，机关干部各分别选择2家企业工会作为挂钩联系点。要求机关部室和领导班子每月至少走访一次联系点，每年集中调整一次联系对象，进一步畅通诉求渠道，密切上下联系；施行工会干部“错时”工作制，积极服务职工群众八小时以外生活，使工会工作更加贴近基层、贴近群众；在部室之间、机关与基层之间开展“结对活动”，以老带新、以强带弱，提高年轻干部的履职能力。

【职工文体活动】 2018年，区总工会推动22家基层工会申报省、市、区级“职工书屋”，12家申报“读书活动示范点”，鼓励各级“职工书屋”大力开展读书活动。举办“奋斗建功　筑梦银城”职工文化节；组织“喜阅新时代　乐享读书声”活动；举办“圆梦十九大”暨同安区职工书画作品交流展，展出作品100余幅；组织书法家和书法爱好者交流笔会，制作发放书画作品集300册；举办“川藏行”职工摄影展，展出9名职工摄影师的180幅优秀作品，共吸引数千名职工群众观展；举办第三、四届职工趣味运动会、第九届“和谐杯”职工篮球赛、第三届职工气排球赛、职工业余羽毛球混合团体赛等，共128支队伍参加；为3家企业800余名职工送上“情系兄弟姐妹”慰问演出及工会志愿服务，联合区企业服务中心举办“企业员工迎新春围炉招待会”，500余家企业职工参加。

【职工志愿服务】 2018年，区总工会强化工会—职工—社工“三工”联动，依托企业志愿者力量，组建“医务帮帮团”“书法文化使者”“女职工旗袍队”“水电抢修队”“安全生产宣传队”等特色小分队，开展职工志愿服务。建立职工志愿服务“时间银行”制度，把职工志愿服务纳入区文明办的计时系统并建立相应激励机制，试行职工服务职工、职工反哺社会的“职工+”志愿服务模式。全年举办志愿者招募、培训、团建活动8场，共开展166次志愿服务，参与志愿者1349人次。

（张云青）

共青团同安区委员会

【概　况】 2018年，团区委在各级团组织开展践行十九大精神宣讲、贯彻习近平总书记“7·2”精神、青年大学习等主题实践活动16场。举办东西部青年代表座谈会、国家扶贫日捐书献爱心活动，累计捐赠价值11.75万元的校服、书包、图书等物资。成立全市首个“预青服务超市”。严格调控发展团员数量，按照“坚持标准、控制规模、提高质量、发挥作用”的要求，新发展团员1300名，比2017年减少1120名，比上年下降46%。开展团干部培训教育，依托工业社区团校等阵地，组织开展、参加中共十九大精神、习近平新时代中国特色社会主义思想培训，学习贯彻习近平总书记“7·2”精神讲话，2018年同安区青年团干培训共16场。着力增强团员光荣感、使命感、仪式感，举办了第二届全区“不忘初心跟党走”入团典礼；组织同安区青年企业家协会开展“梦想巴士·益起成长”系列、“学习宣传贯彻中共十九大精神暨新媒体素养提升培训班”、“同安区青少年活动中心”庆“六一”——科技体验亲子活动、“振兴乡村·乐跑同安”五四青年公益跑、“同安企业家创富论坛”等活动，打造共青团主导的青年社会组织体系。至年底，全区有13个直属团委（团工委、团总支），597个基层团组织和11250名团员。占全区14～28岁的青年数的12.6%。

【青年创业就业扶持】 2018年，团区委深入同安工业园区等地，举办公司治理、新媒体的实践与操作、银企对接会等专题活动6场，为创业青年提供服务。4月17日，在工业社区团校举办企业管理经验分享讲座，进一步提升同安区青年人才的企业管理水平，增强青年企业家干事创业的能力，主题为“管理是企业永恒的主旨”，由全国优秀企业家、原厦门国贸董事长何福龙主讲。

【青字号品牌建设】 2018年，团区委深化开展青字号品牌建设，深化同安区青年文明号、青年突击队、优秀共青团、青年志愿者等各类青年建业、志愿品牌创建。年内，同安区1名优秀青年获评“省五四青年奖章”、1名获评“省优秀团干”、3名获评“市五四青年奖章”、2个单位获评“市五四奖章集体”。

【关爱青少年成长】 2018年，团区委在厦门市第二外国语学校开展生涯规划系列课程。成立同安区“预青服务超市”，尝试预防校园欺凌、性侵等青少年犯罪问题新途径。开展非常学堂、青年向上·友出路等青少年事务社工项目，举办维权活动47场，辅导122名边缘青少年，接待心理咨询174人次，大型讲座、团辅活动16场对35名青年进行升学就业辅导，矫正偏差行为青少年3人。持续推动希望工程、金秋助学等困境青少年帮扶工作。举办“梦想巴士”大型扶贫公益活动3场，跟进走访147户贫困和事实孤儿家庭，资助19名贫困大学生7.6万元。

【精准扶贫】 2018年，团区委组织对甘肃省临夏州康乐县开展东西部扶贫协作和对口支援工作。8月，团区委同安区青年企业家协会及部分优秀青年代表到康乐县实地考察，为康乐县捐赠价值3万元共300套校服。10月，联合区青年企业家协会、同安第一实验小学、书香邮差志愿服务队开展对口帮扶爱

2018年10月13日，团区委支援临夏州康乐县的“对口帮扶爱心捐书首发仪式”在同安区举行　　（团区委供图）

心捐书活动，共募集价值87500元的书册3500本赠送给康乐县学校。

【全市首个“预青服务超市”在同安区成立】 11月30日，同安区工业社区团校正式挂牌成立“预青服务超市”，区预防青少年违法犯罪工作领导小组、团市委权益部及区综治办等部门领导，区公检法司、共青团、妇联、民政、关工委等单位、学校代表，基层团干、青少年事务社工代表等参加揭牌仪式。由区综治办统一协调，团区委通过整合各成员单位29项预青服务“产品”，从思想引导、净化环境、成长关爱等方面着手，让重点青少年群体一站式享受公检法司、共青团、教育等部门提供的种类丰富的预青服务，努力在侦、捕、诉、判、防等青少年涉案的各个环节，及校园、社区行为矫正、心理辅导、校园欺凌、防性侵、关爱留守儿童等方面有效施力，扶持同安区青少年健康成长。至年末超市提供了困境儿童关爱保护、“逆风起步走”临界预防、“智慧未检”、“3+X”帮教、心理健康辅导、学生培力营等服务内容。

【团干交流培训】 9月10日，同安团区委联合遵义市红花岗团区委在同安工业社区团校举办2018年学习习近平新时代特色社会主义思想青年马克思主义者培训班，来自遵义市、同安区两地学校、企业、街道、乡镇、机关事业单位等各领域的50名优秀基层团干部参加培训。学员围绕“如何学习贯彻习近平新时代中国特色社会主义思想”展开交流、讨论，参观同安区工业社区党群活动服务中心，了解同安党史、团史，学习同安党建典型。

（叶晓均）

同安区妇女联合会

【概　况】 2018年，同安区积极推进妇联区域化建设，厦门安踏有限公司（同安园）成立全区首个企业妇联。区妇联强化基层妇女干部教育培训，举办区镇妇联干部读书班、维权调解工作培训班、新一届村居妇联主席任职培训班，对妇联干部进行业务知识、理论知识、职业道德、形象礼仪、科技知识等方面的培训，提高整体妇联干部队伍工作水平和执行力。至年末，有镇、街、场、开发区妇联组织10个，村、居妇联组织136个，妇女干部519人，其中区妇联5人，镇、街、场、开发区妇联35人，村、居妇联479人；共有3个乡镇（街道）获得全省先进乡镇（街道）妇联荣誉称号，2个村（居）获得全省先进村（居）妇联荣誉称号，2名妇联主席获得全省优秀妇联主席荣誉称号。新增厦门市三八红旗集体5个、厦门市三八红旗手8名；新增最美家庭109户（省级2户、市级14户、区级93户）、市级文明家庭13户、五好家庭2户（全国级1户，省级1户）。

【思想政治引领】 2018年，区妇联广泛开展以习近平新时代中国特色社会主义为中心的宣传教育活动。依托全区各级妇联组织、“巾帼文明岗”、村（社区）“妇女之家”和区妇联银城女声微信公众号、银城姐姐新浪微博及同安区“一呼百万”妇联好姐妹群等微信群，深入开展新思想大学习系列主题宣传活动。办好“银城姐姐微课堂”，及时传达学习转载习近平新时代中国特色社会主义思想三十讲内容，覆盖妇女干部和群众2万多人次。以妇女干部业务培训班、召开年度执委扩大会议、镇街妇联工作例会等为契机，下发学习贯彻新思想宣传资料，广泛开展宣传宣讲活动。全年组织开展“巾帼大宣讲”、“巾帼心向党·万家村居唱起来”——十九大精神进农村暨欢庆“三八”妇女节、“巾帼心向党·万家村居唱起来”——工业社区女工才艺汇演、走村入户宣传、“三八”游园、娘家人三进三送等群众性主题宣传教育活动12场。

【女性进村（居）“两委”强化】 2018年，区妇联以村（居）级组织换届选举为契机，强化女性进村（居）“两委”比例。全区136个村（居）共选举产生247名女委员，占比27.35%，比上届多26名，比上年增长11.76%。全区共产生女书记25人，比上年增长12%，女主任23人，比上年增长17.4%，女书记、主任“一肩挑”18人。

【巾帼建功】 2018年，区、镇（街）、村（居）三级妇联组织开展妇女创业就业、转产转业技能培训，调查摸底有培训意愿的创业妇女和农村富余女劳力，举办烘焙、烹饪、网店、月嫂、育婴师、民宿管理等各类公益技能培训32期，培训妇女近2000人次。联合培程职业培训学校，开展“幸福家”家政服务培训课程，培训女性家政从业人员148人次。启动“织绘她时代”同安区巾帼乡村振兴服务项目，在顶村村、前格村开展扶持妇女创业就业，建设美丽乡村系列活动。深入各镇（街、场）开展扶持妇女创业贴息贷款工作调研和跟踪服务，共为38名创业妇女发放市级小额贴息创业贷款665万元，为13名贫困妇女发放一次性创业补助2.6万元。区妇联在全区各系统、各行业中广泛开展巾帼文明岗创建活动，指导全区各级巾帼文明岗全面开展岗位自查工作，共推荐申报全国级巾帼文明岗3家、省级巾帼文明岗5家，命名区级巾帼文明岗16家。“三八”节期间，举办“巾帼心向党·万家村居唱起来”—十九大精神进农村暨欢庆“三八”妇女节、优秀女性事迹报告会、“巾帼心向党·万家村居唱起来”—工业社区女工才艺会演、“巾帼心向党·志愿服务行”同安区巾帼志愿者招募会、气排球比赛、银城女性风采录等巾帼志愿服务活动共10余场。

【妇女儿童关爱项目开展】 2018年，区妇联面向工业社区女性，实施“蒲公英”同安工业社区企业女性关爱服务项目，开展女工增能提素、文艺汇演、亲子团建、关爱行动、交友联谊、二手市场、志愿者培训、暑期夏令营等主题活动16场，服务人数达5026人次。面向全区妇女儿童，开展“幸福空间”同安区妇女儿童关爱服务项目、打造以儿童“跳蚤市场”、“周末时光”品牌，促进亲子沟通，带动社区志愿者参与，共举办活动14场，累计服务人数达1470人次。面向困境儿童，实施“银城小树苗”关爱困境儿童项目，举办迎新春关爱困境儿童暖冬行动、“悦读乐享童心”伴读、让阅读陪伴儿童成长——爱心妈妈共读技巧培训、“欢乐童行、助力成长”同安区困境（留守）儿童助学金发放等活动，促进儿童健康成长。针对来访妇女心理问题，购买“心晴家园”心理咨询服务，及时为来访妇女疏导情绪，化解矛盾，促进社会稳定。

【家庭文明建设】 2018年，区妇联评选93户同安区“最美家庭”，推荐表彰1户全国级五好文明家庭、2户福建省最美家庭、1户福建省五好文明家庭、14户厦门市最美家庭、13户厦门市文明家庭。巩固发展各类家长学校，社区家长学校建校率100%，新建农村“儿童之家”22个，依托社区“妇女儿童之家”、社区家长学校以及基层巩固服务平台，开展“百场家庭教育活动进学校、进机关、进社区、进农村”公益家教讲座18场，受益群众达2000人次。建立妇女儿童活动中心公益服务模式，与馨贝昉幼儿学苑联合共建早教示范基地，为同安区0～3岁千名儿童每人提供8次免费早教课程，为家长提供儿童早教指导。

2018年4月21日，区妇联举行“银城小树苗”关爱困境儿童活动爱心结对仪式

（区妇联供图）

【困难妇女儿童帮扶】 2018年，区妇联继续实施农村妇女、女职工免费“两癌”检查和城乡已婚低保妇女常见妇科病免费检查，救助贫困妇女“四癌”患者和大病救助妇女儿童70人，发放救助金46.67万元。帮扶困难妇女儿童265人，发放慰问金15.5万元，资助困难学生592人，发放春蕾计划助学金40.52万元。持续做好关爱留守流动等困境儿童工作，全面彻底排查、建立留守儿童信息库，至年末，共建立困境儿童服务档案39份，实行留守儿童动态管理机制。全年以来共入户慰问困境（留守）儿童68人次，建立爱心妈妈与困境儿童结对帮扶机制，组建同安区银城小树苗爱心妈妈志愿群，至年末有80名爱心妈妈（爸爸）参与志愿服务。

【妇女儿童维权工作】 2018年，区妇联努力做好妇联系统七五中期普法迎检工作，开展“三八”妇女维权服务、综治“平安家庭”创建、“幸福婚姻大讲堂”等活动。继续实施“心晴家园”服务项目，提供每周两次心理咨询服务和心理讲座课程，累计服务257人次。深入开展婚姻家庭矛盾纠纷排查化解工作，处理妇女群众来信来访30件，调处率100%。推荐2名家事调查员参与法院家事审判和婚姻家庭协调工作，其中1名家事调查员因积极配合翔安区法院的家事调查工作，获翔安区法院专函感谢。

【同安区首个企业妇联成立】 10月，厦门安踏公司（同安园）妇联成立，这是在区妇联支持下成立的同安区首个企业妇联组织。首届妇联有执委22名、副主席3名、主席1名。厦门安踏公司有1700多名员工，其中女工占80%以上。通过妇联组织的成立和妇联日常事务、相关活动的开展，提升公司女性素质、维护妇女权益、促进女工交流，引导妇女爱岗敬业。

（刘元静）

同安区科学技术协会

【概　况】 2018年，同安区科学技术协会（简称区科协）完成换届，选举产生同安区科协第五届委员会25名委员及区科协新一届主席、副主席和秘书长。确定2家基层协会为科学工作者服务联系点，加强对基层协会和科技工作者的了解服务。贯彻落实《同安区全民科学素质纲要实施方案（2016—2020）》，继续实施“创新驱动助力工程”和“科普惠农兴村计划”，发挥科技对经济发展的促进作用。开展科技活动周、全国科普日及社区科普活动，提高全民科学素质。

【科普宣传】 5月，区科协联合区委宣传部、区经信局、祥平街道办事处、农林局、卫计局、文体局、司法局、凤祥社区等部门在乐海城市广场组织开展2018年科技活动周暨“送科技、卫生、文化、法律进社区”活动，现场发放同安区科普地图、中国公民健康素养66条、常见慢性病防治、突发事件应急科普常识等科普资料1000余份，受众达2000余人次；各镇街科协、各协会、各学会和科普教育基地也开展形式多样的科普活动，共举办各类活动13场，受众达1万余人次。7月2日，区科协与区教育工委、工业社区大学等单位联合在同安工业社区大学举办以“党建引领、创芯未来”为主题的社区科普活动，培养少儿自主创新能力与立志学习争当科学家的志向。开展“不忘初心跟党走”和“重走长征路”等为主题的机器人比赛，参与学生达300余人次。9月17日，由区科协、区委宣传部、区教育局、区经信局、区气象局和祥平街道科协、芸溪社区、厦门弘倍思机器人创客教育等单位在祥平街道芸溪社区联合举办2018年同安区“全国科普日”启动仪式暨“科技体验日”活动，参加活动的社会群众达2000余人次，发放各类科普书籍、图册3000余份，为100多名社区居民进行义诊，有120余人次的小学生参与科技项目体验。作为科普日配套活动，厦门嘉烨兴农业科技有限公司、厦门市振坤记养殖有限公司、厦门同安文水生态园、厦门市同安明溪蔬菜协会、厦门青云岭生态农业有限公司开展基层科普联合行动活动；泰普生物科普教育基地、古龙酱文化园科普教育基地、厦门通士达有限公司光影体验馆科普教育基地、同安区科技馆开展科普教育基地联合行动活动。

【首届中小学机器人创意竞赛举办】 9月23日，由同安区教育局和同安科协共同主办的同安区首届中小学机器人创意竞赛在同安区第二实验小学进行，竞赛入围的作品有环保机器人、服务机器人、智能机器人等各类机器人。共有13所中小学的122名中小学生报名参赛，最终决出一等奖6组、二等奖12组、三等奖20组。

【培育省级院士工作站】 2018年，区科协继续实施“创新驱动助力工程”，重点加强院士工作站建设。推荐同安辖区内的泰普生物科技有限公司和恩诚制药科技有限公司院士工作站2018年为省级院士工作站。2家院士工作站通过发挥院士专家的技术引领作用，帮助企业培育科技创新团队，集聚创新资源，突破关键技术制约，推动产学研紧密合作，带动影响经济产值近亿元。

【科普惠农兴村计划】 2018年，区科协实施“科普惠农兴村计划”。落实专项资金40万元，推动农村科技知识的传播和种养水平。专项资金主要用于乡村振兴、科普惠农、扶持可带动农村经济发展的农村合作社或科技推广种养殖大户，共扶持合作社4个、种养殖大户4人。通过申报、评审、公示等诸个环节，向中国科协推荐明溪蔬菜协会为“全国示范农技协”，向省科协推荐郭山村作为“全省科普示范村”。

（余泽松）

同安区归国华侨联合会

【概　况】 2018年，同安区归国华侨联合会接待来自近20个国家和中国香港、台湾地区的同安境外社团40多批次700多人次联谊交流。向海内外侨领和重要人士寄发贺卡200多封，贺电贺信20多次。全年发动捐资51.5万元，297人次侨界群众受助。组织境外华裔青少年夏（冬）令营活动4次。开展“组织建设年”活动，在各镇街（场）新成立26个基层社区（村）侨联小组。指导区侨联青委会在罗汉山莲花书院举办传统文化、旅游文化交流会。开展“大学习”活动，举办侨界学习习近平新时代中国特色社会主义思想、贯彻十九大精神专题讲座，特聘市委讲师团教授为120多名统战系统及侨联系统干部进行授课辅导。组织侨联宣讲组深入基层侨联举办9场关于习近平新时代中国特色社会主义思想、十九大乡村振兴战略精神、侨务基本知识等内容的学习讲座，共有230多名基层侨联干部参加培训。

开展“爱心助侨”“爱心健侨”送“福”到侨家等为侨服务品牌工作。

【助学助侨】 2018 年，区侨联全年发动捐资 56.75 万元，侨界群众受助 297 人次。发动侨界捐资助学，第三十六届“柯朝阳奖学金”颁发奖金 7.2 万元；菲律宾华侨胡彩英女士创立国祺中学德三教育促进会奖学奖教 31.1 万元；彭口李氏家族基金会海外及港澳台李氏宗亲捐资奖励李氏宗亲优秀考生 3.5 万元；旅菲侨胞许自福、黄明华扶贫助困 100 人共 10 万元；新加坡丰隆集团奖学基金奖励澳溪学校优秀师生 7 万元。侨联扶贫助困情况全年 97 人受助共 62700 元。春节期间开展送“福”到侨家迎新贺岁活动，为 26 户竹坝华侨农场的贫困归侨侨眷发放慰问金 2.08 万元和慰问品。先后 2 次组织本区医疗专家深入竹坝农场等地开展义诊、法律咨询等活动，共为 400 多人次侨界群众看诊配药。

【维护侨益】 2018 年，区侨联深入走访侨资企业、区侨青会会员企业，帮助天之域电子有限公司等两家侨企员工解决 5 名子女来同安就学问题。协助马来西亚、越南胡志明市、台湾等海（境）内外乡亲寻亲寻根 8 人次。协调解决西柯镇詹氏、新民镇西山洋里杨氏宗亲涉侨问题。协助祥露庄氏家族海外侨胞了解文物保护立项申请事宜。推进落实竹坝华侨农场退休职工养老保险补缴工作。做好来信来访工作，调处涉侨信访件 20 件（人）次。

【联谊联络】 2018 年，区侨联全年共与来自马来西亚、新加坡、日本、朝鲜、巴西、菲律宾、柬埔寨、印尼、越南、老挝近 20 个国家及中国港澳台地区回乡寻根谒祖、参加“9·8”投洽会和参加

2018 年 7 月 21 日，北美华裔寻根之旅夏令营到访同安，与莲花书院知恩夏令营营员开展联谊活动　（区侨联供图）

民俗活动等的境外社团 40 多批次 700 多人次联谊交流。向海内外侨领和重要人士寄发贺卡 200 多封，贺电贺信 20 多次。协助马来西亚主办方做好第十一届世界同安联谊会筹备阶段的邀请、征集题词及召开期间会务工作；组织三十几位侨界代表参会。派代表出席新加坡厦门公会成立八十周年庆典活动。组织境外华裔青少年开展寻根之旅夏（冬）令营活动，举办缅甸华裔青少年夏令营、北美华裔青少年寻根之旅夏令营；配合举办马来西亚五条港同安籍青少年“寻根之旅”冬令营等联谊交流活动；与华侨大学联合举办华侨大学境外学生“走进侨乡——古城同安行”活动，十几个国家和地区的 250 多名华侨大学 2018 级境外新生参加。

【参政议政】 2018 年，区侨界各级人大代表、政协委员人大和政协会议共提出议案、提案（建议）26 件，报送侨情专报 3 篇。侨联委员调研撰写《办好侨刊乡讯　服务侨乡发展》《新时代、新侨情背景下，如何发挥侨联青年委员会自身优势，积极推动侨务工作的发展》《同安华侨历史文化挖掘与乡村振兴战略融合发展的初步调研》3 篇文章，编入市侨联《2018 课题调研文集》。

【《同安境外宗乡社团概略》出版】 2018 年，区侨联与区政协文史委、区方志办联合出版书籍《同安境外宗乡社团概略》，为第十一届世界同安联谊会献礼。该书撰写 80 个境外同安社团发展历史，涵盖新加坡、美国、法国等 20 个国家和中国香港、台湾地区，时间跨度 400 多年，是一本了解同安人迁移、发展与成就史的重要文史书籍。

（林旭臻）

同安区工商业联合会

【概　况】 2018 年，同安区工商业联合会（商会）（简称区工商联）全年组织召开 2 场专题培训、1 场惠企政策解读及 1 场银企座谈会。先后走访近百家企业，组织 100 多名企业会员参加各级培训共 5 场，推荐 19 家企业参加各类评选评优。

接待山东省蓬莱市工商联等组织开展横向联谊5批次，组织会员开展经贸考察4团次。撰写企业问题请示1件、课题调研3篇，广泛收集惠企政策和财经信息，不定期更新同安商会微信公众号，编发《同安商会》2期；区商会爱心基金全年捐资助学助困368人，捐资71.6万元。举办“2018年百商万人献血公益行同安区工商联（商会）专场”活动。同安区南安商会完成换届选举，选举产生第三届理监事会领导班子成员。区工商联发展新会员（企业会员）9户，至年底有基层商会9个、行业商会1个和异地商会1个，有执委（理事）会、监事会成员186人，其中非公经济代表人士179人，占96.2%；会员1632家，其中私营企业户1488家，中外合资企业35家，国有企业11家。

【参政议政】 2018年，区工商联引导区政协工商联联络处全体委员开展参政议政活动。当年提交《关于加强食品安全源头监管的建议》《关于促进我区民营经济健康发展的建议》等提案23件，撰写题为《同安区工商联（商会）关于协助解决洪塘镇“金边”龙西一里23号、24号楼经营问题建议的请示》1件，完成《关于加强食品安全源头监管的思考及建议》《同安民营经济发展报告》《关于促进同安区非公经济企业高质量发展的建议》3篇课题调研报告。

【参与公益事业】 2018年，区商会爱心基金全年共捐资71.6万元，资助贫困学生、贫困群众共368人，其中，资助贫困高中生和准大学生70.5万元，参与区妇联“春蕾计划”资助20名中小学生1万元，慰问工商联困难遗属1000元。7月19日，举办“2018年百商万人献血公益行同安区工商联（商会）专场”活动，近50家企业140人参与献血，获2017—2018年厦门市“百商万人献血公益行”先进集体称号。

【民营企业扶持】 2018年，区工商联（商会）积极推荐19家民营企业参加各级评优评先活动，3家企业入选2018农业产业化龙头企业500强排行榜；8家企业分别荣获省、市著名商标，市优质产品及国内外产品认证；1家企业荣获“中国轻工业百强企业”“中国制伞十强企业”称号；4家企业上榜“2018年厦门企业100强”；2家企业被列入厦门市2018年科技小巨人企业名单，1家荣获厦门市2018年科技小巨人领军企业称号；3家企业被认定为厦门市2018—2019年度龙头骨干民营企业。面向会员企业组织2场讲座，分别邀请中国人民大学公共管理学院副院长张成为会员企业讲解最新经济政策、区农商行主要负责人讲解扶持民营企业发展融资政策。

【经贸考察】 3月13—16日，区工商联组织工商联联络处委员到浙江嘉兴、杭州开展商务考察，实地参观考察乌村、乌镇世界互联网国际会展中心（世界互联网大会永久会址），走访3家企业，详细了解智慧旅游、民宿经营、互联网经济等项目建设情况；4月25—28日，区工商联组织会员企业参加在合肥市召开的合肥之友理事会二届二次会议；10月26—31日，区工商联组织53个企业代表前往马来西亚吉隆坡参加第十一届世界同安联谊会，与世界各地的同安乡亲开展联谊交流活动，宣传推介同安营商环境，鼓励同安乡亲回乡投资兴业；11月12—15日，区政协工商联联络处主任及委员一行15人赴深圳开展为期4天的商务考察，实地走访6家企业并参加在深圳举办的第二十届中国国际高新技术成果交易会，详细了解乡村振兴与集体经济、科技创新与信息化等项目发展情况。

（柯雅莲）

2018年11月15日，同安区政协工商联联络处全体委员参加在深圳举办的第二十届中国国际高新技术成果交易会　（区工商联供图）

同安区文学艺术界联合会

【概　况】2018年，同安区文学艺术界联合会（以下简称区文联）下设作家协会、书法家协会、美术家协会、音乐舞蹈家协会、民间民俗文艺家协会、摄影家协会、交谊舞协会、灯谜协会、书画院等9个协会（团体），年内发展新会员11人，累计注册会员51名。区文联结合同安培育的三角梅新优品种“同安红”，邀请词、曲名家原创歌曲《同安红》，并制作MV宣传片和排练舞台节目《同安红》。继续开设银城艺术讲堂，由区美术家协会举办“富美同安新时代——同安区现代民间绘画”专题培训，邀请宁夏自治区级民间绘画项目代表性传承人田坤授课。举办“富美同安新时代”农民画展，以富有特色的农民画艺术形式来展现改革开放40年新成就。与省摄影家协会联合主办“富美同安”全省摄影大赛。成立同安文艺志愿服务队，深入村居开展“送戏下乡”活动。年内，区美术家协会苏世荣被中国美术家协会吸收为会员，庄德明被省美术家协会吸收为会员；区摄影家协会何东方、陈君香、陈丽真被中国摄影家协会吸收为会员，区作家协会叶明利被省作家协会吸收为会员。

【文学创作讲堂】12月，同安区委宣传部、区文联、区作家协会联合举办1场学习贯彻中共十九大精神繁荣文学创作讲堂。省文联副主席、省作家协会主席杨少衡，省作家协会副主席、市文联原副主席、市作家协会原主席陈元麟，一级作家、《厦门文艺》主编、市作家协会副主席曾纪鑫等资深学者、专家专题授课，介绍福建文学创作的情况、如何营造文化氛围、改善创作环境、提供创作条件以及如何提升文学创作水平。区文联、作家协会成员和同安文学爱好者等约50人听讲。

【“富美同安”全省摄影大赛】3月，由同安区委宣传部、福建省摄影家协会主办，同安区文联、区摄影协会承办的“富美同安”全省摄影大赛结束，共收到省内外参赛作者266人作品4205幅，容量达37G，创下同安有史以来摄影比赛参赛作品量之最。5月，经福建省摄影家协会评审，摄影大赛评出一等奖1名，二等奖2名，三等奖5名，优秀奖10名，入选奖92名。获奖作品挖掘和宣传同安美丽的自然风光与人文景观，展示同安生态文明、城市建设、人民生活等各方面的风貌与成就。

【本土题材文艺创作】2018年，同安吕实力剧团创作、编排《贤相苏颂》参加第二十七届全省戏剧会演；完成本土题材民族英雄陈化成、开闽王王审知的剧本创作。五显镇文联创作《醉美五显》《凤凰之花》《来阮兜，叫五显》等文艺精品歌曲及童谣，原创歌舞《北山有了开闽王》在厦视二套“移风易俗大家谈栏目”播出。

【同安文艺志愿服务团成立】6月7日，由区文联牵头组建同安文艺志愿服务团成立。文艺志愿服务团首批由18个服务队组成，包括文联下属9个文艺家协会和五显镇文联及银安堂南乐研究会、吕实力芗剧团、吕东进歌仔戏剧团、美艳歌仔戏剧团、永和九年书院、琴韵敦煌艺术培训中心、大益天下书画院、金秋艺术团8个艺术团体。服务团加入区志愿者联合会开展各种形式的为民服务活动，年内，吕东进歌仔戏剧团开展“送戏下乡”志愿服务活动，分别深入祥平街道、新民镇村居演出共8场。

（方　翊）

2018年同安区文艺活动一览表

表15

类别	活动内容
区文联	在同安影剧院开展“送欢乐·下基层”2018厦门市文联迎新年文艺志愿服务走进同安慰问演出活动，邀请福建省杂技团和厦门文艺志愿者联袂演出
区书法家协会	元旦、春节期间，组织现场书写春联送春联进社区活动，累计书写赠送春联4万多幅、送福5万多张
区美术家协会	春节期与教育部门联合举办中小学师生“生肖艺术作品展”，暑期举办中小学民间美术（农民画）夏令营活动，月，举办庆祝改革开放40周年农民画展组织同安农民画参加2018艺术厦门国际博览会，5月25—28日在2018艺术厦门国际博览会上，举办展示“富美同安新时代”的同安农民画作品展
区摄影协会	11月，举办以反映同安区改革开放40年的巨大成就为主题的“富美同安新时代”摄影大赛

2018年同安区文艺创作成果一览表

表16

类别	成果
文学	庄永庆诗歌《铁力士山顶的鹰》《那一年秋天》入选《2018中外诗歌散文精品集》(中国文化出版社),《香格里拉》荣获中国散文网第四届“中华情”全国诗歌散文联赛金奖;陈美园作品《南归雁》《小马哥的村官情怀》分别获省艺术馆举办的“福建文化村官微故事”征文评选二等奖、三等奖;叶明利作品入选《中国百年诗人新诗精选》《泛粤东短诗经典》;黄国清的散文《金谷人文美》获省作协主办的“金谷征文”优秀奖,答嘴鼓《村长嫁查某阿》获省曲协征文三等奖;兰学军《一面锦旗》获“一路社保相伴——我和厦门社保的故事”征文比赛二等奖
书画	何文亮《两岸共庆引水情》、柯登科《茗香一缕醉清风》、陈开展《打铁匠》分别入选2018年西安全国农民画展;郑新全《闽海渔女》入选2018年全国农民画优秀作品展;陈巡《惠女倒固队》、何文亮《立体养殖园》、柯永德《忙碌的河边》、柯登科《我的阿嬷》分别入选2018年福建农民漆画创作基地作品展;张池山获“八闽丹青奖”第二届省书法双年展金奖;陈志农《志农学生小品》、王长江人物画《伴》分别荣获“意之大者——第五届福建省写意画大展”入围奖;庄德明在翔安香山书画展厅举办“国画作品展”
曲艺	银安堂南乐研究会组织创作和编排芗曲说唱《乡村美》,参加第三届省曲艺“丹桂奖”少儿大赛,获儿童组二等奖。吕实力芗剧团大广弦说唱《闽南人讲闽南话》参加厦门市首届歌仔说唱征文与展演比赛荣获(展演)一等奖;再次创作、编排《贤相苏颂》参加第二十七届全省戏剧会演;完成本土题材民族英雄陈化成、开闽王王审知的剧本创作
音乐舞蹈	区文联邀请厦门市词作家、曲作家创作歌曲《同安红》;结合歌曲《同安红》,以金秋艺术团为主体排练舞台节目《同安红》,是在区庆祝改革开放40周年晚会上演出五显镇文联创作《醉美五显》《凤凰之花》《来阮兜,叫五显》等文艺精品歌曲及童谣,原创歌舞《北山有了开闽王》在厦视二套“移风易俗大家谈栏目”播出。琴韵敦煌原创闽南童谣《中秋暝》《阿嬷爱看戏》《杨柳青青》参加北京舞蹈学院“桃李芬芳”2018年博鳌青少年舞蹈大赛厦门赛区荣获创作金奖
灯谜	许友金一谜获中华灯谜第五届“金虎奖”2017年十佳新作奖;吴艺辉一谜获第六届“雁云灯谜艺术奖”;吴艺辉、许友金各一谜获宝鸡“一带一路”专题全国创作赛“优秀谜作”;陈晓映、许友金各一谜获得省委宣传部“学习贯彻十九大精神,我们迈向新时代”主题征集评选展示活动优秀谜作奖

同安区社会科学界联合会

【概　况】 2018年,同安区社会科学届联合会(简称社科联)举办2018海峡两岸禅文化艺术节、2018年厦门(同安)孔子文化节、2018厦门(同安)第三届国际朱子文化节、第五届北辰山开闽王民俗文化节、2018厦门苏颂国际文化节、第十四届社科普及宣传活动周等活动。全年共举办12场讲座、4场学术论坛,出版书籍《老时光里的同安》,再版《朱熹首仕同安》。年内同安区获评福建省社会科学普及示范创建区,同安区社科联获评省第九期社会科学知识有奖竞答活动先进单位,朱子书院获省级社会科学普及基地、市级社会科学普及基地称号。

【理论宣传专题讲座】 2018年,同安区社科联深入机关、企业、学校、社区、农村,举办《学习贯彻习近平新时代中国特色社会主义思想》《历史方位和中华民族的伟大复兴——党的十九大和习近平新时代中国特色社会主义思想要点》《习近平新时代中国特色社会主义思想与厦门改革发展新实践》等6场“鹭江讲坛”专题讲座。借助举办文化节的有利契机,举行“大道集成·礼乐同安”国际学术研讨会、“文化自信——从了解脚下土地文化开始”讲座、闽王文化与乡村旅游产业振兴研讨会、苏颂文化与“一带一路”学术研讨会、《庆祝改革开放四十周年·厦门故事》摄影作品故事宣讲和第九届社会科学界学术年会,加强对优秀传统文化的研究与传承,总受众1800人次。

【2018年厦门(同安)孔子文化节】 9月28日,以“海滨邹鲁·礼仪传世”为主题的2018年厦门(同安)孔子文化节在同安孔庙举行。活动由厦门市委宣传部、厦门市教育局、厦门市社科联、厦门市教育学会指导,同安区社科联、同安区教育学会主办,厦门市闽南文化研究会承办、金门县教育局协办。此次活动邀请厦门、金门优秀教师代表,厦门、金门学生代表约300人一起观礼。文化节继续举办开笔礼,首次举办拜师礼。厦金两岸的优秀中学生在祭典区内向至圣先师行拜谒之礼,诵读先师论语,诵毕又行鞠躬拜礼,最后手持老师授予的葱、芹、蒜,再行鞠躬礼。举办《文化自信——从了解脚下土地文化开始》讲座。同安孔子文化节已成为集纪念先哲、文化交流、学术研讨、旅游观光为一体的综合性节庆活动,“海峡两岸同祭孔”文化品牌日益响亮。

【2018 厦门（同安）第三届国际朱子文化节】 10 月 18 日上午，2018 厦门（同安）第三届国际朱子文化节在同安县衙旧址厦门朱子书院开幕。中国、韩国、德国、法国、新加坡等国的专家学者、朱氏宗亲及嘉宾 500 人参会。此次朱子文化节由中国朱子学会、福建省社会科学界联合会主办，厦门市社会科学界联合会、厦门筼筜书院、厦门朱子书院、厦门市同安区社会科学界联合会承办。文化节以“大道集成·礼乐同安”为主题，举行以朱子《家礼》所记载的冠礼为蓝本的成人礼，会场内外共 888 学子参加；举办《朱熹》纪录片首发式，该片由央视纪录片频道、东南卫视拍摄制作，分《家国天下》《源头活水》《大道集成》《春风化雨》《一片丹心》《棹歌四海》6 集记录朱熹的生平事迹、为官政绩和学术成就；举行中国朱子学会、中华朱子学会与同安区、福建省尤溪县、江西省婺源县三地朱子文化战略合作协议签约仪式；举办《同安区志》和《大同志》（点校本）首发式；举办《朱子学的现代价值》《朱子家礼与礼学和礼教的重建》《国学智慧与身心修养》《朱子讲“礼”》等一系列论坛、学术研讨会、9 场学术讲座；举行歌仔戏《朱熹点化鳄鱼精》、国乐雅集、民俗文化演出，书法笔会等活动。

【第五届北辰山开闽王民俗文化节】 10 月 16 日，第五届开闽王民俗文化节在同安北辰山风景区举办，本次活动由同安区社科联、同安区文联、五显镇人民政府联合主办，厦门市王审知研究会承办，金门县王氏宗亲会参与协办。近千名来自海内外专家学者嘉宾及王氏宗亲、旅游爱好者参加。本次民俗文化节以“弘扬开闽文化，振兴美丽乡村”为主题，结合“醉美五显旅游品牌宣传月”开展活动。开幕式上举行“醉美五显”旅游品牌大型文艺宣传演出；文化节期间在北辰山景区举行举行登高忆闽王、民俗文化演出、“醉美五显”旅游宣传画册发放仪式；举办《北辰之光》书画笔会活动及“庆祝改革开放 40 周年书画展”，来自同安本地的多名书画家，现场合作，共同创作；在朱子书院举行闽王文化研讨会，研讨会以“开闽文化与乡村旅游产业振兴”为主题，旨在传承开闽文化、推进产业融合、振兴美丽乡村。

【2018 厦门苏颂国际文化节】 12 月 10 日，2018 厦门苏颂国际文化节在同安文体中心广场举行。参加本次文化节活动由中共厦门市委宣传部、厦门市政协教科文卫委、厦门市社会科学界联合会、中国苏颂研究会指导，同安区社会科学界联合会、同安区科学技术协会主办，同安芦山堂苏颂研究会承办，海内外苏氏宗亲代表、专家学者等嘉宾 400 人参加。本届文化节以“海丝先贤　泽被世界”为主题，旨在从源头上追溯、理清苏颂与“海上丝绸之路”的渊源。文化节举办苏颂纪念馆提升工程开工仪式；区委组织部授予同安芦山堂“同安区党员干部教育培训基地”牌匾、温州大学硕士研究生导师、中国苏颂学术研究会秘书长王兴文作主旨报告《苏颂与同安的渊源》；开展“海丝先贤·泽被世界”——苏颂文化与“一带一路”学术研讨会，苏颂文化进校园及歌仔戏《贤相苏颂》电视公演等活动。

【2018 海峡两岸禅文化艺术节】 8 月 10 日，2018 海峡两岸禅文化节暨同安魁星文化公益助学活动在同安梵天禅寺外广场举行，来自海峡两岸的书画家、楹联专家 30 人与数千市民群众参加。本次活动由厦门市台办、中共同安区委宣传部、厦门日报社指导，厦门市书协、厦门市美协、厦门市楹联学会、城市捷报承办，闽台书画院、市摄影家协会、梵天禅寺、昇龙斋协办。此次文化节 3 月启动，历时 5 个多月，先后开展书画、楹联征集，书法笔会，两岸名家艺术交流、书画认捐公益助学等系列活动，两岸高僧、书画名家、慈善人士积极参与。活动共征集楹联上百副，经

2018 年 12 月 10 日，在 2018 苏颂文化节开幕式上，区委常委、组织部部长王秀珠（左二）将同安区党员干部教育培训基地牌匾授予苏颂故居芦山堂　　（陈嘉新　摄）

厦门市楹联学会专家5轮公平、公正、专业的点评、筛选，其中21副楹联作为入选作品，将永久镌刻于梵天禅寺魁星阁。征集书画作品88副，以及建盏名器6件，认捐所得20万元全部用于为同安100名贫困学子发放助学款，颁发助学金，同时举办魁星楼入选楹联作品移交，向同安区佛教协会会长、梵天寺住持仁慈法师等8人颁发禅文化节“高级顾问”聘书等仪式以及魁星庙会、茶会等活动。

【第十四届社科普及宣传活动周】 10月20—26日，同安区社科联举办第十四届社会科学普及宣传活动周活动。此次普及活动周以“新时代新征程新使命，谱写福建发展新篇章”为主题，开展社科志愿者进基层活动，社科志愿者走进社区，发放宣传册，宣传垃圾分类、移风易俗、扫黑除恶等知识，现场开展义诊、写春联、义剪、法律咨询等各项服务活动；邀请集美大学马克思主义学院院长、教授肖仕平，厦门理工学院教授洪认清等专家学者举办《历史方位和中华民族的伟大复兴——党的十九大和习近平新时代中国特色社会主义思想要点》《习近平新时代中国特色社会主义思想与厦门改革发展新实践》等社会科学专题系列讲座，受众130人次；举办社科普及基地“免费一日游”等系列活动，受众近百人次。区社科联积极发动群众参与福建省第九期、厦门市第三期社会科学知识有奖竞答，获评省第九期社会科学知识有奖竞答活动先进单位。

【《老时光里的同安》出版】 11月20日，由区社科联、区档案局联合编纂的《老时光里的同安》正式出版。该书是从同安文史专家颜立水三十几年来拍摄和收集的8000多张老照片中筛选出342张具有代表性的作品编辑而成，反映三十多年来老同安（含未析出前翔安区）的山川地貌、风情民俗、文物古迹、人物活动、两岸交流等，全面折射近现代以来同安经济、社会、政治、文化、教育、商贸、群众生活等各个方面的辉煌成就及发展变迁。该书收录照片中的一些文物古迹、村容村貌已经改变或者消失，具有较高的留史存档价值。

（陈曼璐）

同安区残疾人联合会

【概　况】 2018年，同安区残疾人联合会（简称区残联）办理残疾人证1136件，其中新办证413件、变更462件、注销261件。至年底有持证残疾人7877人，其中视力残疾379人、听力残疾526人、言语残疾158人、肢体残疾3727人、智力残疾997人、精神残疾1355人、多重残疾635人。按年龄段分，0～7岁残疾人83人，8～16岁残疾人212人，17～59岁残疾人4554人，60岁以上残疾人2858人。7—9月，走访140个社区（村）7890名残疾人，开展残疾人基本服务状况和需求情况入户专项调查。11月，区残联、区财政、区民政、区人社局联合印发《关于调整我区专职残疾人联络员及福乐家园工作人员工资福利待遇标准的通知》，提高基层残疾人工作者工资福利待遇标准幅度20%以上。至年底，区残疾人福乐家园及大同、祥平街道残疾人职业援助中心有工作人员18人、学员120人。全区专职残疾人联络员101名，其中区、镇（街）级残疾人联络员13名、社区残疾人联络员34名、村残疾人联络员54名。

【残疾人教育】 2018年，全区在各类学校就读的残疾学生274名，其中幼儿园37名、九年义务教育阶段204名、高中及中职14名、全日制大专以上15名、自考大专以上4名；另有困难残疾人家庭子女246名，其中幼儿园35名、九年义务教育阶段145名、高中及中职23名、全日制大专以上43名。区残联向520名残疾学生及贫困残疾人子女发放每人500～10000元不等的助学补助，向1家接收4名残疾儿童的幼儿园给予特护补助，全年共发放助学补助64.385万元；向当年被高校录取的7名残疾学生和12名困难残疾人家庭子女新生分别发放3000元/人、1500元/

同安区残疾人基础数据统计表（截至2018年12月31日）

表17　　单位：人

残疾等级	视力残疾	听力残疾	言语残疾	肢体残疾	智力残疾	精神残疾	多重残疾	合计
一级	195	138	32	389	41	59	372	1226
二级	43	171	21	573	238	1042	220	2308
三级	15	140	37	1047	403	312	32	1986
四级	126	77	68	1718	315	42	11	2357
合计	379	526	158	3727	997	1455	635	7877

人的一次性交通生活补助，共计3.9万元。

【残疾人康复服务】2018年，市、区残联开展对大同街道后炉社区、大同街道同新社区、祥平街道凤岗社区、祥平街道西湖社区、莲花镇军营村等5个（社区）村残疾人辅助器具整村适配工作，为113名残疾人制定个性化辅助器具适配方案，免费适配发放护理床、轮椅、助听器等20种126件辅助器具，共计3.9万元；4月27日，配合市残疾人康复中心在梧侣社区举行残疾人康复进社区活动，开展康复咨询、现场义诊、肌能训练等康复服务；为1398名精神病患者发放每月300元处方用药及基本检查费用等医疗康复补助费用，全年补助503.28万元；免费为54例低保户、五保户及经济比较困难、无职工医保待遇的白内障患者实施复明手术；为65名脑瘫、听障、智障和自闭症患儿等“四残”儿童实施每月最高2000元康复补贴，全年发放补助金额90.6万元。

【残疾人就业扶助】2018年，区残联安置141名残疾人就业；为2名残疾人全日制普通高校毕业生发放就业援助补贴2.1万元；为68名残疾人个体工商户发放职工基本养老保险和职工基本医疗保险补助金60.0869万元；为12家超比例安置残疾职工用人单位提供工资性补贴证明；为39个自主创业的残疾人发放残疾人自主创业一次性创业补贴或经营补贴12.2万元。为57户残疾家庭发放农机购置补助12.735万元。在“全国助残日”期间举办残疾人就业招聘会，49家用人单位现场提供942个就业岗位，110多名残疾人参与面试，达成用工意向24名。组织37名残疾人参加果蔬栽培农村残疾人实用技术培训。建设西柯、五显、洪塘镇残疾人职业援助中心，西柯镇残疾人职业援助中心于12月正式开班。11月，区残联、区财政局、区卫计局联合印发《同安区扶持视力残疾人从事盲人按摩场所租金补助实施办法》，扶持视力残疾人就业。

【残疾人社会保障与救助】2018年，区残联、区财政局、区民政局、区卫计局联合印发《同安区“一户多残”低保和低收入家庭生活补助实施办法》《同安区重度残疾人托养补助实施办法》《同安区“四残”儿童康复护理补助实施办法》《同安区扶持视力残疾人从事盲人按摩场所租金补助实施办法》4个区级首批配套补助政策，对符合补助条件的“一户多残”低保和低收入家庭给予每户每月生活补助500元；对智力、肢体和适合托养的精神重度（一、二级）60周年以上的残疾人，在市级补助的基础上再给予每人每月补助托养经费1000元；对“四残”儿童的康复护理费在市级补助的基础上再给予400～800元的补助；对符合补贴对象的视力残疾人开设的按摩经营单位，根据安置盲人按摩师的数量给予每月600～1000元租金补助。利用各种重要节日开展慰问工作，在“全国助残日”“国际残疾人日”和“六一”“元旦”“春节”期间共慰问621名困难残疾人家庭，发放慰问金慰问物资折合27.47万元；ECCO（厦门）有限公司向区福乐家园（阳翟点）捐赠2万元的开办经费，与市残疾人福利基金会继续开展为全区残疾人送温暖献爱心系列活动，共同慰问全区630户“一户多残”家庭。新民镇、祥平街道和白沙仑农场等单位残联结合残疾人基本状况入户调查等开展慰问活动，购买油、米等物品慰问1949户困难残疾人，共计7.9646万元。

【残疾人维权】2018年，区残联接待各类来电来访7件，其中“12345”便民服务平台6件，同安区政民互动平台1件。区残疾人法律救助站及法律援助站全年接受残疾人各类法律咨询件60余件，3次组织法律救助站律师为残疾人现场解答法律难题。

【残疾人文体活动】2018年，区残联组织开展各类残疾人文体活动。5月，开展“全国助残日”系列活动，组织祥平街道残疾人援助中心学员到翔安大嶝岛的战地观光园游览及爱国主义教育活动、大同街道残疾人援助中心42名学员参加以“全面建成小康社会、残疾人一个也不能少”为主题的趣味游园活动、福乐家园学员参加市智协举办的“牵着蜗牛去散步”全国大型公益活动及与区图书馆、区同心社会工作服务中心开展以“今天，我们的家更美了”为主题的交流活动。7月，开展全国特奥会活动，45名“福乐家园”学员参加针对智力残疾人量身打造的小型趣味运动项目。8月，举办2018“残疾人健身月”活动，“福乐家园”和区聋协根据残疾人特点设置定点投篮、足球保龄球、举拍跑、飞镖等趣味健身运动项目，95名学员参加；40名代表参加厦门市“第八届“闽台残疾人文化周”巡演活动。9月，大同街道和祥平街道残疾人援助中心组织学员开展“迎中秋　庆国庆”游园活动，组织聋人参加市聋协举办的2018年厦门市聋人趣味运动会及厦门市“信华杯”第四届龙潭飞镖比赛，分别获得亚军和飞镖女子组第五名、一队团体亚军、二队团体季军。12月，开展“国际残疾人日”系列活动，45名“福乐家园”学员参加根据残疾人特点设置的小型趣味运动项目、市残联举办“相约菊展、共享美景”赏菊活动；与区图书馆、区同心社会工作服务中心开展“暖心牵手光影世界”残疾人社会参与主题活动。

（刘巧英　蔡志强）

同安区红十字会

【概　况】 2018年，区红十字会全年募集慰问款物折合人民币30.618万元，开展“情暖同安·红十字博爱送万家”“爱是世界上最美的语言”“送知识增技能，送温暖惠民生”等人道救助，发放救助金34.22万元、救助物资49.06万元，救助困难群众3210人（户）。开展应急救护等各类培训13场次，培训4520人次。分别在五显中学、莲美中学举办两场体验式生命教育，现场300余名学生及家长参加体验。全年分别在三秀社区、溪边社区举行1次志愿服务，为现场群众提供应急救护方面的服务并赠送宣传册700余份。做好器官和遗体捐献的宣传和服务，年内有8人登记成为器官遗体捐献志愿者。

【人道救助】 2018年，区红十字会利用“博爱超市”项目平台开展人道救助活动，共发放救助金59.01万元、救助物资48.76万元，救助困难群众3412人（户）。元旦、春节期间开展“情暖同安·红十字博爱送万家”慰问活动，为困难群众发放3000份慰问物资。做好“送知识增技能，送温暖惠民生”活动。2018年，组织参加在军营村举行的区文化科技卫生“三下乡”集中服务活动，参与发放应急救护资料300余份及急救包50份并现场接受群众咨询。集中慰问10个特困家庭并送上米、面、油。在“世界麻风节”之际，开展以“爱是世界上最美的语言”为主题的爱心捐助，组织爱心人士、志愿者到凤南农场麻风病康复村看望25位麻风病康复老人，送上油、米、面等救助慰问物品和每人2000元慰问金。9月教师节期间，向五峰小学食堂送上价值6730元的油、米、面等慰问食品。做好“大病救助项目”活动。开展对辖区内涉及因灾致贫、突发大病、瘫痪丧失劳动力等家庭的应急救助220人，救助资金19.8万元（其中支付惠民门诊0.18万元）；发放群鑫定向病困家庭补助金5万元。

【救护培训】 2018年，区红十字会推进重点行业、重点人群的培训工作，把应急救护培训范围从社区扩大到镇政府、学校、超市、公司等单位工作人员，全年在新民镇政府、新民中学、实验幼儿园、乐海超市、厦门福工动力公司等单位开展红十字应急救护培训15场，共培训救护员1323人。

【宣传工作】 2018年，区红十字会在学校和社区开展急救与健康知识辅导讲座15场，大力宣传红十字知识，提升应急救护能力，彰显红十字风采。全年在中国人道网、福建省红十字会网、厦门市红十字会网和区政府微信公众号、门户网站发布各类宣传报道42篇。在“5·8”世界红十字日等纪念日发放宣传资料5000多份。在各大医院、社区等设置红十字宣传版面，加强红十字知识宣传，营造“人道、博爱、奉献”的红十字氛围。

（曹伯田）

建设 环保

城乡规划

【概　况】 2018年，同安规划分局以着力打造“五大发展示范区”（五大发展即创新发展、协调发展、绿色发展、开放发展、共享发展），加强空间结构优化和空间治理能力提升为主要思路，融合城市总体规划、国民经济和社会发展规划、土地利用总体规划、环境总体规划等多部门空间性规划，形成以生态为基础、承载力为支撑的综合空间规划体系。完成31项规划编制工作，其中规划类17项，市政类8项，交通类2项，信息类4项。全年办理行政审批服务事项共584项，按时办结率100%，提前办结率80%以上。办理市、区人大、政协建议提案59件。

【项目规划管理】 2018年，同安规划分局利用“多规合一”管理平台开展项目策划管理工作，至年底，策划储备项目共585个，其中划拨项目525个，一般经营性项目46个，工业项目13个，农转用项目储备项目1个；策划生成项目共478个，其中划拨项目461个，一般经营性项目10个，工业项目7个；各单位运用“多规合一”业务协同平台进行意见征集301条。项目类型涵盖教育项目、市政道路、市政设施提升改造工程、公建设施、公园绿化、工业项目及经营性项目等。

【规划审批流程优化】 2018年，同安规划分局进一步缩减审批时限，新建选址意见书由3个工作日压缩至2个工作日；建设用地规划许可证（划拨用地）由10个工作日压缩至5个工作日；建设工程（含临时建设）规划许可证（市政工程）由15个工作日压缩至7个工作日；建设工程（含临时建设）规划许可证由24个工作日压缩至17个工作日；改扩建的规划条件核定由6个工作日压缩至3个工作日。加快建设项目审批进度，减少审批前置条件，在办理建设用地规划许可证事项中涉及征地拆迁的项目，不再要求业主提交征拆公告或土地征收完成情况证明；建设工程（含临时建设）规划许可证（市政工程）事项，不再要求业主提供以市政府核发的用地批复及用地红线图或《用地审核意见书》作为建设工程规划许可审批时提交的使用土地的有关证明文件。

【民生项目规划编制】 2018年，同安规划分局以《同安区空间发展战略规划》《厦门市同安区一张蓝图（2017—2020）》为指导，推进民生补短板项目相关规划编制工作。完成《同安区中小学布局专项规划》《厦门市农村学前教育专项布局规划》评审工作，配合区教育局推进《同安区幼儿园布局专项规划（2016—2035）》编制工作，完成《同安区公共停车场近期规划》、《厦门市同安区西山郊野公园项目策划方案》《同安区电动汽车充电基础设施专项规划》《2018年度同安区道路及交通设施交通用地项目空间实施规划》等项目的规划成果审批工作。

【村庄规划编制】 2018年，同安规划分局配合市规划委指导各镇街开展村庄规划布局规划编制工作。全年完成3个市级示范村、4个市级试点村的村庄建设规划编制工作并通过市规划委组织的评审，启动10个区级重点村和8个镇（街）级培育村的村庄建设规划编制工作计划。根据2015年同安区农村村庄发展用地选址规划，配合各镇街核对发展用地选址规划，做好规划服务工作。

【生态控制线划定】 2018年，同安规划分局首轮完成大轮山、梅山、猴石山、奄头山、郭山和东溪区域范围内生态控制线定桩定界行动规划，该范围内生态控制区域面积约9.34平方公里，生态控制线总长度约39.55千米。启动区域包括东溪两侧由文笔塔公园至同安影视城段的空间，生态控制线全长约

4.4公里，至年末已完成30个界桩8个界碑的定点放样工作。

【规划服务】 2018年，同安规划分局配合相关部门做好项目招商规划工作，提供拟招拍挂地块用地边界和周边规划建设情况，为开发商提供前期规划咨询服务。完成项目规划设计条件编制16宗，其中同安区工业招拍挂项目地块5宗，分别为“凤南片区同安大道与梧侣路交叉口西南侧B地块”“2018TG01-G（火炬石墨烯新材料孵化基地）”“同安区龙山寺东路与新324国道交叉口东北侧地块”“同翔高新技术产业基地布塘中路北侧、厦门市景微饮料有限公司东侧地块”“同翔高新技术产业基地布塘中路北侧、厦门市景微饮料有限公司（顶津）西侧地块”；完成一般经营性招拍挂项目2宗，分别为2017TG04（厦门紫光科技园发展有限公司）、同安区12-05祥平片区环城南路与双桥东路交叉口西北侧（地块一、地块二）；完成已出让地块9宗，分别为桑雷、海普瑞、T2018P01地块、金牌橱柜、东亚机械、泰康二期、信和达、三得兴地块、公安部一所。

【规划执法】 2018年，同安规划分局开展辖区建筑工程规划实施过程中的监督检查和“双随机”抽查，对违法行为按相关规定责成建设单位整改或移送行政执法局查处，并协助区执法局对区内涉嫌违规的建设项目进行认定。全年共开展“双随机”抽查项目24个，向区执法局发函协助认定12件，开具整改通知书11件。开展违法建设和“图斑”核实查处，全年共完成4个批次住建部“图斑”核实和查处，对于39件涉嫌存在违法建设行为的，移交区行政执法局进行查处。

（邵志建）

城市建设与管理

【概　况】 2018年，同安区建设局开展基建项目共119个，至年末竣工项目45个，在建项目74个。计划总投资118937.65万元，完成投资171364.17万元（包含续建项目往年投资），完成率144.08%。开展道路提升改造、城乡排水排污、城区立面整治、老旧小区改造、园林绿化建设等工程，完善市政、园林和环卫基础设施建设。

【道路提升改造】 2018年，同安一中周边道路、同莲路改造工程湖柑安置地—市政配套工程项目完成建设，主要建设内容包括车行道路面改造、人行道改造、检查井更新、排水工程、交通工程、监控工程等。推进同莲路、凤山路、中山路、凤碧路、环城东路、城西路、岳东路、同辉北路、朝晖路、朝洋路等22个道路新改建项目，内容包括机动车道“白改黑”、人行道建设、道路工程、交通工程、市政管线改造工程、路灯改造工程、智能公交监控管线工程、绿化工程、管线迁改工程等。

【污水治理】 2018年，区建设局实施老城区雨污管网清淤16.7公里，完成城区5684米排洪沟疏浚工作。启动育新路污水管道工程、颂园路雨污水管道工程等8个项目建设，解决老城区的污水管道断头、错接、乱接等问题。实施国控点水污染治理，完成汀溪污水处理厂至汀溪南部泵站压力管工程、汀溪南部泵站至同南路污水管工程、汀溪大岭溪桥至上埔桥排口截流工程、同南路污水管道修复工程等4个项目建设。开展省控点周边污染源治理，碧溪路溪边片区污水截污工程、东溪（影视城段）西岸排口截流工程等2个项目建成投入使用。有效处理汀溪小城镇污水等东西溪流域污水。进行埭头溪流域治理，完成11个埭头溪流域治理项目建设，累计完成工业集中区雨污水管网、雨水箱涵及新城片区雨水管清淤项目4个，共疏浚雨水箱涵10.5公里，雨水管道185.5公里，污水管道65.8公里。推进全区162所学校污水治理项目、9个单位15

2018年，同安区开展凤山路立面改造　　（陈嘉新　摄）

个营区的部队污水排放治理项目以及汀溪水库上游 52 个农村生活污水治理提升改造项目。

【城区立面整治工程】 2018 年，区建设局推进城区立面整治工程项目，总计城西路、中山路、三秀路、铺前路、凤山路、环城东路、环城南路、环城西路 8 条城区道路，道路长约 11.05 千米，主要建设内容为外墙修缮、外墙饰面更改为软瓷或真石漆墙面、外墙面清洗、封闭阳台、增设隐形防护网、增加空调格栅、空调室外机规整、店招规整、管线规整、围墙挡墙美化及景观绿化等，共改造面积约 46.469 万平方米。

【园林绿化建设】 2018 年，区建设局开展 5 个园林绿化项目建设。至年底，完成方特公园周边六条道路行道树补植工程、西山郊野公园一期、雪樵公园一期、五显休闲广场、五显镇政府绿化提升文笔塔公园（一期）、同安大道（海翔大道—同南路段）提升改造工程 7 个园林绿化项目建设，新增绿地 100 公顷。至年底，全区公园总数累计 18 个，公园绿地面积约 112 万平方米。建成区绿化覆盖率 42.43%，人均绿地面积 6.39 平方米。

【公共停车场及充电设施建设】 2018 年，区建设局完成文笔塔西南侧公共停车场、雪樵公园公共停车场、西柯后田社区公共停车场、同城四季北座停车场、厦门海关陆运转关监管中心停车场、同安区中医院停车场、岳东路三路公共停车场 7 个公共停车场项目的建设，新增公共停车位 1006 个；推进南镇山公园公共停车场、文笔塔东南侧公共停车场建设。启动两轮电动车充电桩二期、三期工程建设，年底前新增 770 个充电插座，完善新能源设备配套设施。

【市政园林环卫管理规范化建设】 2018 年，区建设局加强市政园林环卫管理规范化建设。制定出台《同安区市政园林环卫管养一体化管理考核办法》《同安区环境卫生作业质量考核评价工作方案》《同安区建设局市政设施检查考核实施细则》《同安区绿地养护管理考核办法实施细则》《同安区市政园林管养一体化管理专项资金管理暂行规定》等文件，推进区建设局业务协同管理平台、防汛可视化指挥平台、LED 夜景工程远程监控中心项目、迁移苗木信息数据库建设，开展全区绿地修测、全区绿地系统专项规划，完善市政园林环卫工作长效考核机制，提高监管水平。

【老旧小区改造】 2018 年，同安区投入 2000 万元，完成食品宿舍楼、畜牧宿舍楼、邮电新村、新都花园、西溪花园等 18 个老旧小区的提升改造，改造内容主要包括外墙粉刷、楼道粉刷、弱电改造、防盗网改造、小区道路硬化、小区地面铺设透水砖、污水管网改造、对讲系统停车系统改造、小区绿化提升、破损屋面翻修等。提升老旧小区面貌，改善居住品质。

【垃圾分类全面推行】 2018 年，同安区全面推行垃圾分类工作。在 2017 年全面完成 84 个物业管理小区基础上，推动 290 个无物业管理小区及 79 个农村（行政村）垃圾分类工作。在陆丰社区建立无物业管理小区垃圾分类投放规范设施试点，并投放 4 座环保垃圾屋，在凤祥社区建立智能垃圾分类信息化试点，开通 6 条厨余垃圾直运线路并设置 52 个厨余垃圾直运点。6 月，在体育馆举办“全区垃圾分类工作交流会”等大型宣传活动，全年累计发放宣传品 2.2 万份。累计采购 100.88 万卷垃圾分类袋和 257 辆桶换桶收集车发放到各镇（街、场），劝导制止个人违反生活垃圾分类规定的行为 350 起、处罚 23 起。

【物业管理】 2018 年，区建设局累计受理（前期）物业服务合同备案 15 件。协调、化解物业纠纷，

2018 年 5 月 21 日，大同镇西池社区垃圾分类志愿者在引导居民实践垃圾分类

（陈嘉新 摄）

全年召开物业行业工作部署会议3次，重点部署和检查物业行业扫黑除恶专项斗争工作及物业行业领域消防安全、防汛、电梯安全管理等安全生产工作。检查物业管理小区70个（次），共受理涉及物业投诉信访件192件并全部处理完毕。针对物业服务企业存在的物业管理不到位等问题发出18份整改通知书，约谈4家物业服务企业。

【全市首个物业管理法律服务站成立】 7月6日，同安区物业管理法律服务站在区建设局揭牌成立，这是区建设局和福建瀛坤律师事务所联合设立的全市首个物业管理服务站。服务站主要针对物业管理提供法律咨询等服务，由区建设局提供场所和经费，揭牌当日组织全区各相关职能部门、镇（街）和社区居委会等负责物业管理相关事宜的工作人员近百人参加物业管理法律法规培训会。

【环卫管理】 2018年，区建设局投入资金1150万元新建清洁楼4座，改造清洁楼5座；投入600万元新改建城镇公厕16座。投入1072.9万元，购置分类垃圾桶9967个、油电混合小型垃圾转运车360辆、农村垃圾钢斗及清洁垃圾箱体共244个；投入使用垃圾转运车78部，其中密闭压缩式车56部\密闭非压缩式车22部；更新果皮箱468组。至年底，全区使用清洁楼69座，临时垃圾转运站25座，公共厕所81座，临时垃圾转运斗175个。日清运垃圾量约698吨，全年转运生活垃圾252901吨，转运67004车次。洗扫车累计出动12808车次，洒水车出动12808车次，雾炮车出动2068车次。

【餐厨垃圾管理】 2018年，区建设局开展餐厨垃圾统一收运管理工作，全年共与127家企事业单位签订《厦门市餐厨收集运输合同》，投入餐厨垃圾专用转运车8部（其中3吨车3部、5吨车4部、8吨车1部）；累计收运1666车次5375.99吨。

【“一把扫把管到底”全面推行】 2018年，同安区全面推行“一把扫把管到底”即市政园林环卫管养一体化改革，由区建设局委托国有企业分片管理全区市政道路卫生保洁、园林绿化养护和市政设施维护，实现干管分离。至年底，全区绿化养护、市政设施维护及8个镇街141个村居保洁工作全部纳入市政园林环卫养护一体化管理体系，由同安城建公司负责管理。

【燃气安全管理】 2018年，区建设局开展餐饮场所专项整治，组织工作人员检查4751家次，并聘请第三方安检机构排查用气餐饮场所9837家次，共发现隐患767处，下发整改通知书36份，督促完成隐患整改761处，督促限期整改6处；开展瓶装燃气供应站点日常巡查，对辖区28个瓶装燃气供应站点实行“扣分制”检查，共检查瓶装燃气供应站点317家次，发现问题383处，下发整改通知书31份，全部督促整改完毕；开展瓶装燃气市场“打非治违”专项整治，联合各镇（街、场）、行政执法、公安等相关职能部门共查处瓶装燃气违法违规行为21起，查扣钢瓶1074个、运输车辆1部、倒灌装置2套；开展燃气安全宣传和消防安全演练，会同各镇（街、场）开展燃气安全宣传85场，开展消防演练21场，提高民众燃气安全意识。全年无发生安全生产责任事故。

【安置房建设与管理】 2018年，同安区开展2个安置房项目建设。至年底，官浔村续建工程完成桩基施工，凤南安置房项目处于土方开挖阶段，后吴公寓项目主体全面封顶，开展西湖安置房、龙西安置房等项目前期工作。4月16日，出台《厦门市同安区安置房建设与管理暂行规定》，对安置房建设计划、项目建设、楼盘信息管理、配售管理、过渡安置补助费管理、物业管理、公建配套设施管理、维护及提升改造、产权证办理、监督管理作出详细规定，明确发改局、财政局等相关建设管理单位及各镇（街、场）的职责分工。

【公房管理】 2018年，区建设局开展公房清查工作，清理并腾退公房26户（套），通过定期不定期巡查强化对北镇二里70号（原三秀路213号）、后炉街47号等13栋老旧危公房的管理，实施打石巷29号，后炉街43、45号等10幢共43套老旧公房的修缮工作，组织开展2018年直管公房租赁管理相关内业资料的建档与归档工作，完成公房综合档案室提升改造。

【祥平保障房地铁社区建设】 2018年，同安区开展祥平保障房地铁社区建设。项目位于同集路东侧，南接同安新城，北靠同安老城区，距离规划中的地铁6号线约300米，总规划用地面积246.24公顷。12月，祥平保障房地铁社区一期工程完成地下室结构封顶，成为全市首批封顶的保障房地铁社区项目。项目占地9.85万平方米，总建筑面积47.12万平方米，由18栋31～34层的高层住宅楼组成，提供保障性住房4194套。二期项目开始桩基施工。项目位于一期工程以西，占地10.6万平方米，总建筑面积53.3万平方米，建设16栋33～35层住宅楼，建成后可提供保障性商品房4902套。

镇村建设

【概 况】 2018年，同安区实施乡村振兴战略，印发《关于实施乡村振兴战略的实施意见》，确定市级试点村7个（含3个示范村）、区级重点村10个、镇级培育村8个。完成7个市级试点示范村的村庄建设规划编制并通过市级评审。2018年同安区在建及新建乡村振兴项目132个，涉及人居环境提升、美丽小区建设、平改坡整治、农业产业化、民生补短板等方面。项目总投资约70.25亿元，当年计划投资16.63亿元。截至12月底累计开工项目114个，开工率86.4%，竣工项目57个，完成投资14.87亿元。产业项目27个。已开工27个，累计完成投资3.6亿元。开展农村立面改造工程，推行乡村“厕所革命”。开展11个美丽乡村建设项目，至12月实际完成投资833万元。继续开展农村分散式污水治理工程和流域村庄截污纳管工程，当年分别完成投资约1.51亿元、1.3亿元。

【美丽乡村建设】 2018年，同安区开展五显镇西洋村新店仔、汀溪镇造水村三甲、五显镇三秀山等11个美丽乡村建设项目，至12月完成投资833万元。建设内容包括村道完善、房屋改造、污水整治、沟渠及雨水管沟改造、绿化景观提升等。至年底，西洋村新店仔美丽乡村项目完成区级考核；褒美村上邦美丽乡村项目完成镇级验收并申报区级考核，汀溪镇造水村三甲、褒美村九房头完工待验收，其余处于在建状态。

【乡村立面改造】 2018年，同安区开展乡村立面改造工程。西柯镇潘涂丁字街立面整治工程基本完成，推进西柯镇丙洲社区“海味一条街”立面综合整治工程。开展铁路沿线环境综合整治工程、县道421（后烧—竹坝）立面改造工程、省道213（后烧—圭母岫）立面改造工程、大岭溪至六岭公路立面改造工程4个项目前期工作。

【农村“厕所革命”推行】 2018年，同安区出台《同安区进一步推进厕所革命工作方案》《关于同安区“厕所革命”乡村公厕建设推进意见》，以补建、提档、升级为重点，新建一批、改建一批、提升一批农村公厕。项目建设实行滚动建设管理，优先在“美丽乡村”及“乡村振兴”试点村实施，做到成熟一批启动一批，至年末完成40座农村公厕新改建任务。

2018年11月，新建的汀溪镇古坑三角梅基地公厕投入使用

（区市政园林局供图）

【编制村庄规划】 2018年，同安区村庄规划编制稳步实施，市级试点示范村中，军营村、白交祠村、三秀山村等5个村已根据专家评审意见修改完善并送市规委做进一步的审查，古坑村、顶村村正抓紧根据专家评审的意见进行修订。市级试点示范村以外村庄中，溪林村、西山村等5个村庄已完成规划设计方案初稿，龙西社区、新厝村等9个村庄正抓紧基础资料收集。“平改坡”及裸房整治工作试点启动，7个市级试点示范村先行先试，已选取试点住宅开展整治，其中军营村、竹坝开发区和三秀山村共计5栋房屋平改坡和裸房整治已基本完成。军营、白交祠、竹坝开发区等村庄296栋房屋平改坡和裸房整治工作预计年底完成。村庄环境卫生整治工作扎实开展，军营村和竹坝开发区作为“精品村”已开展村庄卫生全面整治工作。同时以大同街道田洋村为试点，开展卫生综合整治行动，并探索可复制、可推广经验。

【农村分散式污水治理工程】 2018年，同安区继续推进农村分散式污水治理工程，该项目于2015年启动，2018年完成341个。自然村分散式污水治理建设，建成227座处理设施。当年完成各类排污管道189.1公里，完成投资1.51亿元。累计完成418个自然村分散式污水治理，建成276座处理设施，建成各类管径管长990.2公里，累计完成投资4.1亿元。

【流域村庄截污纳管工程】2018年，区建设局继续实施流域村庄截污纳管工程，该项目从2016年起实施，涉及流域内外村庄41个行政村199个自然村。当年完成项目132个，其中自然村集中纳管86个、村庄外围截污46个；完成投资约1.3亿元。累计完成项目177个，其中自然村集中纳管131个、村庄外围截污46个；完成投资约1.9亿元。

建筑业管理

【概　况】2018年，全区有总承包资质企业56家，其中房屋建筑工程总承包资质一级13家、二级12家、三级31家。入统建筑业企业55家，比2017年增加13家。新引进建筑业企业13家：其中一级企业2家，二级企业4家，三级企业7家。本区企业资质晋升为一级企业1家。建筑业产值60.04亿元，比上年增长10.24%。至年底，全区在建工程项目83个，工程造价79.71亿元，建筑面积398.11万平方米；其中在建商品房项目25个，总造价48.64亿元，总面积167.99万平方米。共有参建施工企业55家，监理企业33家。

年内，区建设局出台《关于促进建筑业加快发展的实施办法》《房屋建筑与市政基础设施工程联合验收实施方案》《建筑工程扬尘污染整治计划及实施方案》等文件，加强建筑业环境、质量管理，扶持建筑业发展。全年办理施工许可证56件，工程总造价30.74亿元，总建筑面积150.62万平方米；办理质量监督56件、工程竣工验收备案证明52件，工程总造价14.13亿元，总建筑面积139.36万平方米；办理起重机械备案塔吊138个，施工电梯备案200个。

【建筑工地扬尘管理】2018年，区建设局出台《建筑工程和拆除工程施工扬尘防治工作方案》《建筑工程扬尘污染整治计划及实施方案》《建设工地及施工现场扬尘控制工作方案》等工作方案，强化工地扬尘防治责任主体以及扬尘考评结果应用，有效控制建设工地扬尘污染。全年开展扬尘检查巡查214次，出动人员365人次，检查工地67个。发出涉及扬尘的整改通知书161份，对15家扬尘防治落实不到位的单位进行约谈，对4家扬尘防治落实不到位的单位进行通报批评，对28家扬尘防治表现突出的单位进行表扬。

【渣土车管理】2018年，区建设局强化渣土车管理和规范工作，利用厦门市建筑废土砂石管控平台远程监控，开展渣土执法工作，累计出动人员2067人次，出动车辆1422车次，抽查1836个工程，巡查3285个路段，整改问题457处。

【危大工程专项整治】2018年，区建设局开展危险性较大的分部分项工程落实施工方案专项行动。以安全专项施工方案编制情况、安全专项施工方案实施情况、从业人员持证上岗情况、建设监理单位履职情况为重点整治内容，对基坑支护、土方开挖、脚手架、模板支撑体系、起重机械安装吊装及拆卸等5类危大工程开展专项整治行动。全年开展83个工程专项整治行动，覆盖率100%，企业自查出一般工程隐患560项，自查自纠整改率100%。开展“危大”检查91次，共检查施工项目273个，查出5类危大工程隐患815项，责令项目停工整改3处。

【建筑工程质量监督】2018年，区建设局以“双随机”监督执法检查为工作核心，共组织开展在建工地两级巡查和抽查抽检、临时用电专项检查、起重机械专项检查以及建筑材料质量检测等120场次、83个工程项目的检查，发出各类整改通知书360份，其中责令分项停工3份，约谈35个项目企业责任人，对5家施工单位、2家监理单位、9家建机一体化企业分别记入不良行为记录。依据《建设工程质量安全动态管理办法》规定，对53名项目经理进行违规记分2449.06分，对相关施工企业进行违规记分2320.45分，对53名总监理工程师进行违规记分1767.1分，对相关监理企业进行违规记分1729.7分。“安全月”“质量月”系列活动累计组织讲座、现场观摩、网络知识竞赛、应急演练52场次，累计参与人数25万余人次。制定《2018年建设工程火灾隐患排查整治工作方案》，集中开展建设工程消防安全大检查。

【建筑工程招投标】2018年，全区共开展200万元以上施工公开招标项目96个，总预算价220015万元，总中标价182047万元，降低工程造价37968万元，降幅达17.26%；200万元以下（市级限额标准以下）区内施工简易公开招标119项，总预算价29187万元，中标价24868万元，降低工程造价4319万元，降幅14.8%；勘察公开招标2项；设计公开招标10项，总设计费1858万元；监理公开招标6项，总监理费1197万元。施工邀请招标项目（主要为美丽乡村和农村分散式污水处理管道项目）49个，总预算价23849万元，总中标价19832万元，降低工程造价4017万元。

【建筑起重机械安全专项检查】 5月3—11日、8月20—24日、10月22日—11月2日、12月13—21日，区建设局委托建筑起重机械专家配合区质安站抽查本辖区的48个在建工程的83台塔式起重机、77台施工电梯，落实建筑起重机械安全保障各项措施，坚决防止发生重大负面影响的建筑起重机械事故、事件。发现其中15台起重设备存在安全隐患，下发《改正通知单》，要求施工单位限期整改，并重新委托检测合格才允许重新投入使用。

【施工企业信用评定】 2018年，区建设局开展施工企业信用等级评定工作，将企业评为A、B、C三个等级，评定6家A级、23家B级、9家C级。对评定为A级的企业，在参加区级限额以下工程投标给予奖励一次摇球的机会。先后对泰禾汀溪T2016P01地块项目、硕利精密五金厂房及配套设施项目等项目主体单位记录不良记录（不属信用评定）。对不良记录采取扣分措施，进行限制。通过奖优罚劣，鼓励企业维护信用，创建品牌，提升企业竞争力。

【扶持建筑业措施出台】 2018年，同安区出台《关于促进建筑业加快发展的实施办法》，扶持本区建筑业发展。扶持建筑业企业优先承接区内项目。工程建设项目的勘察、设计、检测、施工、监理乙级工程建设相关的主要设备、材料等采购，在国家招标范围和规模标准以外的，有限选择本区建筑业企业以单独或者联合体身份承接。支持具有独立法人资格，在厦门市综合信用评价分排名靠前，并具有一定融资能力的本区建筑业企业有限承接政府PPP、EPC建设项目。加大建筑业招商引资力度并兑现奖励扶持政策，对本区建筑业企业在本区入统年产值1亿元（含）以上的，给予产值0.02%奖励，且比上一年增长的按照增量部分的0.03%给予奖励。同时，根据企业产值增长幅度给予良好记录，鼓励本区建筑业企业做大做强。

房地产业

【房地产业遗留问题化解】 2018年，同安区开展涉房地产历史遗留问题化解工作。成立工作小组并指定专人跟踪、化解富贵家园三期、舜弘现代城、大兴商城、金帝中洲滨海城等我区涉房地产历史遗留问题。至年末，协调解决舜弘现代城“一户一表及漏水等质量问题”，推进富贵家园三期增容办理手续及与国投的债务问题以及金帝中洲滨海城交房、产权办理问题。

【房地产发展】 2018年，全区房地产完成投资186.18亿元，比上年增长12.44%。其中：地价入统129.06亿元，比上年增长18.01%。全区商品房施工面积（建筑面积）167.99万平方米。全区商品房销售面积84.03万平方米，比上年下降8.77%，累计销售金额164.27亿元，比上年下降15.57%，其中住宅销售面积38.53万平方米，比上年下降28.62%，销售金额为106.32亿元，比上年下降29.54%，销售均价为2.76万元/平方米，比上年增长11.6%。

（何洪艺）

同安新城

【概　况】 2018年，同安区紧紧围绕环东海域是“厦门市城市建设的主战场、经济发展的主引擎、岛外功能提升的重要区域”的战略定位，开展环东海域同安新城开发建设，推进产城融合。全年实施建设项目118个，完成固定资产投资137.49亿元，年度新开工建设项目20个，竣工11个。开展基础配套设施建设项目87个，其中“四美一横”市政道路交通基本成型，开展水、电、气、污、管廊等市政基础配套设施建设。推进轨道4号线、6号线建设。开展生态景观建设，滨海旅游浪漫线一期工程基本完工并向游客开放，浪漫线二期道路工程同安段10.4公里全线贯通。建设美峰生态公园一期、丙洲岛北部景观绿化工程。至年底，美峰生态公园一期基本完工。教育项目建设11个，其中保障性住房项目3项，安置房项目5项；环东海域医院进入主体施工阶段，同安新城公交首末站、嘉德胜市场项目主体完工；同安新城公建群完成方案策划，开展详细城市设计。推进泰康医养健康综合体、趣店金融科技创新园等31个产业项目建设。

【同安新城基础设施建设】 2018年同安新城计划建设道路项目17项，计40条，总长约55.2公里。年内美峰路、美社路、横一路完工并通车，美溪路完成道路工程，美山路项目在建。变电站建成1座、在建1座、开展前期工作2座。污水处理项目建成2个、开展前期工作1个，西柯污水处理厂已完成可研评审。美山路地下综合管廊开工建设。

【同安新城社会事业项目建设】 2018年，同安新城教育项目11个，重点教育项目主要有官浔小学（完工）、洪塘头小学（完工）、西柯中学（在建）、后田学校（在建）、同安一中滨海分校高中部（前期）；环东海域医院在建；保障性住房项目3项，其中滨海公寓5200套建成投用，后吴公寓3459套和官浔公寓3840套在建；安置房项目5项，其中科创园安置房一期完工，美峰花园安置房、刘埭花园安置房、西柯安置房一期、西柯安置房二期项目办理前期手续。

【同安新城产业项目建设】 2018年，泰康医养健康综合体、趣店金融科技创新园、方特酒店开工建设。至年末，继续建设特房波特曼酒店、万丽酒店，现代服务业基地丙洲统建区一期工程进入主体施工阶段；清华紫光产业园C地块基本建成、A地块正在建设；火炬科技创新研发中心部分楼栋建成并启动招商工作，其中美亚柏科入驻3号楼。

【同安新城社会管理】 2018年，西柯、潘涂、洪塘三个派出所和祥平交警中队开展同安新城治安管理，结合同安湾海岸线特点设置保利、金都、后田三个巡控点，建立"动静结合"和"群防群控"的治安管理模式；区行政执法局拆除22.15万平方米的"两违"，腾出土地23.36万平方米，劝离流动摊贩5000余起；海沧市政建设管理中心负责同安新城95万平方米的道路保洁与维护、98万平方米绿化养护、47万平方米沙滩养护、16座桥隧的管护，在2018年第一、三季度市级综合考评中达到优秀等级；区水利局管理同安新城水利设施9座，针对汛期制定抢险应急预案，至年末设施运行正常；区安监局对新城片区588家企业开展安全生产宣传活动，培训企业安全员500余人，开展隐患排查2000余起并进行整改。环东海域新城指挥部制定《同安区滨海旅游浪漫线综合治理和管理工作方案》，协调公安、交警、行政执法、海洋执法等执法部门和区建设局、西柯镇、文明办、道交办等管理部门，加强对滨海旅游浪漫线治安和交通治理、流动小摊小贩占道经营治理，沙滩和海上非法行为治理及文明服务管理。

【厦门首个大规模医养综合体开工建设】 12月，泰康之家·鹭园医养健康综合体开工建设，系厦门首个大规模医养综合体。该项目位于环东海域新城通福路与滨海西大道交叉口西侧，由泰康保险集团投资10亿元、规划建设一座养老社区和一家康复医院，总建筑面积约13万平方米，预计一期于2021年交付运营使用。建成后将可提供约千张养老床位，以医养结合、持续照护为核心，提供包括独立生活、协助生活、专业护理、记忆照护、老年康复及老年医疗在内的覆盖老年人全生命周期的连续健康服务，打造出完善的康养产业社区，填补厦门市高端养老服务空白。

【趣店金融科技创新园开工建设】 12月29日，趣店金融科技创新园开工建设。该项目为厦门市重点项目，选址于同安新城美峰片区，由趣店集团投资，规划用地面积5.32公顷，总建筑面积约16万平方米，初步方案拟建设6栋写字楼，打造集互联网科技、大数据、人工智能为一体的科技创新园区，建成之后将成为趣店集团新总部。

【滨海旅游浪漫线一期建成开放】 10月，滨海旅游浪漫线一期工程基本完工并向游客开放。滨海旅游浪漫线是省、市重点项目，建成后将成为集体育健身、休闲旅游娱乐为一体的产业带和环海湾景观带。一期工程为集美大桥北桥头至官浔溪口段，道路长7.9公里，岸线长9公里。建成马拉松跑道、沿途绿化景观、慢步道；在伊甸绿岛海岸段设置有红树林湿地公园和沙雕文化广场；在阳光度假海岸段设置有丁坝海滨广场和美峰体育公园2处；在城市活力海岸段设置极限运动公园、儿童乐园、潮汐公园和官浔溪公园。

【同安一中滨海校区高中部开工建设】 12月，同安一中滨海校区高中部正式开工建设。该项目为公办普通高中，按照福建省一级达标高中标准进行建设，规划办学规模为48个教学班，总用地面积46662平方米，总建筑面积65133平方米，其中地下9721平方米，主要有教学楼、实验楼、食堂体育馆、学生宿舍楼及其他配套等。高中部开办后，同安一中滨海校区将成为涵盖小学、初中、高中的12年全日制公办学校，为环东海域新城提供优质教育配套。

【全区规模最大单体管廊开工建设】 3月，美山路地下综合管廊开工建设。该项目是同安新城纵贯南北的重要市政线主动脉，是同安区规模最大的单体管廊项目，建成后将有力提升同安新城的城市承载力、宜居度。项目南起集美区乐海路北至同集变电站，设计总里程11.77公里，总投资额达13.55亿元。其中，主管廊位于美山路、美峰路和滨海西大道下，美山路（乐海路—同集变）段主线管廊设计里程8.12公里，包含缆线管廊0.87公里，双舱综合管廊1.68公里，三舱综合管廊3.942公里，雨污水入廊四舱管廊1.629公里。至年末基坑开挖支护3.5公里，预制管廊950米，现浇管廊1105米。

【美峰片区主干路网完工】 2018年，同安新城美峰片区横一路、美峰路、美社路等主干路网先后完工并通车。横一路起于同集路，终于滨海西大道，路线长度约 1.195 公里；美峰路西起同集路，东接环湾西路，长 1576 米，按城市一级主干道标准设计，路幅宽 40 米；美社路位于美峰生态组团，起于同集路辅道，终至滨海西大道，长 969 米，道路的建设便于同集路与滨海西大道快速、便捷连通。项目建成后，串联起同集路和滨海西大道两条城市主干道，进一步完善片区基础路网建设，完善区域干线路网，发挥路网整体效益。

【厦门万豪酒店及会议中心正式开业】 见 P137 同名条目。

【厦门同安新城沙滩文化旅游活动周暨第十届青岛啤酒节举办】 9 月 21—25 日，厦门同安新城沙滩文化旅游活动周暨第十届青岛啤酒节在美峰体育公园举办，本届啤酒节由青岛啤酒东南营销有限公司、青岛啤酒（厦门）有限公司承办，举办地点首次从同安老城区转入环东海域同安新城。活动包含非遗技艺表演、电音主题夜演出、旅游大奖抽奖、地方美食品鉴、啤酒赠送等内容，旨在塑造同安年轻、时尚、活力的城市活动新名片，宣传推介同安绿色生态、产城融合、宜居宜业的良好环境。

【同安新城公交首末站完工】 11 月，同安新城公交首末站竣工。该项目位于同安区滨海西大道北侧、滨海公寓南侧。项目总投资概算 9122 万元，总用地面积 11987 平方米，总建筑面积 26332 平方米，共有 4 层，其中 1 层为公交首末站功能，设计可停放 38 辆公交车；地下室及 2～4 层为社会公共停车楼功能，设计可停放 410 辆小汽车。项目投用后，将为周边的思明工业园、湖里工业园、厦门实验中学、滨海公寓保障房及周边商品楼盘的人们提供公交出行和私家车停车服务。

2018 年 11 月，嘉德胜综合市场建成投用 （环东海域新城指挥部同安分部供图）

【嘉德胜综合市场完工】 11 月，同安新城嘉德胜市场完工。该项目为同安区属国有企业所管辖的综合型市场，外观设计为闽南风格，建筑占地面积约 14244 平方米，总建筑面积约 17884 平方米，地上有两层，地下一层为停车场。共有 201 个停车位，其中地上停车位 180 个，地下停车位 21 个，并配备充电桩。项目采取本地农产品集散中心运营模式，通过使用智慧农贸云服务平台，整合、管理菜场、果蔬专营店、各类商铺等业态，打造现代化社区农贸市场。

（陈晓阳）

城市管理行政执法

【概　况】 2018 年，同安区城市管理行政执法局全面推行城市精细化、规范化管理模式，开展城市综合管理。全年共拆除“两违”建筑 120.67 万平方米，腾出土地面积 126.44 万平方米；查处和纠正各类违反市容管理法律法规和规定行为 11.2 万起，共作出行政处罚（处理）案件 1628 件，处罚款 436.46 万元，缴清罚款 173.45 万元。受理和办结各类信访 14607 件。2018 年，全区“两违”年度综合考评成绩在全市排名第二。

【“两违”综合治理】 2018 年，区城市管理行政执法局深入推进“两违”治理工作，及时召开《厦门市治理新增两违责任追究暂行办法》再动员再部署大会，积极开展“百日治违攻坚”行动，坚持违建零增量，消存量，全年共组织拆违行动 987 次，拆除违建面积 120.67 万平方米，完成年度 85 万平方米拆违任务的 141.96%，腾出土地面积 126.44 万平方米。其中 2017 年度卫拍图斑整改率为 72.05%，整改率创历史新高。实现“两降一升”的工作目标，即耕占比降到 10.61%、违法耕地绝对值降到 81.3 亩（5.42 公顷）。法院裁定执行案件办结 138 宗，拆除面积 7.32 万平方米，完成年度计划数的 87%。办结数为 2014 年以来最高，在全市各区排名第一。

【市容市貌综合管理】 2018年，区城市管理行政执法局建立常态化巡查制度，加强市容日常巡查管控，完善城市管理综合协调机制。全年共依法查处占道经营7.6万起，规范跨店经营3.6万起，清理乱张贴2.2万起、乱涂写1.2万起，乱悬挂横幅、布条等2300起，拆除户外广告、店招5795处10.5万平方米，纠正违反“门前三包”规定行为1.2万起。

【环境保护管理】 2018年，区城市管理行政执法局开展以砂场治理、小流域综合整治、畜禽与牛蛙退养、小石材厂整治和垃圾分类执法等为重点的环保提升工作，配合中央环保督查组开展环保问题调查处理工作。全年共取缔流动洗砂场12处；拆除埭头溪流域范围内133处违法建筑，拆除面积3.12万平方米；关停、整改沿岸29家问题餐饮场所；立案查处随意倾倒垃圾的违法行为60起，共处罚款3.26万元；拆除7家石材厂，拆除面积达1560.52平方米；查处拆除新建、抢建牛蛙池24宗，拆除面积达1.24万平方米。

【燃气安全管理】 2018年，区城市管理行政执法局共出动执法人员2973人次，检查燃气供应单位、站点515家次，餐饮、企业、场所803家次，取缔销售黑气站点6个，查扣黑气钢瓶980瓶，依法立案查处8起，罚款金额20.5万元。

【“僵尸车”清理】 2018年，区城市管理行政执法局开展“僵尸车”清理。不定期会同街道以及交警、公安等相关部门，对大同街道14个社区、祥平街道5个社区的“僵尸车”进行依法拖离。9月，配合第二轮街区立面整治提升，对大同、祥平、新民、五显周边路段进行僵尸车清理共清理僵尸车20部，劝导车主自行移车26部。全年共计清理汽车82部，摩托车232部，自行车340部，为居民腾出140余个停车位，清理出68个消防安全通道。

【土方车清理】 2018年，区城市管理行政执法局开展了21次建筑废土专项联合整治行动，累计出动人员237人次，共检查渣土车483辆，查扣非法运输渣土车84辆，确保了城区道路整洁。

【多功能移动综合执法平台投入使用】 11月16日，同安区城市管理行政执法局6部多功能移动综合执法平台正式投入使用。该平台集指挥、监控、宣传、管理和服务于一体，分别设置在同安文体中心、梵天寺对面广场、方特旅游区周边、滨海旅游浪漫线周边、同安工业集中区舜弘现代城周边等人流量大、市容管理存在一定困难的景区、商业区和广场区域。主要负责维护周边城市管理秩序、接受群众咨询和开展城市管理宣传等工作。

【创新城管宣传】 2018年，区城市管理行政执法局成立宣传报道组，创新开展城管执法宣传工作。3月21日，举办首个“城管开放日”活动，以“新形象新使命新征程，同安城管在您身边”为主题，以大型展板宣传“两违”、市容等相关法律法规知识，设置城管宣传咨询台，对垃圾处理、城管综合执法、法律法规等问题现场答疑，与市民展开互动，打造“人民满意城管”形象。7月21日，开展全国首个“7·21”城管服务日活动，践行住建部倡导的城市管理“721工作法”，全局执法人员开展志愿服务，组织义务献血200人次，清洁家园100人次、送法下乡等活动300人次。12月29日，在同安滨海旅游浪漫线举办以“活力新蓝·悦动银城——同安城管2019起跑银城”为主题的大型活动，380人参与。城管队员与城管志愿者通过开展城市管理法律法规宣传、员工体育竞赛、执法技能角逐以及“洁净海滩”志愿者服务等活动，吸引众多市民围观与参与，展示执法队伍良好形象。全年共向社会各界发放“两违”、“门前三包”、

2018年11月16日，城管多功能移动综合执法平台投入使用

（区城市管理行政执法局供图）

市容整治提升等宣传品9000余册（件、份）。

·小资料·

城市管理“721工作法”是由住建部倡导的城市管理工作方法，即70%的问题用服务手段解决、20%的问题用管理手段解决、10%的问题用执法手段解决。

（周柯宏）

环境保护

【概　况】2018年，同安区环境质量空气优良率为96.2%，比上年提升0.28%。空气质量综合指数3.13，比上年下降6.8%。空气细颗粒物浓度等6项污染物指标达标率为100%。二氧化硫0.007微克/立方米，二氧化氮0.023微克/立方米，PM10 0.044微克/立方米，PM2.5 0.025微克/立方米，区域噪声和交通噪声平均值分别为55.8分贝、66.4分贝。持续开展流域治理，汀溪水库饮用水源水质达标率100%，达到《地表水环境质量标准》（GB3838—2002）Ⅱ类水质标准。辖区地表水水环境功能区达标率44.44%，比上年提高5.98个百分点；国、省控监测断面达标率100%，优良率66.7%。危险废物集中处置率、生活垃圾无害化处理率、新建绿色建筑比例均达到100%。截至12月底，全区经环评许可的建设项目共299件，总投资1085576.628万元，环境影响评价审批受理公示320件；建筑施工禁止时段排放噪声、振动许可250件；福建省排污证核发169件（含变更）。建设项目环境影响登记表网上备案365件。全年办理“12319”流转的环境保护类投诉件共计1168件（包含重复件），全部及时整改，环境投诉举报处理办结率达到100%。完成第二次全国污染源清查工作，普查量居全市六区第一；率先全市六区发布《2017年同安区环境质量公报》。推进生态文明试验区改革，开展生态环境损害赔偿试点工作，完成全省首个以法院调解结案的生态环境损害赔偿案例，构建“环境有价、损害担责、主动磋商、司法保障、信息共享、公众监督”的生态环境损害赔偿工作体系。拍摄全市首部生态环保公益微电影《童话》，举办全市首个“生态环保、法治童行”少儿环保主题绘画比赛，创新设立生态环境司法法学教育实践及文化宣传教育基地。

【环保能力建设】2018年，同安区投入逾1000万元建设的7个空气监测子站进入验收阶段；投资1000万元，打造区级智慧环保工程，实现132个重点污染源视频监控全覆盖；投资550.3万元，通过购买第三方服务的方式，完成辖区第二次全国污染源普查清查、入户调查及入河入海排污口的调查和监测工作；投资350万元，通过政府购买服务方式，增配60名环保辅助、技术人员；投资72万元，增配12部执法巡查电瓶车；投资66.06万元，制定汀溪水库饮用水源地突发环境事件应急预案，新设宣传牌、增设交通警示牌及界标等；投资62.2万元，完成同安环保监管综合管理平台提升改造工程；投资50万元，通过购买第三方服务的方式，完成辖区小作坊、小石材专项综合整治工作；投资30万元，通过购买第三方服务的方式，完成同安区流域范围内工业企业及小作坊污水排放达标情况监测工作；投资22万元，建设同安区生态文明建设目标评价考核信息管理系统数据共享平台，目前已进入试用阶段；投资19.99万元，采购智能管线探测雷达；投资17.55万元，通过购买第三方服务的方式，完成第二阶段化工企业VOCs整治任务；投资5.82万元，通过购买第三方服务的方式，完成电子证照库存量历史数据录入相关工作。

【大气污染治理】2018年同安环保局制定实施《同安区臭氧污染防治工作方案》，加强开展臭氧防控工作。修订《轻微污染天气应对办法（第四版）》，细化分因子响应措施、响应、终止条件和重点企业的范围。及时启动轻微污染天气应急响应，全年共启动轻微污染天气应急响应446次，其中三级应急响应249次，二级响应113次，一级响应84次。实施“守护蓝天百日攻坚专项行动”，开展VOCs治理，完成化工、船舶制造维修、橡胶制品、制鞋和工艺品等7个行业273家企业VOCs污染整治工作。制定实施《同安区工地扬尘污染防治工作方案》，将扬尘管控情况纳入企业信用评价；区考评办组织开展扬尘防治工作考评，共发出通报24份，通报扬尘问题72个，全部完成整改。推进小石材厂清理整顿，从源头上减少石材加工工业粉尘排放，全区201家小石材加工厂全部完成整治，其中，拆除179家，自行清退22家。结合小石材清理整顿、流域整治、“散乱污”清查等专项整治行动，对石材加工、水泥厂、煤堆场等粉尘排放企业进行全面清查，加强工业企业扬尘防治，共计出动执法人员3918人次，检查企业1290家次，责令整改40家，立案处罚68家，总罚款金额274万元，查封企业41家。协调各镇（街、场）组织四级网格员进行全方位巡查，制止焚烧垃圾、秸秆、燃放烟花爆竹等行为，及时发现并制止工业烟（粉）尘、道路扬尘等大气污染行为。全区累计出动18299人次，发现问题11694个，完成整改11567个。推进工业区集中供热项目，安装城东集中供热二期锅炉；完成城南集中供热项目首期2台35蒸吨/小时锅炉主体及烟气治理等环保配套设施设备安装并进行调试。深化锅炉整治提升，推动厦门市五显造纸有限公司等18台成型生物质颗粒锅炉完成清洁能源替代或安装在线监控设施并联网验收。完成同集热电锅炉烟气超低排放改造工程，待省环保厅组织验收。组织雾炮车每日按规定频次在重点区域进行降尘作业，并在启动应急响应时及时按响应要求调整作业频次。全年累计出动雾炮车5820车次，用水30193吨，行驶里程92478公里。

【水环境污染治理】 2018年，区环保局落实“河长制”，推进小流域综合治理。消除芸溪溪边、埭头溪黑臭水体并巩固整治成效，完成整体效果评估。加强溪流河道清淤疏浚、保洁，建立健全溪流保洁工作制度，实行管养分离，配备30名河道专管员，委托23家第三方养护单位，配备专业的养护设施。制定实施《同安区汀溪水库饮用水源地环境问题专项整治工作实施方案》《同安区汀溪水库饮用水源地环境风险管控实施方案》，基本完成国家生态环境部对汀溪水库饮用水源地开展的第一轮、第二轮专项督查，本区自查自纠发现的汀溪水库饮用水源地108个问题的整改，并新增4座交通警示牌和17个界标，对已有的1个界碑进行修复。南门桥监测点位，5月、7月、8月、9月、10月连续五期监测结果为Ⅴ类，满足劣Ⅴ类销号备案条件，实现销号。严厉查处环境违法行为，清退关停建筑石材生产企业201家、小作坊383家，清退牛蛙、规模化畜禽养殖4000余场，排查整治埭头溪流域200家日用水量30吨以上企业。对全区21家涉重企业开展专项执法行动，对5家违法排污企业依法立案处罚，关停1家违法电镀企业，系全省首例由县级以上政府责令关停的行政处罚案件。

【辐射环境污染治理】 2018年，区环保局开展核与电磁辐射监督管理，累计出动执法人员28余人次，对15家次核与辐射利用单位进行排查，监督监测放射源利用企业5家，射线装置单位10家。监督性监测15家企业14余台Ⅲ类X射线装置及11台Ⅵ类放射源。联合公安部门利用“一源一码”平台联合执法4次，排查放射源利用单位基础信息，采集基础信息和从业人员本底资料，建立排查动态数据库。全区电离辐射与电磁辐射环境处于正常水平，核辐射自动监测点位全年辐射剂量率并无明显变化。日常巡查中未发现电磁辐射超标的情况，所有放射源及射线装置均保持可控状态。

【固废污染治理】 2018年，区环保局和区建设局开展2018“清废”专项行动，严厉打击固体废物及危险废物非法转移、倾倒、处置等环境违法行为。全年同安区一般工业固体废物产生量19.297万吨，综合利用量12.585万吨（其中综合利用往年贮存量0.155万吨），处置量为6.851万吨（其中处置往年贮存量0.031万吨），当年贮存量0.048万吨。2018年全区危险废物产生量1.38万吨，年处理处置利用1.37万吨（含往年贮存量），贮存0.03万吨。2018年同安区生活垃圾总产生量28.33万吨，其中，0.537万吨运往东部固废中心瑞科技采取生物有机方式处理，其余运往东部固废中心采取卫生填埋方式处理。生活垃圾无害化处理率达到100%。全区一般工业固体废物处置利用率为99.76%，医疗废物处置率及生活垃圾无害化处理率达到100%。

【土壤污染防治】 2018年，区环保局全面实施土壤污染防治行动计划，完成农用地土壤详查采样任务，共确定详查单元12个，核实农用地详查点位57个。各土壤样品采集点位的特征污染物均已确定并配合省市相关部门完成工作；开展重点行业企业用地土壤污染状况详查工作，完成全区22家重点行业企业用地调查信息初步采集；将1个地块纳入疑似污染地块目录；组织开展涉镉等重点行业企业排查，将18家企业纳入全口径涉重金属行业企业清单。

【环境监督管理】 2018年，区环保局将环境安全隐患排查纳入日常监管，全年出动人员4538人次，共检查企业1426家次，立案查处违法企业251家，责令限期整改（责令停止生产）251起，实施查封48起，限产停产2起，行政拘留3起，申请法院强制执行4起，查处涉嫌环境污染罪案件4起。处罚金额为1105.15万元，比2017年的803.75万元增加301.4万元，增长37.5%。

【完善环境监管网格化制度】 2018年，同安区进一步完善区、镇（街、开发区）、村（社区）环保网格监管体系，制定网格员工作手册，在各镇（街、开发区）设立9个环保工作站。年末8个镇街及工业园区均配备环保工作站，拥有网格员共160人，其中镇级网格员20人、村级网格员140人。依托同安文明卫士信息平台，构建环保局督察系统，实现完整的环保局内部事件流转程序、独立的统计汇总功能，增强环保整治精准性。全年通过文明卫士平台接收环保事件15141件，按来源分类，网格员自查上报14911件，公众上报230件；按事件类型分类，其中水2937件、气7428件、声552件、渣2096件、其他2124件。

【构建环保信用体系】 2018年，区环保局着力构建环保信用体系。按照“双公示”工作要求及推行企业信用承诺和审查制度，组织采集和推送环保信用信息。全年共采集“双公示”信息784条，其中行政许可650条，行政处罚134条；信用承诺企业及公示数量291家次。组织开展23家环境信用等级评价，研究拟定一批“环保信用红黑名单”和联合奖惩对象，其中红名单17家，激励7家；黑名单7家，惩戒6家，对于惩戒对象将采取失信联合惩戒措施予以处罚。

【环境保护宣传教育】 2018年，区环保局组织405家企业进行“厦门环境教育”平台的操作培训。6月5日，以“美丽同安，我是行动者”为主题，在银湖公园举办纪念“6·5”环境日及生态文明建设和环境保护专题宣传教育活动，在此次活动中首次公布《2017年同安区环境质量公报》，分发《2018年“六·五”世界环境日倡议书》、环保宣传漫画等系列宣传材料1万份，开展环保谜语竞猜等活动，增强公众环保意识。开展全区副科级以上干部生态文明培训，参训人数比例达到100%。

2018年6月5日，同安区开展第47个“六·五”世界环境日纪念活动

（同安环保分局供图）

【生态损害赔偿试点工作】 2018年，同安区开展生态损害赔偿试点工作。3月27日，全省第一例以政府为原告的生态环境损害赔偿案件——汀溪水库饮用水源保护区交通事故导致水污染事故索赔案正式结案，赔偿责任人支付全额赔偿款75万元。8月24日，厦门市中级人民法院判令叶某支付环境污染赔偿款91.75万元并在福建省省级以上媒体向社会公开赔礼道歉，同时承担损害鉴定费、案件受理费、起诉方律师费等相关费用，成功结案全省首例公益诉讼案——厦门市某工贸有限公司矿坑生态环境修复公益诉讼案，并获评“厦门市检察机关法律监督十佳案件”。

【全国首个县区级生态文明建设考核系统数据平台建成】 2018年，同安区率先建成全国首个县区级生态文明建设目标评价考核信息管理系统数据共享平台。运用互联网技术建立评价考核预警通报系统及督查督办和定期评估机制，开展全流程跟踪问效，实现实时调度和过程监控，有力保证评价考核的主动性、实效性和针对性。

（林铭静）

农业 水利

农　业

综　述

【概　况】2018年，全区实现农业总产值18.51亿元，比上年增长0.53%。其中种植业产值9.93亿元，比上年增长11.6%；畜牧业产值5.10亿元，比上年下降11.05%；渔业产值1.56亿元，比上年下降13.49%；农林牧渔服务业产值1.84亿元，比上年增长0.08%。农林牧渔业增加值10.75亿元，比上年增长0.54%。农村居民家庭人均可支配收入20715元，比上年增长9.4%。

2018年同安区农林牧渔业总产值

表18　　　　　　　　　　　　　　　　　　　　单位：万元

项目	2018年（当年价）	2017年（当年价）
农林牧渔业总产值	185148	181621
农业产值	99347	86710
#谷物及其他农作物	5808	6746
蔬菜、食用菌及花卉作物	74295	59548
#蔬菜（含菜用瓜）	71647	57450
茶叶水果	16469	19096
中草药	2775	1320
林业产值	766	1209
牧业产值	50975	58577
#猪的饲养	21451	30456
家禽的饲养	25338	25091
渔业产值	15611	17025
海水产品	1421	1201
淡水产品	14189	15824
农林牧渔服务业产值	18450	18100

注：表中2017年数据为市统计局根据农业普查结果衔接后的最终核定数。

种植业

【概　况】2018年，同安区土地面积669.36平方公里，占全市土地面积的39.4%。耕地总面积12.79万亩（8526.67公顷），人均耕地面积0.61亩（406.67平方米）。全年粮食播种面积3.26万亩（2173.33公顷），比上年减少7.82%；总产量1.18万吨，比上年减少11.03%。主要品种有水稻，播种面积2.04万亩（1360公顷），产量0.74万吨；甘薯播种面积0.56万亩（373.33公顷），产量0.22万吨；马铃薯播种面积0.19万亩（126.67公顷），产量0.07万吨。油料作物以花生为主，种植面积0.65万亩（433.33公顷），比上年增长10.45%，产量0.12万吨，比上年增长13.87%；以茄子、黄瓜、四季豆、番茄、辣椒等为主的蔬菜种植面积9.25万亩（6166.67公顷），总产量23.17万吨；龙眼、蜜柚、荔枝、香蕉等水果种植面积3.96万亩（2640公顷），产量2.86万吨，其中以龙眼为大宗，种植面积3.37万亩（2246.67公顷），产量2.40万吨。茶叶1.15万亩（766.67公顷），产量1437吨。区政府投入资金约6000万元，实施14个2017—2018年度新建设施大棚项目，建成设施大棚面积500亩（33.33公顷）。

2018年同安区农作物播种面积与产量一览表

表19

项目	播种面积（亩）	产量（吨）	亩产（公斤）
农作物总播种面积	136608	—	—
谷物	23980	8699	362.8
春收	5	1	200
夏收	14987	5805	387.3
秋收	8988	2893	321.9
稻谷	20383	7440	365
早稻	13510	5294	391.9
一季晚稻	4742	1453	306.4
双季晚稻	2131	693	325.2
杂粮	3597	1259	350
春收	5	1	200
夏收	1477	511	346
秋收	2115	747	353.2
玉米	3592	1258	350.2
高粱	—	—	—
其他	5	1	200
薯类	7550	2854	378
甘薯	5610	2160	385
春收	1179	442	374.9
秋收	4431	1718	387.7
马铃薯	1940	694	357.7
豆类	1097	195	177.8
大豆	1097	195	177.8
春大豆	798	146	183
秋大豆	299	49	163.9
油料	6825	1278	187.3
花生	6498	1245	191.6
夏花生	4356	849	194.9
秋花生	2142	396	184.9
油菜籽	257	26	101.2
芝麻	70	7	100
甘蔗	130	573	4407.7
中药材	2466	786	318.7
蔬菜（含菜用瓜）	92446	230218	2490.3
瓜果（果用瓜）	1055	1484	1406.6
草莓	39	44	1128.2
花卉	992	—	—
其他	67	—	—

【农技推广】 2018年，区农林局开展测土配方施肥项目宣传培训推广，治理小流域两岸农业污染问题。全年开展农业技术知识培训及科技下乡活动9次，发放宣传材料1000多份，举办测土配方施肥技术培训会3场，共培训300余人次。编印《同安农技》6期1200多份。至年末，覆盖全区95%的耕地面积应用测土配方施肥技术。

【农作物病虫害防治】 2018年，区农林局开展主要农作物病虫害监测预报。全年发布《病虫情报》15期，通过纸质情报、电视预报、手机短信、网络传递等方式发布病虫害发生动态，指导种植者科学防治。农作物病虫草鼠总计发生135.27万亩次，防治127.43万亩次，挽回作物产量损失6.73万吨。开展病虫害防治、绿色防控、农药使用等技术培训7场，培训农业生产者、农技员、农资经营者等770人次。

【农机管理】 2018年，同安区农业机械总动力155619千瓦，其中柴油发动机动力117006千瓦，汽油发动机动力13954千瓦，电动机动力25019千瓦。农业机械化作业水平不断提高，全年机耕面积4395公顷，机播面积260公顷，机电灌溉面积3233公顷，机械植保面积1831公顷，机收面积1120公顷。区农林水执法大队认真组织实施2018年农机购置补贴各项工作，共受理补贴申请520份，下达《农机购置补贴指标确认通知书》520份，补贴各类农机具620台，受惠农户520户，完成年度补贴资金任务197万元（其中：中央补贴资金137.9万元，市级补贴资金59.1万元）。加强农机安全生产管理，继续深入开展“平安农机”创建和农机道路交通安全综合整治“三年提升工程”工作，开展“安全生产月”活动，排查安全隐患2起并督促完成整改；组织执法人员对各镇（街、场）、大宏驾校、顺仔农机合作社的农机安全生产工作全面检查督查，推动农机安全生产各项工作的落实；规范拖拉机及其驾驶员牌证管理，办理拖拉机注册登记46台，对38台已经公告注销的拖拉机办理注销手续，检验拖拉机155台，年检率60%；换发驾驶证110人，考试发证7人；开展农机事故应急处置演练，根据农机事故应急处置预案，组织参加市农业局组织的农机事故应急处置演练，提高处置农机事故的能力。2018年全年未发生农业机械事故。

【同安区第三次全国种质资源普查完成】 3月，同安区第三次全国种质资源普查工作完成。普查工作于2017年7月启动，区农林局出台《同安区农作物种质资源普查与收集行动实施方案》，由区农业技术推广中心高级农经师和农技专家组成实施项目组，对普查镇村进行走访、资料查阅和采集等，建立种质资源数据库并报福建省农科院备案。至2018年3月完成普查，共普查古老、濒危、野生、野生近缘果树资源后埔村古荔枝等9个、其他野生及野生近缘作物同安野生柚等6个、种植多年的地方品种及育成品种白交祠白芥菜等27个。

【农村壁挂式路灯建设】 2018年，区政府投入300万元，继续实施农村壁挂式“亮灯”工程，解决农村区域夜间照明问题。至年底，全区104个行政村完成94000多盏路灯安装并实现亮灯。

（叶志艳）

林　业

【概　况】 2018年，全区林地总面积37145.76公顷，其中防护林面积14390.23公顷，特用林面积2622.83公顷，用材林面积8906.36公顷，薪炭林面积211.96公顷，经济林面积7410.93公顷。森林总面积33909.78公顷，森林覆盖率达54.02%，比2017年增加0.57个百分点。林木蓄积量183.95万立方米，林木绿化率53.28%。全年林业工业总产值7762万元，林业产业集群初具规模，主要经营类型包装箱托盘、胶合板、家具等。

【造林绿化】 2018年，全区完成造林绿化和森林经营任务13720亩（914.67公顷），其中重点生态区位林分修复6319亩（421.27公顷），森林抚育7401亩（493.4公顷）。造林以稀疏林分补植为主，树种有木荷、台湾相思等。全区重点生态公益林（指省级以上生态公益林）面积27.05万亩（18033.33公顷），占林地总面积的48.48%，商品林面积28.75万亩（19166.67公顷），占林地总面积的51.52%。

【森林病虫害防治】 2018年，区农林局加强松材线虫病防控力度，按照《同安区2016—2018年度松材线虫病综合防控》三年总体方案，采取社会化防治组织实行绩效承包模式，同步实施综合防控。全年共挂设诱捕器3000套，首次采用二维码扫描信息平台管理，防治病虫害效果显著。诱捕松墨天牛52.45万只，比上年增加43.7%。喷洒绿僵菌8000千克，防治50000亩（3333.33公顷），释放肿腿蜂100万头，防治1250亩（83.33公顷），设置诱木3600处。全年共除害处理松枯死树49722株，综合防治松林28万亩（18666.67公顷），水源涵养区全部采用人工和物理生物无公害防治。主要林业有害生物成灾率控制在4‰以下，无公害防治率达到85%以上，有效控制疫情。全年共投入防控经费500多万元。区森防检疫站联合市森防检疫站、区森林公安、区农林水执法大队等开展2018年林业植物检疫检查专项行动。全区共开展各种形式的检疫检查专项行动12次，出动执法人员80人次，与部门合作检查10次。办理擅自改变疫木用途的处罚案件2起。

【林政管理】 2018年，区农林局审核审批工程建设使用林地项目10起，占用林地面积253亩（16.87公顷），面积和起数审核率均为100%。收取森林植被恢复费534.2830万元；办理建设项目临时占用林地审批2起，临时占用林地面积137亩（9.13公顷），收取森林植被恢复费304.81万元。组织护林员对辖区范围内的山场进行巡查，共6238人次开展野猪非洲猪瘟巡护工作。

【森林防火】 2018年，区农林局投资150万元，建设完成森林防火哨卡15处。投资481万元，完成区森林防火预警监测中心建设。开展森林防火宣传教育工作，张贴防火宣传标语8500多张，张贴禁火令2700多张，悬挂宣传条幅653条，发放宣传单36万张，出动防火宣传车110车次，向150万移动用户发送移动宣传短信，有线电视全天候滚动宣传25天。区教育局发放“2018年清明节致家长一封信”113911份。区政府召开森林防火工作会议7次，研究部署森林防火工作。先后5次组织检查组，深入林区实地检查指导。全年共发布10次高森林火险橙色警报，发布1次禁火令，在高森林火险期间，各责任单位采取应对措施。全年同安区无发生森林火灾。

【古树名木保护】 2018年，区农林局开展古树名木保护工作。对595株古树名木进行病虫害防治两遍，对树干进行涂白1次，处理群众求助7起；实施“古树名木保护与利用工程（七）期”，保护古树名木122株，建设古树小公园15处。组织实施古树后备资源普查工作。

（叶志艳）

畜牧业

【概　况】 2018年，全区畜牧业养殖总产值3.6579亿元。猪、牛、羊家畜年末存栏6.6383万头，比上年下降3.29%；当年出栏11.02万头，比上年下降12.64%。家禽存栏34.65万羽，比上年下降60%；出栏162.72万羽，比上年下降43.6%；全年肉蛋奶总产量12915.98吨，比上年下降24.5%；其中肉产品10236.48吨，比上年下降22.2%；蛋产量2648吨，比上年下降31.6%。全面完成全流域规模化畜禽与牛蛙退养工作，完成规模化畜禽退养1000场、牛蛙3004场。开展区级养殖回潮督查9轮。

【畜牧业主要养殖品种】 2018年，全区畜牧业主要养殖种类有猪、牛、羊、鸡和鸭。猪年末存栏6.5039万头，比上年上涨1.8%；当年出栏数10.4952万头，产值2.099亿元。牛年末存栏1081头，当年出栏4516头，产值0.4516亿元。羊年末存栏263头，当年出栏702只，产值0.014亿元。家禽年末存栏34.65万羽，其中鸡25.09万羽，鸭9.56万羽；当年出栏数162.73万只，其中鸡出栏92.34万只，鸭出栏70.39万只；禽肉1902.06吨，产值0.8285亿元；蛋产量2648吨，产值0.2648亿元。

【全流域水禽与牛蛙退养工作完成】 4月，同安区启动全流域水禽与牛蛙退养工作。全区共测绘牛蛙养殖场3023个、畜禽养殖场所1009个。截至7月30日，全区退养协议签订率100%，畜禽和牛蛙退养率100%。区政府落实牛蛙退养后转产复垦工作，要求各镇（街、场）将每一户养殖场退养拆除后场地看护责任明确到具体看护人员（村两委1名、包村干部1名）和镇级责任领导，下拨第一批牛蛙与畜禽退养后场地复垦资金370万元，通过《同安区牛蛙与畜禽退养后场地开发利用方案》，明确转产复垦的补助面积和标准、土地流转补助、养殖回潮监管三项具体内容，推动退养户转产转业。

【畜禽检测】 2018年，区农林局投入畜产品质量安全监管经费25万元，开展养殖基地、屠宰环节沙丁胺醇、莱克多巴胺、克伦特罗项目检测各14235份，检测结果均合格。

【动物疫病防控】 2018年，区农林局开展高致病性禽流感、口蹄疫等重大动物疫病强制免疫和主要动物疫病监测工作。全年共强制免疫高致病性禽流感116.564万羽次，牛羊口蹄疫0.706万头次，生猪口蹄疫16.3万头次，应免密度100%，群体免疫密度达到90%以上。开展日常与集中监测相结合的免疫抗体检测12次，覆盖全区11个镇（街）、场326个畜禽养殖场（户），抽检畜禽血清4015份，高致病性禽流感H5、H7免疫检测各1260份、口蹄疫973份、猪瘟304份、猪蓝耳病210份，免疫抗体合格率分别为97.9%、90.0%、96.7%、99%。开展动物及动物产品检疫，年产地检疫牲畜10.9万头；年屠宰检疫生猪53.2万头、羊2500头，冷冻动物产品840万公斤，无害化处理检疫不合格生猪629头，开展非洲猪瘟防控工作，提升生猪养殖场、屠宰场生物安全防控水平，设置9个临时道路检查防堵外疫传入。全年未发生重大动物疫情。

【病死猪无害化处理补助】 按照《厦门市同安区人民政府办公室关于做好养殖环节病死猪无害化处理补助相关工作的通知》，同安区加强病死猪无害化处理监管工作，发放病死猪无害化处理的工作经费41万元。全区20家生猪备案养殖场自行处理病死猪由国家、市、区财政按每头80元标准给予补助。至年底，全年无害化处理病死猪6483头。

（叶志艳）

渔　业

【概　况】 2018年，同安区渔业生产总值15234.59万元，比上年减少24.49%。全年水产养殖面积392公顷，比上年减少8.2%，其中海水养殖面积56公顷，比上年增加9.8%；淡水养殖面积336公顷，比上年减少10.64%。产品总产量6295吨，其中海水养殖228吨，比上年增加3.64%；淡水养殖6067吨，比上年减少0.85%。

【主要水产养殖品种】 2018年，全区主要养殖品种有鲟鱼、鳗鲡、草鱼、鲢鱼、鳙鱼、罗非鱼、南美白对虾、牛蛙等，其中鲟鱼养殖面积75亩（5公顷），产量200吨；鳗鲡养殖面积675亩（45公顷），产量1325吨；草鱼养殖面积225亩（15公顷），产量231吨；鲢鱼养殖面积300亩（20公顷），产量252吨；鳙鱼养殖面积195亩（13公顷），产量134吨；罗非鱼养殖面积870亩（58公顷），产量703吨；南美白对虾面积1350亩（90公顷），产量344吨；牛蛙养殖面积1830亩（122公顷），产量2996吨。

【水产品检测】 2018年，区农林局开展水产品检测，全年抽取产地水产品10个批次，其中牛蛙样品3个、对虾样品2个、鳗鱼样品5个，主要抽检孔雀石绿、硝基呋喃等指标，抽检合格率100%。

（叶志艳）

农业综合管理

【概　况】 2018年，区农林局开展国有农、林场体制改革。完成第一次全区海洋经济调查。推进农业标准化生产工作，新建7个农业标准化生产示范基地。完善农产品质量追溯体系，加强动植物疫病防控和农产品质量安全检测监测，全区有4个预测预警监测点、4个动物疫情固定监测点、124家生产经营单位纳入农资信息监管平台、51个农产品质量安全追溯点、8个镇（街）农产品质量检测室。年内检验拖拉机155台，年检率60%；换发驾驶证110人，考试发证7人，办理拖拉机注册登记46台，办理拖拉机注销38台。

【推进农业标准化生产】 2018年，区农林局推进农业标准化生产工作。新建7个农业标准化生产示范基地，其中种植业标准化示范区5个，面积2000亩（133.33公顷），种植辣椒、番茄、玉米、百香果、茶叶等品种。在厦门嘉烨兴农业科技有限公司、厦门市振坤记养殖有限公司建设畜禽标准化规模养殖场2个，带动生猪标准化生产出栏6000头。推荐厦门嘉烨兴农业科技有限公司、厦门市振坤记养殖有限公司参加省农业厅组织的畜禽标准化示范创建活动，并通过专家组验收。加强“三品一标”认证与监督，开展“三品一标”标志使用集中专项检查行动，出动工作人员30人次。对个别标志使用不规范的情况上报省市农业部门进行处理。

【土地确权】 2018年，同安区完成111个村（居）的土地承包经营权确权登记颁证工作，承包地块、面积、合同、权属证书全面落实到户，确权成果数据库顺利通过农业农村部汇交。共确认登记农户承包地111524.28亩（7434.95公顷），登记集体非承包地31993.3亩（2132.89公顷），共打印并颁发经营权证书39483本。确权覆盖率100%。

【农村集体产权制度改革】 2018年，同安区完成农村集体产权制度改革。全面完成集体资产清产核资，110个村（居）和1044个独立核算村民小组清产核资结果经户代表会通过、镇（街、场）初审、区有关部门联审确认，按要求录入全国管理平台。共清查核实集体资产436849.6万元，清理登记集体土地资源54.51万亩（36340公顷）。确认集体经济组织成员身份，通过召开户代表会、三榜公示等民主程序，确认集体经济组织成员280571人。推进集体经营性资产股份合作制改革，将农村集体经营性资产以股份或者份额形式量化到本集体成员，作为其参加集体收益分配的基本依据。共量化集体经营性资产102832.13万元。赋予集体经济组织成员集体资产股份权利，制定《农村集体经济组织股权管理暂行办法》，完善农村集体资产股份的占有、收益、有偿退出、继承等权能。出台《农村集体资产股份质押融资试点方案》，试点开展集体股权和个人股权质押融资业务。

【国有农林场体制改革】 2018年，同安区开展国有农、林场改革工作，剥离由国有农场承担的社会职能，一次性移交给地方政府管理。6月，将白沙仑农场所管辖的白沙仑社区划入莲花镇管辖，居委会更名为“厦门市同安区莲花镇白沙仑社区居民委员会”；将凤南农场所管辖的凤南社区划入新民镇管辖，居委会更名为“厦门市同安区新民镇凤南社区居民委员会”，凤南农场下辖4个村一并归为新民镇管辖。开展国有农场的国有土地确权登记发证工作，完成农场国有土地权籍调查92%以上，完成确权登记发证90%以上。2018年10月17日，同安区农林局组织新民镇与凤南农场、莲花镇与白沙仑农场签订三方移交协议，正式明确了将白沙仑农场和凤南农场所承担的办社会职能完全剥离，一次性移交至莲花镇和新民镇，农场立足于企业属性，着眼于自身经营管理职能，做大做强农垦经济；同时开展农垦国有土地使用权确权登记发证工作，两个农场作为使用主体均向不动产登记中心申请发证，目前白沙仑农场已确权发证土地3776.53亩（251.77公顷），已发证农业地1912.34亩（127.49公顷）[包括飞入地9.77亩（0.56公顷）]，林用地1843.43亩（122.90公顷），建设用地约为20.76亩（1.38公顷）；凤南农场已确权发证土地7445.41亩（496.36公顷），其中农用地216.86亩（14.47公顷），林用地7167.38亩（477.83公顷），建设用地约为61.17亩（4.10公顷）。

【开展水稻种植及设施蔬菜种植保险】 2018年，同安区开展水稻种植及设施蔬菜种植保险，全区完成水稻种植投保面积18048.7亩（1203.25公顷），投保金额270730.5元；设施大棚投保面积463.2亩（30.88公顷），投保金额108.902万元。2018年，共为699户受灾户兑现水稻保险理赔41笔，赔付金额26.2万元。

【农产品质量监管】 2018年，区农林局推进农产品质量安全监管体系建设。全区8个农产品快速检测室覆盖全部镇街，有农产品流动检测车1台。全年开展农产品定量检测542批次，农产品（种养殖）定性检测31329批次。其中，开展种植业产品药物风险监测31329批次，种植业产品重金属风险监测1批次，种植业产品监督抽检90批次，畜禽产品质量监测59批次。累计开展种植业产品质量安全例行抽检、风险检测、专项抽检等542批次，其中开展农药残留监测542批次，监测农药残留参数58项。

【渔业执法检查】 2018年，区农林局农林水行政综合执法大队进驻丙洲、金都、后田3个执勤点，开展海域、内陆水域执法监管巡查。全年组织1360多人次，渔政执法艇累计出航36航次、航程720多海里，巡查河道长约1500公里。联合清除海域残留养殖设施60余亩（4公顷多）、残留铁框养殖设施2150个、捕鳗网22槽、火车网18张，现场查处违法作业船只24条，查扣违法捕捞设备电瓶（池）和充电器、手操网等18套，清理整治丙洲水道火车网48张；现场调查并依法处理11家无证取水养鳗场；送达《责令停止违法行为通知书》24份，依法查处河道内搭建蔬菜大棚违法行为1起，拆除河道捕鱼非法构筑物10处、非法建筑物（泵房）12处，联合区河长办、洪塘镇政府，依法查处庵内水库倾倒土头垃圾违法行为。

【同安区入海排口摸排】 2018年，区农林局按照区政府7月16日研究国家海洋督察污水直排口污染来源摸排和治理专题会议部署要求，积极协调有关单位，结合现场核实市对区摸排的16个污水口工作，对同安辖区海域岸线入海排口及纳污溯源情况进行全面摸排调查，并积极推进排口整治工作，定期报送整治进度。

【同安区第一次全国海洋经济调查完成】 2018年，区农林局（海调办）持续开展第一次全国海洋经济调查。年初，完成了产业调查事中抽查工作、同安区第一次全国海洋经济调查模拟考核工作。7月初，在大同、祥平、西柯、新民、莲花、汀溪6个镇街的全力配合下，完成第二阶段18家海洋相关产业法人单位入户调查工作。9月，完成同安区第一次全国海洋经济调查自验收工作。11月，全面完成涉海单位清查工作，累计排查单位数883家，完成137家海洋产业（其中直接标识认定111家，采集信息认定26家）和62家海洋相关产业的法人单位数据采集和报送工作。12月18日，通过市对区级验收。

【农村基础设施建设】 2018年，继续实施亮灯工程建设，全区共投入300万元，在2017年实施亮灯工程的基础上，查缺补漏，进一步改善全区范围的农村夜间照明环境，最终实现在104个行政村安装94000盏路灯并投入使用；实施村庄内道路硬质化工程，全年共谋划三批村庄内道路硬质化项目，完成投资额970万元，其中：第一批村庄内道路硬质化工程4个项目共7.4公里全面开工建设，至年底已完成95%工程量，投资额已完成490万元；第二批完成11个项目立项，共9.3公里，投资额660.62万元，至年底已有9个项目进场施工，投资额已完成480万元；第三批7个项目已开展前期设计工作。进一步完善旧村改造新村建设和老区山区建设工作，2018年旧村改造和新村建设安排同安区3个村的建设项目，市区共下达资金960万元，全年完成投资额572.48万元；新民镇后坂村已经完成建设，并完成市级验收；官浔村、后田村完成主体工程建设。

（叶志艳）

农业产业化

【概 况】 2018年，同安区18家合作社获评省级农民专业合作社示范社，37家合作社获评市级农民专业合作社示范社，7家家庭农场获评家庭农场市级示范场。至年末有农民专业合作社636家，其中国家级1家、省级18家、市级37家；家庭农场市级示范场7家。全区培育“一村一品”专业村30个，其中国家级示范村4个，专业村、农民合作社分别注册商标37件和146件，获“福建省名牌农产品”6个、“福建省著名商标”4个。区农林局持续推进全区国家级农村产业融合发展试点和汀溪镇省级农村产业融合发展试点工作，推进“军营红”小番茄种植、文顶设施农业等22个农民转产增收项目建设，推动农业龙头企业转型升级。全年共有17家农业产业化龙头企业，其中区级5家，市级重点龙头企业12家，全年销售收入152.48亿元，带动农户9.89万户。打造农工贸一体化产业链，推进农村电子商务发展，14家农业经营主体上线京东、阿里村淘等电商平台交易。合作社社员1.8万人，带动周边农户2.58万户，占全区农户数的23.5%。扶持乡村休闲农业发展，年内莲花镇白交祠村获评2018年中国美丽休闲乡村。全区累计中国最美休闲乡村4个，省级休闲农业示范点13家，市级最美休闲农业示范点17家。

【同安区创建首个市级现代农业产业园】 2018年，同安区创建首个市级现代农业产业园。经同安区人民政府申报，市农业局联合市财政局组织专家评审后，五显镇区级现代蔬菜产业园获批创建市级产业园，获市级财政30万元规划补助资金。

【同安区举办厦门市首届中国农民丰收节】 9月23日，厦门市首届农民丰收节在同安区五显镇举行，副市长张毅恭、同安区区长王雪敏等领导及市农业局等相关部门出席开幕式。主会场活动设在竹坝华侨经济开发区，在现代设施农业园区（百利种苗基地）、五显镇三秀山村休闲农业园区为分会场。在主会场上，同安区政府与厦门农商银行签订“乡村振兴战略”合作协议。来自全市30家农业专业合作社展示特色优质农产品，同时也通过丰收节开展民宿与乡村旅游的宣传推广工作。

【白交祠村获评中国美丽休闲乡村】 10月，莲花镇白交祠村被农业部授予“中国美丽休闲乡村”称号。白交祠村位于同安区莲花镇西北部，海拔近1000米，是全市海拔最高的行政村，常年雾多、湿气大，素有“云雾山庄白交祠”之称。至2018年，白交祠村有山地8700亩（580公顷），耕地1100亩（73.33公顷），茶园3500亩（233.33公顷），生态公益林2700亩（180公顷）；建立绿化养护及卫生保洁长效机制，利用云雾、高山、茶园、山寨等特色资源，开发茶山竹海、月牙梯田、叠水步道、杜鹃石寨、百丈崖、杨氏故居、鲁班宫、六郎庙、徐水垵水库等多处特色自然风光和文化景点，率先全区成立股份制旅游合作社“七彩白蛟”，开展乡村旅游接待游客。

（叶志艳）

2018年9月23日，厦门市首届农民丰收节开幕式上的民俗表演“拍胸舞”

（区农林局供图）

水利

【概　况】 2018年，同安区平均降雨量1560.2毫米，属偏枯水年。全区地表水资源量5.222亿立方米，地下水资源量1.37亿立方米，水资源总量5.222亿立方米。全区用水总量14953万立方米。区水利局完成水利建设投资18435万元，开展364个水利工程建设，至年末完成335个，在建12个。其中安全生态水系建设38个、水利基础设施建设41个、流域综合治理及防洪疏浚285个。进一步完善流域治理工作体制，实行双总河长制，全面推行湖长制。开展流域污染源治理和安全生态水系建设。加强水资源保护，落实2017年下半年莲花水库和2018年莲花水库、汀溪水库水源保护区生态补偿款发放工作，共涉及户籍人口68649人，发放补偿款24627.24万元。省重大水利工程、市重点项目洪塘石浔水闸基本完工，进入待验收阶段。中小河流治理项目进入扫尾阶段，西源溪下游河道治理工程、西洋溪河道治理工程进行项目投资报审及竣工验收筹备。官浔溪中上游河道治理工程即将完工验收。乌涂溪中上游河道治理工程项目续建。溪流水质明显改善，芸溪、埭头溪黑臭水体治理通过国家验收，通过城市建设区黑臭水体、集中式饮用水源地环保专项督察和省“三合一”环保督察。严格水资源管理，新审批发放取水许可证的取水户1家，对在用取水户进行取水计量登记，共计征收水资源费约121.56万元，其中地下水水费78.86万元，地表水水费42.7万元。调整权责清单，保留区本级行政权力166项，其中行政许可8项、行政确认5项、行政处罚109项、行政强制19项、行政征收3项、行政征用2项、行政监督检查15项、其他行政权力5项。

【完善流域治理工作体制】 2018年，同安区实行双总河长制，全面推行湖长制。搭建全流域河长在行动群、溪流养护监管平台、同翔河长制交流平台等信息共享平台，在专项督查、效能督查的基础上，引入社会力量参与监督。设立河（湖）长制公示牌215块，组织开展区镇河长学习、河道专管员培训13场次。将河道河岸保洁纳入“一把扫把扫到底”管养机制，定期对四大流域进行巡查，及时发现、通报、整改养护存在问题。基本完成四大流域综合治理方案编制并进行评审，落实流域综合治理项目全过程跟踪机制。

【流域污染源整治】 2018年，区水利局督促各责任单位完成流域污染源清退，至年末养殖业污染整治完成率100%；小石材厂整治清退完成率100%，土地复垦完成12.14亩（0.81公顷）；完成全区509家小作坊、200家用水大户企业排查整治；埭头溪周边“两违”拆除65.2%，其他流域周边“两违”拆除80.2%。督促加快截污纳管项目建设，2018年农村分散式污水治理完成投资1.51亿元，农村生活污水集中纳管治理完成投资1.3亿元。抓截污控源，完成工业园区雨污水管整治，完成工业集中区5条雨水箱涵清淤，完成下游雨污分流整治，对乌涂溪、泥山溪及梧侣溪共7处进行污水截流，建设梧侣溪生态补水泵站、改造泥山溪往梧侣溪生态补水管道，完成泥山溪高效处理点污泥脱水设备安装建设并调试运行，完成埭头溪顶山头节制闸建设。抓建成后设备运行管理，埭头溪生态补水一期泥山溪累计生态补水量约3166万吨；泥山溪高效处理站、梧侣溪高效处理站共计处理水量约897万吨；埭头溪下游13处应急截流点总截流水量约为235.6万吨；乌涂溪、泥山溪5处截流泵站累计截流水量约为148.8万吨。

【安全生态水系建设】 2018年，区水利局开展安全生态水系建设工程26个、安全生态水系一期防洪疏浚项目12个，完成投资9433万元。开工建设2017年度安全生态水系建设工程10个，计划治理河道53.512公里，概算投资12930.6万元，至年末完工2个，在建8个，完成投资6258万元。推进2018年度安全生态水系建设工程16个，治理河道49.84公里，估算投资约10630万元，至年末完工2个，在建1个，完成前期工作并招投标11个，2个暂缓，完成投资2085万元。实施12个安全生态水系一期防洪疏浚项目，完成投资1090万元。建成五显湿地、禹州湿地、古城湿地和梵梅湿地及临溪43万平方米带状湿地公园。完成全区范围四类排污口605个、其他排水口1182个的调查摸底和地图落点。

【流域综合治理】 2018年，区水利局完成285个流域综合治理项目建设，增加水量、提升景观、修护生态、改善水质。实施埭头溪应急防洪疏浚项目6个、村（居）内外沟渠及溪流清淤项目270个，完成清淤长度220公里、清淤量61.5万方，完成投资约3376万元；建成埭头溪三角洲湿地工程、汀溪总干渠防洪疏浚工程（分3段）、汀溪总干渠西坑尾分水闸、汀溪隘头潭湿地工程、环保水质省控点（南门桥）周边景观提升工程、泥山溪生态补水出水口段提升工程、梧侣溪百路达段截污及跌水景观工程等9个流域治理项目，完成投资2146万元。

【水土保持治理】 2018年，区水利局完成水土保持治理6319亩（421.27公顷），完成投资约1587万元，超额完成2018年市下达同安区治理目标任务。恒利茶叶基地茶园水土流失治理项目完工验收，西源溪西源村至古坑村段安全生态水系建设水土保持治理项目动工建设，完成投资约583万元。2018年，征收水土保持补偿费372.37万元。

【水利基础设施建设】 2018年，区水利局开展41个水利基础设施项目建设。市重点工程石浔水闸改建工程预验收。组织实施2017—2018年度市级农田水利项目（含2个农业水价综合改革示范项目）11个，概算投资1694.87万元，至年末完工7个、在建3个、招投标阶段1个，完成投资1073万元。组织实施2018年度6个区级农田水利基建项目，概算投资953.59万元，至年末完工3个，完成投资333万元；取消1个；转2019年建设2个。完成23个镇级民生补短板水利项目，完成投资2073万元。

【防汛抗台】 2018年，区水利局修订完善143个镇村防汛抗台预案，修订批复19座小（二）型水库和4座水闸汛期防洪调度计划和抢险预案。足额储备抢险救灾物资，落实群防队伍164支3273人、社会抢险专业队伍11支307人，与水电、消防等武警部队以及有关驻军保持对接联络。组织全区防汛责任人190名参加业务培训。组织区防指实战大演练、部门防汛专项演练、镇村危险区人员转移专项演练239场次。落实手摇警报器222台、铜锣646面、宣传栏125块、警示牌120块。完成11个镇（街、场）防汛指挥图编制。完成防汛高清视频会商系统延伸到各镇（街、场）建设。完成55个自动遥测站、15个视频站等监测预警系统平台的巡查维护和日常管理。启动5次防御暴雨洪水和4次防御台风（低压）应急响应，有效防御了“玛莉亚”、“8·23”热带低压、“山竹”、“玉兔”、“5·7”暴雨、6月22—24日暴雨、8月27—31日暴雨、“9·8”暴雨、“9·23”暴雨，组织船只回港避风2294艘次，转移人员4018人次，未出现人员伤亡。

【同安区全面推行湖长制】 9月30日，同安区全面推行湖长制。出台实施方案，从总体要求、组织体系、工作职责、主要任务、保障措施五个方面落实湖长制具体工作，加强湖泊保护。区级设总湖长2人，由担任总河长的区委、区政府主要领导兼任，负责领导全区河湖长制工作；设副总湖长3人，分别由担任副总河长的区相关领导兼任，协助领导全区河湖长制工作，协调解决重大问题，对相关部门和下一级河湖长履职进行督导。在汀溪水库（包括溪东水库）、莲花水库和竹坝水库（包括石垅水库）等中型水库及具有城镇供水任务的小型水库设置区级湖长，由区级副总湖长担任，负责统筹协调湖泊管理保护工作。汀溪水库管理处和莲花水库管理单位市水务集团分别指派一名分管领导担任区级副湖长，协助区级湖长做好湖泊管理工作。水库所在辖区镇（街）相应设立镇级湖长。

【完成同安区入河排污口调查】 2018年，同安区组织开展第二次全国污染源普查中的入河排污口调查。制定《厦门市同安区入河排污口调查摸底和规范整治专项行动实施方案》并组织实施，以同安区约228.9公里河道和全部中型水库、小（1）型水库和部分重要小（2）水库的各类入河排污口为目标，组织专业人员开展调查工作。完成共计1787个排水口的全部调查工作，其中排污口605个，其他排水口1182个。制成地图落点图，填报各类普查清查表格，并对3个规模以上排污口进行枯、丰水期水质监测。

【莲花水库水源保护区生态补偿实施细则出台】 4月25日，同安区出台《莲花水库水源保护区生态补偿实施细则》，全面保护水源区生态环境，确保水库用水安全。建立生态补偿机制。明确补偿范围和对象、补偿方式和时限、办理程序和时间节点，明确职责分工，公布举报电话，强化责任落实和社会监督。建立考核机制，将退养、禁养工作成效与生态补偿金发放挂钩，将水源保护情况与镇（街、场）班子绩效、干部履职能力挂钩，将汇水区水质综合评价与生态补偿标准挂钩。建立奖惩机制，确定水质目标对于货币补偿的奖惩，根据市水利、环保部门监测核定的各行政村断面水质类别，以对应行政村市财政转移支付资金总额为基数，按比例进行核增或核减市财政转移支付的生态补偿金。

【水利行业监管】 2018年，区水利局办结行政审批112件，生产建设项目水土保持设施自主验收备案18个。对58个水利工程项目开展质量监督，全年未发生质量和安全事故。开展水土保持方案实施情况跟踪检查73项、148次，水土流失及防治情况巡查180次。查处水保案件2起，处罚款2.16万元。加强事中事后监管，“双随机”抽查10家用水单位、5个生产建设项目。完成10座水库安全鉴定报告审查，修订《同安区小型水库巡查制度》。完成水电站分类整改工作，对29座水电站进行了生态下泄设施改造和流量在线监控安装及联网，对7座水电站申请不列入生态流量考核并得到批复同意，另有12座电站退出或封停解列、禁止并网。

（陈婉芳）

工 业

工业运行与管理

【概　况】2018年，同安区完成工业固定资产投资39.51亿元，比上年下降32.58%，增速列全市各区第三。全年实现工业增加值213.84亿元，比上年增长8.1%。全区规模以上工业企业569家，完成工业产值855.15亿元，比上年增长9.7%，工业产值超亿元企业187家，完成产值678.75亿元，占全区规模以上工业企业产值的79.37%。传统骨干企业支撑作用明显，产值总额前20名企业完成产值315.46亿元，比上年增长11.67%；有15家企业出现正增长，比上年增加额35.96亿元。产值前5名企业厦门市三安半导体科技有限公司、厦门三安光电有限公司、厦门中禾实业有限公司、厦门金牌厨柜股份有限公司和厦门银祥油脂有限公司产值净增15.26亿元，拉动全区产值1.96个百分点增幅。新增规模以上工业企业快速增长，新纳入108家规模以上工业企业全年累计完成产值57.1亿元，比上年增长24.65%，拉动全区规模以上工业产值1.45个百分点的增幅；其中厦门市正则坊工贸有限公司、厦门陈纪乐肴居食品有限公司、厦门璞真食品有限公司等77家企业实现正增长，累计比上年增加产值13.22亿元。200家高新技术企业全年完成产值376.65亿元，比上年增加31.7亿元，比上年增长9.2%，拉动规模以上工业工业产值4.1个百分点的增幅；占规模以上工业工业产值的份额扩大2.2个百分点。新增省、市科技小巨人领军企业44家。金牌厨柜智能制造试点示范项目获国家工信部立项扶持。

2018年规模以上工业企业单位数和工业总产值一览表

表20

甲栏分组	企业单位数（个）	工业总产值（当年价）（万元）	比上年增长（%）
总　计	602	8772476	14.6
按登记注册类型分组：			
内资企业	451	6170808	14.9
#有限责任公司	45	1322381	13.2
股份有限公司	8	387995	56.3
私营企业	398	4460432	14.4
港、澳、台商投资企业	90	1503359	14.4
#合资经营企业（港或澳、台资）	20	452537	−1.6
合作经营企业（港或澳、台资）	2	10672	−11.6
港澳台商独资经营企业	62	855443	9.8
外商投资企业	61	1098309	13.5
#中外合资经营企业	15	439245	23.3

续表 20

甲栏分组	企业单位数（个）	工业总产值（当年价）（万元）	比上年增长（%）
外资企业	44	641029	7.2
总计中：国有控股企业	11	371255	-6.8
总计中：轻工业	390	5182111	15.7
重工业	212	3590364	13.2
总计中：大型企业	10	1395683	10.5
中型企业	87	2305927	3.2
小型企业	494	4976813	19.8
微型企业	11	94053	-37.7

【工业企业项目建设】 2018 年，同安区共有在库工业项目 219 个。同恒金属、美润合悦、明和实业、科锋科技、华诚纺纤二期、金牌四期、趣店 7 个项目开工；冠州食品、同昌顺、东宜、海新生物、金日制药、彰鸿科技、鑫得胜、佐敦置业、同耀电器、蓝海华腾等、味华香 11 个项目投产。在建有美润合悦、赢晟科技等 29 个项目。

【工业项目成果对接转化】 2018 年，区经信局做好项目成果对接和转化，组织固克集团、智童时刻等 12 家企业参加第十六届海峡·项目成果对接会，成功对接项目 140 个，涉及人工智能、电子信息、新材料等领域。继续推进校企科研成果对接和转化，征集技术需求 6 项。

【惠企政策落实】 2018 年，同安区企业发展服务中心共受理 2128 家（次）企业的惠企政策申请，兑现惠企资金 4280 万元，涉及固投奖励、展位补助、总部企业扶持、飞地扶持奖励、节约集约利用土地、灾后重建流贷贴息、专利补助等 12 个事项。受理产值稳增长奖励申请 129 家，兑现奖励金额 1134.64 万元；产值上规模企业奖励 54 家，兑现奖励金额 298 万元；2017 年新增入库企业奖励 96 家，兑现奖励金额 1379.2 万元；新增规模以上工业企业产值第二年增长 20% 以上的企业奖励 35 家，兑现奖励金额 350 万元；商标、品牌奖励企业 19 家，兑现奖励金额 296 万元；自建蓄水池补助企业 1 家（ECCO 皮革），拨付补助款 20.36 万元；兑现厦门三登塑胶工业有限公司标准化奖励资金 20 万元、兑现厦门绿研食品有限公司标准化奖励资金 9 万元、兑现厦门古龙食品有限公司标准化奖励资金 6 万元；压力管道改造补助共 32 家，补助 64 万元；技改补助 10 家，补助金额 589.9 万元；生产型出口企业扶持 6 家，补助 628.51 万元；出口信用扶持 56 家，补助金额 319.11 万元；节能参展企业补贴 11 家，补助金额 10.4 万元。节能专项奖励 4 家，奖励金额 38.71 万元。配合市级兑现相关政策，受理新建或改建工业企业新增房产税和土地使用税奖励 14 家，奖励金额 744.1 万元；新增货梯补助 8 家，补助金额 289.3 万元；第一季度用电奖励 22 家，奖励 175 万元；2018 年市级技改补助 4 家，补助 217.5 万元。集中供热管道补助 2 家，补助金额 504.675 万元。

【企业转型升级推进】 2018 年，同安区采取多种措施推动企业转型升级。区经信局联合市经信局举办两期国家级高企认定政策专题培训会，解读高企认定办法、市级高企备案管理办法政策、市相关扶持政策、工作指引等。指导企业开展高新技术企业、省市级科技小巨人领军企业认定申报工作。全年共有 73 家企业通过国家高新技术企业认定，44 家企业被认定为省市级科技小巨人领军企业。落实高新技术企业奖励扶持政策，对 82 家国家级高新技术企业、53 家市级高新技术企业给予 2580 万元奖励。

【智能制造试点示范项目】 2018 年，金牌厨柜“面向家居行业的个性化定制智能制造新模式应用”获国家工信部立项扶持。该项目通过应用物联网、大数据等技术与家居制造相结合，建立面向家居行业的大规模个性化定制智能制造新模式，以信息化带动工业化、以工业化促进信息化，构建互联工厂的系统架构，建立“面向家居行业的个性化定制智能制造解决系统”，打造厨柜智能制造工厂，逐步实现“金牌制造”向“金牌智造”的转型，形成完善的基于数据驱动的企业研发、设计、生产、营销、供应链管理和服务体系，为客户提供一条龙整体个性化定制厨柜智能解决服务，快速、低成本满足用户个性化需求。

支柱产业

【概　况】2018年，同安区食品行业、水暖厨卫、机械制造、光电照明四大支柱产业完成产值477.54亿元，比上年增长10.68%，占规模以上工业总产值的55.84%。其中机械制造和现代照明两大产业比上年增加16.03亿元，拉动全区工业产值增长2.06个百分点。食品行业继续保持四大传统产业主导地位，比重为全区各个主导产业之首，占比达到17.26%；全年累计完成产值147.63亿元，比上年增长8.13%，拉动全区工业产值增长1.3个百分点。水暖厨卫产业全年累计完成产值121.78亿元，比上年增长18.46%，占全区规模以上工业产值的14.24%；机械制造业全年累计完成产值85.33亿元，比上年增长21.66%，增幅为四大支柱产业之首，占全区规模以上工业产值的9.98%。光电照明全年累计完成122.8亿元，比上年增长0.69%，占全区规模以上工业产值的14.36%。

【食品行业】2018年，同安区规模以上食品工业企业57家，完成工业产值147.63亿元，占规模以上工业产值的17.26%，比上年增长8.13%。2018年得益于国际大宗商品价格的回升及国内CPI的稳定，食品加工业呈现稳步增长的态势，两家龙头企业厦门银祥油脂有限公司、厦门中禾实业有限公司拉动作用明显，分别完成年产值23.1亿元、28.2亿元；比上年增长8.29%、27.27%。规模以上食品工业企业拥有农业产业化及食品工业各类品牌商标54个，其中获得省著名产品3家，省著名商标3家，市优质品牌5家。年规模产值上10亿元的有3家，分别为厦门中禾实业有限公司、厦门银祥油脂有限公司、厦门银祥肉业有限公司；5亿～10亿元的有3家，分别为厦门古龙食品有限公司、双桥（厦门）有限公司、厦门象屿盛洲粮油有限责任公司。

【水暖厨卫产业】2018年，全区规模以上水暖厨卫企业64家，完成工业产值121.78亿元，比上年增长18.46%，占规模以上工业产值的14.24%。水暖厨卫行业形成以四口圳片区为依托，以百路达、金牌橱柜为龙头，带动下游几十家配套的企业，形成较为完善的产业集群。龙头企业百路达（厦门）工业有限公司受益于机器换工、提高产能，全年完成产值18.15亿元，比上年增长31.16%；厦门金牌厨柜股份有限公司受益于2016年上市处于高速成长阶段，完成产值23.59亿元，比上年增长38.2%。

【机械制造产业】2018年，全区规模以上机械制造企业63家，完成工业产值85.33亿元，比上年增长21.66%，占规模以上工业产值的9.98%。增长幅度较大的企业海拉（厦门）电气有限公司完成规模以上工业产值5.75亿元，增幅46.52%；厦门蒙发利电子有限公司完成规模以上工业产值13.66亿元，增幅69.65%。

【光电照明产业】2018年，全区规模以上光电照明企业19家，完成产值122.8亿元，比上年增长0.69%，占规模以上工业产值的14.36%。主要得益于厦门市三安

厦门金牌厨柜股份有限公司产品加工车间　　（同安工业园区管委会供图）

半导体科技有限公司、厦门三安光电有限公司两家企业的止跌回稳，两家企业1—12月完成规模以上工业产值95.7亿元，比上年增长0.99%，厦门市三安半导体科技有限公司完成产值54.76亿元，比上年下降0.13%；厦门三安光电有限公司完成产值40.94亿元，比上年增长2.52%。

产业链发展

【概　况】2018年，同安区以同翔高新技术产业基地同安片区、同安工业集中区、凤南片区以及轻工食品园、城南工业区、城东工业区、洪塘石材工业区、同安新城工业园等中小型工业园区为发展载体，培育并初步形成生物医药与健康、机械装备、半导体与集成电路、计算机与通讯设备、新材料等5条产业链。产值797.76亿元，占规模以上工业总产值的93.3%。

【生物医药与健康产业链】2018年，同安区依托轻工食品园、城东工业区等工业园区，重点发展生物医药、健身器材等产业资源，完善上下游配套产业体系，加快整合形成产业集聚。全年全区生物医药与健康产业完成产值319.19亿元，比上年增长13.9%。其中药品生产企业4家，产值8.42亿元，重点企业金日制药（中国）有限公司、厦门中药厂有限公司分别完成年产值3.09亿元、4.07亿元；比上年增长5.73%、6.21%。

【机械装备产业链】2018年，同安区依托同安工业集中区，提高产业关联度和本地产品配套率，推动机械装备行业由传统制造向智能制造转型，融入全市产业链群，提高市场竞争力。2018年，全区机械装备产业完成产值147.11亿元，比上年增长14.1%。其中金属制品生产企业3家，实现产值32.11亿元，重点企业厦门保沣实业有限公司、厦门太平货柜制造有限公司，分别完成产值16.49亿元、8.24亿元；健身器材制造企业有厦门群鑫机械工业有限公司和厦门康乐佳运动器材有限公司，分别实现产值6.36亿元、6.03亿元。

【半导体与集成电路产业链】2018年，同安区依托火炬工业园区，发展半导体与集成电路产业链。重点发挥三安光电、三安集成电路、紫光集团等龙头企业作用，完善产业园区配套建设和上下游配套产业体系，加快形成产业集聚。2018年全区15家半导体与集成电路产业规模以上工业企业完成产值118.75亿元，比上年增长1.4%。重点企业三安光电生产光电子器件制造，产值为40.94亿元；三安集成电路生产半导体分立器件制造，产值54.76亿元；厦门通士达照明有限公司生产节能光源产品，产值12.02亿元。

【计算机与通讯设备产业链】2018年，同安区依托同翔高新技术产业园区，发展计算机与通讯设备产业链。推进研发平台建设，发展计算机、智能穿戴设备、通讯导航设备等，支持龙头企业增资扩产，融入全市产业链群。2018年，全区计算机与通讯设备产业完成产值17.74亿元，比上年下降2.25%。主要企业为华尔达（厦门）塑胶有限公司和厦门歌乐电子企业有限公司，产值分别为2.35亿元、2.52亿元。

【新材料产业链】2018年，同安区以同翔高新技术产业基地、工业集中区为载体，发展新材料产业链。2018年，全区新材料产业实现产值195亿元，比上年增长8.2%。其中纺织业企业有8家，实现产值13.8亿元，重点企业厦门华诚实业有限公司，产值4.01亿元。化学原料制品企业有20家，实现产值26.03亿元，重点企业厦门固克涂料集团有限公司，产值6.44亿元。

（李妍妍）

同安工业园区

【概　况】同安工业园区位于新民大道以南、同集快速路以西、白云大道以东、集隆路以北。面积约16平方公里，其中工业用地面积约7平方公里。2018年，园区建成以水暖厨卫、健身器械、机械电子、物流配送为主的多产业兼容的综合性产业基地，有社区居民及产业工人总数约20万人。至年底，同安工业园区共引进企业541家（不含二次招商入驻企业），其中有规模以上工业企业209家，2018年产值255亿元。

【机构改革】1月，区委推动成立同安工业园区功能型大党工委，统筹开展全区7个工业园区的非公领域党建工作。2月，原厦门市同安工业集中区管理委员会办公室、原厦门市同安工业集中区建设服务中心、原厦门市同安区工业园区开发建设办公室完成机构改革。改革后设厦门市同安区工业园区管理委员会，为同安区人民政府派出机构，下设全民事业单位厦门市同安区工业园区建设服务中心，设常务副主任1名。机构职责由原来的负责协调企业进驻工业区期间及生产过程中遇到的困难和问题，负责辖区内公共设施的建设、管理与维护，管理园区物业公司等调整为负责工业园区规划布局与开发建设，公共设施的建设、管理与维护，园区物业管理与外部环境建设等。

【项目建设】 2018年，同安工业园区推进71个项目建设，完成工程投资约2亿元。完成四口圳片区k1开闭所、四口圳片区k7开闭所、厦门中盛粮油集团厂区杆线迁移工程、华诚南横二路道路工程、华诚南横二路电力管沟工程、工业集中区k28开闭所、大店东路配套道路工程、美禾园美星五路、四口圳片区支二路二期工程、四口圳片区道路提升改造工程、美禾园殡仪馆周边配套绿化隔离带、同集路至殡仪馆道路绿化提升工程、城东工业区提升改造工程、柑岭片区横二路给水工程、百路达公司电力增容改造项目、吉特利公司用电增容、东纶公司海西物流园项目电缆迁移工程、黄金工业园及周边供热管道工程、工业园区污水管网改造工程等19个市政配套项目建设，提升园区投资环境。推进官浔溪路（后宅—白云大道）道路工程、景田公司二期用电增容工程、同安工业集中区同昌配套道路（同昌南路、同昌西路）道路工程、银鹭三期C地块横六路（赢晟段）道路工程等29个项目施工。办理美禾园美禾二路道路工程、京东亚洲一号厦门同安物流园永久性边坡工程等23个项目前期手续。

【园区综合管理】 2018年，厦门国贸大管家同城管理有限公司开展同安工业园区管理服务，提升道路保洁、绿化养护和市政设施维护水平，做好同安工业集中区、新城同安园等范围内的园区管理服务工作和梧侣文体活动中心的物管工作，道路保洁面积达到153万平方米、绿化养护面积达到395万平方米，基本实现同安工业集中区市政管理全覆盖。全年完成路灯、人行道、雨污水管、路面等市政道路配套设施维护约1500次。国贸大管家还积极举办“国贸大讲堂”公益活动，全年累计组织开展涉及企业经营管理、产品营销、财税政策、智能制造等办各类公益讲座、专项培训12期，共吸引500多家企业、1500多名企业负责人参加。

【园区绿化提升工程】 2018年，同安工业园区管委会开展园区绿化提升工程。4月，美禾园殡仪馆周边配套绿化隔离带工程竣工验收，项目位于美禾园纵一路道路西侧，绿化面积约4900平方米，植草砖停车场1984平方米。5月，四口圳片区道路绿化提升工程竣工验收，项目位于集中区四口圳片区，主要对四口圳路、赤坪路、同明南路、集隆路、同辉南路、后宅路等12条道路人行道修复、绿化提升，道路退线建设健身器材、园林小品等，新增绿化面积约21000平方米。

【华诚南横二路道路竣工】 4月，华诚南横二路道路工程（一期）竣工验收通车。该项目位于柑岭片区，起于云祥路，终于凤岗路，长0.98公里，宽24米，为周边商业房地产项目及华诚工业园的基础设施配套项目。工程投资2425.07万元。建设道路、雨污水、人行道、路灯、绿化、交通及各类综合管线等。

（李小惠）

商贸 旅游

商业贸易

【概 况】2018年，同安区社会消费品零售总额累计完成245.54亿元，比上年增长12%；其中限上社会消费品零售总额累计完成184.42亿元，比上年增长12.4%。限上批发零售总额累计完成523.8亿元，比上年增长19.2%。厦门京东东和贸易有限公司实现零售额136.74亿元，占限上零售总额的74.15%，拉动互联网零售高位增长。

2018年，全区完成外贸进出口总额269.7亿元，比上年增长4.5%，其中出口总额完成192.1亿元，比上年增长8.8%；进口总额77.6亿元，比上年下降4.9%。

2018年同安区限额以上批发零售法人企业商品购进、销售和库存情况表

表21

指标名称	法人企业数（个）	从业人员期末人数（人）	商品购进额（万元）	商品销售额（万元）	期末商品库存额（万元）	年末零售营业面积（平方米）
总　计	153	8560	5233506	5918706	174721	139572
一、批发业	112	5699	3697579	4053875	132820	27398
农、林、牧、渔产品批发	2	28	5615	5276	858	—
畜牧渔业饲料批发	2	28	5615	5276	858	—
食品、饮料及烟草制品批发	19	2587	562657	604234	28213	2508
米、面制品及食用油批发	6	204	239747	240127	1035	1500
肉、禽、蛋、奶及水产品批发	3	243	51088	58585	2309	420
酒、饮料及茶叶批发	5	1212	123160	144239	4909	100
其他食品批发	3	406	138245	149687	19798	300
纺织、服装及家庭用品批发	22	375	701928	769985	7491	2100
纺织品、针织品及原料批发	7	63	595279	656736	3161	—
服装批发	2	19	13600	14123	36	—
化妆品及卫生用品批发	2	54	7436	9285	216	—
厨具卫具及日用杂品批发	3	96	13032	11779	1519	2000
日用家电批发	2	18	37198	40758	439	—
其他家庭用品批发	5	56	30310	32028	1476	100
文化、体育用品及器材批发	12	573	720269	731313	25867	—
文具用品批发	2	63	31572	31157	4792	—

续表 21

指标名称	法人企业数（个）	从业人员期末人数（人）	商品购进额（万元）	商品销售额（万元）	期末商品库存额（万元）	年末零售营业面积（平方米）
体育用品及器材批发	3	26	51463	47408	245	—
首饰、工艺品及收藏品批发	3	212	12881	16473	0	—
其他文化用品批发	4	272	624353	636275	20829	—
医药及医疗器材批发	6	550	87263	97690	13472	400
西药批发	5	433	68901	75993	10175	—
矿产品、建材及化工产品批发	34	828	969760	1019445	42587	20590
石油及制品批发	3	187	89455	93943	1076	7336
非金属矿及制品批发	3	28	67286	68793	778	—
金属及金属矿批发	10	233	684764	716728	36747	9334
建材批发	13	231	87967	94675	3069	3420
其他化工产品批发	4	127	36903	41193	918	500
机械设备、五金产品及电子产品批发	13	655	599765	764539	13397	1800
汽车及零配件批发	5	118	25471	28977	1845	1600
其他机械设备及电子产品批发	5	311	535421	690420	9994	—
其他批发业	3	97	25338	29607	669	—
其他未列明批发业	3	97	25338	29607	669	—
内资企业	99	5315	3350995	3674960	110431	27398
有限责任公司	24	2457	1082001	1148907	42414	8221
其他有限责任公司	23	2451	1007198	1074445	41378	8221
私营企业	74	2728	1674045	1917656	49307	19177
私营有限责任公司	73	2720	1671713	1915034	49223	19177
港、澳、台商投资企业	9	279	277476	297615	19145	—
与港澳台商合资经营企业	2	28	9010	10578	1084	—
港澳台商独资企业	6	143	249584	270697	15942	—
外商投资企业	4	105	69107	81300	3244	—
中外合资经营企业	2	9	55146	66916	266	—
外资企业	2	96	13962	14384	2978	—
国有控股	8	1118	654275	690648	29420	600
私人控股	93	3632	2158766	2445411	63583	26610
港澳台商控股	6	143	249584	270697	15942	—
外商控股	2	96	13962	14384	2978	—
其他	3	710	620991	632736	20896	188
独立门店	41	1400	1040396	1225751	45644	14336
其他	70	3827	2650023	2820125	87109	12874

续表21

指标名称	法人企业数（个）	从业人员期末人数（人）	商品购进额（万元）	商品销售额（万元）	期末商品库存额（万元）	年末零售营业面积（平方米）
大型	3	1345	728229	901424	26572	200
中型	35	3223	1582695	1668077	84210	20398
小型	64	1101	1141607	1219786	19943	6200
微型	10	30	245048	264588	2095	600
二、零售业	41	2861	1535928	1864831	41902	112174
综合零售	5	341	16760	22356	730	37543
百货零售	4	299	15651	21247	639	33843
食品、饮料及烟草制品专门零售	5	430	45985	47370	165	3181
肉、禽、蛋、奶及水产品零售	5	430	45985	47370	165	3181
医药及医疗器材专门零售	2	193	2946	4082	1120	1158
西药零售	2	193	2946	4082	1120	1158
汽车、摩托车、零配件和燃料及其他动力销售	22	1000	282639	288929	26186	64320
汽车新车零售	16	894	271282	275181	24747	60480
摩托车及零配件零售	3	51	3840	4788	997	2040
机动车燃油零售	2	49	5605	6900	442	1700
家用电器及电子产品专门零售	4	865	36811	37160	10071	4755
通信设备零售	3	855	35557	35664	10050	4275
货摊、无店铺及其他零售业	3	32	1150788	1464936	3629	1217
互联网零售	2	16	1057042	1370161	3579	—
内资企业	39	2714	1499015	1822555	39532	98524
有限责任公司	10	1262	1327152	1640141	27596	39277
其他有限责任公司	10	1262	1327152	1640141	27596	39277
私营企业	29	1452	171863	182414	11936	59247
私营有限责任公司	28	1410	170754	181305	11844	55547
外商投资企业	2	147	36913	42276	2370	13650
外资企业	2	147	36913	42276	2370	13650
国有控股	3	182	50352	54826	7498	20220
私人控股	33	2366	324639	336833	22034	67804
外商控股	2	147	36913	42276	2370	13650
其他	3	166	1124024	1430896	10000	10500
独立门店	31	1469	318900	332125	27608	91878
连锁总店（总部）	2	285	21062	21201	231	4656
连锁直营店	2	128	10931	11709	173	5158
其他	6	979	1185035	1499796	13890	10482

续表 21

指标名称	法人企业数（个）	从业人员期末人数（人）	商品购进额（万元）	商品销售额（万元）	期末商品库存额（万元）	年末零售营业面积（平方米）
中型	17	1593	286308	297475	21794	81512
小型	18	488	156963	161769	6946	28007
微型	5	30	1061026	1374257	3848	640
有店铺零售	34	2623	466701	480998	37573	95673
超市	2	102	6129	6816	175	9600
专业店	5	1005	64783	70822	15792	10115
专卖店	25	1322	386055	389341	21161	56965
无店铺零售	5	183	1065144	1378710	3705	7281
其他	4	176	10369	11310	636	7281
三、批发业按地区分组	112	5699	3697579	4053875	132820	27398
同安区	112	5699	3697579	4053875	132820	27398
四、零售业按地区分组	41	2861	1535928	1864831	41902	112174
同安区	41	2861	1535928	1864831	41902	112174

2018 年同安区限额以上住宿和餐饮业法人单位经营情况表

表 22

指标名称	法人企业数（个）	从业人员期末人数（人）	营业额（万元）	客房数（间）	床位数（个）	餐位数（位）	年末餐饮营业面积（平方米）
总　计	16	1280	22759	1215	1880	8088	60404
一、住宿业	6	434	8054	803	1248	1024	2535
旅游饭店	4	396	7480	569	944	1024	2535
旅游饭店	4	396	7480	569	944	1024	2535
一般旅馆	2	38	573	234	304	—	—
其他一般旅馆	2	38	573	234	304	—	—
内资企业	5	156	2196	549	808	24	35
有限责任公司	3	79	1383	350	509	24	35
其他有限责任公司	3	79	1383	350	509	24	35
私营企业	2	77	813	199	299	—	—
私营有限责任公司	2	77	813	199	299	—	—
私人控股	4	115	1425	405	551	24	35
独立门店	5	416	7752	664	1044	1024	2535
小型	5	156	2196	549	808	24	35
其他	6	434	8054	803	1248	1024	2535
二、餐饮业	10	846	14705	412	632	7064	57869

续表 22

指标名称	法人企业数（个）	从业人员期末人数（人）	营业额（万元）	客房数（间）	床位数（个）	餐位数（位）	年末餐饮营业面积（平方米）
正餐服务	8	533	9306	412	632	2204	47119
正餐服务	8	533	9306	412	632	2204	47119
餐饮配送及外卖送餐服务	2	313	5399	—	—	4860	10750
餐饮配送服务	2	313	5399	—	—	4860	10750
内资企业	10	846	14705	412	632	7064	57869
有限责任公司	3	608	10265	313	462	5579	42530
其他有限责任公司	3	608	10265	313	462	5579	42530
私营企业	7	238	4440	99	170	1485	15339
私营有限责任公司	7	238	4440	99	170	1485	15339
国有控股	2	569	9317	313	462	5239	40630
私人控股	8	277	5388	99	170	1825	17239
独立门店	8	530	9433	412	632	2139	47019
中型	2	569	9317	313	462	5239	40630
小型	8	277	5388	99	170	1825	17239
三、住宿业按地区分组	6	434	8054	803	1248	1024	2535
同安区	6	434	8054	803	1248	1024	2535
四、餐饮业按地区分组	10	846	14705	412	632	7064	57869
同安区	10	846	14705	412	632	7064	57869

【商贸企业发展扶持】 2018年，同安区兑现《关于促进商贸流通业加快发展实施细则》《关于我区新增企业入库奖励补充通知》等一系列政策，引导商贸企业加快发展，扶持服务业做大做强，推进产业结构调整。全年兑现2017年限下转限上企业奖励及第二年增幅奖励423.9万元、2017年商贸流通奖励516.3万元。

【闽南农副产品物流中心纳入全国公益性农产品示范市场】 2018年，闽南农副产品物流中心被商务部纳入全国公益性农产品示范市场。闽南农副产品物流中心于2015年开业运营以来，连续3年在全省专业蔬菜批发市场中保持蔬菜交易量第一。蔬菜日均交易量4000多吨，是福建省最大的蔬菜专业批发市场，为厦门市提供80%的蔬菜供应。有效稳定市场农副产品价格，保障厦门菜篮子供应安全。

【同安区获评国家外贸转型升级基地】 10月25日，在“互联网+中国智造”高峰论坛暨全国轻工外贸基地发展大会上，同安区被商务部评为“国家外贸转型升级基地（运动健身器材）”。同安区获批该基地将推动同安区运动健身器材行业外贸结构转型升级，供给侧结构性改革，巩固提升传统产业国际竞争力。

附：同安区运动健身器材产业简介

一、同安区运动健身器材行业概况

厦门体育用品制造产业是从2000年起开始快速发展起来的。在2001年至2010年的十年间，厦门的体育用品制造和出口年均增长在15%以上。2009年，运动器材产业被厦门市政府列为重点培育打造的13个百亿产业集群之一。2018年，厦门已成为全国最大的健身器材和按摩器具生产和出口基地，年出口额约占全国同类产品1/4。以跑步机健身器材为例，全球10台跑步机就有6台是厦门制造，而按摩器具的出口更是占到了全国70%以上的份额。

据不完全统计，同安区健身器材行业产值约占厦门健身器材行业产值50%以上。2018年，同安区运动健身器材（含配套企业）63家，直接从业人数达12000人，

80%的企业都集中在同安工业集中区。同安区运动健身器材实现年产值59.3亿元，其中出口额达7.53亿美元。产品销往120多个国家和地区，出口额前三名依次为美国、日本和德国。

二、同安区主要运动健身器材生产企业

被列入厦门市2018年重点工业企业名单有奥佳华智能健康科技集团股份有限公司、厦门群鑫机械工业有限公司、厦门康乐佳健身器材有限公司3家企业（集团）。

（一）奥佳华智能健康科技集团股份有限公司

奥佳华智能健康科技集团股份有限公司［原“厦门蒙发利科技（集团）股份有限公司”］主要从事各类按摩器具的设计、研发、生产和销售工作。近年来，公司凭借雄厚的技术实力、较高的行业知名度、可靠的产品质量等竞争优势，通过与北美、欧洲、东亚和东南亚地区领先健康产品品牌商HOMEDICS、ATEX、OGAWA、HOT、OSIM、CASADA、OTO等的长期合作，已发展成为中国专业的按摩器具研发与制造商。根据中国海关数据统计整理，2008年、2009年和2010年，公司按摩器具出口金额占全行业出口总额的比例分别为14.85%、19.16%和22.78%，出口份额排名第一。

公司下属厦门蒙发利健康科技有限公司创立于2000年，现有6栋全新国际化厂房，拥有员工500人左右。产品包括风扇、加湿器、空气净化器和电暖器等。历经数年风雨，公司已经发展成为一家集研发、生产、销售健康家电于一体的企业。公司的产品目前已经形成完善的产销体系。产品90%远销欧美国家和地区，而且每年以30%的增长速度占领市场。

公司下属厦门蒙发利电子有限公司成立于2000年2月23日，主营业务为按摩居室电器产品的研发、生产。

（二）厦门群鑫机械工业有限公司

厦门群鑫机械工业有限公司是一家专业从事运动健身器材研发、生产与销售的大型台商独资企业。公司自1998年4月成立，注册资金1800万美元，建筑面积7万多平方米。1999年4月通过了德国TUV组织ISO 9001国际质量体系认证，2002年6月通过瑞士SGS认证机构ISO 9001：2000。公司“艾威”品牌系列产品全部按EN957要求研制，产品涉及跑步机、健身车、力量训练器、形体训练器、户外健身路径、按摩保健、体质测量等7大系列200余款，用户遍及全球80多个国家和地区，全球用户达1000万。目前申请专利70多项，2001年被列为厦门市专利产品试点企业。2006—2009年连续被评为厦门市100强企业和银行信用AAAA级单位。

初期年出口金额约一千万美元，经过15年成长，员工达1800人，土地面积10万平方米，厂房建筑面积11.5万平方米。2004年销售额5000万美元、2005年8800万美元、2006年8000万美元、2007年9000万美元，公司出口额在2001年、2005年厦门市工业企业中排名前10位。2013年出口总金额突破1亿美元，在厦门百强出口企业排名64位。

（三）厦门康乐佳健身器材有限公司

厦门康乐佳健身器材有限公司成立于是2004年，作为现代国际型健身器材企业，以消费者需求为导向的品牌观，精益求精的企业态度，创新技术的优秀产品和服务，为全球爱好健身和运动的人们提供健康快乐的生活方式。

公司产品品牌有KPOWER、KONLEGA，产品涵盖十大系列四百多个品种，包括健身车、跑步机、踏步机、举重床、按摩机、划船器、太空漫步机、仰卧板、力量训练器、综合型健身器材等系列。

公司在2011年被评为“厦门市企业技术中心”、2010—2015年度连续被评为“中国轻工业体育用品行业十强企业”；2011、2012年连续2年被评为厦门市最具成长性中小企业；2012年被评为“高新技术企业”；2011—2015年度连续被授予“纳税1000万元以上特大户”称号；2013年被评为“中国健身器材制造行业健身车示范生产企业”；2013年被评为“中国轻工业百强企业”。

（李妍妍　蔡文生）

粮食储备与供应

【概　况】 2018年，同安区粮油购销总量达347万吨，比上年增长7.1%，其中粮油总购进182万吨，比上年增长6.4%；粮油总销售165万吨，比上年增长7.8%。年末粮食库存量8.05万吨，比上年增加49.1%。食用植物油库存量2.57万吨，比上年减少6.2%。2018年，市粮食局第一分局开展粮油产销合作，组织粮企参加在福州召开的第十四届九省产销协作洽谈会，现场签订粮食购销合同1050万元，涉及粮食购销0.5万吨。协助粮企走访产粮区，到河南、江西、安徽等地考察粮食生产加工及市场行情，建立长期稳定产销协作关系。2018年核定全区粮食企业收购资格许可证9家，其中国有及国有控股2家。完成全区6家粮食应急定点骨干加工企业和19家粮食应急定点骨干供应点资格核查工作。继续进行年度社会粮油供需平衡调查，其中农户10户、城镇居民户11户的住户统计调查，为地区性粮食宏观调控决策提供科学依据。2018年，积极宣传粮食科普知识，于7月在同安区钟楼广场开展“放心粮油进社区宣传日”、“食品安全宣传月”、粮食科技活动周等活动和举办纪念第38个“世界粮食日”相关活动，加强对《粮食流通管理条例》等法律法规的宣传，普及粮食科普知识，倡导爱粮节粮新风尚。至年底，全区具有粮食收购资格企业9家，中央及地方粮食储备企业1家。纳入国家粮油加工业统计企业16家，其中应急定点加工企业6家；食用油加工企业3家、食品企业4家、饲料加工厂3家。应急定点供应粮店19家，包括大卖场在内的其他粮油销售企业2家。年内，同安区在市对区落实粮食安全行政首长责任制考评中获第一名。

【粮油购销】 2018年，同安区粮油总购进182万吨，比上年增长6.4%。粮食总供给141万吨，其中粮食自产0.01万吨，与上年基本持平；国内购进量75.6万吨；进口65.3万吨。食用植物油总供给41万吨。粮油总销售165万吨，比上年增加7.8%，其中辖区口粮销售30.7万吨，工业用粮销售8.5万吨，饲料用粮销售3.5万吨；食用植物油总销售48.3万吨。

【粮食应急体系建设】 2018年，市粮食局第一分局完善粮食市场监测、应急体系建设。协助同安区政府出台《粮食安全应急预案》，修订完善部门《粮食储备应急工作预案（修订稿）》。开展2017年度粮食应急体系建设专项资金申报，协助符合申报条件的厦门储备粮集团好年东有限公司和厦门市同安中山粮食有限公司2家粮油企业申报并取得省级粮食应急体系建设专项资金补贴共191.41万元；协助15家符合申报条件的应急定点供应粮店申报并取得市级应急体系建设专项资金补贴共4.5万元，推动粮食仓储设施和物流体系建设。加强粮食市场监测分析，上报市粮食局粮食供求、质量、价格、食品安全等信息，为领导决策和企业提供信息服务。年内审核确认2018年度应急定点粮油加工企业6家、应急定点供应粮店19家。

【粮油储备管理】 2018年，市粮食局第一分局协助厦门市同安储备粮管理有限公司通过公开拍卖方式轮出储备粮10030.202吨，其中稻谷7530.202吨、小麦2500吨。以公开竞标采购等方式轮入新粮11330.202吨，其中稻谷7243.917吨、小麦2286.285吨；轮入应急储备大米1800吨，完成2018年储备粮、应急储备大米轮换任务。持续推进粮油仓储管理规范化，开展春秋两季粮食库存检查，分别于2018年4月、10月组织开展春季和秋季粮食库存检查，完成粮食库存与储粮安全普查工作。

【粮油加工业】 2018年，同安区规模以上粮油加工业企业（油脂加工业）实现工业总产值60.27亿元，实现销售收入51.13亿元。同安区日处理稻谷加工能力600吨，日处理油料6500吨，日精炼油脂2600吨。大米、食用油日加工能力能满足本区需求。

【氮气储粮新技术应用】 2018年，厦门市同安储备粮管理有限公司在粮食储备中引入氮气储粮技术，全年共投入367万元购置充氮储粮技术设备并使用，实现利用充氮技术储粮仓容4.01万吨，极大提高储粮品质。

·小资料·

氮气储粮是目前世界上最先进的储粮新技术之一，不仅可以减少储粮化学药剂对粮食和环境的污染、减少对粮食保化人员身体健康的伤害，还可以降低储粮害虫的抗药性、保持粮食的储藏品质，是粮食储藏技术的一场革命。

【粮油企业收购】 2018年，厦门知名民营企业“厦门中盛粮油集团有限公司”被新股东陈清渊以4.2亿元收购，组建“厦门新盛洲植物油有限公司”。组建后的“厦门新盛洲植物油有限公司”注册资金2.1888亿元。

（邵森达）

供销合作商业

【概　况】 2018年，同安区供销社积极推进供销社综合改革，成立供销商社，与区联社合署运行，承接区联社社有资产运营管理职能。推进基层供销社组织建设，与丽田园农家乐专业合作社等3个专业合作社实行融合发展。抓好化肥、农药、液化气、烟花爆竹、日用品经营业务，保障农业生产用肥用药和民生用气等市场供应。全年商品销售13980.9万元，比上年增长15.1%，缴纳税收881.2万元，比上年增长5.8%，全系统实现利润1486.8万元，与上年基本持平。2018年年内，区联社获市供销社综合业绩考评一等奖。

【承办“福建省供销社2018年农资科技下乡专场活动”】 3月21日，区供销社在莲花镇军营村举办福建省供销社2018年农资科技下乡同安专场活动，省供销社农资办、市供销社、市质监局、区市场监管局、质监三分局、区农林水执法大队、植保站、农技推广站、农机站和莲花镇政府等单位参加。活动组织化肥农药生产、销售企业农技人员、农业部门农机、植保专业技术人员30多人，为农民群众提供科学用肥用药、农作物病虫害防治、农业机械维保、假冒伪劣农资产品识别等咨询服务，现场分发宣传材料2000多份、小日用品1000多份、小包装新型复合肥1800袋。活动吸引军营村及周边村居500多名农民参与。

【结对农民专业合作社】 2018年，区供销社与农民专业合作社结对签订融合发展协议，完善基层供销社合作经济组织形式，推进农民专业合作社规范运作，实现供销合作社和农民专业合作社共同发展。年内莲花供销社与同安丽田园农家乐专业合作社、瑶龙腾水产养殖专业合作，新民供销社与山登畜牧专业合作，并将3个农民专业合作社纳入供销社统计直报报表系统，实行加盟管理。

【农资经营管理】 2018年，区供销社系统共冬储化肥8271吨、农药20.4吨、农膜11.6吨。销售化肥9374吨、农药22.8吨、农膜11.2吨。区政府召开农资保障供应联席会议，研究确定2018—2020年三年农资冬储补贴为每年40万元。

【农村假冒伪劣食品专项整治活动】 12月起，区供销社会同农林局、市场监管局、公安局、商务局等部门，开展为期三个月专项整治行动。区供销社成立领导小组，组织对系统内自营、加盟的日用品食杂商店，以及出租的经营网点，开展拉网式宣传、自查整改和检查督促，共出动100多人次，检查32个经营网点，分发宣传材料300多份，检查中没有发现供销社网点经销假冒伪劣食品。

（张永杰）

旅　　游

【概　况】 2018年，同安区继续实施旅游改革，促进产业转型发展。修订出台《同安区旅游发展专项资金使用暂行管理办法》，在原有2011年、2015年两次修订的同安旅游奖励办法基础上调整补充，扩大旅游政策受惠范围。差异化培育乡村旅游集聚区和特色小镇，推进顶村、军营等乡村民宿项目，打造特色乡村旅游产业链群。指导主要乡村旅游点打造乡村旅游联盟，新增五显镇垵炉村、竹坝新村村2个乡村旅游特色村。盘活利用古官道、古瓷窑等，注入地标性特色文化，形成乡村旅游产品系列化。全年接待国内外游客1278.67万人次，比上年增长13.1%；实现旅游收入44.3亿元，比上年增长29.2%。至年末，有国家AAAA级景区方特梦幻王国、北辰山共2家，有国家AAA级景区同安影视城、金光湖、古龙酱文化园共3家。

【厦门万豪酒店及会议中心正式开业】 4月26日，厦门万豪酒店及会议中心正式开业，是同安环东海域首家开业的高端商务度假型酒店，也是万豪国际集团在福建省开设的第一家万豪品牌酒店。酒店位于观滨路，毗邻滨海浪漫线，总房量为304间，包含276间客房，15间套房以及13栋别墅。客房种类包括全海景房、环礁泳池套房、豪华套房、副总统套房和总统套房等，房间均带宽敞的观景阳台，80%以上的客房可观海景。酒店还配有6个餐厅及餐吧、室内外泳池、儿童泳池、儿童俱乐部、各类健身场所、及水疗中心、雪茄酒吧、桌球室、乒乓球室、棋牌室和私人影院等。可满足游客对优质休闲度假及私人空间的需求。

【厦门方特景区举办海峡两岸旅游文化交流活动】 4月28日，海峡两岸旅游文化交流活动暨文化传承特色线路方特首发仪式在厦门方特主题公园景区举行。当日，由台中、台北、高雄、嘉义等地百余名台湾旅游业界人士组成的台湾同胞首发团，到厦门方特旅游区开展

厦门万豪酒店及会议中心　　（何东方　摄）

旅游文化交流观光活动。台湾游客先后体验方特东方神画景区特色项目，欣赏同安非遗项目及闽南本土特色民俗表演，参观闽南传统工艺品漆线雕、珠光青瓷等。厦门方特旅游区与台湾同胞首发团的组织方签署合作协议，协议通过组团优惠等措施，深挖旅游文化内涵，深耕旅游客源市场，2018 全年由台湾各主要旅行商组织 2 万人次的台湾游客到厦门方特游玩，促进两岸旅游文化的交流与发展。

【同安举办 2018 夏季旅游嘉年华】 6 月 29 日，由同安区旅游局主办的“2018 年第六届同安夏季旅游嘉年华暨金光湖森林泼水狂欢节”在金光湖举办。2018 年“夏季旅游嘉年华”时间跨度约为两个月，其间，全区各景区、酒店推出多项活动，有厦门方特主题公园的“狂欢节三部曲”，北辰山景区的“热血青春季”、同安影视城的第五届“皇宫嬉水湿身节”、金光湖生态旅游景区的“2018 森林泼水节”、竹坝的“乐游厦门首家儿童考古挖掘馆”、盛之乡酒店的“‘同乐’惠‘安心’泡”、古龙酱文化园的“缤纷夏日，畅游酱园”、通士达光影体验馆的“开启夏令营模式”、丽田园的“2018 休闲农业嘉年华”活动、五峰德安古堡的“夏季嘉年华”等。

【同安举办乡村旅游采风推介会】 7 月 30 日，由同安区旅游局、莲花镇人民政府主办的“同安乡村旅游采风推介会”在丽田园休闲农庄举办，来自厦、漳、泉的 40 余家旅行商以及全区 40 余家乡村旅游经营单位参会。此次采风推介会是同安第一次由政府主办的以“乡村旅游”为主题的营销活动。推介会以文艺表演、宣传片、图片展览、嘉宾宣讲、面对面沟通、现场互动等多种方式展示了同安乡村的自然风光和旅游资源。作为采风推介会的配套活动，云洋村休闲文化广场当天揭牌，大美同安摄影展同期进行。

【同安举办“滨海厦门・玩趣同安”采风推介会】 9 月 3—5 日，同安区举办“滨海厦门・玩趣同安”采风推介会，活动由厦门市旅游发展委员会指导、同安区旅游局主办，厦门航空国际旅行社承办。推介会以“滨海厦门・玩趣同安”为核心，围绕“秀美同安、玩趣同安、闽味同安、非遗同安”四大主题旅游，邀请潮州、汕头、龙岩三地共 50 余家主要旅行商媒体参加，推介同安旅游景区（点）。9 月 3 日晚上，同安区旅游局在厦门万豪酒店分别与潮州、汕头、龙岩三地旅行社企业代表签署战略合作协议，共同开拓同安旅游市场，投放适销对路的旅游产品。

【“富美同安，旅游‘新地标’”摄影比赛】 3 月，“富美同安，旅游‘新地标’”摄影比赛结果揭晓。本次摄影大赛由区旅游局主办，厦门市恒达腾文化传媒有限公司、区职工摄影协会承办，同安文化旅游发展有限公司、区旅游协会协办。作品征集时间从 2017 年 11 月至 2018 年 1 月 25 日，面向社会各界征集同安旅游的最美影像，旨在对“富美同安”发展作一次系统影像总结、记录、展示和推介，彰显同安的自然生态风光、人文底蕴、风俗民情等现有的和潜在的旅游文化资源，提高同安旅游知名度。本次比赛共吸引 210 余名作者参赛，收到作品 3100 多幅。大赛评出特等奖一名，一等奖 2 名，二等奖 6 名，三等奖 8 名及优秀奖 20 名。

【建设全域旅游大数据平台】 1 月，同安区全域旅游大数据分析及游客导览服务平台启动建设。项目投资 287.47 万元，在梵天寺影视城片区、方特旅游区安装车流监测系统，在影视城景区、金光湖景区、北辰山景区、苏颂公园等 52 个点安装语音导览，重点采集全区旅游景区的位置数据、图文数据、客流数据、气象数据等信息数据，通过平台分图层展现同安旅游各专题数据库，并提供自助语音讲解；实现停车、公厕、集散中心、公交等信息服务，为游客提供随时随地的便民信息服务和分享评价等多种智慧旅游体验。项目计划于 2019 年 5 月建成投用。

（郑则仁）

交通　物流

交　通

【概　况】2018年，同安区推进道路交通领域9个重点项目征地拆迁工作。同安大道（海翔大道—同南路段）建成通车，BRT同安枢纽站建成投入使用。全年完成农村公路建设投资16295万元。完成井内至小坪公路等5个农村路网改造工程，完成军营至七仙岩等10个通村道路工程10.03公里，完成Y712线大埔至东岭道路安保工程等10个安保项目。完成同集路、滨海西大道、同南路3条道路公交候车亭建设工程，洪塘天桥、二外天桥、瑶江路天桥等3座人行天桥。开工建设垵柄中桥、栋佐中桥、坤泽洋中桥、双云中桥、五峰内厝中桥5座桥梁，开展乡村旅游道路建设。

2018年年末，同安区公路通车总里程总计902.33公里，其中国道30.37公里，省道79.68公里，县道107.16公里，乡道685.12公里。公路桥梁158座，长度13744.89米。全区建制村公交通达率100%。

【农村路网改造】2018年，同安区开展农村路网改造，完成投资3686万元。完成井内至小坪公路（S206至尾湖山段）公路改造工程5.5公里、县道423（禾山—后垵段）大修改造工程2.3公里、田坂下至同新路公路0.8公里、莲花镇Y805线小坪至庙村道路改建工程1.5公里，改造内容为路基、路面、排水、涵洞和交通工程，总投资2663万元；完成县道404线洪塘镇政府经龙西至华强段公路大修改造工程3.2公里，改造内容为道路、排水、防护、桥涵、交通及照明工程等，总投资1023万元。

【农村通村道路工程】2018年，同安区完成10个通村道路工程11.21公里，总投资1803.05万元。其中汀溪镇褒美村报恩寺道路改造工程总长1.291公里，完成投资187.88万元；洪塘镇新学村护国坑至石浔道路改建工程总长0.991公里，完成投资133.71万元；新民镇蔡宅村大社至内寮公路改建工程总长1.508公里，完成投资199.56万元；Y805线同新公路至田坂下道路改建工程总长0.826公里，完成投资198.84万元；五显镇塘边至下许道路改建工程总长0.51公里，完成投资96.58万元；军营村东厝至七仙岩道路改建工程总长2.149公里，完成投资291.12万元；汀溪镇Y685线前格至大垄尾道路改建工程总长0.864公里，完成投资199.56万元；竹坝农场下庄至竹坝学校道路改建工程总长0.861公里，完成投资89.84万元；西柯镇丙洲村陈化成广场至排洪闸道路改建工程总长1.11公里，完成投资193.17万元；西柯镇丙洲村乡道Y813至L699道路道路改建工程总长1.1公里，完成投资212.79万元。

【农村路网安保工程】2018年，同安区完成Y712线大埔至东岭道路安保工程等10个安保项目34公里，总投资1252.71万元。其中Y682线朝元至坤泽洋安保完善工程总长7.227公里，完成投资190.28万元；Y685线半岭至东岭道路安保改建工程总长7.306公里，完成投资355.36万元；C842线梨子林至西坑尾道路安保工程总长3.201公里，完成投资138.08万元；C171线郑宅至造水安保工程总长4公里，完成投资167.62公里；L1086线五显中路至小后垅道路安保工程总长2.089公里，完成投资92.46万元；X404线（布塘至竹坝）安保改造工程总长3.805公里，完成投资117.91万元；C225线蔡宅小学至英村道路安保改建工程总长1.143公里，完成投资24.26万元；Y844线蔡宅至大社道路安保改建工程总长1.3917公里，完成投资约93.41万元；Y673线（明溪至三秀山）安保改造工程总长1.275公里，完成投资37.78万元；同安区Y716线大榕至石壁道路安保改建工程总长2.13公里，完成投资125.93万元。

【公共交通】 2018年，同安区完成同集路9座、滨海西大道12座、同南路16座公交候车亭建设，滨海西大道20座港湾式候车亭改造。新建公交充电桩98个，投入新能源公交车80辆；调整优化公交线路10条，增设公交站点20个。建成投用东海学院公交首末站。

【对外交通路网建设】 2018年，同安大道（海翔大道—同南路段）、北站连接线（天马山—上湖路段）1标段建成通车。省道206线莲花水库淹没段红线内绿化提升工程完工。快速公交系统（BRT）同安枢纽站（一期工程）完工投用。同集路（海翔大道—福泽路段）跨线桥、北站连接线（天马山—上湖路段）2标段全面开工建设。在建重点项目有迁建既有厦门客车整备所、城东中路（G324—万家村路）、同安大道（同南公路—同安东路段）、厦安高速云埔互通落地工程、同安东路及同翔大道等工程。轨道交通在建项目有轨道交通4号和6号线“十字”轨道线网、福州至厦门铁路客运专线项目。

【道路绿化景观提升】 2018年，区交通局开展主要道路绿化景观提升整治工作，主要工程建设内容是绿化种植及补植、人工浇灌系统、部分人行道铺装及护栏修复。全年完成投资1131.671万元。年内完成后垵高速出口绿化提升工程、国道324线（同安段）重要节点绿化提升工程、同集路（同安段）主要节点绿化提升工程、国道324复线（同安段）主要节点绿化提升工程，同集北路（西洪塘至跨铁路桥桥头段）外侧绿化提升工程开工建设。

【道路运输行业管理】 2018年，区交通局开展客运站安全管理，重要节日假期，累计检查行包4722件，查堵危险品5件，其中危化品2件，压力容器3件。全年累计组织督查检查组108次，执法人员1128人次，检查企业598家次，覆盖率100%，发现一般隐患312项，已完成整改隐患305项，整改率97.8%，均已完成整改复查闭环工作。与其他相关部门联合行动，累计出动执法人员5015人次，出动执法车辆1318辆次，检查企业148家，检查客运车辆2636辆，检查旅游包车207辆，查处各类违法行为共计1686起。办理运政案件立案1005件，路政案件立案682件，共罚款190.345万元。

【国省县道通行政村主干道亮灯工程】 2018年，区交通局分两批开展国省县道通行行政村主干道亮灯工程建设。至年末完成一个路灯智慧控制中心及路灯工程23条117公里，完成投资5958万元。第一批13个路灯及1个智慧路灯管控中心工程项目全部开工建设，建设里程为63.2公里，总投资5944万元；至年末有12个项目完工，11个项目亮灯，亮灯里程为52公里，完成投资4731万元。第二批12个项目开工建设，建设里程为54.6公里，总投资5465万元，至年末完成投资1227万元。

【建设乡村旅游道路】 2018年，同安区落实乡村振兴战略，建设乡村旅游道路。开工建设环山风景道（西源—顶村段）绿化景观提升工程，计划投资1607万元；至年末已完成项目部建设、钢筋预制场建设及四个涵洞施工，清表完成95%，挡墙施工完成85%，绿化给水管道安装7000多米，完成A、C、E桥桩基、墩柱施工（A桥无墩柱）及E桥浇梁，安装C桥现浇梁第一连钢膜支架；B、D扩大基础施工；完成投资986万元。推进县道421（竹坝—后烧）、省道213（后烧—圭母岫）、大岭溪至六落、京东至竹坝、上埔大桥至顶村、上陵至白交祠等6个道路提升改造工程项目，总投资12704万元，路面采用双向两车道、白加黑改造方式；采用纵向规整、横向下穿缆化方式管线迁改；绿化采用间隔移除长势较差或病害严重的现状黄金宝树及美人树、补植三角梅及常绿乔木，过村路口节点绿化提升方式；保留人行道；增加安保设施；新增或更换路灯照明设施及公交候车亭；至年末完成投资930万元。

【快速公交BRT同安枢纽站投用】 12月20日，厦门快速公交BRT同安枢纽站正式投入使用。项目位于环城西路与凤岗路交叉口东北角，占地面积17343平方米，总建筑面积41164平方米，集BRT停车位、检修、保养和管理配套于一体，设地下一层、地上三层，地上建筑集41个BRT车辆停车位，均可停靠18米长的BRT车辆，地下一层设有社会停车位185个。

【公路养护管理】 2018年，同安公路分局管理道路总长152.882公里，其中国道20.3公里，省道31.42公里，县道87.432公里，乡道13.73公里。桥梁32座，涵洞297座，绿化面积168万余平方米，路灯5200余盏。全年完成养护资金投入2287.3万元，其中日常养护1840.48万元，小修工程446.82万元。道路管养基本实现干线养护机械化、路灯管理智能化、绿化养护专业化，主车道机械清扫实现全覆盖。同安公路分局对国道324线、省道206线及滨海西大道绿化带进行修剪除草，共计修剪乔木7542株、绿篱189589平方米，草皮105949平方米，除草16564平方米。组织人工机械对滨海西大道破损沥青路面进行铣刨、修复，改善通行条件，修复沥青路面坑槽11200平方米；对下沉、破损的井盖进行调整更换156套，及时修复破损人行道、障碍墩等。开展辖区道路汛前养护，全年清理边沟147300米、雨水井695个、桥梁34座、雨水篦622个、涵洞194个、泄洪孔364个。

【道路养护标准化示范路建设】 2018年，同安公路分局对国道324线（同安段）、国道228线滨海西大道（天马路至国道324段）、省道217线（龙门岭至环城西路段）共3条51.84公里的道路开展“养护标准化示范路”创建工作。成立绿化专项整治组、设施维护组、路面保洁组、路域环境整治组、宣传报道组，分头推进示范创建设工作，推进道路养护标准化、养护方案规范化、养护工作精细化，提高公路通行能力、路况水平、安全水平、出行服务水平和路域环境综合水平。总计路面清理、冲洗853.2万平方米，清理边沟141970米，路面机械保洁2694台班，清理雨水井检查井5026个；修复沥青路面坑槽约104352平方米，安装浸塑护栏（高1.2米）1951米，修复白色全钢护栏111米，更换路口搭接盖板90.5米，道口柱、轮廓标435根，桥梁金属栏杆、扶手油漆200平方米，修复路缘石652米，修复人行道砖8935平方米，更换破损井盖165套，修复砌体（水沟、挡土墙等）63.5立方米；组织上路巡查365车次，818人次。共纠正、制止违章120起；累计修剪乔木和大型灌木27139余株，修剪绿篱305772平方米，乔木抹芽16629株，修剪草皮137168平方米，修整树池6676株，绿地除草241139平方米，病虫害防治217363平方米，苗木补植12215株。

【路产路权维护管理】 2018年，同安公路分局开展公路监督检查471车次、1073人次，纠正、制止违章行为178起；共受理各类路政许可申请45件，不予许可2件，受理路产损坏赔偿案件69起。与交通综合执法开展联合整治行动69次。针对公路行业治安乱点、管理行业乱象开展扫黑除恶专项斗争，扎实做好桥下空间的整治，先后开展4次现场办公及2次专项整治，在中洲大桥、丙洲大桥下拆除违章建筑面积约250平方米，清除土头垃圾约100立方米，清出桥下空间约4000多平方米。

（陈东波　郭宝贝）

物流业

【概　况】 2018年年底，同安区共有运输企业288家，营运车辆7520辆，其中客运车辆为35辆942座位，完成客运量22583人次，完成客运周转量170.86人公里；货运车辆7465辆，集装箱拖头1123辆40806.36吨。全区有厦门泰鹭福冷链物流园、厦门苏宁物流中心2个物流集散中心；至年末有物流企业295家。

【“五个一批”物流项目】 2018年底，同安区共有“五个一批”物流项目8个，总投资51.57亿元，至年末累计完成投资9.6亿元。其中策划项目为顺丰创新产业园项目，总投资额5.8亿元；签约项目为信和达元器件智能物流中心项目，投资额6亿元；开工项目4个，包括厦门宏高货运有限公司电子信息化物流配送中心（一期）项目、京东厦门电子商务产业园、盛辉“厦门同安电商城配物流中心”项目、东纶智创物流园项目，总投资额29.2亿元；投产项目2个，厦门泰鹭福冷链物流项目和厦门苏宁物流二期建设工程，完成投资1.368亿元。

【物流行业管理】 2018年，区交通局落实物流行业源头管理、采用日常检查与“双随机”抽查相结合的方式，认真开展安全生产大检查。共组织督查检查组92次，出动执法人员1128人次，检查企业589家次，发现一般隐患216项，已完成整改隐患数205项，均已完成整改复查闭环工作。对15家未取得货物运输代理资质的货运相关业户，责令停业，并送达《行政告知书》；对8家物流场地存在安全隐患（如电气线路、灭火器材等）的物流企业，发出《电气火灾隐患整改通知书》，要求其限期整改，至年末完成整改。

【重点车辆动态监管】 2018年，区交通局开展重点车辆动态监管平台抽查工作。充分利用动态监控平台，加强对“两客一危”及重型货车、半挂牵引车的监控管理，通过该平台抽查企业1542家次，抽查车辆1138台次，发现疑似超速、疲劳驾驶等违章现象共451台次，均督促企业立即整改，发现超范围经营1起，经核实为运营商轨迹漂移。

【厦门泰鹭福冷链物流园】 2018年，厦门泰鹭福冷链物流园建成投用。项目位于洪塘镇，由厦门泰鹭福冷链物流有限公司投资235.26万元建设，用地面积43亩（2.86万平方米），建筑面积4.42万平方米，主要从事仓储租赁、仓储服务，打造闽南区域的物流仓储服务物流中心。

【厦门苏宁物流中心】 2018年，厦门苏宁物流中心建成投用。项目位于新民镇工业集中区，由厦门苏

2018年同安区物流项目一览表

表23　　单位：万元

项目	总投资额	建设内容	年末进度	年末完成投资额
顺丰创新产业基地	80000	用地约138亩，建筑面积140000平方米，主要建设重货仓库、分拨中心、综合楼等。项目业务功能包含“互联网+”产业服务、“快递+”现代物流服务以及智慧物流三大模块	企业正在按最新的用地范围调整设计方案，项目已于12月18日移交置业公司重新启动挂牌手续	无
厦门信和达供应链有限公司	60000	意向选址同安区通福路与美溪道交叉路口西南侧，拟申请项目用地约87亩（约57000平方米），规划总建筑面积为120900平方米，容积率1.95。拟建客标信息自动处理中心、智能化优选配送中心、多层穿梭智能立体仓库、智能分拣中心、行政楼、动力中心	12月14日签订土地出让合同，正在流转签订合同	无
厦门东纶股份有限公司	70000	总用地面积214.2亩，总建筑面积32.5万平方米，建设仓储物流园	8号楼外墙涂料，10、11号楼主体施工，4号、5号楼浇筑地梁	4350
厦门宏高国际货运服务有限公司	12000	项目总用地面积38673.16平方米；总建筑面积71937.06平方米；主要建设物流仓库、办公楼及自备仓库等。一期项目总建筑面积37633.5平方米，其中仓库建筑面积32450平方米，办公楼建筑面积4700平方米	已经安排新施工方进场开挖土方	690
盛辉“厦门同安电商城配物流中心”项目	10000	主要建设电子商务、项目孵化、平台交易、物流仓储、城区配送、盛辉云仓及物流金融为一体的专业电商城配物流中心	水电工程施工中，主体结构已完成，正在做预验收准备	6700
京东厦门电子商务产业园	200000	总建筑面积约25万平方米，主要建设智能仓、分拣中心、员工宿舍及食堂、室外篮球活动场、垃圾房、围墙大门、门卫、自行车棚、停车场、园区道路等建筑及相关配套设施	西区3栋库房土建、装修、设备进入扫尾，消防工程开工准备；东区1、3栋停工，2、4栋正在二层钢筋砼施工	34700
厦门泰鹭福冷链物流项目	27680	总占地面积43亩，总建筑面积约4.42万平方米，建设厂房及配套设施	已完工	235.26
厦门苏宁物流二期建设工程	1680	土建钢结构，室外总坪、绿化、机电安装工程等，共19484.77平方米	已完工	319

宁易购销售有限公司投资建设，用地面积170亩（11.33万平方米），建筑面积约7.92万平方米，一期仓储面积38741.10平方米。该物流中心主要存储的商品有传统大家电、生活电器、数码产品、通讯产品、苏宁超市商品及母婴产品等。承担着厦门及周边的泉州、漳州、龙岩连锁店及网络苏宁易购销售商品的存储调拨、门店配送、零售配送等的物流操作，将成为苏宁集团供应链物流标准化运作的重要支撑点。

（陈东波）

邮　政

【概　况】2018年，中国邮政集团公司厦门市同安区分公司（以下简称邮政区分公司）进一步优化网点设置，6月撤销厦门市北山、白沙仑、邱厝和窑市四个部队邮政代办所；11月，城北邮政所由代办改为自办，并更名为城北邮政支局；12月，祥桥邮电支局等5个普服网点的名称变更为邮政支局。调整经营组织机构，10月，同安区寄递事业部正式成立，原邮速双方收投机构并入寄递事业部。至年末，邮政区分公司所辖支局、所12个（7个自办支局、5个委代办所），邮政储蓄网点8个；区寄递事业部所辖投递部2个，营揽投部3个。邮政区分公司有员工96人（含外包），其中支局邮政营业员13人，邮储营业员44人；区寄递事业部143人，其中投递员76人，营揽投员20人。邮政储蓄CRS机14台；投递段道47条，其中10个道段为快递包裹专投段，投递邮路（单程）3258千米，信箱信筒27个。2018年分公司完成业务收入3767万元，比上年增长5.22%。其中代理金融（含保险、汇兑、短信）收入2349万元，比上年增长9.56%；函件收入119万元，比上年增长76.6%；报刊收入219万元，比上年增长31.93%；分销收入62万元，比上年增长12.73%；快递包裹（含代理速递、两包、普包）收入898万元，比上年下降7.42%；电商及代理收入29万元，比上年下降35.56%；集邮收入85万元，比上年下降31.45%。储蓄期末余额13.67亿元，较上年净增1.32亿元；全年销售保险保费4456万元，大理财销售年增2.92亿元。阳翟营业所获市级“青年文明号”称号，保留祥桥邮电支局全国级“巾帼文明岗”和阳翟营业所市级“青年文明号”称号。

【邮政服务】2018年，邮政区分公司平常函件进口量33.65万件，比上年下降9%；函件出口量8.29万件，比上年下降6%。全年办理中国大陆函件8.08万件（不含包裹），比上年下降4%；国际及港澳台函件2122件，比上年下降45%。办理普通包裹15578件，比上年增长24.47%；快递包裹618913件，比上年增长97.82%；国际和港澳台包裹57件，比上年下降52.50%。配合邮政管理局、公安、国安等部门共同加强邮件安全检查，圆满完成博鳌亚洲论坛、首届数字中国建设峰会期间、上海合作组织成员国元首理事会第十八次会议、中非合作论坛北京峰会期间、首届中国国际进口博览会、第五届世界互联网大会等大型活动邮政寄递渠道的安全工作。开展“绿色服务”进校园、进军营活动。1月，配合同安区总工会开展“轻松返乡，平安返厦”系列活动，为广大外来务工人员的返乡包裹提供免费邮寄服务，并提供上门收寄服务，累计收寄普通包裹1252件、标准特快1588件；5—6月，开展集邮知识进校园活动，与厦门市启悟中学、汀溪中学、莲美中学、莲美小学四所学校联合举办集邮展览及集邮知识讲座；6月9日，组成“流动邮局”到同安第一中学为新疆毕业生提供返乡包裹寄递服务；7—8月，协助启悟中学、同安一中两所中学开展集邮夏令营；9月7日、12月6日，组织“流动小组”进军营，连续17年为退伍老兵提供收寄返乡包裹服务，共收寄退伍军包388件；9—10月，联合意林、作文大王、课堂内外报刊社，到同安西塘小学、洪塘头小学、西柯第二中心小学、祥平中心小学、五显中心小学、进修附属小学、新星小学7所学校进行科普大讲堂走进校园公益讲座；10月、11月，组成服务分队进校园，为大同中心小学、进修附属小学、大同第二中心小学、阳翟小学等18所小学提供收订报刊服务。继续对接政府部门的公益活动，是年，南门邮政支局开办“警邮”便民服务项目。

【邮政业务拓展】2018年，邮政

区分公司积极融入地方重大活动，拓展邮政业务。3月，以“不忘合作初心 继续携手前进”纪念同安民革成立三十周年活动为题材，开发《同安民革30年》纪念邮册200册；7月，配合同安国投公司开发《同安影视城》个性化邮折500册，将特色景点印在附票，更具艺术性与收藏价值；9月，开发同安区旅游局微信公众号宣传业务，以“国庆去哪儿旅游？厦门同安——人美景美活动多”为主题，介绍国庆长假同安各旅游景点活动。配合同安区环境卫生管理处开展“绿色低碳你我他 垃圾分类靠大家”活动，制作4万封寄给广大（村）居民朋友的一封信的邮资信封，邮资封寄递范围覆盖同安区23个行政村、29个社区、6个大型居民小区。

【“全民阅读 书香银城”大型图书巡展活动】 2018年，邮政区分公司首次与同安区委文明办联合举办“全民阅读 书香银城”大型图书巡展活动。于9月30日上午在同安区钟楼步行街召开启动仪式，向同安区“书香邮差”图书漂流活动捐赠6000余元图书，通过自行车骑行志愿者送达同安区边远山区学校。活动分别于10月在同安钟楼步行街、12月在乐海城市广场举行图书展销，组织2000余种、总计3万多册的优质正版图书按买二送五优惠价格销售，内容以文学、历史、教育、科普等为主，吸引近3万名读书爱好者阅读选购，销售额总计65万元。

【警邮便民服务启动】 12月2日，南门邮政支局启动警邮便民服务，成为同安区首个开展警邮服务网点。网点现可提供代办交管、代办居住证、e政务便民自助服务等3大便民服务项目。其中，代办交管项目可实现补/换领驾驶证、补/换领机动车号牌、申领/补领免检合格标等在内的22项业务；代办居住项目可为大同派出所辖区内的外来户口办理暂住登记、居住证申领/换领、居住证擦写、居住证邮寄等8项业务；e政务便民自助服务项目可实现交通罚没款自助缴交、医社保查询打印等在内的85项业务。办理人员提供相关证件原件、资料至服务网点窗口审核、受理完毕，约3～7个工作日可通过邮递收到相关证照。

（温美婷）

2018年9月30日，“全民阅读 书香银城”大型图书巡展活动在钟楼步行街召开启动仪式 （邮政区分公司供图）

通 信

中国电信同安分公司

【概 况】 2018年，中国电信厦门同安分公司（以下简称同安电信）积极推进“深化企业改革和互联网化转型”战略部署，持续强化信息消费基础设施建设与居民智慧生活服务，开展政务信息化、智慧新乡村，助推同安区信息化产业快速发展。推进有线宽带网络建设，新增千兆公共宽带端口3.4万个，提速改造端口3.6万个。完成同安全区光网全覆盖；持续推进无线网络建设，新建4G基站53个，累计建设站点748个，共计1870个扇区。至年底电信4G信号覆盖率达97%以上。全年累计完成经营收入2亿元，比上年增长3.6%；至年底固定电话用户数8.7万户，比上年下降10%；天翼（手机）用户数达14万户，比上年增长17%；其中4G用户11万户，比上年增长31%。互联网宽带用户数达13万户，比上年增长8%；电信ITV互动电视用户数达7万户，比上年增长20%。分公司下设电信营业厅25个，分布在大同、祥平、西柯、新民、五显各街镇及社区，主营天翼、宽带、固话、ITV等各类电信业务。

【光纤入户建设工程】 2018年，同安电信在光网络全覆盖的基础上，分阶段开展全光纤入户建设工程，一季度完成1287户ADSL宽带用户光纤入户改造，全面完成ADSL清零工作；3季度完成7583户部FTTB-LAN宽带用户光纤入

2018年7月26日，同安电信与五显镇竹山村党总支签订“党建翼联 信息惠民”合作协议　　（同安电信供图）

户改造，全面实现同安区全光纤接入。全年共新增光交接箱131个，新建光分纤箱1972个，新敷设光缆5766芯公里。

【智慧政务】 2018年，同安电信承建同安区雪亮工程三类视频监控建设项目，为祥平街道、汀溪镇、莲花镇等3个镇街24个社区/村建成1012路高清视频监控。该项目实现同安区社区视频监控全覆盖，结合视频智能化应用和大数据技术，将各社区/村打造成“入室盗窃无发案小区（自然村）”和“入室盗窃必破小区（自然村）”，全面提升同安区公共安全视频监控智能化建设应用水平和居民安全感。与同安区政法委及各镇政府合作平安彩铃、智慧声谷等电信增值应用业务，在城乡广泛开展扫黑除恶斗争和平安综治宣传。

【智慧校园】 2018年，同安电信积极参与同安区地震预警工程建设，与72所中小学达成“地震云”合作项目，共建成112套地震预警信息发布系统，可提前10秒通过校园内的专用预警终端和家长的手机终端发布地震预警信息，实现地震预警精确控制。

【开展“党建翼联 信息惠民”合作项目】 2018年，同安电信联合边远山区基层党组织开展“党建翼联 信息惠民”互联共建主题活动。以推进山区用户真正实现信息化时代智慧生活为目标，联合竹山村、后埔村、军营村委开展“党建翼联 信息惠民”合作项目，在全光网络覆盖的基础上，免费开通1300部高清ITV和村级EPG；在军营村高山党校建立“两学一做”教育实践基地，联合军营村委建设“党建翼联”党员服务活动中心项目，打造党员便民服务站和信息生活体验站，为当地村民和游客提供智慧家庭智能组网、手机终端免费检修/贴膜/充电、防通信诈骗宣传、垃圾分类宣传、智慧旅游等信息化便民服务。

（郭渊足）

中国移动同安分公司

【概　况】 2018年，中国移动福建公司同安分公司（以下简称同安移动）全年收入3.75亿元，比上年增长0.8%，行业收入份额51.3%。移动通信电话用户52万户，占市场份额68.2%，其中4G用户42.6万户，比上年增长13.6%；占通信用户的77.1%。互联网宽带用户10.2万户，比上年增长20.9%。

2018年，同安移动以打造“精品网络”、“客户满意”为目标，加快4G网络建设。对工业区、城中村、公寓楼等密集区采用整合传统巷道、街道站覆盖建设模式，化整为零解决建维难度大、成本高的问题，全年新建4G基站295个、扩容4G基站130个，实现同安全区4G网络深度覆盖，至2018年年末有4G站点1180个。同时，积极响应政府“提速降费”号召，加大光纤宽带网络投资建设力度，加强传统农村、城中村的网络和光纤宽带覆盖，全年新建光纤线路近230公里，累计5300公里。新增光纤宽带端口近2万个，至年底城区宽带端口覆盖率100%，农村地区宽带端口覆盖率达99.5%。协助同安区政府开展“富美同安”信息化建设，建设完成“同安资源整合平台”“校园明厨亮灶视频服务”云平台，协助区政法委建设雪亮工程视频项目、协助同安公安分局升级同安公安辅警装备。10月，组建汀溪镇政府、大同镇田洋村移动互打免费专属网并投入使用，惠及汀溪镇及13个自然村、大同街道田洋村总计3000多名村民。

【“资源整合”平台建成投用】 1月，同安移动协助同安区政法委建设的“同安资源整合平台”投入使用。该平台用于汇聚同安区各类社会资源的视频图像，充分运用云计算、大数据技术，整合、共享同安区二类视频监控资源，完善视频图

2018 年 6 月，“校园明厨亮灶视频服务”云平台建成投用　　（同安移动供图）

像信息深度智能化应用，推动视频监控系统有效整合和视频图像信息共享，提升同安区政法部门动态防控、精确打击、快速反应的能力。

【“校园明厨亮灶视频服务”云平台建成投用】 6 月，同安移动联合同安区教育局建设的“校园明厨亮灶视频服务”云平台建成投用。平台基于云技术设计，投入运用云端转码、解码、云转发、云智能等行业领先技术，实现同安区 56 所学校的食堂前端图像通过视频共享接入、视频监控大数据整合与分析的目标，通过远程统一监控、统一传输存储和统一管理等功能，达到第三方平台及上级应用的数据共享需要，有效加强同安区学校食堂食品安全管理。

【升级同安公安辅警装备】 9 月，同安移动协助同安公安分局对 320 名辅警进行装备升级，每人配备一台中国移动和对讲终端机对现场案发情况通过语音、图片、视频实时传输，将最新的现场情况汇聚至中国移动的“和对讲”指挥平台，实现全区范围内的无缝指挥调度，快速提高公安辅警工作沟通效率和提高处理突发事件的反应能力。

（庄慧瑜）

中国联通同安分公司

【概　况】 2018 年，中国联通同安分公司（以下简称同安联通），全年新增用户 5.56 万户，总收入 7562 万元，其中固网宽带用户数 2557 户，移网手机 5.32 万户。全面建设并优化 4G 精品网络，全年建设 4G 基站 133 个，铺设光缆 400 公里，至年末共有 3G 基站 514 个、4G 基站 634 个。

【幼儿园班班通项目通过验收】 2018 年，同安联通继续推进幼儿园班班通项目建设，全年完成实验幼儿园、大同中心幼儿园、莲花中心幼儿园等 24 个幼儿园班班通项目，自 2016 年开展以来累计建成 58 个幼儿园班班通项目。基本实现同安区所有公办幼儿园班班通建设应用，提升家园互动、教师教学技能、园所管理的信息化水平。11 月，该项目通过区教育局组织的专家验收。

【军营通信服务】 2018 年，同安联通开展军营通信服务。充分利用移动互联网技术，为驻地部队解决信息安全问题。对驻区官兵与家属上门办理手机入网业务、宽带业务，在部队家属生活宿舍区进行光纤宽带升级改造，宿舍楼区进行全面覆盖宽带资源，优先保障兵营地的网络和服务。

（李素琼）

政府信息化建设

【概　况】 2018 年，区政务信息中心围绕电子政务、信息采编、政

2018 年 11 月 29 日，同安区教育局幼儿园班班通项目通过验收

（同安联通供图）

务网络运维、政务网虚拟化平台运维管理、网站日常运维、“富美同安”App平台管理、推进政府统一的政务网及互联网出口等方面，完成同安区网络办公系统推广建设及数据安全提升项目、电子政务桌面视频会议系统提升改造项目、政府机房改扩建项目、政务外网虚拟化平台维保项目、同安区电子政务基础网络升级改造项目、同安区网络终端安全建设项目、网格化服务管理信息平台优化项目等各项工作任务。

【政府网络办公OA系统建设】 2018年，区政务信息中心进一步完善政府网络办公OA系统建设。将区人社局、文体局、执法局、工业园区管委会、司法局、洪塘镇、五显镇、汀溪镇、莲花镇、新民镇、西柯镇、竹坝开发区等12个单位作为第二期OA系统推广建设对象。至年底，完成公文交换平台接口对接，全面使用OA系统接收区级文件和上传文件；完成全OA系统的对接，全面使用OA系统进行区内之间的非涉密公文流转和收发，实现网上无纸化办文；启动OA办公系统电子印章认证系统平台建设工作，为全面启用OA办公系统办文，逐步取消纸质文件，实现无纸化办公打下坚实基础。

【“富美同安”App系统完善】 2018年，区政务信息中心不断完善“富美同安”App的开发建设。根据区委区政府的工作重点，及时增加区级平台“专项督导”“富民强村”“美丽乡村”“乡村振兴”“民生补短板”等多个模块，明确各模块管理责任单位，加强内容审核和日常维护管理。开展镇（街、场）App的建设，进一步规范平台的建设及运营，针对个性化需求开展一对一精准指导。夯实区、镇（街、场）两级平台联动机制的运行基础，各镇（街、场）加强与区级平台的联系沟通，及时反馈平台建设相关动态，上报工作信息，有效推动各项工作的开展。至年末全区3000多名工作人员加入平台，全年发布各类文字信息30000多条，视频信息500多条。

【电子政务桌面视频会议系统完善】 2018年，区政务信息中心进一步修改完善《同安区电子政务桌面视频会议系统管理暂行办法》，制定会场管理制度，逐步规范会场标准化建设，进一步提高视频会议效率和质量。建设视频会议系统录制及设备网管系统，解决视频会议系统存在的效能督查难和终端设备管理难的问题，有效提升视频会议系统的使用效能和运行管理能力。强化区、镇（街、场）、村（居）三级电子政务桌面视频会议系统的保障工作，做好日常设备维护管理，跟踪各单位使用情况，提高系统的使用率，全年共召开各级各类视频会议18场。

【政府信息公开】 2018年，区政府通过门户网站开展信息公开工作。围绕建设法治政府目标，加大重点领域主动公开力度，全面推进政务公开。充分发挥区政府“宣传同安，推介同安”的门户网站平台作用，区级各部门主要负责人通过在线访谈的方式向群众提供政策解读和旅游宣传。做好信息采编和新闻报道工作，大力宣传报道全区重点项目建设、招商引资、乡村振兴、生态建设、流域治理等工作动态及全区经济发展和社会各项事业进步的新亮点、新举措，反映经济社会跨越发展的新成绩、新进步。全年同安区各部门共通过网站公开政府信息1900多条，开展领导在线访谈11期；网站共收到投稿2868条，采用稿件851条，发布要闻信息498条，视频新闻289条，镇街动态335条，部门动态350条。

【政民互动】 2018年，区政府通过政府网站开展政民互动，及时回应群众关切的问题，提供便民服务。区政府网站的咨询、建议、投诉信件由区信访局集中分发给各责任单位，并监督及时反馈答复，做到优化事件处理流程，明确责任分工。区政府网站全年共发布民意征集30条，在线调查28条，收到区长信箱信件152件，在线咨询455件，意见建议144件，网上投诉615件，均及时办结。认真及时办理“我为政府网站找错”平台留言，全年共收到网民留言7条，全部按时处理答复。

（陈　水）

财政 税务 金融

财　政

【概　况】 2018年，同安区一般公共预算财政总收入90.42亿元，比上年增长21.09%。其中：区级财政收入23.00亿元，比上年增长14.85%；上划市级收入29.06亿元，比上年增长25.82%；中央“四税”收入38.35亿元，比上年增长21.59%。一般公共预算支出56.92亿元，比上年增长3.68%。政府性基金预算收入52.17亿元，比上年减少24.84%。政府性基金预算支出33.70亿元，比上年减少42.29%。国有资本经营预算收入670万元，比上年增长40.76%。国有资本经营预算支出335万元，比上年增长40.76%。

2018年同安区财政收入与支出情况

表24

指　标	2017年（万元）	2018年（万元）	比上年增减（%）
一般公共预算财政总收入	746695	904185	21.09
一、区级财政收入	200286	230038	14.85
二、上划市级收入	231000	290635	25.82
三、上缴中央“四税”收入	315409	383512	21.59
政府性基金预算收入	694058	521671	-24.84
国有资本经营预算收入	476	670	40.76
年度支出合计	1133164	906495	-20.00
一般公共预算支出	548935	569154	3.68
一般公共服务支出	33680	41948	24.55
国防支出	1088	593	-45.50
公共安全支出	43494	56373	29.61
教育支出	136746	150746	10.24
科学技术支出	19928	31499	58.06
文化体育与传媒支出	7421	9554	28.74
社会保障和就业支出	64402	63487	-1.42
医疗卫生与计划生育支出	56701	48486	-14.49
节能环保支出	6459	6523	0.99
城乡社区支出	62641	59682	-4.72
农林水支出	51643	37726	-26.95
交通运输支出	7921	3980	-49.75

续表 24

指　标	2017 年（万元）	2018 年（万元）	比上年增减（%）
资源勘探信息等支出	9857	5002	-49.25
国土海洋气象等支出	1747	7906	352.55
商业服务业等支出	2153	1862	-13.52
金融支出	—	10090	—
援助其他地区支出	1420	2021	42.32
住房保障支出	472	7756	1543.22
粮油物资储备支出	392	191	-51.28
债务付息支出	5303	5303	0.00
其他支出	35467	18426	-48.05
政府性基金预算支出	583991	337006	-42.29
文化体育与传媒支出	—	6	—
社会保障和就业支出	1815	2518	38.73
城乡社区支出	577027	328632	-43.05
农林水支出	153	382	149.67
商业服务业等支出	100	0	-100.00
其他支出	1015	1587	56.35
债务付息支出	3881	3881	0.00
国有资本经营预算支出	238	335	40.76

【深化预算管理改革】 2018 年，区财政局深化预算管理改革。严格预算执行管理，建立区级预算执行和调剂审批制度，规范区级资金支出政策审批程序，建立支出进度考核通报机制，强化预算执行的刚性约束。全面深入实施预算绩效管理，对绩效目标实现程度和预算执行进度实行“双监控”制度，指导并配合各预算单位进行整体绩效目标、事前绩效、事中绩效和事后绩效等综合评价，有效推进全区财政支出绩效评价工作覆盖面和工作深度。2018 年年内，同安区实现财政资金绩效管理覆盖率及事中绩效监控覆盖率均 100%。

【政府债务管理】 2018 年，同安区做好地方政府置换债券、新增债券资金使用情况核查工作。积极开展全口径地方政府债务统计监测工作，排查地方政府隐性债务，合理控制地方政府债务举债规模，通过地方政府债券等方式不断优化债务期限结构。强化财政性资金统筹管理，科学合理统筹利用有限的融资资金，通过统筹各本预算、盘活财政存量资金等方式，集中财力优先保障涉及民生保障项目建设等市区重点项目建设。严守地方政府债务风险防控预警线，至 2018 年年末，同安区地方政府综合债务率为 36.85%。

【深化区属国企改革】 2018 年，同安区全面推进区属国有企业公司制改革，先后对区农牧中心和区保安公司进行公司制改革，全面完成区属国企及所属单位公司制改革任务。推进国有企业混合所有制改革，出资成立厦门国贸竹坝旅游投资有限公司等合资公司 9 家、成立厦门百利现代农业科技有限公司等混合所有制公司 4 家，推进全区各种所有制资本取长补短、互相促进、共同发展。开展国企国资监管体系建设，强化履行出资人的监管职责。

【区属国企监管制度建设】 2018 年，同安区加强区属国企监管制度建设。印发《关于全面推进区属国有企业内部控制建设的指导意见》，加强和规范企业内部控制，提高企业经营管理水平和风险防范能力，有力保障国有企业经营管理合法合规、资产安全、财务报告及相关信息真实完整，促进企业实现发展战略；出台《区属国有企业国有资本收益收缴管理暂行办法》，明确区属国有企业国有资本收益内容、收益收缴标准、收益上缴办法及时间、国有资本收益用途等；出台《同安区国有企业公务用车制度改革实施意见》，明确公车改革适用范围和基本原则、公车改革内容、公务用车保障方式及配置标准、公务用车管理、改革组织实施流程等；印发《2018年度区属国有企业负责人经营业绩考核方案》，明确区属国企负责人经营业绩考核指标构成、评分标准、考核责任单位、分值设置等内容，细化国企负责人考核标准、科学评价区属国企经营业绩；修订《同安区国有企业资产出租管理指导意见》，新增对区属国企土地出租规范管理等方面条款。建立国企国资监管权责清单总计47项。建立健全区属国有资本运营信息公开制度，全年通过政府网站公开区属国企国有资本运营事项32次。定期开展国有资产运营管理专项检查、国企投资可行性分析及安全生产专项检查，推动建立健全区属国企安全生产管理体系，加强企业运营过程中薄弱环节的风险防控。

【规范财政财务管理】 2018年，区财政局规范预算管理，强化预算约束，督促各部门根据预算按时序推进项目实施，对于上半年项目资金仍未细化或项目进度明显滞后的，原则上由区财政局收回或调整项目资金，并纳入年度预算调整统筹安排，提高预算编制的准确性和科学性；规范经费管理，出台《同安区文化产业发展专项资金管理办法》《同安区基层科普行动计划专项资金管理办法》等专项资金管理办法，从源头上杜绝因管理机制不完善而产生的腐败现象；规范内控管理，成立内部控制领导小组，以局长任组长，其他局领导任副组长，局各科各中心负责人担任成员的内部控制工作领导小组，设立专门的内控管理联络员，开展工作方案制定、动员部署、排查风险、规范完善、整改落实等工作，建立健全内部控制体系，完善机制堵塞管理漏洞，简化流程提高工作效率，加强廉政风险防控机制建设；规范监督检查管理，配合区纪委、区审计等部门，对各镇街、区直部门的“三公”经费、帮扶资金、“1+X”等经费开支开展监督检查，规范各单位资金使用和管理。

【公共资源配置】 2018年，同安区共有28宗公共资源项目通过厦门市公共资源配置平台进行公开配置，通过竞价方式的项目有10宗，配置成功项目总底价560.32万元，总成交价615.85万元，溢价率9.91%；通过公开拍卖的项目有15宗，拍卖成功项目总底价80.12万元，总成交价92.07万元，溢价率14.92%；通过招标方式的项目有3宗，配置成功项目总底价259.29万元，总成交价427.14万元，溢价率64.73%。

【政府采购】 2018年，同安区强化政府采购预算，通过福建省政府采购系统邀请全国供应商参与，拓宽采购渠道，严格把好采购审批关，有效节约财政资金。2018年年内，同安区政府采购一般公共预算总金额为5.29亿元，实际采购总金额为4.78亿元，节约资金5071.45万元，节约率为9.58%。

【机关事业单位所办企业清理】 2018年，同安区依据政企分开、事企分开、依法依规、公开透明、分类分步、积极稳妥的原则，对执行行政、事业单位财务会计制度的各类行政事业单位和社会团体投资兴办、管理、挂靠（含托管）的各类企业（不含已纳入国资监管部门统一监管体系的企业）开展清理整合工作，进一步理顺体制，转变政府职能，增加企业市场竞争力，提高国有资本运营效率。采取划转整合、改组改制、清算注销的清理方式，对同安人力资源和社会保障局等8个部门所属的13家机关事业单位所办企业开展清理。

【资产处置改革】 2018年，区财政局开展资产处置改革。下放资产处置审批权限，原机动车辆（警用车除外）及单价或批量账面原值3万元以上（含3万元）专用设备、房屋构筑物等资产的报废、报损等资产处置事项由财政部门审批改为下放给主管部门审批，即除因单位分立、撤销、合并、改制、隶属关系改变等原因发生的资产变更之外，机关事业单位资产的报废、报损均由主管部门审批，区财政局不再审批。开展报废物资分类回收，原报废物资由区资产公司统一回收改为由厦门市财政局统一招标的两家回收机构（厦门市绿洲环保产业股份有限公司和厦门市鸿山金属物资利用有限公司）按归相关资产分类回收的规定进行统一回收。

【财政一体化信息系统正式上线运行】 1月12日，同安区新财政一体化信息系统正式上线运行。财政一体化系统建设内含应用支撑平台2.0、门户、地方预算综合管理、国库集中支付电子化、账务、单位核算、公务卡、基建及报表等系统模块，实现预算单位全覆盖、全业务流程的电子化管理。全区226家预算单位及8个镇（街）纳入财政一体化系统管理，实现市区财政部门、各级预算单位财政资金业务的快速便捷办理，推进财政科学化、精细化管理。

（杜思宁）

税　务

【概　况】 2018年，同安区税务局共组织各项收入134.32亿元，比上年增收30.14亿元，增长29.72%。其中，税收收入97.38亿元，比上年增收22.51亿元，增长30.07%；剔除免抵调因素后，税收直接收入89.34亿元，比上年增收22.53亿元，增长33.73%；免抵调库80491万元，比上年减少162万元，下降0.20%；社保收入33.91亿元，比上年增长26.65%；非税收入29948.6万元，比上年增长19.37%。是年，原厦门市同安区国家税务局、原厦门市同安区地方税务局合并为国家税务总局厦门市同安区税务局（简称区税务局），于7月5日挂牌。

【同安区税务局挂牌】 7月5日，原厦门市同安区国家税务局、厦门市同安区地方税务局合并为国家税务总局厦门市同安区税务局，正式挂牌成立。区税务局设置机构26个，实际启用机构24个，其中内设机构18个，分别为办公室、法制科、税政一科、税政二科、社会保险和非税收入科、收入核算科、征收管理科、税收风险管理局、人事教育科、考核考评科、税源管理一科、税源管理二科、税源管理三科、税源管理四科、机关党委（党建工作科）、老干部科、纪检组、信息中心；派出机构6个，分别为第一税务所、第二税务所、新民税务所、五显税务所、西柯税务所、汀溪税务所。

【纳税服务】 2018年，同安区税务局以“新时代·新税貌”为主题继续开展“便民办税春风行动”，同时开展“两会代表委员话春风”“纳税人开放日”等季度主题活动，搭建税企沟通桥梁，倾听企业意见建议，全面落实“最多跑一次”清单195项、“同城通办”清单97项、“全程网上办”清单146项。优化办税服务流程，提高服务效率，审核办理正常退税时间平均由13天缩短至9.7天，全年累计受理新办企业“套餐式”服务41户次，全面落实好“一厅通办”功能。结合同安地域特点和实际情况，制定四类24项优化营商环境措施，其中创新性措施一类4项，年度内已完成措施12项，取得阶段性进展措施6项。作为2018年度全市唯一的个体工商户纳税信用评价的试点单位，完成机外评价工作。根据企业和个体户实际情况，制定评价指标，在机外系统录

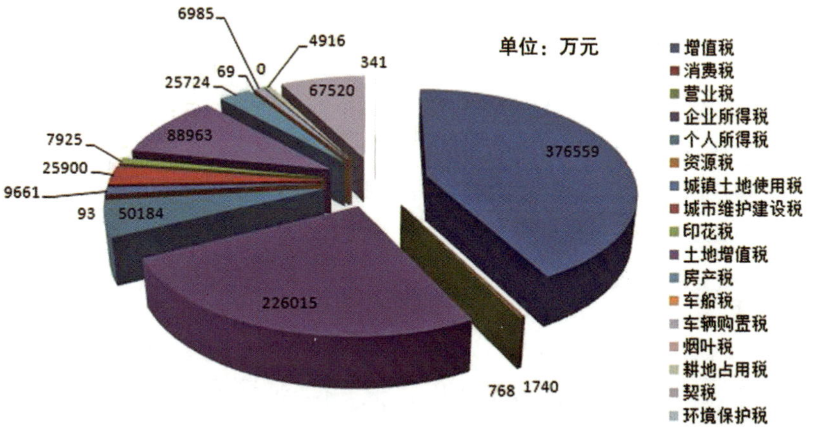

图1　2018年同安区税务局各税收收入占比情况图

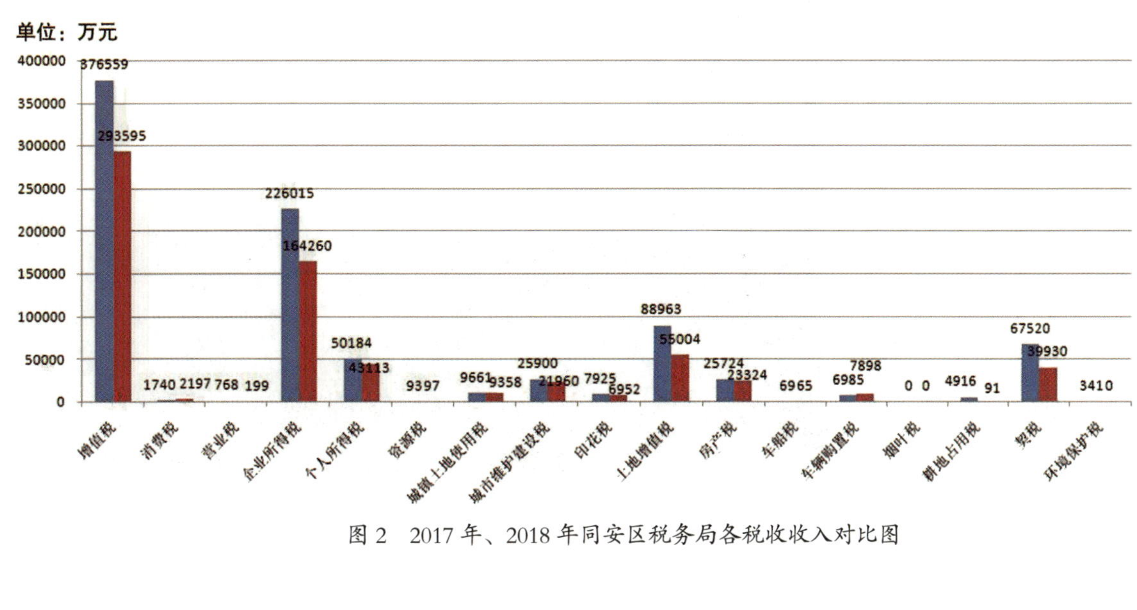

图2　2017年、2018年同安区税务局各税收收入对比图

入数据后做出评价，2018年共评出A级2639户，占比11.09%；B级8148户，占比34.24%。注重纳税信用评定结果运用，将评定结果与日常管理相结合，积极落实守信激励、失信惩戒措施，全面落实A级、B级纳税人所享有的相关优惠政策，并为连续三年被评为A级信用级别的纳税人提供绿色通道，安排专人办理涉税事项；将纳税信用D级纳税人列入重点监控名单，提高监督检查频次，强化增值税专用发票领用管理，严格审核其报送的各种资料，促使信用低的纳税人积极提升自身信用等级。联合6家银行签订“税银互动”协议，定期在厦门市税务局网站推送纳税信用信息、行政许可和行政处罚“双公示”信息。

【减税降费】 2018年，区税务局落实好各项减税降负政策，实现“该收的要收好，该减的减到位”目标。全年增值税减免税额总计4亿元；企业所得税减免税额总计5.6亿元；土地增值税减免税额总计2.1亿元；社会保险费累计减免4.84亿元；非税收入累计减免6291万元。认真落实两次提高出口退税率政策，全年共办理出口退税12.95亿元。

【实施个税改革】 10月，区税务局实施个人所得税改革，落实个税起征点调整和六项专项附加扣除政策。成立个人所得税改革专项工作领导小组并下设6个工作组，设立税改工作集中办公区，连续组织8场培训，累计826户次扣缴单位参训，涉及扣缴人数3.79万人；基本实现政策宣传全覆盖目标。10月，实施新政后至年底申报工资薪金及经营所得个税5439.74万元，比上年同期减少1565.23万元，降幅22.34%。

【税收征管】 2018年，区税务局完成原国地税两套系统共计10余万管户的调整工作，确保7月办税服务厅新叫号系统上线首个申报期、8月全国新税务机构挂牌后首个征期、10月机构改革后首个季度申报高峰期等重要时间段办税服务厅平稳运行。7—12月，办税服务厅业务总量9.3万余笔（不含办税服务厅后台、政务中心驻点及双轨演练业务），开通个体户“零申报”专窗免取号申报1000多户次，通过发票领用自助终端为9814户次纳税人发售发票共5.6万份。咨询辅导岗日均接听咨询电话200多通、受理纳税人现场咨询80余户次。

（林钻玲）

金　融

【概　况】 2018年，同安区金融办开展防范化解金融风险工作，搭建同安区金融风险排查及预警信息系统。开展金融行业乱象乱点专项排查，打击恶意逃废债。至2018年年末，同安区有银行网点58家；保险网点48家，其中当年新增3家；证券营业部5家，其中当年新增1家。

【防范化解金融风险】 2018年，同安区开展金融风险排查工作，防范化解金融风险。建立互联网金融从业机构排查监管工作机制及金融风险防控长效工作机制，开展非法集资、涉众型金融风险、P2P网贷风险专项排查，通过“扫楼、扫街”等方式进行信息采集及录入系统工作，搭建同安区金融风险排查及预警信息系统。举办“携手共建金色财金”“聚焦民营经济，助力企业发展”“防范金融风险，保护经济血脉”“同享普惠阳光，共铸富美同安”等主题活动，大力开展金融普法进社区、金融知识进乡村、防范非法集资宣传月等系列金融普法宣传活动。联合辖区内区政法委、同安公安分局、区市场监督管理局、区工信局及属地镇街等20多个处非成员单位和金融机构防患、遏制区域金融风险，及时有效处置和化解风险隐患，维护同安区域经济金融秩序和社会稳定。

（区金融办）

2018年9月21日下午，区金融办联合同安农银村镇银行走进同安区五显镇竹坝中学宣讲防范非法贷款风险讲座　（区财政局供图）

【厦门农商融资担保有限公司落户同安区】 1月10日，厦门农商融资担保有限公司正式注册牌照落户同安区。该公司由厦门农商金融控股集团有限公司出资，注册资金为1亿元，主营融资性担保业务，以同安区符合国家产业政策，有产品、有市场、有发展前景的各类中小企业为主要服务对象，缓解中小企业担保难、融资难问题。2018年该机构累计为企业提供融资担保10822.15万元。

（区金融办）

【金融行业乱象乱点专项排查】 2018年，同安区积极开展涉众型金融风险乱象乱点排查以及总部注册地在市域外的网络借贷信息中介机构专项摸排和清退工作。对辖区内811家（含208家互联网金融从业机构）网络借贷类、股权投资类、基金类、资产管理类、金融外包类、投资管理类等相关企业进行全面排查。经排查，同安区从事网络借贷业务的机构11家，其中正常经营9家；拟清盘退出1家；立案侦查1家。涉及借款人数449人，借款余额6229万元，出现风险的4家，风险较低7家，厦门市同安区防范和处置非法集资工作领导小组办公室进行分类处置，截至2018年年末风险较低的7家已处置完成，出现风险的4家，已处置了3家。

（区金融办）

【打击恶意逃废债】 2018年，同安区加大恶意逃废债务失信行为打击力度，维护区域信用环境。11月20日，召集区内17家银行、2家担保公司等19家金融机构召开打击恶意逃废债工作布置会，区金融办下发《同安区关于开展打击恶意逃废债宣传工作方案》，将2018年恶意逃废债名单及省、市出台恶意逃废债相关文件下发至各金融机构，要求各金融机构积极开展打击恶意逃废债宣传、恶意逃废债名单曝光等工作，共同营造良好的金融生态环境。

（区金融办）

【中国农业银行同安网点】 2018年，中国农业银行股份有限公司在同安辖区有一级支行同安支行，8家二级支行即支行营业部、西柯支行、同安工业集中区支行、城南支行、中山支行、新安洲支行、城东支行、洪塘支行，2个惠农金融服务点即郭山村、云洋村惠农金融服务点，本部内设行长室、对公业务部、普惠金融事业部、个人金融部、风险管理部和综合管理部，共有员工149人。同安农行践行“面向三农，服务城乡”的经营理念，支持乡村振兴，发展普惠金融，不断提升服务当地经济社会发展能力。至2018年年末，同安农行本外币各项存款余额82.4亿元，较上年增加3.85亿元，本外币各项贷款余额121.23亿元，比年初增加15.56亿元。存贷规模继续保持区域市场份额第一。是年，同安农行荣获“2016—2017年度中国农业银行内控与法律合规先进集体”“2016—2017年度中国农业银行综合管理先进集体”“‘春天行动’零售业务综合营销先进集体、对公贷款先进单位”称号，同安支行营业部被中国银行业协会评为“2018年度中国银行业文明规范服务千佳示范单位”。

（林秀丹）

【中国工商银行同安网点】 2018年，中国工商银行股份有限公司在同安辖区内有同安支行、环城支行、凤山支行、工业集中区支行、西柯支行、城南支行6个营业网点，共有员工113人。同安片区

2018年农行同安支行存贷情况表

表25　　　　单位：万元

单　位	各项存款	对公存款	个人存款	各项贷款	对公贷款	个人贷款
同安支行营业部	437590.33	312231.45	125358.89	986895.50	455558.73	531336.77
城南支行	85726.71	15352.20	70374.51	37507.43	20608.69	16898.73
新安洲支行	47579.00	4203.12	43375.88	22357.99	12273.93	10084.06
西柯支行	68264.44	17304.85	50959.60	49943.62	29552.38	20391.24
洪塘支行	28243.39	8923.19	19320.20	6366.53	310.00	6056.53
同安工业集中区支行	44642.13	6538.82	38103.31	19751.76	8712.00	11039.76
中山支行	49141.25	9471.42	39669.83	66145.65	21594.86	44550.78
城东支行	62803.11	11588.69	51214.42	23334.06	9683.17	13650.89
合　计	823990.36	385613.74	438376.62	1212302.53	558293.77	654008.77

2018年同安片区工商银行存贷款余额表

表26 单位：万元

单　位	各项存款			各项贷款
	合计	储蓄存款	对公业务存款	
支行本部	252299	120562	131737	408581
凤山支行	97243	87937	9306	0
城南支行	72903	64091	8812	0
环城支行	55008	53469	1540	0
工业集中区	40316	33183	7134	0
西柯支行	22811	18937	3874	0
合　计	540580	378179	162403	408581

工行始终坚持“以客户为中心”的服务理念，支持同安中、小企业和“三农”经济发展。至年末，同安片区工行本外币存款余额54亿元，本外币各项贷款余额40.8亿元，全年实现中间业务收入5500万元。2018年，工行同安支行被中国银行业协会授予“2018年度中国银行业文明规范服务千佳示范单位”“中国银行业协会文明规范服务五星级网点”荣誉称号；被中国工商银行总行授予“服务五星级网点”荣誉称号；被福建省精神文明建设指导委员会授予福建省第八届（2015—2017年度）文明行业创建竞赛活动示范点；被中共厦门市委、厦门市人民政府授予厦门市第十五届（2015—2017年度）文明单位荣誉称号；被中国工商银行厦门市分行授予2018年“工迎新春”零售业务旺季营销先进单位荣誉称号；被中国工商银行厦门市分行授予2018年“工迎新春”银行卡专业旺季营销先进单位荣誉称号。工行同安支行团总支荣获“2017年度中国工商银行五四红旗团总支”荣誉称号。

（陈艺蓉）

【中国建设银行同安网点】 2018年，中国建设银行股份有限公司在同安辖区内设有同安支行、大同支行、同安工业园支行、城东支行等4家营业网点（统称建行同安片区支行），形成以同安支行为中心，工业园支行、大同支行、城东支行为依托的“一个中心、三个支柱”的战略布局，实施全方位、分层次的服务和营销。片区支行共有员工85人。同安支行本部内设行长室、柜面业务部、公司客户科、普惠金融部、个人客户部及综合部。各项存款余额62.02亿元，各项贷款余额42.6亿元。同安支行践行落实普惠金融、住房租赁、金融科技“三大战略”，为推进新经济提供金融服务。开展普惠金融业务，全年贷款余额2.15亿元，为235家小微企业提供融资。加强金融科技服务，开发网上住房租赁系统，与同安区建设局签订战略合作协议，于2018年11月30日上线政府公住房服务系统标准版，至年末发布近300套房源。为莲花镇恩慧养老院上线安心养老综合服务平台及住房租赁共享系统CCB建融公寓并上线房源200套，为该养老院的运营提供一体化信息管理系统。为华兴实验学校上线“建学堂”公益教育服务平台，用科技提升教育基本公共服务的均等化、普惠化、便捷化水平。为同安区约50个小微企业、个体工商户提供免费的企业ERP云平台。利用企业智能撮合综合服务平台，为同安区近百家企业发布需求。与同安区佛教协会签订合作协议，拟为加入协会的宗教场所开发信息化管理平台——善行宗教事务服务平台，并为8家寺庙上线ERP云平台。向同安区委、区政府提交合作“互联网＋政务服务”的建议书，推进智慧政务。结合同安区乡村振兴战略的发展规划、战略定位、目标措施，梳理出实施乡村振兴战略的金融服务核心，向区责任部门提交《金融服务建议书》，包括三大类、九小类金融产品。打

2018年同安片区建行存贷情况表

表27 单位：亿元

单　位	各项存款	对公存款	个人存款	各项贷款	对公贷款	个人贷款
建行厦门同安支行	34.77	22.26	12.51	40.84	15.3	25.54
建行厦门大同支行	15.33	1.47	13.86	0.36	0.36	—
建行厦门同安工业园支行	9.02	1.27	7.75	1.35	1.35	—
建行厦门同安城东支行	2.9	0.16	2.74	0.05	0.05	—
合　计	62.02	25.16	36.86	42.6	17.06	25.54

造“村口银行”，在前格村、龙西社区等村居设立“裕农通金融服务点”，为村民提供简单便捷的基础金融服务。年内。同安支行荣获“厦门市青年文明号”“总行新零售信用卡拓展先锋网点奖”，厦门分行“服务标杆网点”“信用卡业务综合贡献奖”“信用卡发卡增户标杆网点”“分期通标杆网点”等荣誉称号。

【厦门同安农银村镇银行】 至2018年年末，同安农银村镇银行资产总额102167万元，负债总额86427万元，存款余额85422万元，比上年下降1%；贷款余额60285万元，比上年增长0.28%；实现营业净收入3568万元，比上年下降2.11%，净利润1528万元，比上年增长21.37%。缴纳各项税收606万元。员工总数34人。持续优化信贷结构，至年末，抵押类贷款占比90%，保证类贷款占比9%，信用类贷款占比1%。健全风险管理制度，制定了《个人征信管理办法（试行）》《融资担保公司合作业务管理办法》《涉农、扶贫金融服务授信业务尽职免责管理办法》，修订《社保贷款管理办法》《2018年信贷工作指引》，细化信贷业务管理流程，夯实信贷管理基础。坚定“扶农支小”经营思路，参与区政府制定乡村振兴文件，为乡村振兴战略实施提供金融配套服务措施。以服务“三农”为己任，持续加大涉农信贷投放，全年累计为农户和小微投放贷款33473万元；支持普通农户消费和农户经营贷款3349万元；推进与是农业担保公司的业务合作，发放“银担合作”贷款360万元；为农副产品加工“规模户”和农户品贸易流通的“专业户”投放贷款8027万元；为农户发放新农村居民住房建设投放贷款392万元；为丽田园、五峰土楼等代表性“农家乐”投放贷款360万元；为中小企业提供应急资金贷款1笔、金额700万元。

（王　熔）

【厦门农村商业银行同安营业网点】 2018年，厦门农村商业银行股份有限公司（简称厦门农商行）在同安区辖内设立同安中心支行和汀溪直属支行2家一级支行，下辖同安支行、新民支行、西柯支行、梧侣支行、西塘支行、潘涂支行、汀溪支行、五显支行、洪塘支行、莲花支行、大同支行11家营业网点（以上统称同安片区农商行），至年末，共有员工174人。同安片区农商行不断加强在民生贷款项目的投放工作，主要支持失地农民社保贷款、小额创业贷款、农民出租户贷款、计生二扎女贷款、妇女女能人贷款、农e贷等支农项目，同安支行在为当地农民增收，推动政府各类项目拆迁进度等方面起到巨大的金融扶持作用。2018年年末，同安片区农商行各项存款余额695026万元、比上年增加65718万元，增幅10.44%；各项贷款余额542829万元、比上年增加52333万元，增幅10.67%。全年发放各项民生项目贷款58868万元，

2018年同安片区厦门农村商业银行存款、贷款情况表

表28

单　位	各项存款总额（万元）	比上年增长（%）	小微企业贷款（万元）	涉农贷款（万元）	其他贷款（万元）	贷款总额（万元）	比上年增长（%）
同安支行	71077	-8.47	16240	20517	59924	96681	18.39
新民支行	81828	20.32	8179	13300	23284	44763	-5.87
西柯支行	81275	10.43	24297	9245	22903	56445	-2.65
梧侣支行	34499	27.30	4185	7221	23364	34770	22.81
西塘支行	45652	10.48	5195	12424	17092	34711	8.59
潘涂支行	42141	6.41	5912	7712	21441	35065	15.76
汀溪支行	68972	16.16	6433	14845	34052	55330	14.95
五显支行	74594	12.48	950	27174	21953	50077	14.32
洪塘支行	82344	11.36	11537	19072	25056	55665	6.02
莲花支行	57807	19.82	2390	26820	12164	41374	19.35
大同支行	54837	1.31	2735	15196	20017	37948	12.87
合　计	695026	10.44	88053	173526	281250	542829	10.67

2018年中国邮政储蓄银行同安片区存款、贷款情况表

表29　　　　单位：万元

单　位	对公存款	个金存款	各项存款余额	公司类贷款	零售类贷款	各项贷款余额
同安区支行	21950	39635	61585	6145	37801	43946
同安区南门支行	905	24437	25342	1029	24254	25283
同安区株厝支行	1443	27240	28683	10186	28524	38710
同安区西柯支行	275	16312	16587	3405	29403	32808
同安区凤南营业所	—	27733	27733	—	—	—
同安区美埔营业所	—	20197	20197	—	—	—
同安区潘涂营业所	—	19118	19118	—	—	—
同安区城北营业所	—	13708	13708	—	—	—
同安区大同营业所	—	12793	12793	—	—	—
同安区阳翟营业所	—	18112	18112	—	—	—
同安区新民营业所	—	19729	19729	—	—	—
同安区五显营业所	—	5342	5342	—	—	—

其中：失地农民社保贷款18522户，余额37447万元；再就业小额担保贷款710户，余额20661万元；巾帼创业贷款25户，余额385万元；二女结扎户贷款4户，余额40万元；国家助学贷款392户，余额285万元。同安支行、汀溪支行获2018年度同安区文明单位称号。

（张子鑫）

【中国邮政储蓄银行同安营业网点】 2018年，中国邮政储蓄银行在同安辖内设有同安区支行营业部、南门支行、株厝支行、西柯支行等4家支行及凤南营业所、美埔营业所、潘涂营业所、城北营业所、大同营业部、阳翟营业所、新民营业所、五显营业所等8家营业所（以上统称同安片区邮储银行），共有员工126人。同安片区邮储银行坚持“服务社区、服务中小企业、服务三农”战略定位，不断提升服务区域经济能力。至年末，各项存款余额26.89亿元，各项贷款余额14.07亿元。邮储同安区株厝支行获得“2018厦门市民满意银行网点”荣誉称号。

（洪志士）

经济管理

宏观经济管理

【概　况】2018年，同安区出台推动“双千亿”工作和加快高质量发展落实赶超的实施意见，把推进高质量发展落实赶超与实施“十三五”规划、建设“五大发展”示范市和“富美同安”建设、实施乡村振兴等战略措施融合衔接，同步筹划、同步实施、同步推进。持续推动产业升级，全区其他营利性服务业营业收入完成23.13亿元，比上年增长143.2%，增速位居全市各区第一。在全市公布的12项主要经济指标中，同安区财政总收入、区级财政收入、固定资产投资等3项指标增速列居全市第一，GDP指标增速列居全市第二。全年地区生产总值422.65亿元，比上年增长8.3%，三次产业结构2.3∶59.3∶38.4；规模以上工业增加值213.84亿元，比上年增长8.1%；固定资产投资比上年增长29.9%；财政总收入90.41亿元，比上年增长21.1%，其中区级财政收入23.0亿元，比上年增长14.9%；城镇和农村居民人均可支配收入分别比上年增长8.5%和9.4%。

·小资料·

“双千亿”为贯彻落实中央、省关于推动高质量发展、建设现代化经济体系等决策部署，切实发挥产业对经济发展的支撑作用和投资对优化供给结构的关键性作用，进一步强化工作抓手，市委、市政府决定深入开展“打造千亿产业链群、实施千亿投资工程”工作，简称“双千亿”工作。千亿产业链群具体包括平板显示、计算机与通讯设备、半导体与集成电路、机械装备、生物医药与健康、新材料、旅游会展、现代物流、软件和信息服务、金融服务、文化创意、都市现代农业等12条产业链群；千亿投资工程具体包括产业投资、地铁及配套开发、新机场片区、东部（翔安）体育会展新城片区、环东海域新城、火炬高新产业区、马銮湾新城、乡村振兴、民生短板、城市更新等10个投资工程。

【5条百亿产业链群规划】2018年，区发改局编制完成《同安区加快高质量发展推动和落实“双千亿”工作的实施意见》《同安区关于坚持高质量发展落实赶超的意见》，衔接厦门市千亿产业链群发展规划，进一步整合和拓展同安区既有产业资源，梳理形成、重点打造现代物流、都市现代农业、旅游文化、生物医药和健康、软件和信息服务5条百亿产业链群，并按照“明家底、理思路、促龙头、建机制”的工作思路，强化“五个一批”的项目滚动支撑方式，建立协调推进机制，加快推动5条产业链完善、产业生态圈形成。

【乡村振兴战略实施】2018年，区发改局编制完成《同安区乡村振兴战略实施意见》，策划生成2018—2020年市级示范村、区级重点村、镇级培育村等乡村振兴项目共132项，项目总投资约70.25亿元，2018年计划投资16.63亿元。编制《2018—2020年同安区乡村振兴战略三年行动计划（讨论稿）》并提请实施乡村振兴战略领导小组研究审议；编制7个市级试点示范村、区级重点村及镇级培育村的村庄建设规划，其中市级试点示范村建设规划通过市级评审。

【“十三五”规划中期评估完成】2018年，区发改局全面完成“十三五”规划中期评估工作。“十三五”规划纲要明确的经济发展、发展动力、民生福祉和生态文明四大领域31项指标中，地区生产总值、规模以上工业总产值、高新技术产业占规模以上工业产值比重、财政总收入、社会消费品零售总额、基本养老保险参保人员、五年内累计新增义务教育学位数及公办幼儿园学位数等19项指标达到预期或提前完成；2018年上半年，同安区规模以上工业增加值、社会消费品零售总额、固定资产投资额、区财政总收入、高新技术产业增加值等7项指标增幅均位居全市各区第一，显示构建创新驱动的产业体系、打造协调发展的城乡格局、创建绿色美丽的生态文明典范、营造开放良好的营商环境、建设富足共享的百姓生活、传承发展积极优秀的文化风尚六大重点任务总体推进情况良好。三次产业比重、外贸进出口额、千人医疗床位、每千名老人养老床位数等7项指标未达序时进度，原因是部分重点服务业项目、镇街老人日间照料中心及泰康人寿高端养老社区仍在建设阶段，国际市场需求低迷导致外贸出口额下降。

【固定资产投资增长幅度全市各区第一】 2018年，全区实现固定资产投资比上年增长29.9%，增幅居全市各区第一。基础设施建设和产业项目投资增长对固定资产投资增长拉动作用较大，年内有美山路地下综合管廊、同集路跨线桥、农村分散式污水治理等基础设施重点项目及中国移动数据中心、抽水蓄能、保沣实业、京东物流园、同恒金属等产业重点项目。房地产投资仍是拉动全区固投增长的主要支撑，全年完成投资186.18亿元，比上年增长12.4%。

【基建项目及资金计划管理】 2018年，区发改局申报年度中央预算内投资项目2个，分别为同安区移民造福安置小区（二期）、汀溪小城镇集中安置房（一期），共争取上级补助资金10840万元，其中区移民造福安置小区（二期）获市级补助资金8640万元，汀溪小城镇集中安置房（一期）获中央补助资金2200万元。以乡村振兴、民生补短板、片区开发、城市更新、流域治理为重点领域，谋划生成全区2018年政府性基建项目盘。开发完善区“项目管理系统”，开展项目管理系统培训。联合区财政局印发《关于区级财政性投资基建项目投资计划下达管理有关事宜的通知》，规范基建项目资金计划下达流程。开展项目投资审核管理，全年委托180个项目的审核工作，送审总投资35.75亿元，审定投资32.37亿元，节省投资3.38亿元。及时下达项目资金计划，全年合计拨付资金22.52亿元。

【“五个一批”项目】 2018年，全区“五个一批”亿元以上在库项目420个，总投资2792亿元。全区新增“五个一批”项目189个，计划总投资1147亿元，其中谋划54个，总投资448亿元；签约19个，总投资115亿元；开工58个，总投资372亿元；投产55个，总投资205亿元；增资3个，总投资7亿元。在第二季度“五个一批”综合考评中，同安区居全省各县区第七。

·小资料·

“五个一批”指谋划一批、签约一批、开工一批、投产一批、增资一批。

【镇村民生补短板项目建设】 2018年，区发改局推动镇村民生补短板项目建设。制定项目建设流程，为全年202项镇村民生补短板项目的展开提供有效依据，全年完成11个镇街场368个项目的核验工作。

【营商环境建设】 2018年，区发改局推进工程审批改革试点工作，实现90%以上区级事项“一趟不用跑”和“最多跑一趟”。修订出台加快推进企业上市和促进商贸流通业发展等惠企扶企政策，兑现惠企资金3.1亿元；下调电价近11%，为一般工商业降低用电成本6400万元。

【社会信用体系构建】 2018年，区发改局完善联合奖惩制度建设，印发《厦门市同安区守信联合激励和失信联合惩戒暂行办法》，梳理同安区联合奖惩措施清单241条。完善区级信用管理平台建设，梳理发布同安区第二批公共信用目录1661条，归集信用数据8450条。强化信用数据安全管理工作机制，印发《厦门市同安区公共信用信息平台信息安全管理制度》，在评优评先、政府奖励资金等方面开展信用审查，落实联合奖惩制度，开展炼油企业失信专项整治、涉金融失信专项整治等工作。

（张　萍）

土地资源管理

【概　况】 2018年，市国土房产局同安分局开展用地预审和供地工作，全年办理用地预审45宗，面积187公顷。上报各类用地报件手续45宗，面积509.07公顷，其中上报划拨用地32宗，面积466.93公顷，使用集体土地3宗，面积0.295公顷；上报储备用地7宗，面积15.72公顷；上报调整用地和用途3宗，调整后面积为26.13公顷。获市政府供地批复44宗，面积480.67公顷，其中划拨供地31宗，面积438.53公顷；储备用地7宗，面积15.72公顷；使用集体土地3宗，面积0.295公顷；其他为3宗调整用地，调整后面积为26.13公顷。组件上报5个农转用批次2个单独选址，涉及2个保障性住房、4个学校、西湖安置房、同翔基地五显起步区三期招拍挂二号地块、同安东路等其他9个基础配套项目，共17个项目，面积

22.516公顷。共获批农转用和土地征收面积45.11公顷，其中同翔大道（沈海高速—洪新路）工程（同安区）获省政府批复，同安区面积39.58公顷；上报区政府农村宅基地25个批次共889宗，面积7.82公顷。开展农村土地房屋权属登记486宗；缮证503宗；注销41宗，拆迁项目权属认定8宗。审核乡镇企业抵押4宗。

【用地批后管理】 2018年，市国土房产局同安分局对已批未供土地进行梳理，2017年开展这项工作以来，累计通过区政府下清单督办拆迁形成净地供地283公顷（其中进入供地率考核203.7公顷），供地率从37.3%提升到60.4%，居全市第一。同时产生盘活指标155.9公顷，基本保障同安区2018年农转用指标需求。依托土地市场动态监管系统对历年项目建设进度进行跟踪，及时更新补录。完成延期动工、用地调整、业主变更等各类补充合同共计75宗的签订工作。加大闲置土地的跟踪监管，全年共处置闲置用地5宗，其中动工建设4宗，总面积6.49公顷；签署收储协议1宗项目（石博园）。严格落实“双随机”抽查工作，按文件要求开展“双随机”检查31次，其中建设用地后监督管理“双随机”检查10次，建设工程批后监督管理“双随机”检查18次，建设用地与建设工程批后监管“双随机”检查3次，对建设用地项目与建设工程的信息公示情况、开竣工情况、复核验收情况进行检查，将被检查的项目资料以“一案一卷”的方式进行整理。

【基本农田保护】 2018年，市国土房产局同安分局开展高标准农田建设和土地整治工作，补充高等别耕地面积，挖掘耕地潜力。先后推动西山水厂建设项目占用耕地耕作层剥离与莲花澳滋村表土再利用项目、五显镇四林村土地整治项目、新民镇西山村高标准农田项目和莲花镇小坪村旧村复垦项目建设，完成莲花镇小坪村2016年旧村复垦项目防护工程设计方案完善工作；其中五显镇四林村2018年土地整理项目通过省厅验收，新增6等耕地指标5.4946公顷，包括水田5.1658公顷、旱地0.3288公顷，提质改造耕地指标3.29公顷，新增粮食产能指标87359.85公斤；新民镇西山村2018年高标准农田建设项目完成施工总量的30%。异地购买耕地指标，向政和县、浦城县、清流县和建宁县等购买急需的6等、7等、8等和9等耕地占补平衡指标898.5亩（59.9公顷）、增减挂钩60.74亩（4.05公顷），总金额达3.475亿元。牵头组织区农林局、水利局等部门分解落实2018年度10095亩（673公顷）高标准农田和608亩（40.53公顷）补充耕地建设任务，建立区高标准农田建设机制，委托区置业公司参与实施高标准农田和土地整理，完成同安区2018年度高标准农田建设41个项目，其中国土1个项目、农林16个项目、水利24个项目，总面积10392.5亩（692.83公顷），总投资额7758.1297万元，超额完成市政府下达给同安区10095亩（673公顷）高标准农田建设任务。

【土壤剥离与再利用】 2018年，市国土房产局同安分局开展占用耕地耕作层土壤剥离与再利用工作。2月27日开展同安区西山水厂建设项目占用耕地耕作层剥离和莲花镇澳溪村高标农田再利用工作，3月25日完成，剥离六等水田耕作层共10065立方米，剥离耕作层全部用于澳溪村高标准农田建设项目，发放耕地耕作层剥离与再利用项目奖补资金177万元。

【用地规划调整】 2018年，市国土房产局同安分局开展用地规划调整，重新修订《2015—2020年土地利用规划完善方案》，将制约全区补短板和经济发展需要已生成的或预计生成的63个不符合土地利用总体规划的小项目，111个不符合土地利用总体规划的交通、水利、生态环保气象、能源、社会事业等大项目纳入《2015—2020年土地利用规划完善方案》，报请省国土厅批准通过。63个小项目中，58个直接调整为允许建设区，其余7个因不符合城市建设总体规划暂缓调整；111个不符合土地利用总体规划的交通、水利、生态环保气象、能源、社会事业等大项目直接列入2020年土地利用规划完善方案内重点项目清单内，可直接纳入全市基础设施指标，克服辖区因城乡建设指标超标而不能办理用地手续问题。完成新建铁路福州至厦门客运专线等8个项目涉及土地利用总体规划修改方案报送省国土厅、市国土资源与房产管理局并批复同意，总面积144.96公顷，其中调整永久基本农田0.085公顷，修改土地利用总体规划7.74公顷，调出允许建设区7.78公顷。

【土地图斑核查及整改】 2018年，市国土房产局同安分局完成2017年度土地变更遥感监测图斑调查及成果上报。同安区2017年度变更遥感图斑共调查653宗，分割成图斑765宗，涉及变更面积4041.1亩（269.41公顷），其中耕地1527.23亩（101.82公顷）。核查疑似违法用地图斑375宗，面积665.56亩（44.37公顷），其中耕地189.07亩（12.6公顷）。完成2017年度土地卫片数据成果上报工作。核查疑似违法用地图斑297个，面积513.8亩（34.25公顷），其中耕地面积81.3亩（5.42公顷），同安区违法占用耕地占新增建设用地占用耕地总面积的比例为10.61%。及时开展违法用地查处整改，214个图斑查处整改到位，国土部门履职到位率为100%，全区整改到位率为72.05%。

【土地矿山执法监察】 2018年，市国土房产局同安分局加强土地矿山动态执法巡查力度，全年发现违法占地、违法建设案件2402宗，其中涉及平整土地案件102宗，耕地面积1429.3亩（95.29公顷），总占地面积4300.32亩（286.69公顷），总建筑面积159.35万平方米。配合区执法局拆除违法建设面积85万平方米，腾出土地126.44万平方米。加强对全区原关闭矿山的动态巡查。全区所有矿山均处于关闭状态，未发现非法违法盗采行为。

（艾叶生）

国有资产管理

【概　况】 2018年，同安区属4家国有企业开展国有资产管理工作。厦门同安国有资产投资有限公司（简称同安国投公司）开展政府投资项目代建工作，承接政府文化旅游项目及企事业单位安保业务，全年共计完成各项营业收入18866万元，实现利润总额864万元。厦门同安置业有限公司（简称同安置业公司）开展全区土地招拍挂及土地收储收购、市场建设管理、东西部产业扶贫、拓展投资项目工作，全年经营收入3643.75万元，比上年减幅9.35%；实现利润总额2818.7万元，比上年增长8.56%；上缴利税1198.36万元，比上年增长46.29%。厦门同安城市建设有限公司（简称同安城建公司）承担全区市政管养全覆盖即“一把扫把扫到底”工作。承接代建、施工项目共计400余项，年末完工项目142项。全年实现主营业务收入22810万元，比同期预算增加1.33%；营业总成本18683万元，比同期预算增加1.84%；实现利润总额912万元，比同期预算增加34.51%，完成财政下达任务的130.29%；至2018年12月31日，公司资产总额51950万元，净资产32320万元。厦门同安资产管理有限公司（简称同安资管公司）认真履行自有资产和代管行政事业单位、改制企业资产管理及资产接收处置职能，及时足额收取各项租金和水电费，做好维护维修及安全管理等工作。规范招租招商行为，加大市场调研和招商方案谋划与宣传，提高出租率和出租价格，确保资产保值增值。全年实现营业收入7342.55万元，比上年增长6.33%，利润1229.78万元，比上年增长6.74%，已交税金2181.55万元，比上年增长12.39%；代管收入9006.34万元，比上年增长22.04%。资产出租率为92.29%，经营资产共取得租金、水电费等收入2050.73万元。

【政府性投资代建工作】 2018年，同安国投公司共承接政府性投资代建项目132项，其中前期项目61项，在建项目71项；至年底竣工验收30项，在建71项，开展前期61项，完成投资2.7亿元。省、市重点项目有9个，其中市第三医院康复病房综合楼（三期）土建工程完成竣工验收，完成工程量1.65亿元，占总投资的87.5%；官浔村安置用地5#和6#楼项目静载实验完成，处于基坑土方开挖，打桩头阶段。完成工程量2300万元，占总投资的13%；汀溪小城镇集中安置房（一期）A1-1标段基坑土方施工完成；A1-2标段地下室施工阶段完成工程量2150万元，占总投资的6.4%。在2018年第三季度市重点项目督查暨代建考评工作中，官浔村安置用地5#和6#楼项目被评为良好等级项目。同安城建公司承接政府性投资代建项目400个，至年末完工142个、在建139个，119个项目为前期阶段，当年完成投资22000万元。区重点项目环山风景道（西源至顶村段）景观提升工程、文笔塔公园、雪樵公园3个项目完工；在建项目2个，同安区2017年安全生态水系建设工程完成17.715公里建设，同安区2018年安全生态水系建设工程完成1.53公里建设。

【市政管养一体化】 2018年，厦门同安城市建设有限公司开展市政管养一体化工作。在2017年开展同安城区和工业区市政管养一体化工作的基础上，2018年新增加农村公路养护、溪流养护、村居保洁等领域，接管8个镇街（含2个农场、1个开发区）共115个社区的农村保洁工作；农村公路养护约759公里；溪流养护范围总长度约305公里。建立城区基地、新民基地和莲花基地、洪塘基地4个基地中心，逐步实现精细化、网格化管理。启动接管村居环卫保洁，与镇村配合全面启动清洁村庄行动，依照2017年西柯试点模式开展村居环境整治工作，整治完成一村移交一村，至年末全区农村保洁全部完成整治移交，实现同安区城乡全领域市政管养一体化。截至2018年12月，公司管养一体化市政道路养护面积约380万平方米，桥梁30余座，雨污水管道约34万米，排洪沟约5.3万立方米，路灯1.5万余盏；绿化养护面积约230万平方米，乔木约4.4万株，名木古树142株；市政道路保洁面积约540万平方米，垃圾转运站（点）20座，清洁楼72座，公厕55座。

【“金边”项目招租】 2018年，厦门同安资产管理有限公司加大“金边”项目公寓招租、招商力度。深入周边企业了解员工租赁需求，通过广告、网络、报纸等形式，多渠道、全方位加大项目招租招商力度；根据项目地理位置及实际需求，规划服务功能区域，引进餐饮连锁店、大型超市、网吧、幼儿园、医院等项目，进一步完善综合配套，解决官浔1期、西洪塘坂下、西柯、洪塘等项目建成的综合配套项目存在着长期招租难的问题。参考各项目所在区域房屋出租市场行情在不同项目、同一项目不同地段实行差异化的租金标准，提高资产收益率。推行多元化经营模式，引进有管理经验的经营者承租部分公寓或店面实行灵活且个性化的配套，为住户提供了多样化的服务，满足不同客户层的需求，突破了部分项目公寓、店面出租难的困境，2018年公寓平均出租率为76%，店面平均出租率为93%，综合配套平均出租率为100%，2018年租金收入为6481.57万元。积极拓展物业管理及增值服务项目，逐步推进全区区直机关事业单位办公用房物业管理移交、承接同安区危房抢险值班中心专项服务，同安工业园区辅助管理服务等，并提供专业人力资源服务如提供辅助管理岗、工勤岗位及司勤岗位满足政府部门业务需要。至年末，已接管单位11家，建筑面积10.25万平方米，物业服务费合同金额587.78万元，签订购买服务合同金额555万元。

【代管资产管理】 2018年，同安资管公司将代管行政事业单位及改制企业的房产全部纳入区公共资源配置平台进行公开招投标，分门别类制定各项资产的提升管理及处置方案。加强管理类资产的监管巡查，对可提升类资产进行增投改造，对无发展前景及产权不清晰资产进行调研，分类提出处置办法进行处置，确保资产保值增值。至年底，租赁合同到期的66宗分为6个批次分别纳入区公共资源配置平台进行公开招投标，月租金从52083元增长至60735元。公司自有的70宗房产分为11批次分别进行公开招投标，月租金从51262.5元增长至65624元增长16.7%。房产面向社会公开招租，全年实现资产平均出租率92.18%，租金收入1816.11万元，比上年增长3.48%以上。开展资产维修维护和回收处置工作，共投入约35万元对19宗老旧、破损的房产进行维修维护，完成“清华紫光A地块”和旧闽批市场房屋征收项目涉及的国有资产拍卖搬运清理工作、“三得兴”房屋征收项目回购国有资产移交、拆除工作；配合西柯镇、洪塘镇做好“禾强建材”房屋征收项目、“同翔大道”建设项目涉及资产接收、拆除、搬运和拍卖等工作。至2018年年底，政府资金征迁回收国有资产接收处置拍卖成交价102.66万元，区直机关事业单位报废资产接收处置拍卖成交价56.54万元。

【两轮电动车充电桩建设】 2018年，同安区建立两轮电动车长效管理机制。3月，出台《同安区两轮电动车充电桩建设运营管理办法》和《两轮电动车充电桩选址建设条件和申报流程实施细则》。9月，同安资管公司开工建设两轮电动车充电桩二、三期项目29个站点800个插座。至12月，一、二、三期项目共121个站点2754个插座建成并投入使用。充电桩分布覆盖到六镇两街两农场的重点区域内，以居住小区（含安置房、金边项目）、工业企业、办公楼及出租房等两轮电动车充电需求大的地方为主。6月，“同民安”充电桩管理平台完成建设投入并启动收费模式，收费标准为1元/次，1元/4小时。同年10月进行推广普及后，当年所有投入使用的充电桩站点共产生电费度数21.51万度，收费16.40万元，自实行收费起，月均收入2.34万元。开设“同民安”充电桩微信公众号，实现充

位于水岸华庭小区的电动车智能充电桩　　（陈嘉新　摄）

值、消费充电、导航搜寻站点等功能，满足群众对移动端的使用便捷性需求。至年末，公众号粉丝数为10827个。

【农业投资平台建设】 2018年，厦门同安资产管理有限公司开展农业投资平台建设。配合区农林局对全区的农村集体土地承包情况进行摸排调查，对2018—2019年承包到期的集体土地进行归纳整理，从各镇场街筛选适合土地流转的试点村7个，总意向流转土地预计约2235亩（149公顷），年内签订流转的土地358亩（23.87公顷）。流转莲花镇美埔村土地213亩（14.2公顷），协助厦门中电光伏发电有限公司开发建设农光旅（农业、光伏、旅游）三产融合项目；投资参股厦门禾沣农业开发有限公司开发禾沣（五峰）农业文旅生态园，投资参股厦门同安农银村镇银行9%股权，为支持乡村振兴战略做好金融服务准备。

【停车场接管及运营】 2018年，同安资管公司共计接管停车场14个，总停车位1431个。正式对外运营的停车场有9个，建设改造停车场及设备设施维护总投入100万元，人员人工成本费57.65万元，云停服务管理费用5.61万元，全年营业总收入136.23万元。改造7个停车场实行“云停”管理，即自动缴费节省人工成本。

【研发出租房管理平台软件】 6月，同安资管公司作为会长单位积极配合区政法委等部门牵头组建成立同安区房东协会后，研发全区出租房管理平台软件。平台提供一站式租赁服务，可提供房源发布、在线签约、线上收付款等一站式租赁服务；建立房东房客信用体系，租客与房东通过平台认证后，系统自动为其关联厦门信用分以及客户在平台上的历史行为数据给出信用评分；建立纠纷调解体系，整合公安司法资源，及时化解房东房客纠纷矛盾；开发消防巡查功能，可及时排除消防安全隐患；接入市流动人口采集平台，自动根据平台上房屋租赁的行为，实现人来采集，人走自动注销的无感采集。12月，开展平台内部测试，预计2019年投入运营。

【投资参股】 2018年，同安资管公司投资参股厦门禾沣农业开发有限公司开发禾沣（五峰）农业文旅生态园，该项目于11月签署增资扩股协议，12月7日完成股权变更手续并实际缴纳出资额349.69万元，其中335万元增加注册资本，14.69万元增加资本公积。投资参股厦门同安农银村镇银行9%股权，为支持乡村振兴战略做好金融服务准备。11月19日获市银保监局资格审查通过，预计2019年完成股权交割。参股厦门市融资担保有限公司，出资额10803万元，股权比例10%，通过参股模式设立厦门市融资担保有限公司同安分公司，支持同安区的政策性融资担保相关业务工作。9月，同安置业公司出资3000万元（占股比30%）与厦门国贸控股集团共同设立“厦门国贸竹坝旅游投资有限公司”，负责对厦门市实施乡村振兴战略的市级示范村——竹坝片区进行开发、建设、运营、管理，开展乡村振兴项目建设。

【土地收储与出让】 2018年，同安区完成土地收储红线办理2宗，总面积61178.6183平方米，其中商业地块1宗，总面积32423.4333平方米；工业用地1宗，总面积28755.185平方米。全区出让土地总面积463.53亩（30.9公顷），总出让金额52.72亿元。出让商住用地2宗，面积112675.6平方米，分别为西湖片区一期地块、三得兴地块；特殊用地1宗（安乐永久墓园东侧地块），面积40429.646平方米；工业用地4宗，面积155915.633平方米，分别为金牌橱柜、海普锐、桑雷、东亚机械。

【盘活闲置土地】 2018年，同安置业公司开展边角地及原开发办遗留项目等26宗，涉及土地面积约3418平方米。至年末已完成征收清理并出让的有五显南片区、官浔工业招拍挂1地块、五显布塘片区工业地块（京东地块）、景田一期北侧预收储地块、岭湖变电站（原湖柑变）、亚马逊二期（金牌橱柜）用地、五显布塘片区工业地块（9#、11#），大部分作为工业用地，总计面积1572亩（104.8公顷）。

【出让地块配套工程建设】 2018年，同安置业公司开展44个出让地块配套工程建设，至年末，完工并交付使用的项目有西洋小学、大同中心小学古庄校区三期、浔美幼儿园等3个，完成投资额约4300万元；在建项目9个，总投资12635.32万元，完成投资约4175万元。开展洪塘中心小学、同安区T2014P01及T2014P02地块社区卫生服务场所（中海万锦熙岸）、同安工业集中区10-2号地块管线改造给水工程、T2017P02-04挂牌地块策槽总干渠（凤岗片区段）提升改造工程、汀溪小城镇横三路一期4个项目前期工作。

【农贸市场建设管理】 2018年，同安置业公司完成南门市场2.0标准化硬件改造及部分招商，开展试运营。推动城西市场、城东市场提升改造项目，杜桥市场、阳翟市场迁扩建项目。建设嘉德胜农贸市场，至年末主体竣工并开展装修及招商工作，共设26个标的物，截至目前（嘉德胜主体竣工），3#、6#楼全部完成招商，5#楼完成40%招商。推进闽南农副产品物流中心二期开发建设，二期项目于7月正式动工，投资预算1.85亿元，规划建设一栋集果蔬交易、冷藏、加工、配送的三层综合楼，建筑面积约5.57万平方米，进一步完善闽批市场的加工、仓储、物流等配套场所，提升市场综合竞争力。

【产业扶贫】 2018年，同安置业公司对同安区对口扶贫地甘肃省康乐县开展产业扶贫工作。按照“康乐所需、同安所能、协作见效”基本原则，成立康乐县同安现代农业科技有限公司、康乐县同康发展有限公司2家扶贫公司，分别从事特色农业种植及扶贫车间建设，总投资1700万元。在康乐县打造550亩（36.67公顷）马铃薯种植示范基地，以劳务用工、土地流转等产业扶贫的形式共带动151个建档立卡户贫困人口增收达到国家规定的现行脱贫标准（其中通过联接利益带动25人）、107户建档立卡户受惠。9月启动两个扶贫车间项目合作建设，共吸纳106个建档立卡户贫困人员就近就业，带动106个建档立卡户贫困人口增收达到国家脱贫标准。

（陈小莹　纪红绿
赵沛琦　陈　岚）

市场监督管理

【概　况】 2018年，同安区市场监督管理局持续深化商事制度改革和“放管服”改革，着力优化营商环境。至年底，同安区共有商事主体71221户，全年累计新增商事主体20374户，比上年增长38.6%。强化食品药品安全监管，全年完成食品生产经营日常监督检查1.27万家次，“三品一械”（药品、化妆品、保健食品、医疗器械）日常监督检查2119家次，先后开展食品及保健食品欺诈和虚假宣传、十类危害食品安全“潜规则”、疫苗专项检查、处方药销售管理等食药专项整治行动72次。维护公平竞争市场秩序，加大对食药、网络、广告等重点领域违法行为打击力度，全年立案326起，罚没款419.8万元。是年，同安区食品和药品安全工作考评均获全市各区第一，同安区市场监督管理局被评为省文明单位、“厦门市五一劳动奖状”，新民市场监督管理所支部委员会被评为“非公党建先进基层党组织”。

【食品安全“党政同责”落实】 2018年，同安区出台《同安区建立完善食品安全责任体系的实施意见》，进一步推动党政同责和属地管理责任的落实。建立各级食品安全责任单位和责任人，开展网格化监管，区委区政府定期专题研究食品安全工作，各镇（街）充分发挥食安委作用，基层食药协管员队伍健全，至年末有146人。积极开展农村市场质量安全提升行动，印发《同安区农村食品安全监管长效机制》并作为模板在全市推广。落实基层所快检室建设、小作坊提升改造补助、食品安全检验、食安宣传及举报奖励等各项工作经费。同安区落实食品安全“党政同责”经验做法在省政府办公厅《今日要讯》专题刊发。

【食品安全监管】 2018年，同安区市场监督管理局开展国家食品安全示范城市创建活动，对同安区全部食品生产经营单位12112家强化安全监管，其中食品生产企业376家，食品销售经营单位6574家，餐饮服务单位5162家。开展小作坊示范点创建，以点带面推动小作坊改造升级，全区当年新增市级示范小作坊4家，累计19家，数量占全市42%。在食品流通环节，强化流通环节食用农产品质量安全监管，有效应对季节性食品安全风险；做好非洲猪瘟防控工作，开展生鲜猪肉、猪肉制品安全排查，共检查3261家次，重点检查索票索

2018年3月24日，区市场监督管理局工作人员对某网红西餐厅后厨进行食品安全日常监督检查　　（区市场监督管理局供图）

证、进货查验、食品安全自查制度的落实情况，强化猪肉等动物产品经营环节质量安全监管；推进闽南果蔬批发市场标准化改造；承接食盐监管职能。餐饮服务环节，继续推动实施“明厨亮灶”工程，当年新增1947家，实施“明厨亮灶”单位4375家，覆盖率84.8%，其中学校食堂、养老院、医院食堂等重点单位实现全覆盖，153家餐饮服务单位获评“明厨亮灶”示范单位；完成海峡论坛、第四届中国“互联网+”创新创业大赛等14场次大型活动食安保障任务。

【网络订餐监管】 2018年，同安区市场监管局严格网络订餐监管，率先约谈美团外卖、百度外卖、饿了么三大网络订餐平台，检查入网经营主体825个次，提交第三方平台下架涉嫌违法网店（无食品经营许可证或食品经营许可证过期）113个次、菜品213个次。网络订餐监管做法在省委办公厅《八闽快讯》刊发。

【食品安全专项整治】 2018年，同安区市场监管局开展食品安全专项整治58次，涉及食品及保健食品欺诈和虚假宣传、十类危害食品安全“潜规则”、非洲猪瘟防控等方面，着力解决食品添加剂非法添加、滥用滥添加问题，针对火锅底料、糕点、网红饮品等重点组织开展专项监督抽检180批次，立案调查7起。开展校园及周边食品安全专项整治，会同区教育局组织召开校园食品安全工作推进会，指导学校开展应急预案演练，全区学校演练完成率100%。加强基层快速检测能力建设，依托快检室组织开展食品安全快速检测357批次，实现重点时期、重点产品风险的有效防控。

【食品安全社会共治】 2018年，同安区市场监管局开展食品安全社会共治。创新开展“双随机”阳光检查，邀请区人大政协、市民代表及新闻媒体参与监督执法，针对学校食堂、大型餐饮、网红店等重点单位开展5轮检查，检查单位共计12家次，曝光餐具消毒不合格、生熟混放等问题48条，并督促指导餐饮服务提供者落实整改，社会反响较大。开展食品安全宣传周、“创建国家食品安全城市民意征集”等活动，指导厦门古龙食品有限公司的“古龙酱文化园”、福建日清食品有限公司的“合味道学坊”创建“食品安全教育基地”。以厦门市“十佳食安卫士”评选活动为契机，进一步群众知晓率、参与率，大同所副所长叶江平以69477票名列票选全市第一名，荣获厦门市“十佳食安卫士”称号。大力提升微信公众号“大同市场监督管理所”、“新民所监督管理所”、“祥平市场监督所”运营水平，全年发布原创信息39篇，被市食安办采编33篇，阅读量3.3万次，采编、阅读量均居全市最高。

【“三品一械”监管】 2018年，同安区市场监管局健全完善以风险管理为核心，日常监管和双随机监管为支撑，飞行检查为补充的立体监管机制。重点开展处方药销售管理、疫苗专项检查、高风险药品专项检查等专项行动。会同区检察院、区卫计局检查区疾控中心、市第三医院“狂犬疫苗”管理情况，监督疫苗使用单位召回问题疫苗4500支。实施风险分级监管，完成1603家经营主体风险分级和信用等级评定工作。组织开展药品经营单位GSP飞行检查24家，撤销GSP证书3家。开展家庭过期失效药品定点回收，集中组织无害化销毁1500公斤。

【保健品市场专项整治】 11—12月，区市场监督管理局开展保健品市场专项整治，通过开展摸底排查、组织抽检检测、深挖案源线索、强化宣传引导等措施，提升专项整治工作成效，共摸排保健品生产经营企业96家、抽检相关食品3批次，查处案件10起，当年结案1起，罚款1万元。12月20日，同安区祥平市场监督管理所与芸溪社区居委会签订共建协议，由芸溪社区居委会负责相关老人购买保健品信息收集报送，宣传科普、消费提示等，祥平所加强指导，对报送线索进行筛查，发现违法行为立案查处。12月23日，区市场监督管理局在2018年同安区百姓大舞台周演与老年大学协同合作，开展保健品市场乱象专项整治行动现场宣传活动。

【简政放权】 2018年，同安区市场监管局完善商事主体退出机制，在服务窗口实现个体简易注销程序，全年办理简易注销的企业171户，个体131户。压缩企业开办时间，推行名称预先核准与设立登记合并办理，精简登记文书表格材料，设立登记时间由先前的3个工作日压缩至2个工作日。提升办事便利化水平，取消企业集团核准登记、分公司备案、营业执照作废声明3项事项，推行“邮寄送达”等便民服务措施，邮寄送达证照797份。

【信用监管】 2018年，同安区市场监管局强化事中事后监管，全面推开“双随机一公开”工作，完成总局、省市局组织的抽查任务1944家，发现异常企业164家，并纳入经营异常名录；开展年报公示，2017年企业年报率92.98%。开展2016—2017年度“守合同重信用”企业公示，全区共有108家企业申报；对76家企业开展核实，

16家被评为2016—2017年度福建省守合同重信用企业，60家被评为市级守合同重信用企业。

【消费维权】 2018年，同安区市场监管局办理“12315”投诉举报系统投诉件1495件，办结1351件，为消费者挽回经济损失1285.66万元；举报件467件，已办结389件；办理公共安全指令、12345转办件（便民件）、群众来函等各类信访件918件。

【广告监管】 2018年，同安区市场监管局持续加大互联网广告监管力度，重点打击群众反映强烈的食品、药品、房地产等领域虚假违法广告。查处15起互联网广告案件，案值2.1万元。7月，与土房局开展整顿房地产广告执法行动，为期3天共出动执法人员22人次，检查了保利、铂悦湾、特房、金帝等7个在售楼盘，对一些房地产公司在广告中有突出楼盘排名的问题，要求其出示佐证材料，并做好整改。8月30日，约谈移动、联通、电信三家电信运营商负责人，要求采取有效措施整改“流量不限量”等涉嫌存在虚假广告内容的问题，清除违法广告。

【扫黑除恶专项斗争】 2018年，同安区市场监管局充分发挥市场监管职能，切实提高政治站位，扎实开展黑恶线索摸排、行业乱象整治、宣传发动造势等工作。组织全体干部职工开展自查，梳理2014年至今各类信访件795件、行政执法案件547起；强化对农贸市场、专业市场等线索摸排，共报送7条涉黑线索，其中4条被采用。有序推进行业治乱，组织开展针对冒用他人身份证信息注册公司等4类行业乱象整治和保健品市场乱象整治，以及废旧行业专项综合整治等，查处保健品市场乱象相关案件10起、办理冒用他人身份证骗取商事登记事项调查12起。持续强化宣传工作，共组织现场宣传28场次，发放宣传材料5200余份，在各类媒体发布宣传信息23篇。

【“无人商店”整治】 3月，同安区新民市场监督管理所率先整治无销售人员商店即俗称“无人商店”。此类商店大多销售食品、药品、日用品等。经清查所辖区共有此类“无人商店”18处，全部属于无证无照经营，存在较大的风险隐患。经整治引导办证、规范经营7家，对不符合发证条件的11家予以关停。

【打击非法传销】 2018年，同安区市场监管局持续加大非法传销打击力度，与公安分局签订《网络传销违法犯罪活动联合整治协助备忘录》，完善部门协作机制，遏制网络传销蔓延势头。5月25日，联合区公安分局在汀溪镇隘头村组织开展打击网络传销的宣传活动，打击以“消费返利”“虚拟货币”“网络游戏”等为幌子的网络传销活动和假借“慈善”“扶贫”“均富”“一带一路”等名义故意歪曲国家有关政策的传销行为。6月1日，联合玫琳凯厦门分公司在莲花镇云洋小学、云埔小学开展打击网络传销的宣传活动。

（刘　赛）

质量技术监督

【概　况】 2018年，市质量技术监督局第三分局（以下简称市质监三分局）全年累计出动执法人员3126人次，检查企业1424家次，其中特种设备使用单位795家次、设备2266台套。参与工业产品生产许可证现场审查33家次；开展产品质量监督抽查759批次，合格751批次，产品监督抽检合格率98.95%；制造业质量竞争力指数85.89，较上年度提高0.64，涨幅位居全市各区第二位；处理各类特种设备投诉举报34起，特种设备重大问题及特检院通报56件，发出特种设备安全监察指令书14份；共办理行政处罚案件12起，其中7起特种设备案件移交市质监局稽查支队办理；罚没款0.96万元。辖区未发生特种设备安全事故及区域性生产假冒伪劣的情况。

【名牌建设】 2018年，市质监三分局大力实施品牌带动战略，名牌建设扎实推进。开展名牌现场审查工作，推荐25家企业28项申报省品牌产品。发动辖区2家企业争创省政府质量奖，占全市申报数11.8%。积极引导、支持企业争创厦门市质量奖、福建名牌产品和厦门优质品牌，打造一批卓越典范和标志性品牌。在厦门市政府公布2017年度“厦门优质品牌”名单，同安区获得2017年厦门优质品牌27家企业27项产品。

【实施质量强区战略】 2018年，市质监三分局实施质量强区战略，稳步推进质量提升工作。开启“全国健身器材产业知名品牌创建示范区”及“国家健身器材产品质量提升示范区建设”双创活动，至年底“全国健身器材产业知名品牌创建示范区”获国家质量监督检验检疫总局批准筹建。联合区经信局积极发动企业参加全市品牌故事大赛，辖区9家企业踊跃参赛，金牌厨柜荣获二等奖，古龙、百路达荣获三等奖。鼓励辖区企业申报首席质量官认证，年内辖区首席质量官新增50人，总数达162人，占全市20.9%。联合方圆认证专家对辖区蒙发利、康乐佳等健身器材企业进行走访、调研5家次，鼓励企业导入卓越绩效管理模式，提升管理水平；在奥佳华联合开展质量提升现场交流观摩会，交流质量管理经验，推进质量强区工作。在市对区质量工作考核首次以总分91.56分获得优秀跨入A级行列，实现历史性突破。

【标准化工作】 2018年，市质监三分局实施标准化战略工作。联合区市场监管局举办1场计量法规知识培训班，共95名企业计量人员参加培训。联合市质监局标准化处举办1场新《中华人民共和国标准化法》培训，共62名企业质量管理人员参加培训。和市质监局标准化处对7家农业标准化基地进行调研，指导其开展标准化建设；结合日常巡查开展企业标准化调查工作，积极推动企业标准自我声明制度，全年新增企业自我声明标准461项；指导全区12家企业申请市标准化专项奖励扶持资金，按国家标准项目、行业标准项目、地方标准项目、团队标准项目四大类总计34项，获扶持资金总额204.125万元。

2018年标准化专项资金申请统计表（国家标准项目）

表30

序号	标准编号	标准名称（项目名称）	申请单位	建议奖励金额（万元）
1	GB/T 36003-2018	镀锡或镀铬薄钢板罐头空罐	厦门古龙食品有限公司	7.5
2	GB/T 36145-2018	建筑用不锈钢压型板	厦门市正黎明冶金机械有限公司	15
3	GB/T 34385-2017	辊式冷弯成型机械通用技术条件		20
4	GB/T 24823-2017	普通照明用LED模块性能要求	厦门通士达照明有限公司	7.5
5	GB/T 35269-2017	LED照明应用与接口要求非集成式LED模块的道路灯具		2.5
6	GB/T 34549-2017	卫生洁具智能坐便器	厦门致杰智能科技有限公司	1.5
7	GB/T 34264-2017	熏烧焙烤盐焗肉制品加工技术规范	厦门银祥集团有限公司	10
8	GB/T 21980-2017	专业运动服装和防护用品通用技术规范	厦门安踏体育用品有限公司	7.5
9	GB/T 35458-2017	游戏服装		15
10	GB/T 11048-2018	纺织品生理舒适性稳态条件下热阻和湿阻的测定（蒸发热板法）		7.5
11	GB/T 35762-2017	纺织品热传递性能试验方法平板法		15
12	GB/T 19883-2018	果冻	晋华和佐（厦门）食品有限公司	3.75
13	GB/T 35456-2017	文体用品及零部件　对挥发性有机化合物（VOC）的测试方法	厦门康乐佳运动器材有限公司	4
14	GB/T 36525-2018	冲模　斜楔	厦门欧圣斯科技有限公司	3.75
15	GB/T 14536.19-2017	家用和类似用途电自动控制器电动燃气阀的特殊要求，包括机械要求	厦门业盛电气有限公司	2.5
16	GB/T 35716-2017	全封闭电动机—压缩机用热保护器		1.25
17	GB/T 17499-2017	家用洗衣机电脑程序控制器	厦门业盛电气有限公司	1.25
18	GB/T 5089-2017	电风扇用电动机通用技术条件	厦门晓讯新能源科技有限公司	1.875
19	GB/T 35716-2017	全封闭电动机—压缩机用热保护器		1.25
20	GB/T 35720-2017	家用和类似用途电动风门		1
21	GB/T 23147-2018	晴雨伞	太阳城（厦门）户外用品科技有限公司	12.5
22	GB/T 23103-2018	太阳伞		12.5
合　计				154.625

2018 年标准化专项资金申请统计表（行业标准项目）

表 31

序号	标准编号	标准名称（项目名称）	申请单位	建议奖励金额（万元）
1	JB/T 3884-2017	自动弯曲机	厦门市正黎明冶金机械有限公司	5
2	JB/T 13285-2017	数控金属薄板波形剪切机		7.5
3	FZ/T 73013-2017	针织泳装	厦门安踏体育用品有限公司	5
4	FZ/T 74006-2017	自行车骑行服		10
5	JB/T 13493-2018	电自动控制器　差动式电子膨胀阀	厦门业盛电气有限公司	0.5
6	JB/T 13495-2018	电自动控器用双金属带片　技术要求		0.5
7	JB/T 13494-2018	电自动控制器　制冷节流阀		1.5
合　计				30

2018 年标准化专项资金申请统计表（地方标准项目）

表 32

序号	标准编号	标准名称（项目名称）	申请单位	建议奖励金额（万元）
1	DB35/T 1764-2018	沿海地区金属屋面技术条件	厦门市正黎明冶金机械有限公司	7.5
合　计				7.5

2018 年标准化专项资金申请统计表（团体标准项目）

表 33

序号	标准编号	标准名称（项目名称）	申请单位	建议奖励金额（万元）
1	T/CSPSTC 10-2018	追溯防伪技术安全评价体系	厦门银祥集团有限公司	3
2	T/CSPSTC 11-2018	食品中常规致病菌快速检测方法恒温扩增芯片法	厦门银祥集团有限公司	3
3	T/CSPSTC 13-2018	禽类产品追溯体系应用指南	厦门银祥集团有限公司	3
4	T/CSPSTC 14-2018	畜类产品追溯体系应用指南	厦门银祥集团有限公司	3
合　计				12

【重点工业产品质量监管强化】 1—12 月，市质监三分局共出动检查人员 455 人次，重点检查食品相关产品、电器等重点工业产品企业 161 家次，与企业签署《产品质量安全责任承诺书》161 份，现场督促企业立即整改 14 家次，开具责令整改通知书 5 份，约谈企业 2 家次，要求企业逐项逐条按期完成整改。通过排查，有效消除重点工业产品质量问题安全隐患。

【诚信计量体系建设】 2018 年，市质监三分局开展诚信计量体系建设。强化计量法规宣传贯彻，联合同安市场监督管理局举办 1 期食品生产企业计量管理人员培训会，企业计量人员总计 95 余名参加。先后组织开展生鲜超市、加油站、集贸市场、液化气充装站等打击计量欺诈专项整治行动，共出动执法人员 22 人次，检查相关企业 11 家次，开展生产领域定量包装商品净含量随机抽查 27 家 48 批次，查处违法案件 3 起，处理加油站计量投诉 6 起。与 15 家企业签订《计量诚信承诺书》、30 家经营者签订《集贸市场经营者诚信计量承诺书》，指导经营者完善自我约束机制。

【环境管理体系认证】 8—9月，市质监三分局组织开展环境管理体系认证专项检查，重点核查认证档案的真实性、认证活动的合规性，核实认证机构资质及专业范围、体系文件等情况。共核查19家认证企业，获证企业的环境管理体系总体符合法规要求。

【电梯专项整治】 2—11月，市质监三分局开展电梯安全整治专项行动，约谈在辖区承接维保业务的67家维保单位，辖区67家维保单位、2000余家使用单位均按要求开展全面自查自纠。开展维保单位日常监督检查，共抽查362个维保项目1052台电梯，检查覆盖所有住宅小区；辖区34家50台老旧电梯，评估6家12台，签订评估协议22家31台，停用或拆除5家5台；对发现维保公司未按技术规范要求进行维保的情况依法依规予以查处，立案查处1家。

【蒸汽压力管道专项整治】 2—8月，同安区开展轻工食品园片区用汽企业压力管道专项整治。对集中供热用汽企业的压力管道进行全面排查，发现共有49家企业存在压力管道检验超期、未配备压力管道巡检维护工或压力管道未注册登记等问题。采取服务和扶持措施推进整治工作，对按时完成整治的32家企业按每家2万元标准给予补助，补助金额总计64万元。经整治49家企业中，除停产的3家外，蒸汽管道检验合格并取得使用登记证37家，管道改为DN50以下的5家，整治完成率100%。8月起，市质监三分局针对辖区大量压力管道未按法律法规要求办理注册登记的问题开展专项清理。发现辖区共有未注册压力管道118家，截至2018年12月底总计清理104家，其中注册登记70家，另有企业倒闭或管道停用34家；完成总体进度88.1%。

【特种设备安全监管】 2018年，市质监三分局对辖区液氨制冷企业、危化品企业开展特种设备安全检查，重点检查企业压力管道、压力容器检验及办证情况，操作人员及安全管理人员持证情况，运行、日常巡检记录及设备台账的建立情况，安全附件定期校验情况等，截至年底，检查液氨企业20家次，危化品企业8家次，消除安全隐患11处。8—9月，联合区商务局、消防大队对舜弘现代城和乐海城市广场开展大型商业综合体特种设备安全专项整治工作，对检查中发现的电梯机房门损坏未修理、电梯门坎异物未及时清理、压力表超期未检等3个安全隐患问题，责令企业立即整改消除。6月15—30日，对特种设备的重点设备、重点企业进行全面隐患排查，按照“企业100%自查排查、监管部门‘六必查’，落实重点单位场所监督抽查检查”的要求，将学校、幼儿园、医院、车站、商场、体育场馆、展览馆、公园等公众聚集场所高风险特种设备作为检查重点区域，将锅炉、旅游观光车、重大风险源隐患作为检查重点设备，将食品相关产品企业作为重点工业产品检查对象；共出动执法人员159人次，检查特种设备使用单位70家次、设备184台（套），下达监察指令书3份，对1家违规企业立案查处并移交市局稽查支队办理。

【特种设备安全宣传教育“七进”活动】 6月，市质监三分局开展特种设备安全宣传教育“七进”活动。在东海学院召开经验交流会，组织全区16所使用电梯的学校参与，通过示范单位的电梯日常管理工作经验介绍、管理资料档案展示，市特检院对电梯维修保养及监督工作进行讲解，通报各学校电梯安全管理存在的问题，督促各学校对标示范单位开展电梯安全标准化达标创建工作；联合区商务局、市特检院在乐海城市广场开展商贸行业电梯安全管理现场交流会，组织22家商场和宾馆酒店的安全负责人参加，邀请市特检院专家进行

2018年6月1日，市特检院技术人员现场指导电梯安全管理员如何进行电梯安全巡查　　（陈杰良　摄）

现场培训；联合市特检院和区建设局开展电梯安全管理培训，组织区50个小区物业参加，通报住宅小区电梯投诉和电梯专项整治发现的普遍性问题，讲解电梯日常巡查和维保监督要点。

·小资料·

“七进”指进企业、进学校、进机关、进社区、进农村、进家庭、进公共场所工作

（刘学武）

安全生产监督管理

【概　况】 2018年，同安区投入逾2.6亿元，开展安全基础建设及各项安全监管工作，改善道路、修建路灯、电力扩容、开展雪亮工程等，夯实安全基础。完成同安一中人行天桥、同安新城公共安全视频监控、同安区区域性风险评估、第三医院消防控制室改造、瓶装燃气胶管和减压阀更换安装等重点项目。全区发生各类生产安全事故40起，死亡16人。与2017年同期共发生各类生产安全事故37起、死亡29人相比，事故起数上升8.1%、死亡人数下降44.8%。全年无发生较大和重特大事故。

【重点行业领域专项整治】 2018年，区安监局持续开展危险化学品专项治理、烟花爆竹和涉有毒有害气体企业安全大检查工作，共出动执法人员628人次，检查危化品生产、经营企业157家次，发现问题隐患233项，全部整改到位，开具限期整改指令书37份，停产停业整顿1家，行政处罚3家，处罚13.5万元；检查烟花爆竹零售店申请户60家次，完成12家烟花爆竹零售店经营许可审批工作，出动执法人员96人次，检查烟花爆竹批发、零售企业24家次，发现问题隐患14条，已全部整改完毕。开展燃气安全专项整治，查处“黑气”窝点6个、违规使用黑气5处，非法储存7起，查扣钢瓶1059个、导灌装置2套；排查用气餐饮场所11076家次，发现隐患685处，完成整改609处，限期整改76处，下发整改通知书24份；检查供应站点266家次，发现问题隐患336处，下发整改通知书26份，完成整改325处，限期整改11处；大力推动“两换”工作，累计更换居民用户54868户、胶管57057根、减压阀57057个，餐饮用户4557户、胶管15015根、减压阀12467个。开展特种设备大检查、压力管道专项整治、电梯安全专项整治、液氨制冷专项整治，累计出动执法人员832人次，检查特种设备使用单位360家次，检查设备1029台（套）。检查特种设备重点使用单位30家，日常监督检查任务完成率100%。处理特种设备重大问题及特检院通报共34件，投诉举报24起，开具监察指令书15份，对3家特种设备相关单位的违法违规行为进行立案查处并移交市稽查支队。开展职业病防治安全监管。推进职业健康基础建设评定和汽车制造和铅蓄电池生产行业尘毒危害治理工作，接收职业危害申报及变更36家次，评审职业健康基础建设93家，检查4S店17家次，共出动执法人员214人次，检查企业108家次，开具现场检查记录71份，发现问题隐患285项并全部整改完毕，开出责令限期整改指令书17份，下达执法文书111份，行政处罚1起，行政罚款8000元。开展粉尘涉爆安全监管。出动执法人员39人次，检查企业14家，发现问题隐患14项，全部整改完毕。

【安全应急管理】 2018年，同安区强化安全应急管理。全区各单位、各企业累计开展应急演练近500起，提高事故防范和应急处置能力。区安委会办公室组织安监、消防、镇（街、场）和相关企业，在百路达厦门工业有限公司、青岛啤酒、春荣辉危险化学品储存仓库开展3起开展突发事故应急综合演练，邀请安全生产专家进行现场指导和评估，形成书面报告，实际检验应急预案的可操作性。强化执法装备保障。区安监局配置执法车辆3辆，各镇（街）各配置执法车辆1辆。为区安全生产执法大队和11个镇（街、场）安监站配备执法记录仪50台，执法相机14台，投入45万元配置了各类个体防护装备、通用监督检测设备、危化品与烟花爆竹监督检测设备、现场执法与调查取证分析设备、职业危害监督检测设备。

【安全生产大检查】 2018年，区安全委员会办公室（简称）安委办在全区范围开展安全生产大检查活动，重点检查了危化品、消防、建筑施工、烟花爆竹、燃气、特种设备等行业安全生产工作情况。全区共组织督查检查组2667次，其中暗查暗访212次，专家会诊52次，联合执法132次；共出动执法人员7878人次，检查单位和场所5029处，排查发现隐患3143项，全部完成整改。对企业限期整改460家，停产停业整顿7家，取缔关闭25家，罚款53.3万元，其他行政处罚21家。

【安全生产执法专项行动】 2018年，区安委办在全区开展安全生产执法专项行动，进一步规范执法行为，督促企业落实主体责任，严厉打击安全生产违法违规行为。开展道路交通安全、消防安全、建筑施

工安全、危化品、烟花爆竹安全、燃气安全、特种设备安全、职业病防治安全等方面专项整治工作，全区各镇（街、场）、各部门共开展监督检查次数3915次，查处一般隐患3707项，全部完成整改，责令停产停业整顿7家，行政处罚96.3649万元。

【“业安工程”创建活动】 2018年，区安委办在全区开展“业安工程”创建活动。以防范遏制重特大生产安全事故为重点，深入推进“平安校园”“平安医院”“平安海域”“平安文化市场”“平安景区”等创建活动，引领广大市民群众牢固树立安全发展理念，健全完善安全生产目标责任体系，强化安全生产社会共治，完善应急救援体系建设，拓展安全生产宣传渠道，保障安全生产。

【打击假冒特种作业证操作证专项治理行动】 2018年，区安委办开展打击假冒特种作业证操作证专项治理行动。依法查处伪造、变造、买卖特种作业证操作证行为，全面深入开展特种作业操作证摸排，查处假冒特种作业证操作证上岗作业行为，确保持证上岗、安全生产。共组织检查生产经营单位609家次，检查特种作业人员546人，持证上岗541人，查处从业人员无证上岗作业行为5起，均要求企业将相应人员调离岗位。

【安全生产宣传教育】 2018年，区安监局开展安全生产宣传“七进”活动和第17个“安全月”活动，大力弘扬“生命至上、安全发展”的理念，开展文艺晚会等多种宣传教育活动形式，提升全民安全意识和安全素质。累计共举办安全生产文艺晚会30场，发放宣传册75000份、宣传品75000份，制作并发放1600块安全告知牌和2500块企业全员岗位生产责任制牌，发送手机提醒短信约80万条。

【同安区首个校园安全体验室揭牌】 3月21日，同安区首个校园安全体验室在大同中心小学古庄校区正式揭牌。体验室由区安监局投资28.98万元设立，占地面积约为60平方米，采用高新技术手段设置消防器材实物展示、模拟灭火、安全骑行、消防员体感系统、模拟报警、结绳训练等体验项目以及消防安全知识墙贴等，对学生进行寓教于乐的安全体验教育。

2018年3月21日，大同中心小学安全教育体验室揭牌　　（区安监局供图）

【安全监管机制创新】 2018年，区安监局创新安全监管机制。聘请安全生产专家进行明查暗访，全面排查企业安全隐患，全年共排查企业453家，排查发现4300多条问题隐患线索，共兑现隐患举报奖励约86万元。强化违法行为曝光、警示约谈和警示教育制度，全年对群鑫机械工业有限公司、厦门市空分特气实业有限公司等7家企业违法违规行为进行媒体曝光，督促企业落实主体责任；和相关行业部门累计约谈企业6家次。

（张　辉）

价格管理

【概　况】 2018年，同安区发改局落实惠民政策，2月1日至3月2日，依托11家平价商店执行政府差价补贴销售农副产品政策，平抑市场价格。价格认定中心共受理行政、刑事等案件共275件，总认定金额约3938万元，出具复函139件。妥善化解银湖花园物业服务收费及新景舜弘现代城地下停车场车位收费标准过高问题引发的业主群体上访。多渠道开展价格法律法规宣传，开展以“十九大中国梦，二十年价格情”为主题的纪念《中华人民共和国价格法》实施二十周年大型宣传活动。全年累计分发各类价格宣传材料5000余份。

【行政事业性收费监管】 2018年，区发改局审核完成区属行政事业性收费单位及其收费项目，向社会公布48个具有收费资质的收费单位名单及23项收费项目。利用国家市场价格管理系统，开展行政事业性收费情况统计调查。全年收费总额9544.12万元，比2017年增长23.22%，其中行政性收费2642.44万元，事业收费6901.68万元。

【政府定价项目管理】 2018年，区发改局制定区属水利工程农业用水价格，农业用水采用分类水价，具体为粮食作物、经济作物和水产养殖三类用水价格。制定区属公办幼儿园保育教育费，实行分类收费标准，具体为全日制、半日制两种，分为省级示范园、市级示范园、区级示范园、普通园、集体园五类。除保障性住房外，其他住房物业服务收费不列入政府定价，实行市场调节价。对2018年2月1日前发布的物业服务定价批费文件进行清理，共废止物业服务定价批费文件19份。

【价格监督检查】 2018年，区发改局组织执法力量开展对明码标价、旅游市场、殡葬领域、汽车相关行业、重点商圈及重要市场等进行价格检查，累计出动检查人员300余人次，下发《责令整改通知书》30余份，受理各类价格投诉举报信访83起，查处价格违法案件2件，罚款3.05万元，责令退还违法收费25.08万元。

【规范转供电环节收费】 2018年，区发改局对全区转供电企业开展双随机抽查。根据双随机检查工作情况，联合国家电网公司对全区49家转供电单位进行再次排查，共清理13家转供电企业，涉及一般工商业2000余户，退还多收电费40万余元。

【价格成本监审】 2018年，区发改局完成全区2015—2017年度幼儿园入学收费、厦门市同安区策槽灌区管理处2015—2017年度农业用水价格、厦门市同安区北辰山景区、影视城景区和金光湖景区2015—2017年的门票价格成本监审工作，为政府制定价格提供依据。

2018年1月23日，区发改局工作人员在农贸市场采集农副产品价格监测数据

（陈嘉新　摄）

【民生价格监测】 2018年，区发改局监测与群众生活密切相关的粮、油、肉、禽、蛋、水产品、蔬菜等八大项68种农副产品民生价格，2018年共采集价格数据8979条，发布农副产平均价格数据191篇，粮油副食品平均价格数据36篇，农副产品平均价格分析86篇，在《同安发展改革简报》发布价格分析12篇。非洲猪瘟疫情期间向上级发出猪肉价格行情动态6篇。

【公平竞争审查】 2018年，区发改局开展公平竞争审查。联合区法制办、财政局、商务局共同印发《关于印发同安区2018年清理现行排除限制竞争政策措施的工作方案的通知》，牵头组织全区各级行政机关和法律、法规授权的具有管理公共事务职能的组织对现行政策措施进行清理。现行有效的区政府及区政府办公室制定的规范性文件宣告失效2件，废止13件；区公平竞争审查工作联席会议各成员单位宣告规范性文件失效1件，废止20件。

【价格争议调解工作成果获推广】 2018年，区发改局推进价格争议调解示范工作站建设，价格争议调解工作成果获推广。凤祥社区价格争议调解工作站共受理案件27件，成功调解27例，成功率达100%，及时有效地把社区内的价格矛盾纠纷化解在基层。价格争议调解创新工作受到省、市物价部门高度肯定，被列为全省、全市创新典型，省物价局公众号、市发改委公众号均刊载经验材料。

（叶书建　王国斌　叶雅茹）

统 计 管 理

【概　况】 2018年，区统计局开展常规统计工作，完成农业、规模以上工业、项目投资、建筑业、房地产业、重点服务业、限额以上商贸业、劳动工资、能源、科技等常规统计和城乡居民收支、农产品价格、畜禽监测、粮食播种面积、农产量、小微服务业、劳动力、规下工业、限下商业、生产者价格、人口抽样等调查工作；启动第四次全国经济普查工作，至年末完成单位清查工作；进一步加强基层统计工作力量，充实镇（街）统计站统计队伍，结合村居换届选举调整确定村（居）统计专委和农业统计人员；强化基本单位名录库建设，抓好“四上”企业入库；进一步加强统计调查分析，提高统计服务水平，编制《同安统计月报》等材料，为市统计部门、区委区政府提供决策依据，为社会各界提供信息咨询服务。

【同安区启动第四次全国经济普查】 6月21日，区政府印发《厦门市同安区人民政府关于做好第四次全国经济普查工作的通知》，启动第四次全国经济普查工作。8月21日成立第四次全国经济普查领导小组。组建普查机构，落实普查经费，开展普查工作。创新宣传形式，采用线上线下相结合，线上创新采用微信有奖问答、楼宇电视广告、在线访谈咨询、手机短信群发等，线下灵活运用举办启动仪式、广告牌、LED宣传栏、现场发放宣传单及宣传品、发送《致普查调查对象的一封信》等材料。举办各类培训，全区600多名普查员参加。做好普查区划分及绘图，确认普查边界和区内建筑物。建立分级巡查制度，加强平台数据审核监测。至年底完成单位清查工作，共清查出单位总数量43038家，其中法人单位15442家、产业单位1460家、个体户26136家。做好正式入户的物资准备和入户宣传等工作。

【基层统计队伍建设】 2018年，区统计局加强基层统计队伍建设。以购买服务方式委托海峡人力资源公司进行统计辅助岗位人员招聘，招考28人，分别派往八个镇（街）。结合村（居）换届选举调整确定村（居）统计专委和农业统计人员。加强村（居）统计队伍建设和工作考核管理，制定下发镇村两级统计规范化建设标准，针对村（居）换届选举后统计人员的岗位变动情况及时开展摸底和集中业务培训，组织业务骨干深入各镇（街、场）对村（居）农业统计员进行面对面培训。加强村（居）统计工作绩效考核和管理，根据村（居）统计工作职责和考核标准指导镇（街、场）认真组织开展绩效考核和奖金核发，推动村（居）统计数据质量的提升和工作的扎实开展。

【统计法治建设】 2018年，区统计局扎实推进统计法治基础建设，制定《2018年厦门市同安区统计法治工作重点》和统计执法三项制度，组织人员参加2018年国家统计执法证考试，进一步充实同安区统计执法队伍。依法开展监督检查工作，9月份与市统计局联合开展2018年统计“双随机”执法监督检查，随机抽取同安区14家企业及汀溪镇政府进行检查；强化统计法治宣传力度，组织全体干部职工学习法律法规等文件4次，结合业务开展法治培训7场，利用统计开放日、“12·4”宪法日和“12·8”统计法颁布纪念日等开展户外活动3场，结合四经普工作开展微信有奖知识问答活动、与移动合作发送四经普宣传短信50多万条、与媒体合作在厦门移动电视播放四经普宣传广告、在商会周边悬挂400平方米的大型经普宣传广告牌、在城区主要位置悬挂宣传横幅和书写宣传标语等约38条。

【企业入库工作】 2018年，区统计局利用各种手段做好摸底筛查工作，完善“准四上”企业信息库，加强部门信息互通，做好各项服务，抓好四上企业新增入库工作；及时梳理剔除破产企业、僵尸企业，提高名录库单位质量。2018年，同安区月度审核确认新增“四上”企业31家；年度审核确认新增“四上”企业164家。

【人口抽样调查】 2018年，区统计局开展人口抽样调查。组成调查挂钩小组，划分人口抽样调查小区，开展地图绘制业务培训会和人口抽样调查业务及PDA培训会，共抽中6个镇（街）16个小区近6636人，调查工作于10月15日开始，至年底完成对常住人口等数据的调查。

【统计服务】 2018年，区统计局利用统计数据信息资源，为政府机关和社会各界提供统计数据服务。联合区发改局每月对各镇（街、场）几个主要经济指标完成情况进行通报，以便各镇（街、场）领导关注经济运行情况，有的放矢地对辖区内企业入统情况进行跟踪服务；主动收集统计部门现行统计之外的数据，对接供电部门、水务部门收集同安区域内的供水和用电数据，为经济运行分析提供详实数据资料；定期编发统计资料，全年共印发10期《同安统计信息》、11期《同安统计月报》、11期《同安区主要经济指标图表集》、12期《同安区主要社会经济指标报表》，编写《厦门市同安区统计年鉴（2018年）》，为市统计局、区委区政府等部门提供决策依据。

（陈燕秋）

审计监督

【概　况】2018年，区审计局围绕政策措施落实、公共资金、民生保障、资源环境、领导干部经济责任等重点开展审计工作。全年共完成审计和审计调查项目20个，出具审计报告和专题审计调查报告31篇，提交审计信息35篇，被各级党政领导或有关部门批示、采用审计信息12篇次，查出主要问题金额11651.02万元，其中违规金额9.11万元，管理不规范金额11641.91万元。处理处罚603.63万元，应上缴财政2.37万元，应调账处理金额601.26万元，提出审计建议65条，被采纳39条。

【政策落实情况审计】2018年，区审计局对同安区稳增长促改革调结构惠民生的政策措施贯彻落实情况进行审计监督，对厦门市同安区"金边"项目物业管理情况、地方政府债务情况开展审计，发现项目还贷和租金收入、地方政府债务在债券偿还机制等方面存在问题。向上级审计机关提交《采取有力措施，有效化解地方政府债务风险》和《规范资产经营管理，维护失地农民合法权益的分析报告》，提出通过增加项目激励机制、提高项目出租率、强化现场管理和市级建立地方政府债务偿债基金等4条审计建议。

【预算执行审计】2018年，区审计局重点审计区财政局2017年本级财政预算执行审计以及区建设局、区民政局、区水利局3家单位2017年度部门预算执行审计。同级审除了结合部门预算执行审计、经济责任审计、财务收支情况审计，与往年相比，还重点关注同级财政预算执行中财政专户使用、存量资金结转使用及项目预算执行绩效情况，延伸审计同安区非税收入——国有资源（资产）有偿使用收入收缴情况，并抽查部分行政事业性收费及罚没收入收缴情况。发现问题14个，涉及预算编制、基建项目管理、风险控制、往来款未及时清理、固定资产管理、未及时办理财务结算、违规发放津贴、下属单位食堂管理不规范、专项预算执行率等方面，提出加强对非税收入的征缴、监管，防范国有资产流失；加大预算执行监管力度，提高预算执行率，强化预算执行约束的建议，审计结果被纳入区政府向区人大作出对2017年度预算执行情况的汇报。

【经济责任审计】2018年，区审计局结合财务收支审计，完成领导干部经济责任审计9项，其中离任审计9项；审计经济责任人9名，其中党委领导1人、政府领导1人、政府工作部门领导6人、事业单位领导1人。查出主要问题金额893.24万元，其中违规金额9.11万元、管理不规范金额884.12万元。

【领导干部任期自然资源离任审计试点】9月，区审计局启动镇街领导人自然资源资产离任（任中）审计试点工作，开展莲花镇党政领导人自然资源资产任中审计。审计组先后与农林、水利、环保、国土等自然资源资产管理有关职能部门做好对接，了解被审计镇的自然资源资产基本情况、责任书及目标完成、资金管理、项目实施等情况，围绕法律法规贯彻执行、约束性指标、重大决策、资金征收管理使用和项目建设运行等方面开展审计；明确森林、水、土地等自然资源和相关生态环境保护情况的审计重点，确定"对一般事项常规了解、对重点薄弱环节重点关注"的思路，开展现场审计调查。发现问题14个，涉及基本农田保护、土地卫片违法图斑整改、地质灾害治理、农村分散式污水工程、溪流养护等方面，提出加大对破坏环境行为的监管力度、加强林分修复后续管养工作、巩固生猪退养成果、切实发挥森林生态效益补偿金的效益、加快污水处理工程建设、切实加强河道管养工作等6条审计建议。

【专项审计调查】2018年，区审计局开展对白沙仑农场、凤南农场的专项审计调查，立足农场改革战略发展要求，侧重关注2个农场的资产、负债情况，力求摸清家底，揭示问题，为两个国有农场改革提供参考依据。审计发现问题10个，涉及部分国有土地承包款未及时收回、国有资产管理不规范等方面。审计结果获区委区政府高度重视，分别召开多次会议部署相关整改工作，组织相关人员针对审计问题进行梳理及分析，对于拖欠款项正采取法律渠道予以追回、对无法立即整改的问题提出后续整改计划。开展对区国投公司、资产公司管理的"金边"工程、安置房资金使用、定额标准等情况进行专项审计调查，提出强化物业公司管理，提高政府资金使用效益，配合行业管理部门完善机制等审计建议。开展对同安区2017年生态建设和环境保护政策资金专项审计调查，发现问题3个，涉及部分生态公益林补偿资金发放程序不规范、垃圾费返还支付滞后、部分项目负责人违规兼职等方面，提出加强主管部门业务指导工作、提高资金使用效率、加快美丽乡村及截污纳管项目进度等建议。

（潘炳聪）

教育 科技

教　育

【概　况】 2018年，同安区拥有各级各类学校242所，其中幼儿园138所（公办106所、民办32所），小学81所（完小53所、教学点4个），中学20所（含2所市直属校），特教1所，中职2所。有在校生13.54万人（含2所市直属校），其中在园幼儿2.45万人、小学生6.26万人、中学生3.03万人、中职生0.45万人。公办校教职工6927人（不含2所市直属学校），其中专任教师6752人。全区全年财政性教育经费支出19.06亿元，占地区国民生产总值比例4.51%；建成投用梧侣学校扩建等22个教育项目，新增学位6590个，其中幼儿园学位810个、小学学位3780个、初中学位800个、职业教育学位1200个；随迁子女就读公办校比例达98.6%。是年，同安区顺利通过“全国中小学校责任督学挂牌督导创新区”实地核查；同安职业技术学校通过“国家

2018年同安区各级各类学校学生及教职工情况表

表34

<table>
<tr><th>序号</th><th>类别</th><th>种类</th><th colspan="2">学生数</th><th>教职工数</th><th>专任教师</th></tr>
<tr><td rowspan="2">1</td><td rowspan="2">高中</td><td>区属校</td><td>5736人</td><td rowspan="2">总计9300人</td><td rowspan="5">2813人
（区校公办在编1745人，编外355人，市直属592人，民办121人）</td><td rowspan="5">中学阶段专任教师2309人
（区校公办1784人，市直属488人，民办37人）</td></tr>
<tr><td>市直属校</td><td>3564人</td></tr>
<tr><td rowspan="3">2</td><td rowspan="3">普通初中</td><td>区属校</td><td>17366人</td><td rowspan="3">总计21005人</td></tr>
<tr><td>市直属校</td><td>3188人</td></tr>
<tr><td>民办学校</td><td>451人</td></tr>
<tr><td rowspan="3">3</td><td rowspan="3">小学</td><td>区属校</td><td>58434人</td><td rowspan="3">总计62646人</td><td rowspan="3">3290人
（公办在编2225人，编外954人，民办111人）</td><td rowspan="3">小学阶段专任教师3464人
（区校公办3272人，市直属56人，民办136人）</td></tr>
<tr><td>市直属校</td><td>1080人</td></tr>
<tr><td>民办学校</td><td>3132人</td></tr>
<tr><td>4</td><td colspan="2">特教学校</td><td colspan="2">特教147人</td><td>61人（在编45人，编外16人）</td><td>59人</td></tr>
<tr><td>5</td><td colspan="2">幼儿园</td><td colspan="2">幼儿园24508人
（公办18232人，民办6276人）</td><td>1834人
（公办校在编471人，编外819人，民办校544人）</td><td>1710人
（公办园1244人，民办园466人）</td></tr>
<tr><td rowspan="4">6</td><td rowspan="4">职校</td><td>职校1</td><td colspan="2">4523人
（本部3850人，医高专673人）</td><td colspan="2">297人
（在编134人，编外163人）</td></tr>
<tr><td>职校2</td><td colspan="2">279人</td><td colspan="2">111人</td></tr>
<tr><td rowspan="2">2个附设中职班不计校数</td><td colspan="2">554人</td><td colspan="2" rowspan="2"></td></tr>
<tr><td colspan="2">15人</td></tr>
<tr><td colspan="3">合计</td><td colspan="2">学生数总计122977人</td><td colspan="2">教职工总计8406人</td></tr>
</table>

备注：1.民办幼儿园另有基本合格幼儿园65所，筹建幼儿园33所，在园生数13399人，未计入民办幼儿园幼儿统计数

2.附设中职班教职工人数统计在主体校，不计入重复统计

中等职业教育改革示范学校”评估验收，滨城小学等10所学校通过福建省“义务教育管理标准化学校”评估，同城四季幼儿园通过市级示范园评估。

【教育基础设施建设】 2018年，同安区持续加大教育基础设施建设，投入资金3.95亿元，建成投用大同中心小学古庄校区（三期）、阳翟小学、进修附小、瑶头小学、梧侣学校扩建、柑岭小学、大同城西校区改造工程、银溪墅府幼儿园、浔美幼儿园、同安职校扩建三期等22个项目，开工建设后宅中学、梧侣二小、新城小学等13个项目，新增幼儿园学位810个、小学学位3780个、初中学位800个、职业教育学位1200个。投入资金1.15亿，提升学校设施设备，建设活动场所和校园景观绿化，改善办学条件。

【学前教育】 2018年，同安区有各类幼儿园138所，其中区属公办幼儿园29所（含镇、街、场中心幼儿园），在园幼儿12444人；集体办幼儿园77所，在园幼儿5788人；正式批办民办幼儿园32所，在园幼儿6448人。另有65所基本合格幼儿园和准予筹建招生的幼儿园，在园幼儿9354人；35所无证园，在园幼儿4338人。幼儿园教职工1834人，其中专任教师1710人。适龄儿童入园率98.21%。享受财政补助的集体办园幼儿5150人、补助款1159.62万元，享受财政补助的民办园幼儿8304人、补助款1858.92万元，享受补助幼儿占民办、集体办在园适龄幼儿总数85.14%。组织幼儿园等级评估，77所集体办园通过评估确认，其中有二级园47所，三级园22所，基本合格园8所；同城四季幼儿园通过市级示范园评估，梧侣幼儿园通过区级示范性幼儿园评估，全区省、市、区级示范园分别达到3所、8所和1所。举行全国学前教育宣传月与0～3岁公益早教进社区大型展示活动，营造全社会重视学前教育的浓厚氛围形成家庭、幼儿园、社区三位一体的教育合力。开展“三个一”活动，举办“亲子闽南童谣诵读比赛”“富美同安主题创意画比赛”和“亲子运动比赛”，提供幼儿才艺展示平台，促进家庭亲子互动，推动家园共育。

【小学教育】 2018年，同安区有区直属公办小学81所（含2所九年一贯制的学校的小学部），在校学生58434人；民办小学3所（含1所九年一贯制的小学部），在校学生3132人；全区小学当年新入学13033人，毕业8702人。全面推进进城务工人员随迁子女小学积分入学工作，升级完善同安区2018年秋季随迁子女入学网上预约登记平台，接受进城务工人员随迁子女网上预约登记5486人。深入实施《福建省义务教育质量监测工作实施方案》，建立学生品德修养、学业水平、身心健康、兴趣志向、学业负担等多元综合评价体系，落实“学业目标、学业过程、学业评价”学业质量全过程监控，梧侣学校实施“学部制管理”“家长进校园体验日”教学管理制度、阳翟小学实施“远程同步互动教学”教学方法。全区5所小学通过福建省“义务教育管理标准化学校”评估。

【中学教育】 2018年，同安区有区属公办初中17所（含普通高中初中部及九年一贯制学校的初中部）、在校学生17366人，民办初中1所、在校生451人；有区属普通高中4所（其中省一级校2所、省二级校2所），办学规模118班，在校学生5736人。是年，全区中考考生4145名，中考成绩总分均值397.13分、合格率达55.37%；普通高考考生2241名，本科上线1844人、上线率82.28%，其中本一上线完成市下达任务的128.85%、本二上线完成市下达任务的153.03%。6所中学通过福建省“义务教育管理标准化学校”评估。

【职业教育】 2018年，同安区有同安文教职业学校、同安职业技术学校2所中等职业学校，在校学生5371人。文教职业学校以文科类专业为主，侧重做好与高等职业教育接轨，为高等职业教育输送专业技术人才，提高新增劳动力平均受教育年限。同安职业技术学校以工科类和服务性产业类专业为主，坚持以就业为导向的办学宗旨，积极创建国家中等职业教育改革示范校，开设“百路达数控班”“厦门乾照光电电子班”“金龙客车汽车运用与维修班”和“二五八网络集团计算机班”等冠名班、订单班21个；引进嘉达兴企业入校办厂，实施“6S”管理，创设工作情境；安排学生到大金、乾照光电、京东等公司见习，通过校企双主体办学、订单式培养等创新模式，促进产教深度融合。

【特殊教育】 2018年，同安区大力推进国家特殊教育改革实验区工作，继续做好残疾人扫盲，组织疑似智障儿童监测，全年完成150名疑似智障儿童检测。落实全省特殊教育改革试验经验交流现场会精神，推进“随班就读”和“送教上门”工作，完善“随班就读”试点校资源教室设施设备，开展随班就读骨干教师、资源教室教师等各级各类培训，落实在校残疾儿童少年定向补助经费35.76万元，提升特殊学生生活自理能力和社会适应能力。

【终身教育】 2018年，同安区投入专项经费455.8万，积极构建居民学习圈，大力推进终身教育。认真组织扫盲工作，开办扫盲教育教学班9个，招收学员480人，均通过测试脱盲。积极开展“9·28”全民终身学习宣传周活动，区社区教育学院举行“送春联进社区”活动，取得良好社会效果；各镇（街、场）组织普法教育、家庭教育讲座、交通安全常识、就业技能培训等，活动参与人数508823人次，其中各行政村民众参与率超过45%、各社区居民参与率超过65%。大力发展社区教育，全区81个行政村、59个社区均设立社区教育学习中心，覆盖率达100%；评选出学习型家庭136个，学习型村（居）委会23个，其他学习型组织18个；省级终身教育重点建设项目评比，同安工业社区大学、汀溪前格书院、新民镇梧侣社区书院三个机构荣获社区教育示范基地称号，同安工业社区大学“同工大·桥空间”、新民社区教育学校梧侣书院“萤火虫故事汇”荣获社区教育特色品牌。

【教学科研】 2018年，同安区积极开展课程改革与实验、教师教育研究等，修订《同安区教育科研管理手册》，对区级重点课题每项下达资助经费15000元、一般课题每项下达资助经费12000元，对省级重点课题每项下达资助经费35000元，一般课题及专项课题每项下达资助经费25000元。开展科研经验交流，组织综合性大规模交流活动3场、分类分层集中交流活动32场；全区国家级课题1项、省级课题15项、市级课题3项、区级课题42项，被确认为“福建省教育科研基地”。加强小学质量监测研制项目组培训，举办区2018—2019学年小学试卷命制比赛，164人参加、98人获奖；大同中心小学陈晶晶参加第三届福建省“明师之道”小学数学课堂观摩活动获一等奖；西塘小学陈逸彪参加第二十二届全国教师教育教学信息化交流活动获微课组三等奖。狠抓中学学科集体备课、试题研究等，组织各类学科教研活动125次、参与教师2158人次；启悟中学叶志向《信息的概念》获厦门市第五届基础教育微课程资源征集评选一等奖；第二外国语学校林志钦《细胞核——系统的控制中心》获福建省中小学教师信息技术应用能力提升工程（第二批）优秀应用成果；教师进修学校陈春兰《闽南乡土音乐进课堂进校园的实践探索》获福建省教学成果二等奖。

【教师招聘及培养】 2018年，同安区加强教师招聘工作，招聘教师346名，其中中学66名、职校6名、小学214名、幼儿园60名；硕士研究生14名、本科295名、大专37名；直招15名。加大新教师培养力度，制定《新教师三年成长规划》，组织346名新教师岗前培训；审核认定2016年度培养的区级小学教坛新秀名单、区级中学骨干教师名单。大力实施“名师工程”，修订《同安区开展“名师工作室”活动实施意见的通知》，完成32个“名师工作室”申报、命名和挂牌工作；完成65位市级名师、68位高层次人才审核认定工作；完成2018年市级名师考核，其中年度考核36人、聘期考核30人。

【素质教育】 2018年，同安区大力拓宽第二课堂活动内容，推进素质教育，促进学生全面发展。组织参加全国“五好小公民”主题教育读书活动，培育学生爱国情感、民族精神、公民意识和社会任责感，同安区教育局连续13年获评全国“五好小公民”主题教育活动先进集体；先后有3名学生获全国读书征文特等奖，298名学生获主题教育读书征文一、二、三等奖。组织区第十一届“德三杯”中学生现场绘画比赛，156名在校学生参与活动。举办中学生中国象棋比赛，弘扬传统文化、启迪学生才智。参加在北京举行的机器人全国总决赛，徐铭澜、陈宇豪、曾彦熙、陈行知、朱伊甸、苏虹睿、吴卢畅7名学生获2018年世界机器人大赛全国总决赛小学组一等奖。参加在厦门大学举办的第十三届全国智能汽车竞赛高中组和小学组全国总决赛，方钦锐、万家俊、叶梓言、纪泽鸿、陈俊晰、余豪6名学生获比赛二等奖。组织参加在四川成都举办的2018全国象棋少年锦标赛，陈岳洋获男子乙组（14岁组）全国冠军，属该项赛事举办41届来福建少年首次夺冠。组织参加2018年全国少年儿童击剑赛，蔡明恩获U10男子花剑个人冠军。参加厦门市中小学生射箭锦标赛，五显射箭队获16金2银7铜，男子团体总分第三、女子团体总分第三。

【教育信息化建设】 2018年，同安区投入资金2000余万元，加强“三通两平台”建设，建成集区级教育城域网、学校校园网为一体的现代教育网络体系，实现全区中小学校班班通、覆盖面达100%，教育信息化水平处于全省优秀行列；在12月份教育部教育管理信息中心组织的2018年教育管理信息化应用案例答辩活动中，区教育局报送的《区域教育云平台建设探索与实践》入围全国19个基础教育信息化应用案例初选名单，并作为福建省唯一入围案例受邀参加答辩。

【家校共育】 2018年，同安区积极开展家校共育工作，组织家庭教育进社区活动，建立“教育局德育科—学校德育科（家委会）—年段（班主任）—教师”层级管理，要求校领导至少走访一个社区、走访一个新学生家庭，班主任、科任教师走访新学生及特殊学生家庭，形成分级管理、层层落实、齐抓共管的良好局面。10月，在中国教育学会家庭教育专业委员会主办的2018家校合作经验交流会议上，洗墨池幼儿园作为全国唯一的幼儿园代表在主论坛上进行典型经验发言，林少云、郭勋劼、陈小蔚等三位教师家教论文收录经验交流材料汇编。

【同安区教育局举办“全领域阅读”活动】 2018年，同安区教育局在全区中、小学校广泛开展“全领域阅读”活动。4月23日，国祺中学邀请省特级教师、市教育科学院课程发展研究室副主任李日芳到校，为学校教师上一堂阅读观摩课《葬花辞》。4月25日，洗墨池幼儿园举办同安区幼儿园家庭“全领域阅读”讲座，邀请中国教育学会家庭教育专业委员会副秘书长、新父母研究所执行所长蓝玫为家长代表开展“阅读，给生命最好的礼物”讲座。6月13日，滨城小学邀请多所学校校长开展阅读经验交流，著名教师培训专家、南明教育及全人之美课程联合创始人魏智渊发表阅读主题演讲。6月21日，同安区第一实验小学邀请著名作家汪兆骞开展“见证文学的光荣年代”讲座。

·小资料·

“全领域阅读”由“三全”组成，即全学段（科）、全时空、全对象阅读。全学段（科）涵盖基础教育阶段，即幼儿园、小学、中学阶段所有学科类、活动类课程。全时空，涵盖课内外、校内外所有时间和环境。全对象，涵盖老师、学生、家长以及社会可利用的推动阅读的人才资源。“全领域阅读”通过创设全领域阅读共识、环境、任务，在基础教育阶段，将阅读全方位、全天候融入孩子习惯养成、学业成长等身心发展之中，提升孩子的阅读力、学习力。

2018年6月21日，同安区第一实验小学邀请著名作家汪兆骞开展“见证文学的光荣年代”讲座　［黄文水　洪艺明（右上图）摄］

【同安区首个省级中小学名师工作室正式启动】 5月30日，同安区首个省级中小学名师工作室——同安区第一实验小学“张茹华名师工作室”在芸溪校区（于9月30日更名为同安区第三实验小学）正式启动。工作室由区第一实验小学芸溪校区副校长、资深教师张茹华领衔，由10个市区级专家型教师、学科带头人或骨干教师作为成员，在全市范围内选定32名骨干教师作为工作室研修人员，在小学数学教学领域里开展教学改革（实验）、教育科研、培养指导和教学成果推广等工作。

·小资料·

“张茹华名师工作室”于2009年作为区级名师工作室成立，至2018年，张茹华带领团队成员深入开展数学思想与小学数学教育教学有效结合的课题研究，先后发表27篇CN级文章，核心刊物3篇次，并著有一部20万字专著，团队成员涌现市级学科带头人、专家型教师、校级领导等，确立“名师引领、资源共享、全员提高、均衡互补”的教师专业化成长模式。

【2018年新教育国际高峰论坛在同安召开】 11月17—18日，2018年新教育国际高峰论坛在同安召开。本次论坛由新教育研究院主办，福建省关工委、福建省国资教育投资有限公司承办，厦门市同安区教育局、福建省同安第一中学协办。此次论坛是同安区第一次举办全国性教育论坛，以“人文教育”为主题，旨在揭示“关心人，关心文”道理，寄予“兴贤育才”的希

2018 年 11 月 17 日，新教育国际高峰论坛在同安区召开　　（区教育局供图）

冀。全国政协常务委员兼副秘书长、民进中央副主席朱永新，省关工委主任刘群英，同安区人大常委会主任毛立臻等领导出席开幕式，近 700 名来自国内外的人文教育专家、全国新教育实验学校校长、骨干教师参加。知名企业家严介和、山东大学儒学高等研究院教授姚中秋、新教育研究院院长李镇西分别开展《新论语——企业家眼里的人文教育》《五典：人文化成的经典体系》《班级建设与人文教育》等专题讲座。参会代表还前往厦门市梧侣学校、滨城小学进行考察。

【共建共学】 2018 年，同安区加强对口帮扶工作，深化教育领域共建共学。6 月 9—18 日，甘肃省康乐县教育局一行到同安考察，通过现场见学、座谈交流等形式，探讨新形势下教育领域共建共学，推进教师双向培养、交流挂职等工作。11 月 29—30 日，诏安县教育信息化考察组到同安区调研，参观同安区第一实验小学、厦门市第二外国语学校、同安区阳翟小学等学校教育信息化开展情况，与区教育局就教育信息化发展问题展开研讨。

【同安区第三实验小学】 9 月 10 日，厦门市同安区第三实验小学揭牌。同安区第三实验小学系同安区教育局直属公办小学，前身为同安区第一实验小学芸溪校区，成立于 2004 年 9 月，校址位于厦门市同安区祥平街道银湖西路 337 号，面积 21550.8 平方米，配有 2500 平方米的体育艺术馆、200 米的彩虹塑胶跑道及实验室、美术室、音乐室、电脑室、图书室、演播室、多媒体电教室等专用教室。学校拥有同安区第一支管乐团，舞蹈队节目《好竹出好笋》获得厦门市第四届学校闽南艺术表演比赛一等奖；是厦门市青少年足球特色学校和同安区少儿羽毛球后备人才训练基地，组队参加区第七届中小学趣味运动会荣获团体总分二等奖、校男子足球队获 2018 年度区中小学足球联赛亚军。学校先后荣获厦门市绿海鸥行动示范校、福建省艺术教育实践研究基地、福建省义务教育管理标准化学校，被教育部关工委关心下一代委员会评为“新时代好少年”主题教育读书“我为祖国点赞示范学校”。学校配备 6 个年级共 52 班，至 2018 年年末在校学生 2639 人，教职工 141 人，其中专任教师 134 人。

【同安区大同第二中心小学】 9 月 10 日，同安区大同第二中心小学揭牌。同安区大同第二中心小学系同安区教育局直属公办小学，前身为同安区大同中心小学古庄校区，校址位于厦门市同安区古庄上官田里 188 号，占地面积约 4 万平方米，建有三百米环形塑胶跑道、3 个塑胶篮球场，电脑室、音乐室、美术室、书法室、科技室、实验室、创课教室等各专用教室齐全，拥有 2 间录播室、1 间展厅和容纳 500 人的大会场、容纳 300 人的学术报告厅各 1 个。年末有教师 95 人，其中专任教师 92 人。每年级招收 10 个班，在校学生 1860 人。已通过福建省义务教育管理标准化学校评估。

【东山中学】 厦门市东山中学（原同安六中）学校位于同安老城区——大同街道东山路 218 号，为区属完中校。创办于 1960 年 9 月，2002 年 9 月 11 日更名为“厦门市东山中学”。1970 年春，东山中学成立完全中学。1981 年秋，东山中学高中部改办为城镇职业高中，成为一所职业高中兼办普通初中的中学。2000 年 10 月，东山中学复办普通高中，2016 年 8 月以后只收初中生，年末有初中教学班 48 个班，学生 2382 名，教职工 191 名，其中专任教师 181 人。校园面积 32559 平方米。学校秉承“以人为本，和谐奋进”的办学理念，以“培植优质初中品牌”为办学目标，始终坚持在教学质量上“追求卓越，创建一流”，先后荣获“厦门市初中教学质量优质奖”“厦门市义务教育均衡发展工作先进校”等，2018 年中考均分排名区属校第一。大力推进素质教育，促进学生全面发展，获评“厦门市艺术教育先进单位”。3月成立“李金铿名师工作室”，强化培养学生心理健康。组织参加厦门市中小学生经典诵读比赛获“优秀组织奖”；组织参加厦门市中小学生绘画、书法、和篆刻、摄影比赛，李蔚、卓欣然、黄一泓、杨喻茗、黄晨烨等同学获绘画初中组一等奖；郭鸿宇、陈佳鑫、林胤祺获书法初中组一等奖，蔡来发、陈建忠获评“优秀指导老师”。组织参加“厦门市第七届基础教育课堂教学改革创新大赛活动”，陈美园、陈友德2名老师分获同安赛区初中“道德与法治”学科二等奖、三等奖。组织参加厦门市嘉庚语录心中记中学现场硬笔书法比赛，硬笔组黄玥琳、张宸熙荣获一等奖，郑珂湘获二等奖，杨茌芹等同学获三等奖，软笔组有林胤祺、郭鸿宇荣获二等奖，有陈佳鑫、翁子凡等同学获三等奖。组织参加福建省规范汉字现场书写比赛，2名学生分获一等奖、二等奖；组织参加福建省中学生排球比赛，获初中组三等奖。先后获“厦门市德育先进学校”“厦门市文明校园”等荣誉。

【厦门市汀溪中学】 汀溪中学位于同安区汀溪镇，为区属初中校。创办于1969年10月5日，原名同安汀溪公社中学；1979年2月更名为福建省同安第七中学；1981年8月，原设的高中部撤消，成为县属初级中学；1997年8月至2002年8月改称厦门市同安第七中学；2002年10月又更名为厦门市汀溪中学。2011年，同安区汀溪镇统筹全镇教育资源，将原厦门市汀溪中学、同安区汀溪中心小学、汀溪中心幼儿园大班段整合为十年制义务教育学校——厦门市汀溪学校，办学规模为幼儿园9班、小学36班、初中24班。2013年8月，原汀溪中学整体搬迁到汀溪学校中学部，由厦门市教育局、同安区人民政府委托福建省同安第一中学全面管理厦门市汀溪学校，厦门实验小学协助。至年末，中学有编制数46人，教职工39人，其中专任教师35人；设有教学班13个，在校生566人。校园面积48669平方米，校舍总面积20011平方米，校园绿化面积达59049平方米，图书总量22062册。建有教学楼、图书综合楼、实验楼、体育馆、塑胶环行跑道、球场、食堂、宿舍楼等设施，先后荣获“福建省义务教育管理标准化学校”“厦门市文明校园”“厦门市五星职工之家”等称号。汀溪中学积极推进特色办学，发展体育特色项目，连续2016年、2017年、2018年三年蝉联同安区运动会初中团体总分第一名和荣获“精神文明奖”；组织参加2018年省运会，学生黄淑澜夺得田径女子乙组1500米冠军；2018年1月，学校被市竞技体育运动项目管理中心授予“田径项目后备人才训练基地”。

（张东民）

科　技

【概　况】 2018年，同安区实施创新驱动发展战略，围绕“富美同安”建设，不断优化创新创业环境，促进科技成果转化与产业化，引领新产业新动能加快成长。共兑现科技专项扶持资金2945万元、知识产权专项扶持资金498万元、高新技术成果转化项目扶持资金131.6万元、市“双百”人才区级配套创业扶持资金3943.96万元。2018年同安区国内专利申请量5126件，比2017年增加41.96%；国内专利授权量3563件，比2017年增长70.15%。投入科普经费399万元，抓好全民科学素质纲要、创新驱动助力工程和基层科普行动等工作。全区共有2家企业通过市级企业技术中心认定，1家企业通过省级工业设计中心认定，1家企业通过市级工业设计中心认定。至年底，全区有国家、市级重点实验室3家，省、市级工程技术研究中心8家，国家级工业设计中心1家。省市级工业设计中心2家，国家企业技术中心1家，省市级企业技术中心24家，全区共拥有有效发明专利659件。

【发展高新技术企业】 2018年，区经信局加强高新技术企业政策宣传与培训工作，联合市科技局举办三期高新技术企业政策解读及认定申报辅导会，指导企业申报高新技术企业认定工作。开展市级高新技术企业备案审核工作。落实高新技术企业奖励政策，对82家高新技术企业给予奖励，奖励金额2050万元；奖励53家市级高新技术企业，奖励金额530万元。2018年，同安区共有74家高新技术企业通过认定（含重新认定），81家企业通过市级高新技术企业备案。全区共有资格有效的高新技术企业189家。市级高新技术企业204家。同安区高科技产业工业企业占规模工业企业达35.2%，产值比重达44.6%，比2017年提高2.1%，高科技产业工业企业拉动规模工业产值增长5.4个百分点，创新成果应用成效显著。

【科技成果转化】 2018年，同安区组织参加第十六届海峡项目成果交易会，共完成140个项目技术成果对接，其中共有140项成功对接转化，6个项目签定合作协议。加强引进人才项目成果，2018年人才创业园新增入驻3个“双百计划”项目。有3家公司科技成果应用获市科学技术进步奖，其中厦门三安光电有限公司“超高密度小间距 LED 芯片关键技术开发及应用”项目获一等奖；厦门市智联信通物联网科技有限公司“基于双模通信的智能路灯管控系统研发及应用”项目获二等奖；厦门蒙发利电子有限公司“中医推拿数字化模拟技术研究及产业化”、厦门恩成制药有限公司“奥美拉唑碳酸氢钠胶囊”等 2 个项目获三等奖。

【知识产权管理】 2018 年，同安区组织开展“知识产权宣传活动周”活动，联合市知识产权局在同安会堂举办“同安区知识产权贯标”培训会，宣讲知识产权扶持政策，指导企业开展知识产权贯标工作。兑现区级知识产权奖励，对 82 个国内发明专利奖励 82 万元；拨付区级知识产权专项扶持奖励 78 件，金额 416 万元。审核通过市级专利资助项目 1621 件，资助总额为 220.8 万元。年内，厦门金牌厨柜股份有限公司获评“2018 年度国家知识产权优势企业”；厦门绵羊抗疲劳垫有限公司、厦门市福工动力技术有限公司等 2 家企业获得“2018 年度厦门市知识产权示范企业”荣誉称号；厦门通士达照明有限公司、厦门市派对屋电子有限公司、厦门市蒙泰健康科技有限公司、厦门文仪电脑材料有限公司、厦门欣意盛非金属材料科技有限公司、厦门琥珀日化科技股份有限公司、厦门市福新源卫浴有限公司等 7 家企业入选 2018 年度厦门市专利技术实施与产业化计划项目；厦门鸿基伟业复材科技有限公司、厦门琥珀日化科技股份有限公司、厦门市格绿科技有限公司、吉特利环保科技（厦门）有限公司、厦门市蒙泰健康科技有限公司、厦门加晟生物科技有限公司、厦门豪帝卫浴工业有限公司 7 家企业入选 2017 年度市知识产权试点企业；厦门立业卫浴工业有限公司、厦门欧凯科技有限公司、厦门飞朔生物技术有限公司、科斯特（厦门）节水设备有限公司、帷森（厦门）建材工业有限公司、厦门创凯工贸有限公司 6 家企业获得 2018 年度厦门市专利奖。

【科学普及】 2018 年，区工信局（科技局）举办系列科学普及推广活动。2 月 6 日上午，联合区委宣传部、区文明办、区财政局、区农林局、西柯镇政府等部门在西柯镇（十八王公文化公园广场）举行同安区文化科技卫生“三下乡”服务活动，现场开展科技政策咨询、实用技术宣传、卫生健康知识咨询宣传与义诊、文艺表演等活动。5 月 23 日上午，联合区委宣传部、科协在乐海城市广场举办同安区科技活动周暨“送科技、卫生、文化、法律进社区”活动，人社局、农林局、卫计局、文体出版局、司法局、环保分局、祥平街道、凤祥社区等部门分别组织人员参加。此次活动紧扣“科技创新　强国富民”主题，针对公众对科技多样化需求，展示科技自身高质量发展成就，举办互动、体验、参与性的科技活动。通过设立咨询台、科普展板、开展义诊以及有奖问答的形式将科技政策、法律法规、医疗服务送到群众跟前，共发放宣传资料 8000 余份，奖品 3000 余份。9 月 17 日，联合区科协、区委宣传部、区教育局、区经信局、区气象局和祥平街道科协、芸溪社区、厦门弘倍思机器人创客教育等单位在祥平街道芸溪社区举办 2018 年同安区“全国科普日”启动仪式暨“科技体验日”活动，发放各类科普书籍、图册 3000 余份，为 100 多名社区居民进行义诊，参加活动的社会群众达 2000 余人次，参与机器人、3D 打印体验的小学生 120 余人次。

【公共技术平台建设】 2018 年，同安区推进公共科技服务平台建设。引导和支持高等学校、科研院所、行业领军企业创建服务平台，承担行业共性技术开发和推广应用。协成科技股份有限公司、华尔达（厦门）塑胶有限公司等 2 家企业通过省级企业技术中心认定。吉特利环保科技（厦门）有限公司，厦门百霖净水科技有限公司等 2 家企业通过市级企业技术中心认定。倍杰特科技服务股份公司通过省级工业设计中心认定；厦门东亚机械有限公司通过市级工业设计中心认定。厦门亚锝电子科技有限公司、厦门百霖净水科技有限公司、倍科质量技术服务（福建）有限公司等 3 家企业通过 CNAS 实验室认证。

（叶进忆）

文化　体育

文　化

公共文化

【概　况】2018 年，同安区大力实施“文化强区”战略，加快推进文化事业发展，举办各级各类文化体育活动 362 场次。组织开展节日文艺汇演、庆祝改革开放 40 周年晚会、第十二届厦门市莲花褒歌比赛和第五届区少儿故事大王比赛等大型文艺活动（20）场次，受众 3 万余人次；成功举办国际朱子文化节、苏颂文化节、孔子文化节和开闽王文化节，“百姓大舞台周周演”等系列活动，丰富民众业余文化生活。完善基层综合性文化服务中心，加强基层文艺队伍建设，举办公共文化服务系列培训 4 场 441 人次。开展文化惠民服务，繁荣文艺创作，整理出版《朱熹在同安》、《同安文艺》（四期）等书籍。区图书馆全年新增图书 11130 种 27071 册，馆藏文献资源总量达 344529 册；办理借书证 4042 本，外借图书总量 718936 册，读者年流通 532449 人次；8 台 24 小时街区自助图书馆办证 266 本，外借图书 17852 册。区少儿图书馆图书借阅 266412 册次，读者年流通 151881 人次。区博物馆孔庙展区累计接待参访团体 100 余个、各界群众 10 多万人次，完成义务讲解百场次以上。

【公共文化设施建设】2018 年，同安区推进国家公共文化服务体系示范区建设，完成区图书馆、文化馆改造提升工程。投入资金 481 万元，增配电脑、图书、阅览桌椅、乐器、健身器材、音响等，改造提升大同街道、新民镇综合文化站和东山社区、祥桥社区、溪林村等 26 个村（社区）文化服务中心设施设备；实现大同街道、新民镇图书馆与市、区公共图书馆总分馆联网。推进 LED 屏宣传栏建设，在军营村等 9 处建设 LED 屏宣传栏并投入使用。

【文化惠民服务】2018 年，同安区深入开展文化下乡活动，组织百名书法家现场写春联、科技卫生“三下乡”集中服务启动仪式和各类文艺演出 12 场次，展演歌仔戏 10 场、“乡村振兴　文化惠民”剧目 5 场、“高雅艺术进同安”剧目 8 场，放映公益电影 2964 场次、观影群众 16.3 万人次。依托区文化馆和梧侣文体活动中心，开办古筝、南音、农民画、书法、古典舞等 16 个免费培训项目，招收学员 500 余人、培训 270 余班次。邀请各界文化名人，举办文学讲座《小说创作一席谈》、国学讲座《榜样——无形的家风》、摄影讲座《浅谈手机摄影实用技巧》等公益讲座 6 场，受益群众 2000 余人。

2018 年 12 月 14 日，同安区在同安影剧院举行“不忘初心·牢记使命”——同安区庆祝改革开放 40 周年文艺晚会　　（区文体广电出版局供图）

组织“洪宗琨（楷）书法展”、“奋进 新民”摄影大赛展览、同安区纪念“文化和自然遗产日”——农民画漆画展、“可爱生肖”艺术作品展、同安老照片展、同安区第二实验小学第十九届师生书画展、庆祝改革开放四十周年——福建省第二届国展获奖书家书法作品邀请展、“一路向西”G318川藏行摄影展、“书写新时代·共绘新征程”——同安区庆祝改革开放四十周年书画作品展、2018年同安区文化馆民间传统手工艺系列公益培训汇报展等公益性展览活动17场。

2018年10月5日，同安区少儿图书馆举办“AI创未来”乐高机器人活动第三期“点将阅兵，欢度国庆”主题活动　　（区文体广电出版局供图）

【文艺创作成果】 2018年，同安区文化馆出版馆办刊物《同安文艺》4期，刊登小说14篇、散文随笔60篇、诗歌15首和原创曲艺、歌曲、方言顺口溜等4篇。编辑出版《同安曲艺作品选》和同安民俗文化系列丛书之《莲花褒歌》。创作学习宣传贯彻中共十九大精神题材的车鼓弄歌词《唱阮兜叫汀溪》、曲艺作品《双溪谣》；扫黑除恶题材的芗曲说唱《扫黑除恶》，相声《和谐稳定保平安》，文学作品《恶有恶报》《反黑真步来相教》《临危不惧》《扫黑除恶真给力》等。

【少儿图书馆阅读推广活动】 2019年，同安区少儿图书馆积极利用“4·23”世界读书日、“图书馆服务宣传周”、“书香银城阅读推广”和中国传统节假日开展各类读者活动，全年共开展读者活动118场，服务读者24148人。其中：亲子阅读手工活动6场，服务读者245人；举办馆内及校园公益讲座44场，服务读者2909人；免费放映电影17场，服务读者799人；参与图书下乡2场，服务读者4400多人；开展其他各类读者活动42场，服务读者4255人；举办图片展7场，服务读者11540人等。目前已形成“童乐绘”亲子悦读手工坊、“爸妈也成长”系列讲座、“AI创未来”乐高机器人活动、“悦读悦写”系列课程、“亲子成长”公益早教、“你听，我说”创意课程、“读吧，读霸”阅读积分活动等品牌活动项目。

【文化交流活动】 2018年，同安区充分发挥民俗文化优势，开展与台湾地区文化交流活动。7月16日，海峡两岸40余名青少年代表参访同安孔庙、朱子书院等同安人文景点，听同安文史专家介绍同安文史、朱子文化脉络及孔庙历史，共同感受源远流长的中华文化。9月20日，祥平街道西湖社区宋江阵队赴金门参加展演，与金门各代表队同台展示宋江阵民俗技艺。11月10日，同安吕实力芗剧演出团应金门烈屿东林林氏宗亲邀请，赴金门烈屿乡东林举行歌仔戏文化交流演出《茶女皇后》《御审状元》《罗衫奇案》《双箭缘》《金玉情》《皇帝告状》剧目6场。

【举办“百姓大舞台周周演”】 2018年，同安区举办百姓大舞台·大家斗阵来2018年“百姓大舞台周周演”活动，为广大的人民群众提供一个可以展示自我的舞台，丰富本地群众文化生活。活动由区文体局主办，区文化馆协办，由群众自愿报名参加，同安文化旅游发展有限公司策划执行。7月7日下午，在区文体中心广场举办百姓大舞台·大家斗阵来2018年同安“百姓大舞台周周演”首场演出，由区直机关先锋号管乐队表演《歌唱祖国》及《从古田再出发》等管弦乐及《火鼎公婆》《拍胸舞》等民俗表演。全年举办美人山社区枫叶红艺术团、金秋艺术团、大同社区教育学校与老青春协会、西柯镇文艺队、《上下五千年——大美中国》儿童舞剧、富美同安·醉美五显文联文艺、梅山文艺队、老年大学健美操舞蹈队、老年大学志愿者文艺队等专场演出。

（杨郎乾　蔡晓卉　杨姗姗　叶世铿）

文化产业

【概　况】 2018年，同安区制定《文化创意产业实施细则》，围绕重大文化、体育、旅游产业项目和活动，推动文化产业发展。推进滨海旅游浪漫线一、二期工程，建设以文化创意、动漫电影为主的华强文化科技产业园区，举办世界拳击联赛、全国青少年帆船俱乐部联赛等大型文体赛事活动，推动滨海文化体育产业带加快发展。串联孔庙建筑群、文笔塔、苏颂故居等文化旅游资源，建设闽南宗教文化旅游区和朱子文化创意园，发展同安影视城为核心的影视文创产业，打造以珠光青瓷等以同安悠久制瓷史为内涵的陶艺文创区。建设汀溪康养小镇和田园竹坝等项目，促进乡村文化和旅游产业提质升级。至年末，全区规上文化产业名录库56家，营业总收入96.09亿元，比上年增长37.8%；产值过亿元企业12家。

【华强方特厦门文化产业园初具规模】 2018年，华强方特厦门文化产业园初具规模。该文化园为华强方特集团的第二总部，位于于同安新城北部，由文化科技体验区、文化科技产业区以及配套区组成。文化科技体验区既即华强方特主题公园；文化科技产业区主营创意基地、动漫基地和特色电影基地以及集团总部、办公楼等。至2018年年底，华强方特（厦门）文化科技产业基地引入设计院、动漫公司、电影公司、新岩公司、工程事业部、文化产品、创意院、软件公司等十几家公司，从事动漫产品制作、自主创意开发设计、电影制作、工程技术等行业，产值5.24亿元，有员工约930人。

【组团参展厦门市第十二届文博会】 11月2—5日，同安区组团参展在厦门国际会展中心举办的第十一届海峡两岸（厦门）文化产业博览会。本届文博会同安展馆以“富美同安　匠心艺术”主题，邀请华强方特、洪氏（厦门）珠光青瓷、千境文化、后田计划等12家文创企业参加，展出包括珠光青瓷、陶器、锡雕、木雕、文房四宝、茶席作品、原创手工艺作品、汉服和动漫产品、文化衍生品、特种电影等在内的350件工艺美术品和精美文创品。同安影视城作为本届文博会分会场，同步开展同安工艺艺术品展、同安文创DIY体验、皇宫影视文化表演、木偶戏、皮影戏和农民画展等活动，宣传同安文化、推介文旅产品。展会期间，同安区分别与厦门千境文化艺术有限公司、厦门天工创新科技发展有限公司和厦门映空间文化创意有限公司3家企业达成投资合作意向协议，总金额1亿元。

（叶夏妍）

文化遗产保护

【概　况】 2018年，同安区全区省、市、县（区）级文物保护单位55处，其中省级文物7处、市级涉台文物古迹22处。加强非物质文化遗产保护和传承，新增同安博饼传统技艺传承人吴招治、古法酱油酿造技艺传承人刘团结、锡雕传承人郑天泗3名省级非物质文化遗产代表性传承人；组织非物质文化遗产项目推荐申报，同安农民画、大笼甜粿传统制作技艺和澳头蠔干粥传统制作技艺等3个项目被省政府公布为福建省第六批省级非物质文化遗产代表性项目名录。征集优秀农民画作品参加国家、省、市级展览，推荐珠光青瓷登上第二届福建非遗传统工艺精品大展。开展“非遗”传承，编辑出版《朱熹在同安》《莲花褒歌》《同安曲艺作品选》等书籍，推荐同安吕实力芗剧演出团参加厦门市首届歌仔说唱征文与展演比赛，演出剧目大广弦说唱《闽南人讲闽南话》获展演一等奖。

【民间传统手工技艺公益培训】 2018年，同安区开展以“弘扬闽南传统文化，传承民间手工技艺”为主题的公益性民间传统手工技艺培训系列活动，在30余家中小学、幼儿园、职校、社区和传习中心开展木偶制作、影雕、珠绣技艺、捏面人手工技艺、扎春花、丝网花技艺、彩扎、食雕、锡雕、漆线雕、

2018年12月，在2018年同安区文化馆民间传统手工艺系列培训汇报展上，小学生向锡雕省级非遗传承人郑天泗、市级传承人庄亚新学习锡雕制作工艺　（区文体广电出版局供图）

2018年6月9日，同安区在同安孔庙举行文物志愿认领仪式

（区文体广电出版局供图）

珠光青瓷、闽南传统小吃制作技艺等12个项目公益教学，受益师生、群众2000余人。于12月在同安区文化馆一楼展厅举办民间传统手工艺系列培训汇报展，展出由参加本次培训的教师及学生共同制作的培训作品150件。

【“文化和自然遗产日”活动】 6月9日，同安区举办一系列活动纪念世界“文化和自然遗产日”活动。在同新路步行街道举行“多彩非遗　美好生活”纪念文化和自然遗产日文艺演出；在同安孔庙举办文物守护志愿认领仪式；在区文化馆举办纪念“文化和自然遗产日”农民画漆画展，展出农民画60余幅，漆画作品20余幅。10月18—24日，协助市文化馆在区文化馆展厅举办厦门市非物质文化遗产摄影作品展，以图片的形式展示厦门特色鲜明，文化底蕴丰厚的非物质文化遗产成果。

【文物保护志愿队成立】 2018年，同安区成立文物保护志愿队，首次引入市民群众加入文物保护队伍。6月9日，在同安孔庙举行文物守护志愿认领仪式，50余名具有浓厚城市情怀、热心文化遗产保护的市民群众获区文体局颁文物守护认领证书，分别认领绩光铜柱枋、梵天寺、钟楼、中共厦门工委旧址等46处文物点。7月21日，邀请市博物馆考古部主任、研究员郑东在朱子学院举办文物保护志愿者培训班，50名文物保护志愿者参训。

【“非遗”普查】 2018年，同安区全面开展非物质文化遗产普查暨民间文学、海洋文化专题调查工作。举办非物质文化遗产普查暨民间文学、海洋文化专题调查培训班，对区普查工作组、各镇街普查小组和村居协管员160余人进行专项培训，邀请市非遗专家组组长陈耕讲授《海洋文化专题调查》、市非物质文化遗产保护中心办公室主任蔡亚约讲授《普查数据填写》、市非遗专家组成员颜立水讲授《民间文学专题调查》等。至年末，共收集整理资料2685项、汇编成册1套9本，预计于2019年出版。

【民俗文化基地评选】 2018年，同安区评选出宋江阵、南音、民间戏曲、莲花褒歌、珠光青瓷、农民画、闽南童谣、漆线雕、闽南民间歌舞、中国民乐、传统锡雕、书法、民间传统手工艺、舞龙、弄狮舞、南洋文化演示、后田民俗文创艺术等21个区级民俗文化基地，通过活动指导、资金扶持等措施，鼓励开展民俗传承活动，进一步促进民间文艺保护传承和发展繁荣。

【文物保护】 2018年，同安区认真做好文物保护单位日常维护管理工作。联合区建设局燃气中心、区民宗局、区消防大队、各镇街等部门开展文物消防安全专项大检查，组织消防灭火、公共场所疏散应急演练2次参与人数95人次，更换过期灭火器86支。开展省级文物保护单位、古建筑安全隐患排查活动，排查安全隐患7处，通过口头警告、书面通知等形式组织整改。加大野外文物巡查力度，开展省、市和区级文物巡查112余家次，完成文笔塔、禾山石佛塔等修缮保护工程，启动孔庙、吴必达故居、卢戆章故居、郡马府、同字厝等5处文物修缮工程。

（杨郎乾　蒋　瑕）

文化市场管理

【概　况】 2018年，同安区加强辖区文化市场监管，出动执法人员2108人（次）、执法车辆527车（次），检查经营场所804家；核查处理文化市场举报件166件（次），双随机抽查83次（数），办结案件3起；联合公安部门查处取缔“黑网吧”6家，依法扣押电脑125台、显示器163台。组织执法工作人员参加“综治宣传月大型集中宣传”“知识产权宣传活动”“安全生产宣传咨询活动”等志愿宣传咨询活动，发放“文化市场生产经营单位安全生产基本常识”宣传单80份、“绿书签”80张。组织辖区文化市场开展创建平安厦门和“扫黑除恶”专项斗争宣传活动。协助厦门宝利高进出口有限公司向福建省版权局申报省版权示范单位获通过。

【网吧专项整治】 2018年，区文化市场综合执法大队联合公安等部门开展网吧专项整治。开展联合执法行动共6次，查处取缔黑网吧6家（次），立案办结娱乐经营场所违法经营行为2家（次），上报“扫黑除恶”线索2条。约谈部分无证网吧业主，加强政策宣传和教育引导工作，建立无证网吧一户一档台账，发放“责令停止经营活动通知书和告知书”，责令其立即停业。

【文化市场扫黑除恶】 2018年，区文化市场综合执法大队组织开展文化市场扫黑除恶专项斗争。持续开展辖区文化市场“扫黑除恶”和平安创建综治宣传活动，督促辖区网吧、娱乐场所等相关经营企业利用经营场所各自现有各种宣传载体进行“扫黑除恶”法治宣传，在17家网吧电脑显示屏，22家娱乐场所点歌显示屏，户外LED显示屏常规显示和滚动宣传“扫黑除恶标语口号”以及举报方式、平安创建综治宣传标语等，发放张贴宣传海报200份、应知应会册子200份。加强对辖区文化市场黑恶线索摸排和乱象整治工作力度，开展辖区文化市场“套路贷”专项整治行动，共出动执法人员525人（次），执法车辆173车（次），开展企业日常巡查346家（次），未发现有“套路贷”违法犯罪线索。摸排上报涉黑恶势力线索2件（次），系查处辖区无证网吧采取取缔行动时，联合执法遭到非法阻挠。

【“扫黄打非”进基层】 2018年，区文体广电出版局组织开展“扫黄打非”进基层活动。4月，参加厦门市侵权盗版及非法出版销毁活动，销毁盗版出版物共计3296件。结合“护苗2018”专项行动和文明创建工作，积极开展校园周边及网吧等文化市场的监管整治工作，联合区教育局“扫黄打非”绿书签进校园行动，张贴宣传海报和发放绿书签，倡导少年儿童自觉远离非法出版物和有害信息，积极参与书签行动，绿色阅读，文明上网，护助少年儿童健康成长。组织两个排查工作小组，突出对照《2018年第一批政治性有害出版物查考目录》排查辖区出版物市场，重点检查印刷企业、出版经营场所和校园周边文化经营店家，出动执法人员240人（次），执法车辆80车（次）。未发现无合法委托手续承印《圣经》等非公开发行的宗教出版物、印刷品行为，未发现有销售非法宗教出版物和政治性有害出版物等现象。

（杨　雷　朱燕婷）

广播电视

【概　况】 2018年，区广播电视台围绕迎接及学习贯彻中共十九大、纪念改革开放四十年、文明城市建设、“两学一做”学习教育、扫黑除恶、乡村振兴、平安同安、环保督查、“两违”整治、流域整治、特色农业、旅游推广等方面开展宣传报导，聚焦大学习大讨论，重点宣传同安生态文明发展、城市建设、重点项目、新城建设、基础大排查、安全生产等内容。采制改革开放四十周年宣传片《航程》，推出大型系列报道《同安故事——四十年共同记忆》，围绕工业、新城、教育、卫生等领域，全面展示改革开放四十年同安各领域的喜人巨变；结合扫黑除恶，运用普通话、闽南语版扫黑除恶常识音频、褒歌等多种形式开展舆论引导；结合乡村振兴、项目带动等专题，推出《镜看同安》《乡村振兴新农民》《直击征拆一线》《劳动者风采》等系列报道，强化正能量宣传。全年共采制播出栏目《同安新闻》等7

2018年4月23日，《文话同安》栏目主持人刘驰（左一）与节目嘉宾：书画家严宗珍（右二）、康江林（右一）畅谈同安农民画的发展过程　（区广播电视台供图）

个常规栏目及计生、卫生、社科、文明卫士等专题节目，其中自采专题方面共配合栏目播出及各部门采制专题片39部；广播节目部自办节目每天播出时间17小时；在厦门电视台《今日视区》直播同安新闻52档208条；配合厦门电视台各栏目不定期选送新闻播出，内容涉迎接党的十九大、改革开放四十周年、重点项目、扫黑除恶。加强广播电视安全播出体系建设，完成建台以来的单项投资项目——电视设备高清改造项目，总投资911万元，实现电视采编播的高清化。开展节目精品创作、创优活动，《醉美夜银城》、《文话同安》——细说农民画2件作品获福建省广播电视艺术奖三等奖。广告部加大公益广告宣传，配合上级净化荧屏工作，年内不再接收商业广告业务。

【电视节目制作播出】 2018年，区广播电视台共采制播出栏目《同安新闻》1839条新闻、《百姓传真》53档、《周末在线》53档、《文明卫士》53期、《科普新说》106期、《银城曝光台》12期、《同安党建》12期。全年采制专题片53部，其中自采专题方面共配合栏目播出及各部门采制专题片39部。在厦门电视台《今日视区》播出同安新闻52档208条，主要有《同安，我们这一年》、《航程》、《绿色发展谱新篇》、《富美同安　赶超发展》、《同安红》、《同安农民画》以及结合区主要活动采制的各类新闻专题。区广播电视台电视节目每天首播、重播及公益宣传播出时间4小时，全年累计1460小时。

【广播节目制作播出】 2018年，同安区广播电视台调频广播FM89.8自办节目每天播出时间17小时，从凌晨6:20开播至23:00，其中每天自采节目14档，播出时间15小时，转播央广及省广新闻节目2小时，全年播出6205小时节目，栏目形式进一步丰富，强化了对播、访谈等节目形式包装，其中，对播访谈栏目《银城旅游之声》形式由原来的二人对播扩展到三人对播，全年播出261期。

（王英瑞）

体　育

【概　况】 2018年，同安区完善体育基本设施，建成1个国民体质监测点，投用48套灯光篮球场设施和4套健身路径设备。厦门凯歌体育健康城获省级体育旅游休闲基地。大力开展全民健身运动，组织乒乓球团体赛、围棋比赛、击剑比赛、气排球比赛、拔河比赛、三人篮球赛等赛事活动20余场。积极创建老年人健身康乐家园，汀溪镇褒美村等17个村（居）获评2018年度省级“老年人健身康乐家园”称号，大同街道西池社区等14家单位获评第四批市级“老年人健身康乐家园”称号。持续加强体育人才培育、选拔，扶持五显中心小学射箭训练点、莲花中心小学水上运动训练点、西塘小学武术训练点、岳口小学举重及跆拳道训练点发展，向市各运动队输送优秀后备体育人才20名。大力发展竞技体育，参加全国（U18）重点城市射箭锦标赛、全国跆拳道锦标赛、全国举重锦标赛等各项赛事并取得优异成绩，在第十六届省运会比赛中斩获29金、15银和15铜。成功举办世界拳击联赛（WSB）总决赛（厦门同安站）、第四届全国帆船青少年俱乐部比赛总决赛。

【群众体育】 2018年，同安区广泛开展群众性体育活动，组织全民健身运动会，举办乒乓球团体赛、扑克牌80分赛、拔河比赛、钓鱼邀请赛、围棋比赛、跆拳道比赛、象棋比赛、篮球比赛、“陈化成杯”武术大赛、广场舞比赛、重阳节千名老年人登山活动、地掷球比赛、门球比赛、腰鼓比赛、钓鱼比赛、柔力球套路比赛、气排球比赛、中小学足球联赛、乡村马拉松、羽毛球比赛等赛事活动20余场，吸引140支队伍1200余名运动员参加。指导区总工会举办第九届“和谐杯”职工篮球赛和趣味运动会；区妇联举办气排球比赛；区教育局举办2018年同安区中小学生、幼儿围棋锦标赛；区团委举办“振兴乡村、乐跑同安，五四青年公益跑”活动等，推动各单位、各系统群众性体育活动开展。组织参加厦门市欢庆第10个全民健身日活动——2018年厦门市全民健身日启动仪式暨厦门市市直机关事业单位工间操比赛，获比赛三等奖。

【竞技体育】 2018年，同安区向厦门市输送运动员33名。同安体校和中小学校运动员在举重、跆拳道、拳击、射箭等13场各级各类比赛中，共获得金牌32枚，银牌25枚，铜牌19枚。

2018年同安区参加市级以上各类赛事成绩一览表

表35

项目	运动员姓名	成绩	奖项
举重	吴生宝	2018年全国举重U15U16锦标赛中抓举83公斤、挺举90公斤、总成绩173公斤	获3枚金牌

续表 35

项目	运动员姓名	成绩	奖项
举重	魏嘉槟	2018 年全国举重 U17U18 锦标赛 77 公斤级比赛中抓举 125 公斤、挺举 158 公斤、总成绩 283 公斤	获 3 枚银牌
举重	黄淑彤	2018 年全国举重 U15U16 锦标赛中抓举 73 公斤、挺举 82 公斤、总成绩 155 公斤	抓举金牌 挺举铜牌 总成绩银牌
举重	江　昊	2018 年全国举重 U15U16 锦标赛中抓举 85 公斤、挺举 110 公斤、总成绩 195 公斤	获 3 枚银牌
举重	邱郁涵	2018 年全国举重 U15U16 锦标赛中抓举 68 公斤、挺举 80 公斤、总成绩 148 公斤	抓举获得银牌 挺举获得铜牌 总成绩获得银牌
举重	陈海鹏	2018 年全国举重 U15U16 锦标赛中抓举 116 公斤、挺举 136 公斤、总成绩 252 公斤	抓举获得银牌 挺举获得第五 总成绩获得铜牌
跆拳道	黄晓纯	2018 全国跆拳道锦标赛 53 公斤级铜牌	获铜牌
拳击	郑标龙	2018 年全国拳击青年锦标赛 56 公斤级冠军	获金牌
射箭	李天赐	2018 年全国（U18）重点城市射箭锦标赛荣获 70 米第一双轮冠军	获金牌
水上项目	莫松权	第十六届省运会男子乙组轻量级单人双桨 2000 米冠军； 赛艇男子乙组轻量级双人双桨 2000 米冠军	获两枚金牌
武术散打	陈春婷	第十六届省运会女子乙组小团体 52 公斤级冠军	获团体金牌
武术散打	林宏伟	第十六届省运会男子甲组 60 公斤级亚军	获银牌
武术散打	陈志豪	第十六届省运会男子甲组 60 公斤级季军	获铜牌
柔道	陈　莹	第十六届省运会柔道女子 48 公斤级冠军	获金牌
柔道	白娜霜	第十六届省运会柔道女子 48 公斤级亚军	获银牌
帆船帆板	黄泽恩	第十六届省运会个人第 4 名、团体第 1 名	获团体冠军
帆船帆板	叶雅妤	第十六届省运会个人第 5 名、团体第 2 名	获团体亚军
帆船帆板	叶蓝雪	第十六届省运会个人第 6 名、团体第 3 名	获团体季军
皮艇	庄楷淞	第十六届省运会获得 200 米单人金牌	获单人金牌
皮艇	郑志彬	第十六届省运会获得 200 米单人铜牌	获单人铜牌
皮艇	郑志彬 庄楷淞	第十六届省运会双人皮艇 200 米决赛金牌	获双人金牌
拳击	陈伟韬	第十六届省运会获得拳击男子乙组 47 公斤级冠军	获金牌
拳击	郑　旸	第十六届省运会获得拳击男子乙组 52 公斤级亚军	获银牌
拳击	卓艳萍	第十六届省运获得女子乙组 51 公斤级季军	获铜牌
击剑	蔡明恩 黄正凌	第十六届省运获得花剑男子丙组团体冠军	获团体金牌
击剑	黄正凌	第十六届省运男子丙组花剑个人季军	获个人铜牌

【老年人体育健身】 2018年，同安区积极开展老年人体育健身活动，组织2018年千名老年人新春健步行暨百人文体展示活动，举办元宵节老年体育健身系列交流活动、庆元宵文体展示活动、庆“五一”暨纪念改革开放40周年系列文体展示活动等。选拔150名运动员组织参加市第十届老健会，开展门球、乒乓球、柔力球、地掷球、扑克80分、气功、气排球、象棋、羽毛球、5公里户外持杖穿越、手杖操、4×400米接力、太极拳、秧歌、健身球15个项目交流，获3个金奖、5个银奖、7个铜奖。推进老年人健身康乐家园建设，全区48个单位完成“老年人健身康乐家园”创建任务，其中西柯镇西浦村等17个村（社区）获2018年度福建省“老年人健身康乐家园”称号、大同街道西池社区等14个村（社区）获第四批厦门市“老年人健身康乐家园”单位。

【体育社团】 2018年，同安区共有体育协会29个。区武术协会组队参加首届亚太区大师运动会，获叶罗汉拳、单刀、棍术3个项目金牌，苗刀、棍术、关公大刀项目3个项目银牌和单刀、五祖、剑术、掌拳4个项目铜牌；组队参加省第十届海峡两岸论坛暨武术大赛，获4枚金牌、2枚银牌、2枚铜牌，其中北拳、春秋大刀、五祖棍项目金牌。区青少年围棋协会举办厦门市（春季）青少年业余围棋段级位赛、第四届小学幼儿园围棋比赛等赛事，推动青少年围棋事业发展。区足球协会加强校园足球的培训与指导，举办2018年同安足球文化节暨第四届中小学校足球联赛，组织小学校园足球夏令营活动。

【2018年世界华人跆拳道亚洲大赛】 1月1日，2018年世界华人跆拳道亚洲大赛在同安体育馆闭幕。本次大赛由世界华人跆拳道联合会、区体育总会、武术协会主办，市英剑健身服务有限公司承办，共吸引省内外62支队伍1600多名选手参赛。来自同安区的厦门英剑跆拳道俱乐部获298金牌、178银牌和86铜牌。

【世界拳击联赛总决赛首次落户厦门】 9月26日，2018世界拳击联赛（简称WSB）第八赛季总决赛在厦门市运动训练中心举行，这是世界拳击联赛总决赛首次落户厦门。比赛由国际拳击联合会主办，国家体育总局拳击跆拳道运动管理中心、中国拳击协会、厦门市体育局、厦门市同安区人民政府、上海博盟体育发展有限公司联合承办。当晚，由哈萨克斯坦阿斯塔纳狼队与古巴驯兽师队展开对决，最终在轻蝇量级比赛中，阿斯塔纳狼队选手特米尔塔斯以比分3：0战胜驯兽师队选手达米安；在重量级比赛中，驯兽师队选手埃利斯兰迪以比分3：0战胜阿斯塔纳狼队选手努尔博。

【全国青少年帆船俱乐部联赛总决赛】 10月1—5日，第四届梅沙教育杯全国青少年帆船俱乐部联赛总决赛在同安区环东海域美峰公园举行。本次赛事由中国帆船帆板运动协会主办，厦门市帆船帆板运动协会承办，同安区文体广电出版局、西柯镇人民政府、厦门市梅沙教育咨询有限公司协办的。赛事为期5天，共吸引全国124名运动员报名参赛。经过5天赛事角逐，厦门顽石、南京风之曲、福州右满舵三支队伍分获OP级团体前三名；深圳万航、北京航海中心、上海美帆三支队伍分获TOP级团体前三名；深圳万航、厦门顽石、南京风之曲三支队伍分获俱乐部团体前三名。

【同安区首个市级老年体育健身示范点挂牌】 12月18日，市级老年体育健身示范点（西浦）在西柯镇西浦村老年活动中心正式挂牌，是同安区首个市级老年体育健身示范点。西浦村老年活动中心共有三层，室内可使用面积300多平方米，设有乒乓球室、台球室、棋牌室、多功能厅等，室外有篮球场、地掷球场、健身区。挂牌同日举办“西柯杯”地掷球、乒乓球交流活动。

（陈明亮　邵加山）

卫生与计划生育

卫　生

综　述

【概　况】2018年，同安区医疗卫生机构总数397家，其中卫生监督管理服务机构2家（卫生计生监督所、保健办），公立医疗机构14家（三级乙等综合性医院1家、二级甲等中医院1家、社区卫生服务中心3家、卫生院6家，以及疾控中心、妇幼保健院、皮防院各1家），社会医疗机构212家（医院3家、门诊部27家、诊所182家），厦门监狱医院1家，村卫生所111家，学校卫生室及企事业内部医疗机构57家（含竹坝卫生所）。各级各类卫生技术人员3303人，其中执业（助理）医

2018年度同安区医疗卫生机构和医疗卫生人员情况表

表36

机构分类	机构个数（个）	在岗职工（人）														
		合计	卫生技术人员											其他技术人员	管理人员	工勤技能人员
			小计	执业（助理）医师	执业医师	注册护士	药师（士）	技师（士）	检验技师	影像技师	其他	见习医师	乡村医生			
总　计	397	4040	3303	1433	1235	1353	228	168	116	52	121	35	287	101	149	200
一、医院	6	2151	1832	626	609	932	103	93	58	35	78	33	0	69	86	164
综合医院	5	1836	1562	520	503	824	74	76	45	31	68	33	0	66	71	137
中医医院	1	315	270	106	106	108	29	17	13	4	10	0	0	3	15	27
二、基层医疗卫生机构	386	1752	1363	755	575	413	119	55	38	17	21	0	287	27	43	32
社区卫生服务中心	3	127	112	57	47	29	15	11	8	3	0	0	0	7	8	0
乡镇卫生院	6	264	233	118	109	63	28	19	15	4	5	0	0	13	11	7
社区卫生服务站	0	0	0	0	0	0	0	0	0	0	0	0	0	0	0	0
村卫生所	111	397	110	110	26	0	0	0	0	0	0	0	287	0	0	0
门诊部	27	411	362	180	157	117	29	25	15	10	11	0	0	5	24	20
诊所、医务室	239	553	546	290	236	204	47	0	0	0	5	0	0	2	0	5
三、专业公共卫生机构	5	137	108	52	51	8	6	20	20	0	22	2	0	5	20	4
疾病预防控制中心	1	23	17	10	10	1	0	6	6	0	0	0	0	1	5	0
皮肤防治院	1	21	17	5	5	3	4	3	3	0	2	2	0	2	1	1
妇幼保健院	1	62	54	37	36	4	2	11	11	0	0	0	0	2	5	1
卫生计生监督所	1	28	18	0	0	0	0	0	0	0	18	0	0	0	8	2
保健办	1	3	2	0	0	0	0	0	0	0	2	0	0	0	1	0

师1433人、注册护士1353人、其他卫技人员517人，为每千人执业（助理）医师2.34人、注册护士2.21人。实有床位数1572张，其中市第三医院1000张、区中医院200张、卫生院99张、皮防院50张、厦门监狱医院52张、博爱医院101张、城南医院20张、工业集中区医院50张，每千人床位数2.57张。全区各医疗卫生单位建筑总面积19.95万平方米，其中业务用房面积13.31万平方米。全系统现有百万元以上医疗设备66台（套）。全年全区医疗卫生机构总诊疗人次数达294.31万人次，比上年增长4.64%；医院病床使用率84%，比上年下降0.29%；医院出院者平均住院日为7.9日。公立医疗业务收入84382万元，比上年增长12.05%。当年区财政预算补助26567.4万元，比上年增8.85%。是年，同安区大力实施“卫生强区”战略，推进“健康同安”建设，建成投用市三院康复病房综合楼（三期），新增病床位300张；成立紧密型医共体同安总医院，柔性引进心血管科高层次人才1名，简易程序引进疼痛科高级职称人员1名，自主培育泌尿外科、重症监护、皮肤科、麻醉等卫生领域高层次人才9名，公开招聘基层医疗卫生机构编内人员35名；完成区域性重大活动医疗保障92场次，妥善处理医疗卫生投诉件125件；顺利通过国家卫生城市复审和省、市级医疗废物“小箱进大箱”督查。

·小资料·

“小箱进大箱”是指市第三医院作为医疗废物中转站，将基层医疗卫生机构、门诊部、村卫生室等医疗卫生机构产生的医疗废物集中收集，并在规定时间内进行处置。

2018年9月11日下午，同安区在莲花卫生院举办全市第二十二期健康管理沙龙活动　　（区卫计局供图）

【医疗卫生设施建设】 2018年，同安区推进实施市三院康复病房综合楼三期、五显卫生院迁建、莲花卫生院危楼翻建等医疗卫生基建项目28项，其中续建7项、新建16项、前期5项。完成投资0.9亿元、完成年度投资计划的77.6%。改扩建医院、卫生院6所，投用区婚姻登记、婚检、孕检一站式场所，完成区中医院停车场、洪塘卫生院门诊楼病房楼和工业集中区社区卫生服务中心配套设施改造。市三院康复病房综合楼三期项目建成投用新增床位300张。

【基层医疗服务】 2018年，同安区全面落实居民健康档案管理、健康教育、预防接种、慢性病管理等14项国家基本公共卫生服务项目，下达基本公共卫生服务经费2497.5万元、人均标准55元；建立电子健康档案数460781份、电子建档率79.31%；省级公卫考核位居第六。深化镇村卫生服务一体化，全区111家村卫生所完成刷卡176772人次，刷卡金额1001.1527万元；举办两期乡医培训班，组织323名乡医参加跟班及网络学习。做实家庭医生签约服务，开展“5·19”世界家庭医生日主题宣传活动，组织全市第二十二期健康管理师沙龙现场会，全区家庭医生签约人数148019人、覆盖率39.05%；65岁以上老人等重点人群家庭医生签约人数28800人，覆盖率81%，其中续签率90.61%；户籍人口和重点人群签约覆盖率全市第一。巩固提升全国基层中医药先进单位创建成果，加大中医适宜技术推广力度，发挥中医药在常见病、多发病诊治中的优势和作用，全区65岁以上老年人接受中医健康管理服务24793人，中医健康管理率66.78%；0～3岁儿童开展中医健康管理服务35245人，中医健康管理率79.79%。

【紧密型医共体建设】 2018年，同安区推进紧密型医共体建设，提升医疗服务体系整体效能。出台《同安区组建总医院实施方案》。9月，组建同安区总医院。构建紧密型医疗卫生服务、责任、利益、健康共同体，下放办医自主权，制定出台《院长目标年薪制管理办法》

《区属公立医院工资总额管理暂行办法》《总医院绩效考评指标评分办法》。完善分级诊疗制度，通过成立分院医疗业务管理团队、医疗急救团队、公共卫生服务工作协作团队等团队对接各分院，开展专家下基层、畅通双向转诊，扩增慢阻肺、慢性肾病、慢性胃肠病等分级诊疗病种，带动常见病、多发病、慢性病下沉基层治疗。同安区总医院建设放射影像中心、心电诊断中心、消毒供应中心、医学检验中心、病理检验中心、远程会诊中心等六大运营中心，至年末，已完成消毒供应中心、部分临床检验中心、心电中心功能，所有医疗机构远程传输共用检查结果。

【市第三医院上榜“省会市属 / 计划单列市医院 100 强”】 2018 年，在中国医院竞争力排行榜上，厦门市第三医院位列“省会市属 / 计划单列市医院 100 强”、“福建省域 30 强”。该院是岛外最早能开展断肢 / 指再植、脑出血介入治疗、心肌梗死介入治疗的综合性医院，有高压氧舱治疗紧急中毒能力和有放射治疗设备用于肿瘤放射治疗，心血管内科每年急诊介入手术 100 余例，神经外科应用显微技术实施脑、脊髓肿瘤切除已是常规手术，不仅如此，在自发性蛛网膜下腔出血的急诊脑血管造影检查及脑动脉瘤的急诊手术和血管内微创介入治疗均处于医学前沿水平，年均为重度颅脑损伤患者做手术 300 余台。是年，市第三医院落实医疗核心管理制度，加强医疗护理质控和病案管理，严格手术分级，跻身全国脑血管病防治领域先进行列。改善医疗服务行动计划，深化“互联网 + 医疗”模式，开通院内导航系统，开设自助机结算、床边结算和微信、支付宝结算等多种支付方式，推进便民服务。抓好人才梯队建设和人才引进工作，全年开展新技术新项目 6 项，获得省医学创新课题 1 项、面向农村及城市社区适宜推广技术 1 项；举办省级继续医学教育项目 4 场；发表论文共 80 篇，其中国家级与核心刊物 45 篇、省级刊物 35 篇。全院累计共有 96 项科研成果获省、市、区科技成果奖；发表论文近千篇。获全省组织的二级以上医疗机构满意度调查 88.16 分，厦门地区综合性医院排名第三。

【同安区总医院挂牌成立】 9 月 30 日，同安区总医院揭牌及成员单位授牌仪式在市第三医院举行。同安区总医院系以市第三医院为基础，整合区中医院、皮防院、9 家卫生院（社区卫生服务中心）、竹坝卫生所及辖区内 111 家公益性村卫生所等公立医疗卫生资源组建而成。总医院整合、共享三级医院和基层医疗机构的优势资源，打造区域性医疗中心，让辖区内居民能够就近享受优质医疗服务。

【同安工业集中区社区卫生服务中心建成运营】 2 月 7 日，同安工业集中区社区卫生服务中心正式运营，为工业集中区 10 多万常住、流动人口提供基本医疗卫生服务。中心内设预防保健科、全科、内科、外科、妇科、儿科、精神科、急诊科、康复科、中医科、检验科及影像科等科室，配置彩超、DR、心电图机、全自动生化分析仪、全自动糖化血红蛋白分析仪、尿液分析仪、血球分析仪等医疗设备；有执业医师 14 人、执业护士 10 人；开设内、外、妇、儿、中医理疗、全科、预防保健、B 超、心电图、医学检验等诊疗科目，全年门诊人次 33614 人。

【爱国卫生工作】 2018 年，区爱卫办扎实开展全民健康教育，认真组织“除四害”工作，持续深化无烟单位创建，全面提升城乡环境卫生水平。1 月，开展 2017—2018 年冬季灭鼠灭蟑统一行动，倡导全区各机关单位和广大居民群众做好冬季灭鼠灭蟑投药工作，投放灭鼠药 3600 公斤、灭蟑药 720 公斤、杀蟑胶饵 240 公斤。4 月，组织第 30 个爱国卫生月宣传活动，通过知识宣传、免费义诊、健康咨询等形式，发放宣传材料 500 多份、提供义诊 80 余人。爱国卫生月期

2018 年 9 月 30 日，厦门唯一紧密型医共体建设试点同安区总医院揭牌及成员单位授牌仪式在市第三医院举行　　（区卫计局供图）

间，出动专业人员336人次，投放灭鼠药3000公斤、灭蟑药720公斤、杀蟑胶饵180公斤。全年共开展10次爱国卫生“除四害”运动，全区共计消杀面积154.04平方公里，向居民、公共场所、外环境发放、投放鼠药14000公斤、灭蟑螂药1200公斤、灭蟑胶饵300公斤、灭蚊蝇药1600公斤。

【全面开展控烟健康教育】 2018年，区爱卫办继续围绕以“无烟单位”创建活动为重点，大力普及烟草危害相关知识，积极做好公共场所和公众控烟健康教育工作。开展“世界无烟日”宣传活动，通过《健康有约》与《卫生与健康》专题栏目及钟楼LED显示屏滚动播放吸烟有害健康知识等内容。出一期吸烟有害健康宣传栏，传播健康知识，倡导健康生活方式。于8月27日至9月5日开展卫生系统与公共场所健康教育和禁烟工作督查检查，采取现场考核对15家医疗卫生单位和同安宾馆、帝乐酒店、盛之乡酒店、厦商商场、钟楼商场、乐海商场、影剧院、图书馆、文化馆、车站等12个公共场所贯彻执行健康教育宣传和控烟工作的情况进行督导检查。2018年在学校、医疗机构中共创建63家无烟单位。

【人口健康指标及生命统计】 2018年，同安区户籍人口出生率21.37‰，人口自然增长率16.28‰。户籍人口平均期望寿命79.93岁，其中男性77.21岁、女性84.1岁。孕产妇死亡率12.15/10万，5岁以下儿童死亡率2.92‰、婴儿死亡率2.43‰。

疾病预防控制

【概　况】 2018年，同安区加强手足口病、艾滋病、结核病、不明原因肺炎、人感染H7N9禽流感等重大传染病防治工作，落实突发公共卫生事件相关信息报告，开展生物安全意外事故应急演练，提升突发公共卫生事件应急处置能力。全年报告传染病5198例，其中甲类传染病0例，乙类传染病1145例，甲乙类传染病报告发病率197.07/10万，比上年上升7.9%。适龄儿童“九苗”应接种疫苗剂次275103人次，实接种疫苗剂次274292人次，接种率99.7%。举办乡镇麻风兼职医生、乡村医生麻风知识培训班9期262人次；发出线索调查表123张，体检、复查136人次；发放各类宣传资料1316份，全区住院麻风病人19人，社会麻风病人4人。开展国家基本公共卫生服务项目，全年全区居民健康档案建档46.41万份，电子建档率83.63%。加强食品卫生、饮用水卫生和职业卫生工作，餐具消毒质量委托监测16份，合格率100%；城市饮用水、农村饮用水委托监测174份共5784项次，其中城市供水检测44份、项次合格率99.93%，农村供水监测130份、合格率99.14%；职业健康检查118厂次，职业人群健康体检3518人次。莲花水库库周100米消毒土壤寄生虫卵监测，采集土壤12份，阳性1份；农村环境卫生监测，采集土壤样品20份，合格率100%。

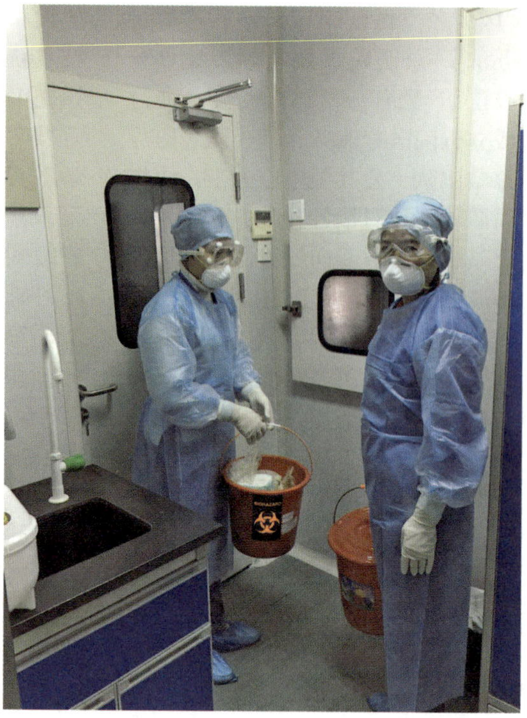

2018年12月14日，同安区疾控中心开展生物安全意外事故应急处置演练　（区卫计局供图）

【肠道传染病防治】 2018年，同安区制定实施《霍乱监测工作实施方案》，组织全区各医疗机构肠道门诊工作落实情况督导，推进肠道传染病防治工作落实。开展肠道门诊监测，全年肠道门诊腹泻病人登记318人，粪检率80.8%。加强外环境监测，采集水体、海水产品450份，检测均为阴性。

【艾滋病防治】 2018年，同安区扎实开展艾滋病防治宣教干预、艾滋病免费自愿咨询检测服务、新报告艾滋病病毒感染者/艾滋病病人规定时限首次随访、孕妇进行免费筛查检测母婴阻断和性病防治等工作。全年开展艾滋病防治宣讲活动29场次，发放宣传材料1768份，覆盖人群1719人，其中副科级以上干部专场5场157人次；组织少年预防艾滋病防治知识讲座，覆盖大专院校、高中、初中22所学校8438名学生，分发宣传材料11908份；开展流动人群预防艾滋病宣传活动26场次，发放宣传材料3218份，覆盖2201人；对产前建卡孕妇分发预防艾滋病宣传材料9286

份，干预覆盖 7843 人。性病门诊就诊者艾滋病抗体检测 262 人次、检测率 100%，梅毒检测 178 人次、检测率 67.9%；对看守所、监狱等监管单位新进被监管人群进行免费 HIV 抗体筛查 2516 人份，检测结果确认阳性 4 份，HIV 抗体筛查阳性率 0.15%；采集 132 例艾滋病病人 / 感染者血样送市疾控检测 CD4 细胞。截至年末，全区报告艾滋病病毒感染者 31 例，其中男性 27 例、女性 4 例；艾滋病病人 9 例，其中男性 7 例、女性 2 例。

【结核病防治】 2018 年，全区共发现活动性肺结核患者 249 例，其中初治涂阳肺结核患者 102 例，其他活动性肺结核患者 147 例。登记满一年肺结核患者 285 人，完成治疗 266 人，成功治疗率 93.3%。报告学生肺结核病例 30 例，确诊收治 17 例，其中涂阳患者 4 例、涂阴患者 13 例。网络报告可疑患者追踪 1162 例，追逐到位 1110 例，追踪到位率 95.5%；密切接触者筛查率 100%；系统管理率 100%。艾滋病病毒感染者结核病筛查率 97.9%。开展“3·24”世界防治结核病日和百千万志愿者传播宣传活动。组织结核病督导 96 次访视结核病患者 200 人次。

【地方病防治】 2018 年，同安区制定实施《碘缺乏病监测工作计划》，开展碘缺乏病监测工作。采集学生家中盐样 206 份，盐碘中位数 22.4 毫克 / 千克，合格碘盐 196 份，非碘盐 5 份，不合格碘盐 5 份，非碘盐率 2.4%，碘盐覆盖率 97.6%，碘盐合格率 97.5%，合格碘盐食用率 95.1%；采集学生尿样 206 份，尿碘中位数 238.60 微克 / 升，未发现甲肿学生，甲状腺肿大率为 0%。采集孕妇盐样 100 份，盐碘中位数为 23.5 毫克 / 千克，合格碘盐 100 份，非碘盐 0 份，不合格碘盐 0 份，非碘盐率 0.0%，碘盐覆盖率 100%，碘盐合格率 100%，合格碘盐食用率 100%；采集孕妇尿样 100 份，尿碘中位数 140.75 微克 / 升。开展第 25 个“碘缺乏病宣传日”宣传。制定实施《2018 年同安区地氟病监测工作计划》，开展地氟病改水工程调查，做好 4 个地氟病监测村全部在读 8～12 岁学生的氟斑牙监测工作，共完成检查 50 人，检出 6 名可疑病例，未检出氟斑牙患者病例，氟斑牙检出率为 0%，氟斑牙指数为 0.06，巩固在国家控制地氟病标准范围内。是年，同安区顺利通过“十三五”地方病防治规划中期执行情况省级评估。

【慢性非传染性疾病防治和重性精神障碍患者管理】 2018 年，同安区开展慢性非传染性疾病防治工作，组织“三减三健”（减油、减盐、减糖，健康体重、健康口腔、健康骨骼）大型宣传活动，对 35 周岁及以上病人首诊测血压，全区管理高血压患者 34714 人、糖尿病患者 12548 人，高血压患者、10025 名糖尿病患者在“厦门市基层医疗机构统一平台”加入家庭医生签约服务管理。开展严重精神障碍患者救治管理工作，全年严重精神障碍报告患者 2664 例，比上年新增报告 304 例，报告患病率 4.83‰；应随访患者 2190 例，完成随访 2162 例，完成随访率 98.18%；规范管理 2149 例，规范管理率 83.42%；病情稳定 1944 例，稳定率 96.29%；在管居家患者规律服药 1149 例，间断服药 372 例，不服药 284 例，治疗率 75.33%；提供美沙酮维持治疗服务 1620 人次。

【疫情监测】 2018 年，同安区制定实施鼠疫密度监测工作计划，布放鼠笼 1734 笼次，捕获鼠形动物 40 只；全区总鼠密度为 2.34%，室内鼠密度为 2.93%，室外鼠密度为 1.58%；鼠形动物雌雄性别比为 1.11：1；路径法居民区检查距离共计 4 千米，发现鼠迹 13 处，平均路径指数 3.25 处 / 千米。开展发热病人疟疾血检 31 例；处治输入性间日疟病例 2 例、恶性疟病例 1 例，经流行病学个案调查和卫生处理，未发生二代病例。

【死因调查】 2018 年，同安区定期收集、调查居民死亡原因和恶性肿瘤新发病例基础资料，开展肿瘤、心脑血管病等慢性病监测和慢性病高危人群筛查干预工作。全区全年校正死亡率 5.06‰，比上年下降 5.24%。死因排名前五位分别为恶性肿瘤、脑血管病、心脏病、呼吸系统疾病和伤害，其中慢性病导致死亡比重 81.4%，占比比上年下降 1.5%；伤害导致死亡比重 11.57%，占比比上年下降 0.33%；感染性疾病和母婴疾病导致死亡比重 2.52%，占比比上年下降 0.78%；恶性肿瘤（包括中枢神经系统的良性肿瘤）监测报告发病率 203.2/10 万，粗死亡率 715.8/10 万；心脑血管疾病监测报告发病率 458.31/10 万，粗死亡率 153.3/10 万。

卫生监督

【概　况】 2018 年，同安区卫生和计划生育监督所开展各类公共场所、二次供水单位、医疗机构卫生监督检查工作，共监督检查公共场所 1230 家次、二次供水单位 369 家次、医疗机构 821 家次，依法规范行政执法，推行行政处罚案件全程网上（福建省网上行政执法平台）办理，全年行政处罚立案 62 起，罚款 43.075 万元，没收违法

2018年6月5日，同安区卫生监督员开展饮用水卫生专项监督检查

（区卫计局供图）

所得1.461万元。

【卫生行政许可】 2018年，区卫监所承接不设床位和床位不满199张的综合医院、中医院、中西医结合医院的医疗机构的审批，取消调整“公共场所卫生许可—复核”等审批服务事项8项；推进“互联网+政务服务”，全年受理行政许可及公共服务审批1935件（含医疗机构设置39件，医疗机构执业许可518件，医师、护士职业注册申请869件，母婴保健及个人职业资质许可55件，医疗广告审查21件，公共场所卫生许可276件，二次供水设施设计审查39件，放射诊疗建设项目职业卫生审查24件，医疗机构放射诊疗许可29件，放射工作人员证发放5件，供水单位卫生许可36件，义诊活动备案11件，内部医疗机构设置备案10件，乡村医生执业注册2件，中医诊所备案1件），即办件419件，按期办结率100%。

【公共卫生监督】 2018年，全区有各类公共场所606个，区卫生和计划生育监督所实行卫生监督量化分级管理605家，其中A级5家、B级476家、C级124家。全面开展集中式供水、农村饮用水卫生、学校卫生、职业卫生、医疗机构、传染病、餐饮具集中消毒、放射卫生等监督检查，出动执法人员1450人次、检查5500余家次，处理投诉举报案件93起，立案22起、罚款1.075万元。

【医疗卫生监督】 2018年，区卫生和计划生育监督所检查医疗卫生单位821家次，其中一级以上医院8家次、卫生院（卫生服务中心）20家次、未定级医疗机构793家次。联合公安、市场监督、药监等部门开展打击“非法行医”、非医学需要鉴定胎儿性别和选择性别终止妊娠活动，立案查处“两非”及医疗案件40起，取缔黑诊所9家，共计罚款42万元，没收非法所得1.461万元。

妇幼健康

【概　况】 2018年，同安区全面落实出生缺陷综合防治措施，开展妇幼保健公共卫生各项工作。全年婚前医学检查3298人，婚检率79.89%。全区户籍活产数6074人，产妇数6009人，系统管理率92.84%；高危孕产妇占产妇数76.45%，高危产妇住院分娩率100%。7岁以下儿童保健人数45491人、健康管理率95.65%，3岁以下儿童系统管理率93.69%；婴儿死亡率1.32‰，5岁以下儿童死亡率2.31‰，围产儿死亡率2.30‰；新生儿疾病筛查7730人、筛查率98.02%，新生儿听力筛查7733人，筛查率98.13%。目标人群免费增补叶酸4242人，完成率111.63%。“两癌”检查完成8993例，超额完成年度任务。免费孕前优生健康检查服务6237人，检查覆盖率达102.92%。

【孕产妇系统保健管理】 2018年，同安区进一步完善围产保健管理模式，加强高危孕产妇的筛查、追踪与管理，全年完成孕产妇建卡11283人，早孕建卡率86.87%；高危筛查7792人，筛查69.06%，高危孕妇管理率100%。开展孕期HIV抗体检测孕产妇10993人，孕期接受梅毒检测孕产妇10965人，孕期接受乙肝表面抗原检测孕产妇10927人。

【儿童系统保健管理】 2018年，同安区全面实施0～6岁儿童免费系统管理服务，全区7岁以下儿童健康管理率96.65%，3岁儿童系统管理率93.69%，新生儿访视率97.84%，新生儿疾病筛查7730人、筛查率98.02%。加强对托幼机构儿童卫生保健服务与监督，全年完成新生入托体检16765人，保健老师体检3543人，幼园龋齿防治35668人次，眼保健检查20051人。

【妇幼重大公共卫生服务】2018年，同安区完成农村孕产妇免费增补叶酸4242人，任务完成率111.63%，叶酸服用率55.97%，依从率51.71%，知识知晓率99.63%。妇女“两癌”筛查8993人，任务完成率112.41%，确诊宫颈癌0例，确认乳腺癌4人，均给予及时治疗。为符合生育政策计划怀孕的夫妇提供免费孕前优生健康检查服务6237人、检查覆盖率达102.92%，筛查出高危风险人群1885人、占比30.22%。

计划生育

【概　况】2018年，同安区人口总数71.71万人（按计划生育口径统计），其中常住人口38.74万人，流动人口32.97万人；育龄妇女20.15万人，其中常住人口育龄妇女10.02万人、已婚妇女8.12万人，流动人口育龄妇女10.13万人、已婚8.41万人。全年出生人口12809人，其中常住人口出生6203人，流动人口出生6606人，出生人口政策符合率92.91%，高于市下达指标2.91个百分点；出生人口性别比108.65∶100，低于市下达责任指标113∶100，其中常住人口性别比111.92∶100，流动人口性别比105.67∶100。全年人口信息统计准确率95%以上，计划生育奖励兑现率100%，群众满意率90%以上。区计生协会投入613.5万元开展生育关怀项目。开展以“会员心向党　建功新时代”的“5·29”计生协会会员活动日系列活动，发放宣传品、宣传材料4万多份，举办服务活动57场。开展儿童公益早教，投入8万元购买专业机构服务。年内，同安区完成全国流动人口卫生计生动态监测调查和省第二期全员人口信息质量实地抽查。保持全国计生协会先进区和省“四联创”二类先进区称号。

【母婴设施建设】2018年，同安区开展母婴设施建设。在全市率先召开推进母婴设施建设专题部署会，出台《同安区加快推进母婴设施建设实施细则》，建立由区政府分管领导担任总召集人，各镇（街、场）、各有关部门分管领导为成员的联席会议制度，明确各级各部门职责和建设目标。全区全年计划建设母婴室42个，实际建成40个，其中医院10个、公共场所12个、企业7个、学校11个。完成投资45万元。9月，经区卫计局、区妇联和区总工会联合评估，40个已建成母婴室均符合《厦门市母婴设施建设分类标准》要求，其中4家被列为市级示范点，保沣实业有限公司“妈妈小屋”获评全省“我最喜爱的妈妈小屋”。全区应配置母婴设施公共场所和用人单位母婴设施配置率达85.11%。

【计生奖励与扶助】2018年，同安区积极开展计生奖励与扶助工作，发放奖励扶助金共计1890.952万元，其中发放奖励扶助5426人986.76万元、贡献奖1140人109.44万元、特殊家庭扶助321人411.12万元、二女扎对象补助9317人335.412万元、一般扶助对象扶助27人1.62万元、手术并发症对象补助35人16.8万元，以及独生子女父母失能对象补助9人10.8万元。

【出生人口性别比综合治理】2018年，同安区落实孕14周以上终止妊娠手术审批管理和政策内孕情消失跟踪调查制度，制定出台《关于进一步加强卫生计生综合监督行政执法工作的实施意见》，加大举报监控力度，推进镇（街）卫生计生综合监督协管，构建区、镇（街）、村（居）三级卫生计生监督网络。全年完成“两非”一般案件16件和重大案件2件。

【流动人口计生服务管理】2018年，同安区开展流动人口健康教育和计生政策宣传，组织宣传活动55场次、健康讲座50场、健康义诊49场，发放健康工具包5620个，相关活动内容在同安电视台《卫生与健康》和《健康有约》栏目播出。提升流动人口均等化服务水平，承办厦门市“把健康带回家”专项行动暨“健康幸福过大年”宣传活动启动仪式，营造全社会关心关爱流动人口健康的良好氛围。年内，梧侣学校被国家卫计生委评为健康促进学校，同安歌乐电子有限公司入选全国第一批流动人口健康示范企业，7个家庭入选全国第一批流动人口健康促进示范家庭，新民镇百路达有限公司、祥平街道祥文社区获评市级流动人口均等化服务示范单位；新民梧侣社区获评全国流动人口社会融合示范社区，大同街道凤山社区获评市级流动人口社会融合示范单位。

【计生政策MV宣传片《山乡民声》获市级创新奖项目】2018年，区卫计局创新计生政策宣传模式，投入30万元指导汀溪镇政府制作“戏唱计生好政策——《山乡民声》”MV宣传片，通过群众喜闻乐见的闽南歌仔戏传唱现行计划生育政策，宣传优生优育。该计生政策MV宣传片被市委办、市政府办评为市级计生创新奖项目。

【全国企业流动人口服务示范点培育】2018年，区计生协会协助百路达企业计生协会向中计协申报中

2018 年 11 月 23 日，区计生协会在西柯镇开展儿童早期发展亲子示范活动

（颜彬彬 摄）

国计生协流动人口计生协项目点获通过，这是全国 31 个、全省 2 个项目点之一。指导百路达企业计生协会先后开展“把健康带回家 幸福过大年”“关爱女性健康 做粉红丝带的使者”“青春有约 缘来是你”“温馨百路达 亲子共成长”等 10 场活动，促进流动人口均等化服务。

【公益早教活动】 2018 年，区计生协会开展公益早教活动。制定下发《儿童早期发展项目实施方案》并召开儿童早期发展观摩推进会。投入 8 万元购买专业机构服务，制作 3000 份早教宣传卡，购买 1000 份 5 种用途的早教宣传品。建立 3 个镇级、11 个村级早教示范点，培育了 10 个区级、8 个镇级早教示范基地，签订 12 份早教合作共建协议。发挥馨贝昉早教示范基地的辐射作用，深入企业、社区、公园等开展公益活动，全年共开展 21 场科学育儿知识普及讲座，有 1376 名 0～3 婴幼儿家长受益；56 场亲子互动辅导示范活动，有 1598 户 0～3 婴幼儿家庭受益。在区妇女儿童活动中心开展亲子早教活动课，总计 8000 人次参与。11 月，馨贝昉早教中心被中国计划生育协会确定为全国优生优育指导中心项目点，是全国 28 个项目点、全省 3 个项目点之一。

【生育关怀】 2018 年，区计生协会投入 613.5 万元开展生育关怀 9 个项目，惠及 4.22 万户 12.4 万人。开展农村计生帮扶，总计帮扶 163 户，为每户提供 5000 元补助总计 81.5 万元。做好 2017 年 214 户帮扶对象的跟踪服务。为计生家庭投保意外伤害保险，保费由原来的每年每户 50 元提高到 100 元，共投入 422.72 万元为全区 42282 户投保惠及 124635 人，当年总计赔付 3364 起总计 700.4 万元；新增失独家庭住院护理补贴保险，投入 3 万元为年龄在 40 岁以上的的失独父母投保，每人每年 300 元，总计办理 61 户 100 人；完成 11 场生育关怀金秋助学活动，为 2018 年入学的 388 名农村二女户女儿、独女户上大学发放区级助学金每人 1000 元，23 名符合市级当年入学资助、49 名符合续助条件的计生家庭子女发放市级助学金每人 5000 元，总计发放 74.8 万元；开展 10 场青春健康同伴教育活动；常态化开展紧急救助工作，全年紧急救助 23 批 115 人，发放 23 万元救助金；扶助 6 例困难不孕症者治疗；落实农村困难独生子女户、二女绝育户建房计生资金补助制度，全年为 65 户发放 19.5 万元的建房补助金；开展亲情慰问活动，节假日组织基层协会干部走访慰问 333 名计生困难户，发放 35.26 万元及一批慰问品，并表彰 12 名幸福母亲。推动“幸福工程”小额贴息工作，为全区农村二女户、独女户有发展项目的对象提供 5 万～10 万元的贴息贷款，全年为 4 户通过审核的家庭贴息 1.74 万元。开展关怀关爱计生特殊家庭服务，项目实施范围拓展由 2017 年 4 个镇拓展到全区，为全区 61 户 100 人计生特殊家庭提供“暖心工程”服务，发放“暖心保健箱”57 个，开展电话访谈 130 次、入户探访 66 次、组织陪同参与社区活动 88 次，生病照护 17 次，空调清洗 35 台。

（张志建 张东勤）

社会与民生

劳动就业

【概　况】 2018年，同安区实现失业人员再就业6708人，完成年度任务指标的223.6%；城镇困难人员再就业1676人，完成年度任务指标的139.7%。农民工技能提升培训760人，完成年度任务指标的126.7%。失业人员再就业培训626人，完成年度任务指标的156.5%，失地失海人员培训914人，完成年度任务指标的101.6%。重点企业“一企一策”职工技能培训649人，完成年度任务指标的129.8%。

【就业服务】 2018年，区人力资源市场和工业社区人力资源服务中心共举办了340场现场招聘会，有4703家次企业参会，提供14.64万个次就业岗位，有2843人次与企业达成就业意向，其中本地工694人次。举办区级、镇（街）级劳动力转移专场招聘会13场。开展“春风行动”“就业援助月”等活动。组织全区76家企业参加厦漳泉第八届暨厦门市第十六届校企合作对接会。

【对口就业帮扶】 2018年，区人社局组织开展对口帮扶县就业帮扶，总计组织企业60家次到同安区对口帮扶福建省诏安县、甘肃省康乐县招工，签约287人次。2月24日，组织6家重点缺工企业参加诏安县2018年春季公益性人力资源招聘大会，企业共提供640个岗位，吸引求职人员与企业达成就业意向20人。开展各类职业技能培训25期，完成就业培训892人，完成率104%，其中建档立卡贫困人员799人，完成率138%。举办现场招聘会7场，协助康乐籍建档立卡贫困人口实现就业1145人，完成率200%。其中通过培训实现就地就近就业583人，完成率162%；异地就业295人，完成率102%；有组织输转到厦门就业267人，完成率124%；稳定就业3个月以上136人。

【就业政策奖补兑现】 2018年，区人社局审核发放本市劳动力社保补差10827.87万元，惠及13490家次企业123893人次。审核发放灵活就业人员社保补贴4950.18万元，惠及24203人次；审核发放用人单位招用就业困难人员社保补贴897万元，惠及608家次企业5315人次。审核发放劳务协作奖励金815.85万元，惠及1910家次企业16317人次。审核发放应届毕业生社保补贴242.7万元，惠及522家次企业2183人次。审核发放公益性岗位工资性补贴303.8万元，惠及4家次企业1216人次。为10名

2018年2月27日，同安区在甘肃省康乐县举办同安康乐春风行动招聘会

（区人社局供图）

大龄失地失海人员审核发放进厂务工就业补贴4.72万元。为59名技能培训和创业培训合格人员发放一次性的生活补贴1.77万元。为395家次企业发放创业场地补贴317.07万元，为293家次企业发放自主创业奖励132.3万元，为24家企业发放创业带动就业奖励12.8万元。

【职业技能培训】 2018年，区人社局以市场需求为导向，以促进就业为目标，大力开展职业技能培训。开展失业人员再就业培训626人，失地失海人员培训914人，外来农民工技能提升培训760人，重点企业“一企一策”职工技能培训649人。

（卢　超）

劳动管理

【概　况】 2018年，区人社局以网格员为骨干建立预警信息员队伍，发展各企业人力资源管理人员成为企业预警信息员。促进与税务、银行、电力、工业园区等各职能部门的全面联动，形成全方位，立体式的排查工作格局，探索建立企业工资发放、社保缴交、资产转移等异动情况实时通报的欠薪预警防控机制，实现对企业欠薪做到“早发现”“早预防”“早处置”“早解决”，逐步减少群体性劳资矛盾的突发爆发事件。区劳动保障监察大队协助“110”联动出警处理群体性突发事件228件，涉及人数2090人，为农民工讨回工资2974万元；处理劳资纠纷投诉举报件1231件，涉及人数5526人、金额7045万元。进一步建立健全劳资纠纷预警信息报告制度，全年召开8次劳资纠纷隐患排查预警通报会，共收到各单位上报的有效劳资纠纷预警信息46条，及时对预警信息进行排查；责令8家存在拖欠工资企业进行整改，有效防止突发事件爆发，促进劳动关系和谐稳定。

【劳动人事争议仲裁】 2018年，区仲裁院受理劳动争议案件750件立案受理725件，结案706件，结案率为97.4%。10人以上集体案件31件，裁决277件，调解、准予撤回仲裁申请429件，调撤率为60.8%。

【企业用工信用评价】 3月，区人社局开展企业用工信用评价。经过告知、公司陈述申辩等程序，区人社局将2017年度中违法使用童工的3家公司列入失信单位，其中2家被处罚后有积极整改的公司评为B级一般失信单位，1家未按时缴交罚款的公司评为C级严重失信单位。对遵守劳动保障法律、配合监察工作的8家企业评为A级诚信单位。区人社局及时将评价结果通报同级公共信用信息主管部门以及解决企业工资拖欠问题部门联席会议有关成员单位，对守信典型进行宣传报道，并在守信单位及其法定代表人、负责人评比表彰、奖励和认定类活动中，给予优先推荐；对失信单位列为重点监督检查对象，进行重点专项监督检查，增加检查频次。

【劳动市场专项执法检查】 2018年，区人社局与区相关执法部门组成执法检查组，联合开展“清理整顿人力资源市场专项行动”，全面检查同安区各类人力资源服务、劳务派遣机构24家，同时不定时巡查同安区用人单位招聘点，引导清查未经许可和登记擅自从事职业中介活动共110家次。开展“开展落实高温津贴专项检查”，联合安监、建设、交通运输、环卫、工会等部门督促室外露天作业的建筑施工、交通运输、环境卫生、加工制造等用人单位以及其他涉及高温作业的用人单位落实高温津贴规定。开展“解决企业工资拖欠问题专项检查”，共组织205家用人单位开展工资支付自查自纠，涉及职工1.55万人，并抽查22家用人单位进行联合执法重点检查。开展“整治非法使用童工专项检查”，共查处非法使用童工案件1起，处罚金额3.5万元。

（卢　超）

社会保障

【概　况】 2018年，同安区社会社会保险参保总人数519500人，比上年增加7.23%。实现城乡居民养老保险全面覆盖，参保总计48172人，比上年减少10.26%。其中领取养老金待遇人数0.96万人，参保率100%。全区办理职工退休1484人，比上年增加45.5%。城镇职工基本养老、医疗、失业、工伤、生育保险参保人数分别为244928人、248651人、235926人、232292人、222430人，分别比上年增加9.61%、9.31%、9.95%、10.07%、10.44%。

【机关事业单位基本养老保险】 至2018年12月，同安区机关事业单位养老保险参保登记单位236个，参保缴费人数8075人。机关事业单位基本养老保险基金收入22481.53万元，职工年金4302.37万元，合计26783.9万元。机关事业单位养老待遇发放单位209个，人员3017人，发放养老待遇总金额25759.54万元。

2018年同安区社会保险基本情况表

表37

项目		2017年	2018年	比上年增减（%）	区财政补助（万元）
被征地人员参加基本养老保险	参保人数（人）	6857	9854	43.7	20206.76
	退养人数（人）	41226	48043	16.5	—
城乡居民及未成年人基本医疗保险	参保人数（人）	256200	266000	3.8	8702.76
企业人员领取退休金	参保人数（人）	1020	1484	45.5	—
医保享受退休待遇	总人数（人）	984	2156	119.1	—
社会保险关系转移	总人数（人）	5122	5751	12.3	—
本市户籍领取失业金	人数（人）	2681	2576	-3.9	—
	金额（万元）	4683	5500.5	17.46	—
外来人口领取生活补助	人数（人）	746	793	6.3	—
	金额（万元）	75	101	34.7	—
工伤保险待遇	人数（人）	2404	1487	61.7	—
	金额（万元）	4725	4674.53	-1.1	—
基本医疗费用报销	人数（人）	3793	4445	17.2	—
	金额（万元）	895	1817.92	103.1	—
生育保险待遇支付	人数（人）	6058	3630	-40.1	—
	金额（万元）	4193	2757.23	-34.2	—
医疗困难补助	人数（人）	1131	2232	97.3	—
	金额（万元）	390	655.8	68.2	—

【“幸福晚年计划”实施】 2018年，同安区实施“幸福晚年计划”，推进被征地人员和退养渔民养老保障工作。全年新增办理被征地人员和退养渔民保障性就业补贴7005人，发放补贴6145.52万元；全年新增办理被征地人员和退养渔民困难家庭老人养老补助1168人，发放补贴1040.08万元；全年累计办理被征地人员养老保险参保9854人，其中贴息贷款参保人3481人。

【基本医疗保险】 2018年，全区参保城乡居民基本医疗保险参保总计266007人，比上年增长3.8%，参保率达100%。财政补助个人缴费部分8702.76万元。全区转外异地安置医疗报备同安区审核支付医疗报销4445人次金金额1817.92万元；审计医疗困难补助2232人次，金额655.8万元。

【失业、生育、工伤保险】 2018年，区人社局办理工伤保险待遇申领1487人，支付4674.53万元；办理失业金审批3168人次，支付5500.5万元；办理生育保险津贴申领3630人次，支付2757.23万元。

【离退休人员社会化管理】 2018年，同安区开展企业离退休人员社会化工作。全区移交社会化管理的在册企业退休（养）人员达到66478人（其中被征地退养人员达到45535人）、享受抚恤费在册人员575人，档案10640档，社会化管理率达到100%。

（卢　超）

民　政

【概　况】 2018年，区民政局支出社会救助资金3488.89万元，惠及4302人，用于低保金、临时救助、医疗救助等支出。发放优抚对象抚恤金、退役士兵自主就业补助金、义务兵家属优待金等补助金2675.9万元。建成20个农村幸福院。2018年，同安区投入区级财政资金1020.644万元，其中政府购买居家服务项目资金696.644万、场所装修及设施配备经费324万元，在27个村改居社区、28个城市社区开展居家养老项目服务。至年底，同安区累计建成社区居家养老服务站55个，农村幸福院51

所，居家社区养老服务照料中心2所，辐射服务老人群体达到3.5万多人。推行婚姻登记周末轮班制。共办理结婚登记2805对，离婚登记908对，补办证件639对；办理收养登记5件，解除收养登记1件，咨询服务21件。规范区划地名，全面复查界线和界桩及其方位物管理、维护状况，开展行政区域界线资料归档工作；新增地名命名41个（其中道路31条、居民点10个），路名牌设标36余座。办理社会团体成立50家，变更登记17家；民办非企业单位成立登记6家，变更登记23家。建成投用20个农村幸福院。招考35名社区网格员、12名社区专职工作者。投入资金195.2899万元，采用招投标方式向专业社工机构购买8个社会工作服务项目。3月，举办社工日宣传活动，共有500余名社区群众参与活动。5月，举办多场防灾减灾咨询、宣传活动，共发放宣传材料2000多份，300多人参加。

【救助救济】 2018年，同安区为城乡低保户1678户3136人发放低保金、春节慰问金、价格临时补贴和电费补贴2772.17万元；特困人员209人，发放特困人员基本生活费、护理补贴、春节慰问金和价格临时补贴373.58万元；临时救助951人，发放临时救助金179.89万元；困难群众住房改造29户，发放住房改造补助金167.88万元。区民政局投入专项资金155万元，在大同街道、五显镇等14个村（居），陆续开展“暖心宅急送”“以爱为桥、寻梦入厝”等5个社会帮扶救助项目，为257户困境家庭建档立卡，开展各类辅导、慰问活动1500余个。

【防灾减灾应预警体系建设】 2018年，同安区在全市率先建成996平方米的区级生活救灾生活物资储备库。配套开发生活救灾物资库存管理系统。投入145万元采购更新生活救灾储备物资，补充提升全区物资储备水平。以“5·12”全国防灾减灾宣传周为契机，组织开展5场应急宣传演练活动，增强全区各领域预防和应对各类突发性事件的能力；完成五显镇垵炉村、西柯镇滨海社区全国综合减灾示范社区申报创建工作。投入专项资金3000万元购买居民“巨灾保险”，为增强灾后生活救助能力提供有力制度保障。

【双拥工作】 2018年，同安区积极开展各类爱国爱军教育活动。组织区四套班子领导和驻军、党员干部、民主人士等代表100多人参加清明节、“9·30”国家公祭日等活动；下拨专项资金50万元，用于支持驻地部队的军史馆建设，有提升驻地部队宣传教育水平。持续深化军民融合工作，春节、“八一”期间，组织开展驻地部队走访慰问活动；结合全区流域治理，开展驻地部队营区生活污水处理工作。与区人武部签订共建协议，改造提升区级生活救灾储备库共建项目。

【优抚安置】 2018年，同安区落实各项优抚安置政策，积极做好全区“两参”人员社会保险缴纳、重点优抚对象体检、医保信息变更、优待证“一卡通”年检等工作。区民政局为退役士兵办理免费职业教育培训；全年发放各类优抚对象抚恤金、补助金1289.31万元；发放革命“五老”人员定补金及护理补贴、革命“五老”遗偶定补金52.38万元；发放义务兵家属优待金572.14万元，退役士兵自主就业、地方一次性补助金814.45万元。落实重点优抚对象免费体检及医疗救助政策，区财政拨付16.26万元为271名重点优抚对象提供免费体检服务。对退役士兵档案进行规范化整理，实现电子扫描数据共享、统一归档。

【社工体系建设】 2018年，区民政局扶持发展民办社工机构，当年发展8家。至年底，全区持证社会工作师309名，其中取得中级社会工作师103名、初级社会工作师248名。投入财政资金近195万元，开展8个政府购买社工服务项

2018年同安区政府购买社工服务一览表

表38

项目	内容	购买金额（万元）
区社区办委托同心社工中心开展社区治理课题调研专项项目	课题调研	4.2
“携手创建家园”大同街道西池社区志愿者团建社工服务项目（2017年度延续项目）	社区志愿者与居民	19.6
“推进民主协商·共建和谐家园”祥平街道凤祥社区创建民主协商社工服务项目（2017年度延续项目）	社区民主协商议事会等相关人员	19.9
“心系夕阳”祥平街道西溪社区低龄长者能力提升社工服务项目（2017年度延续项目）	西溪社区60周岁老人和特殊老人群体为服务对象	18

续表 38

项目	内容	购买金额（万元）
祥平街道陆丰社区“陆邻丰巢”长者心理关怀试点社工服务项目	社区老人和特殊老人	17.99
祥文社区“相聚一家亲”社区融合社工服务项目	社区居民	19.8
大同街道“暖心宅急送”困境家庭能力提升社工精准帮扶项目	低保户等特困家庭	47.8
“吾爱五显　暖心宅急送”困境群体精准化关怀社会工作服务项目	低保户等特困家庭	47.9999

目，为低保困难户、老年人、青少年、儿童、社区居民、农民提供各类社工服务。

【与思明区社区结对共建】 2018年3月以来，同安区按照“以城带乡、城乡互动、双向受益、共同提高”的思路，开展同安区20个农村社区与思明区20个城市社区结对共建工作。4月28日，同安区与思明区社区结对签约仪式在同安区会堂举行。共建双方通过开展走访调研、党建共建、慰问、义诊、电子商务、手拉手捐助、“侨爱心图书角”、人员交流和工作指导等活动项，带动居民群众跟农村村民之间的文化交流、社区营造，进而提升社区治理的水平，实现共同受益，融合发展的目标。

【养老服务】 2018年，区民政局争取上级项目建设补助资金400万元，建成20个农村幸福院。2018年，同安区投入区级财政资金1020.644万元（其中政府购买居家服务项目资金696.644万、场所装修及设施配备经费324万元），在27个村改居社区进行推广居家养老信息化服务工作，并在28个城市社区延续居家养老项目服务。至年底，同安区累计建成社区居家养老服务站55个，农村幸福院51所，居家社区养老服务照料中心2所，辐射服务老人群体达到3.5万多人。

【社区品牌创建】 2018年，同安区谋划推进社区品牌创建工作，选取西池、北门、芸溪、凤祥、美人山等5个社区作为品牌建设试点，由厦门奥文传媒有限公司和湖北伟创社区社会组织培育与发展中心负责设计品牌方案。3月13日，区委组织部、民政局组织拟创品牌的社区书记和相关镇（街）领导等30多人到集美区园博社区、湖里区金山社区达嘉馨园小区、思明区黄厝社区溪头下社考察学习社区党建和社区治理。3月26—30日，华中师大（湖北伟创）教授派人到同安区开展品牌创建培训和重点辅导。通过理论加案例教学、实务操作、行动方案策划等方式，教会社区干部树立“社区是居民的，我们共同行动”的社区治理理念和制定问题清单、资源清单、积分清单、兑换清单、公益岗位发布、公约协商技术、行动方案策划、创意公益项目的制定等社区品牌创建的技术方法，提升社区干部治理能力和品牌建设能力。4月9日，同安区在大同街道召开西池北门社区品牌方案评审会；5月30日，召开芸溪社区、凤祥社区、美人山社区三个品牌建设评审会。五个社区品牌（营造）项目方案通过多次修改、评审、认证和专题会议研究，于2018年底初步启动。

2018年4月28日，同安区与思明区城乡社区结对共建签约仪式在同安会堂举行（区民政局供图）

【社会组织管理】 2018年，区民政局不断优化办事指南，精简审批事项材料12项，推进电子证照改革和社会组织信用体系建设。全年新登记民办非企业6家，社会团体50家。新登记社会组织48家，注销社会组织4家，新增社区社会团体39家。结合扫黑除恶工作要求，全市率先制定出台清理规范老年人协会的实施方案，联合开展打击整治非法社会组织专项行动。严格执行社会组织双随机检查工作，共抽查社会组织18家。至2018年年末，全区登记社会团体组织252个，民办非企业单位170个，备案社区社会组织586个。

2018年同安区新成立社会团体

表39

成立时间	名称	办公地址	法人
2018.1.3	厦门市同安区体育舞蹈协会	厦门市同安区银湖路8号二楼D区	马　薇
2018.2.12	厦门市同安区东宅村老年人协会	厦门市同安区东宅村111号	苏发展
2018.3.5	厦门市同安区凤祥社区祥英志愿者联合会	厦门市同安区祥平街道凤祥五里135号	林方园
2018.3.16	厦门市同安区白沙仑农场老年人协会	厦门市同安区白沙仑农场白沙188号文化活动中心一楼	李金龙
2018.3.26	厦门市同安区西湖社区老年人协会	厦门市同安区同集北路400号	王仲盛
2018.4.13	厦门市同安区西柯镇下山头社区房东协会	厦门市同安区西柯镇下山头社区119号2楼	林耿伟
2018.4.13	厦门市同安区西柯镇西柯社区房东协会	厦门市同安区西柯镇西柯村下柯里398号二楼	柯国宝
2018.4.13	厦门市同安区西柯镇埭头社区房东协会	厦门市同安区西柯镇埭头社区436号二楼	王国安
2018.4.13	厦门市同安区西柯镇洪塘头社区房东协会	厦门市同安区西柯镇洪塘头村一里320号	郑明星
2018.4.13	厦门市同安区大同街道北门社区房东协会	厦门市同安区大同街道金日路10号	黄宏伟
2018.4.13	厦门市同安区大同街道东山社区房东协会	厦门市同安区大同街道东山路281号	邱志文
2018.4.13	厦门市同安区大同街道凤山社区房东协会	厦门市同安区大同街道九曜山路198号	蔡志英
2018.4.20	厦门市同安区西柯镇美人山社区房东协会	厦门市同安区西柯镇美人山一里27-203室	杨春金
2018.4.20	厦门市同安区大同街道碧岳社区房东协会	厦门市同安区大同街道环城东路58号	李丰寿
2018.4.20	厦门市同安区大同街道东宅村房东协会	厦门市同安区东宅村东宅里111号	苏坤和
2018.4.20	厦门市同安区大同街道西池社区房东协会	厦门市同安区大同街道西池社区西池一里367-7号	纪建宏
2018.4.20	厦门市同安区新民镇四口圳社区房东协会	厦门市同安区新民镇四口圳社区四口圳里133号	吕国辉
2018.4.23	厦门市同安区广场舞协会	厦门市同安区大同街道南门新村A号楼15号店	林龙珠
2018.4.25	厦门市同安区潘涂社区老年人协会	厦门市同安区西柯镇潘涂社区中厝里5号	林四清
2018.4.25	厦门市同安区新民镇后宅社区房东协会	厦门市同安区新民镇后宅社区后宅里3号	林国轻
2018.4.25	厦门市同安区祥平街道祥桥社区房东协会	厦门市同安区祥平街道祥桥一里6号	蔡阿阳
2018.4.25	厦门市同安区新民镇湖安社区房东协会	厦门市同安区新民镇湖安社区湖安里666号	吕惠萍
2018.4.25	厦门市同安区新民镇乌涂社区房东协会	厦门市同安区新民镇乌涂村88号	徐芳艇
2018.4.25	厦门市同安区西柯镇东海社区房东协会	厦门市同安区西柯镇美溪一里13号	纪明生
2018.4.25	厦门市同安区洪塘镇塘边村房东协会	厦门市同安区洪塘镇塘边村塘前街87号	纪清风
2018.4.27	厦门市同安区祥平街道西湖社区房东协会	厦门市同安区同集北路400号	王伟军
2018.4.27	厦门市同安区祥平街道阳翟社区房东协会	厦门市同安区祥平街道阳翟二房三里236号	陈金铨
2018.4.27	厦门市同安区祥平街道芸溪社区房东协会	厦门市同安区祥平街道银湖西里288号1楼	李甘澍
2018.4.27	厦门市同安区西柯镇美星村房东协会	厦门市同安区西柯镇美星村坑内里200号一楼	林水瑶
2018.4.27	厦门市同安区西柯镇官浔社区房东协会	厦门市同安区西柯镇官浔社区东官浔里273号201	林高举

续表 39

成立时间	名称	办公地址	法人
2018.5.2	厦门市同安区洪塘镇苏厝村房东协会	厦门市同安区洪塘镇苏厝村苏厝路 66 号	曾文委
2018.5.2	厦门市同安区新民镇禾山社区房东协会	厦门市同安区新民镇禾山社区后路里 33 号	康福川
2018.5.9	厦门市同安区大同街道三秀社区房东协会	厦门市同安区三秀北里 61 号	庄洁如
2018.5.9	厦门市同安区广慧助老协会	厦门市同安区五显镇后塘村后塘里 1 号三楼	颜志洪
2018.5.9	厦门市同安区汀溪镇半岭村老年人协会	厦门市同安区汀溪镇半岭村大埔 20 号	廖坤山
2018.5.14	厦门市同安区新民镇西塘社区房东协会	厦门市同安区新民镇西塘社区大厝里 17 号	张志向
2018.6.11	厦门市同安区祥平街道西洪塘社区房东协会	厦门市同安区祥平街道西洪塘社区西洪塘里 16 号	张小路
2018.6.15	厦门市同安区莲花镇溪东村老年人协会	厦门市同安区厦门市同安区莲花镇溪东村溪东地 386 号	叶金柱
2018.6.15	厦门市同安区新民镇梧侣社区房东协会	厦门市同安区新民镇梧侣村大社里 888 号	柯永在
2018.6.15	厦门市同安区祥平街道祥文社区房东协会	厦门市同安区瑶江里 202–1 号	叶惠萍
2018.6.15	厦门市同安区大同街道朝元社区房东协会	厦门市同安区朝元社区张厝里 6 号	张永辉
2018.6.15	厦门市同安区篮球协会	厦门市同安区银湖路 85 号之 6，同安区银湖路 85 号 701 单元	林福利
2018.6.15	厦门市同安区房东协会	厦门市同安区大同镇环城西路新西桥（厦门市同安区祥平街道祥桥路 80 号 502 室）	庄东艺
2018.6.15	厦门市同安区象棋协会	厦门市同安区同新北路 265 号	刘育红
2018.8.8	厦门市同安区大同街道朝元社区老年人协会	厦门市同安区朝元社区张厝里 6 号	刘永超
2018.8.8	厦门市同安区管乐协会	厦门市同安区银湖西里 259 号之 3	王亚伟
2018.10.17	厦门市同安区五显镇西洋村老年人协会	厦门市同安区五显镇西洋村岭下里 1 号	叶清馔
2018.11.16	厦门市同安区莲花镇莲花村老年人协会	厦门市同安区莲花镇莲花村村林 43 号	叶英壕
2018.11.28	厦门市同安区莲花镇内田村老年人协会	厦门市同安区莲花镇内田村内田 79 号	林东海
2018.12.24	厦门市同安区西柯镇篮球协会	厦门市同安区西柯镇西柯街 298—20 号 204 室	陈福沛

2018 年同安区新登记民办非企业单位

表 40

登记日期	名称	地址	法人（负责人）
2018.1.5	厦门市同安区高山文化培训交流中心	厦门市同安区富贵家园二期 1 号楼 15# 店面	王理想
2018.2.12	厦门市同安区立莘幼儿园	厦门市同安区祥平街道西洪塘社区集安路 506 号	方丽端
2018.7.20	厦门市同安区和谐社会工作服务中心	厦门市同安区西福路 120—26 号 103 室	林　燕
2018.8.3	厦门市同安区四林武术健身传习中心	厦门市同安区五显镇四林梨子林里 132 号	白龙全
2018.10.26	厦门市同安区万人幼儿园	厦门市同安区西柯镇美溪五里 12 号	黄毅慧
2018.11.28	厦门市同安区五显镇宋宅村武当武术传习中心	厦门市同安区五显镇宋宅村塘边里 298 号	林亚梅

2018 年 1 月 28 日，同安区殡葬管理所新馆揭牌　　（区民政局供图）

【老龄事业】 2018 年，同安区 60 岁以上老人 61633 人，占全区总人口的 15.55%，其中 80 岁以上老年人 7874 人，占全区老年总人口的 12.78%（其中百岁以上老年人 26 人）。同安区发放高龄补贴 7624 人次，1031.97 万元。为全区户籍内 62334 名 60 岁以上老年人投保“厦门市老年人幸福安康险”共计 291.27 万元。春节、重阳敬老节期间，为高龄、困难、救急、失能等老年群体发放各类敬老、助老慰问金款物合计 143.55 万元，其中，90 周岁以上高龄老人 1097 名发放过节费 54.85 万元，困难失能老人 883 人次，共发放慰问金 85.2 万元。落实市政府审改办权利下放等简政放权政策，共为 60 周岁及以上老年人发放福建省老年人优待证 1291 份。

【区“精准帮扶”社会救助信息共享平台系统建成投用】 2018 年，区民政局投入资金 78 万元，研发区“精准帮扶”社会救助信息共享平台系统并投入使用，打造数据共享平台，提升救助帮扶政策精准度。平台整合民政、教育、卫计等 30 多个部门困难对象动态救助信息，录入帮扶数据及平台链接提取相关数据 4 万余条。

【同安区殡管所新馆揭牌】 1 月 28 日，厦门市同安区殡管所新馆举行揭牌仪式。新馆位于同安区西柯镇美星村，毗邻安乐永久墓园，占地面积达 36000 平方米，建筑面积 15000 平方米，由业务综合楼、骨灰楼、骨灰塔、悼念楼等四个主体建筑及相关配套设施组成。工程总投资 7200 万元，于 2016 年 2 月开工，2017 年 7 月竣工并于年内完成启用前准备工作。

【区社会福利中心改制揭牌】 9 月 10 日，同安区社会福利中心改制由民营企业厦门莲花恩慧养老院接管运营后举行揭牌仪式，该机构采用政府投资建设床位，委托民营企业运营的方式运作，系同安区第一家“公建民营”养老机构。该院床位核定 300 张，设有阅览室、健身房、棋牌室、书画室、理疗室、电脑室、茶馆、咖啡厅、美发厅、护理部、膳食餐厅、等以满足不同长者的需求。

【村改居社区居家养老信息化服务项目启动】 10 月 12 日，同安区 18 个村改区居家养老信息化服务项目同步启动。区民政局在新民镇西塘社区和西柯镇吕厝社区居家养老服务站设立 2 个主会场举行启动仪式，其余村改居社区居家养老服务站启动仪式由所在镇（街）主办、所在社区居委会协办、项目承接服务机构承办。至年末推广居家养老信息化服务工作的村改居社区累计达 27 个。同安区为 55 个城乡社区和 2 个农村试点行政村派驻助老员 105 名，推动社区与市“12349”养老信息化平台建立有效对接，组织开展紧急救援、入户关怀、建立档案、文化活动、精神慰藉、社区参与、老年教育和咨询保障八大项居家服务工作。

（吕瑞哲）

慈 善 事 业

【概　况】 2018 年，同安区有区慈善会、厦门市同安梵天厚学慈善会、厦门市同安区同心慈善会区 3 家具有公开募捐资格的慈善组织。区慈善会募集善款 1332.28 万元，物资折款 84.4 万元，用于开展慈善活动支出善款 914.38 万元，物资折款 84.4 万元，2800 人受益。当年新成立博爱感恩慈善基金，至 2018 年年底，区慈善会共建立 20 支冠名慈善基金。全年开展“新春送温暖”、“雨露育青苗”、东西部扶贫、慈善助学等慈善公益活动。厦门同安梵天厚学慈善会援助厦门地区急需救助的贫困家庭432户，慰问困难群众13788人，发放救助款物98.41万元。全年开展“迎新春·送温暖”慰问、“厚学圆梦”助学、关爱老人慰问、个案救助等各类慈善公益活动。厦门市同安区同心慈善会共募集善款216.1万元，其中捐赠收入173.18万元，会费收入35.99万元，其他收入6.92万元；全年支出210.33万元，其中公益性支出（业务活动成本）195.39万元，管理费用支出12.46万元，筹资费用支出2.49万元。全年开展公益助学、急难关怀、下乡义诊、“流动家长会”等各项公益活动。癌友关怀项目获2018年福建省志愿者项目大赛项目银奖，“同心父母学堂”被评为同安区2017年度十佳优秀志愿服务项目。

【新春慰问】 2018年春节，区慈善会开展新春慰问活动，共慰问1040户困难家庭，每户发放慰问金1000元及新春礼品一份，发放慰问款104万元，慰问物资折款41.6万元。厦门同安梵天厚学慈善会开展“迎新春·送温暖”慰问活动，分别在同安区大同街道新丰社区、西柯镇吕厝社区、同安公交公司、洪塘镇龙东社区、祥平街道凤岗社区、翔安区内厝镇政府、翔安公交公司举行，向困难群众发放米、油、罐头、春联等物品及慰问金，总价值13万余元，受助家庭210余户。

【助学帮扶】 2018年，区慈善会全年联合各类慈善基金及同仁机构帮扶587名困境儿童，每人发放扶助金2400元，共发放扶助金140.88万元。多渠道筹集资金181.8万元开展各类慈善助学活动，资助全区604名贫困家庭学生。厦门梵天厚学慈善会资助同安区、翔安区高中贫困学生116人，发放救助金17.4万元。联合区慈善会举办“雨露育青苗”结对帮扶，为50名困境儿童每人发放捐助慰问金2500元，共支出善款12.5万元整。同心慈善会全年资助77名考入大学的高三贫困学子每人5000元奖学金共发放奖学金38.5万元，帮助和陪伴95名贫困高三学子心灵成长；资助小、初、高中贫困学生72人，发放春季、秋季助学金106707元；同心父母学堂举办家庭教育讲座30场，受益家长人数达2170人次；“流动家长会”走进偏远山区小学举办家庭教育沙龙38场，受益亲子人数4832人次；每周组织志愿者陪伴留守儿童阅读；专项资助同心儿童院助养困境儿童160024元、资助长汀县同心学校助养困境儿童59450元。

【安老敬老】 2018年，区慈善会联合市慈善总会、梵天寺捐助物资折款32.81万元，捐助西柯潘涂、西柯美星、汀溪五峰、五显竹山、莲花美埔等村（居）幸福院。梵天厚学慈善会于9月慰问养老院及困难老人、10月开展“敬老安老”慰问活动，发放礼盒总计2800份，总价值35.52万元。同心慈善会在下乡义诊中向偏远山区农村留守老人赠送慰问物资，受益600多人次。

【助医济困】 2018年，区慈善会发放扶危救急款44.12万元，慰问救助196名重大疾病患者。梵天厚学慈善会在集美区福利残疾人援助中心举行“扶残助残”慰问活动，发放礼盒700份，总价值13.03万元。同心慈善会开展癌友关怀项目，全年开展2期癌友生命体验营，服务人数201人；2期癌友身心灵工作坊，共有68名服务对象参加。走访关怀510人次，提供临终关怀服务5人次。开展日间照料198天，日间照料服务人数8623人次。全年在偏远山村举办6次义诊活动，受益村民1000余人次。急难关怀及年终慰问困难家庭53户，共发放礼品及慰问金总价值54130元。

（梵天厚学慈善会　同心慈善会　吕瑞哲）

街 镇

大同街道

【概　况】大同街道位于同安区东部老城区，北与汀溪镇、五显镇相连，东南与洪塘镇接壤，西南与祥平街道隔溪相望，是国道324线、省道205线（漳、厦、泉）重要交通枢纽。街道区域总面积19.51平方公里，辖有同新、西安、三秀、后炉、溪边、城西、凤山、北门、西池、东山、朝元、碧岳、新丰、溪苑等14个社区和田洋、古庄、顶溪头、东宅、下溪头、康浔等6个行政村。2018年总人口91692人，其中常住人口64157人，流动人口27535人。2018年，街道规模以上工业企业总产值32.44亿元，比2017年增长7%；财政总收入4.75亿元、街道本级财政收入3347万元，比上年分别下降6.4%和增长7.3%；实际利用外资1.8亿元，比上年增长790%；全社会固定资产投资4821万元。

【产业发展】2018年，大同街道积极提升区域价值，释放交通优势，改善招商环境，全力招引具有爆发力和引领力的项目，成功引进厦门润投房地产开发有限公司、福建筑兆建设有限公司、中资国本（厦门）投资有限公司等12家企业，其中注册资本上亿元企业4家，均于年内开工建设（或投产）。继续完善党政领导挂钩联系企业制度，助力企业做大做强，街道28家规上工业企业，完成产值31.4亿元，比上年增长6.4%；29家限上商贸业企业，实现销售额36.7亿元，比上年增长21.7%。

【基本建设】2018年，大同街道全力推进22个省、市、区重点项目征拆，累计完成拆迁24701.54平方米、征地44973.52平方米，其中同安一中天桥、文笔塔公园（一、二期）、盛之乡南侧配套道路工程、碧岳公园、大轮山公园、110千伏梧侣—白沙T接田洋#3线路工程等9个项目全线交地。持续开展第二轮城市街区立面综合整治，朝阳路、岳东路完成“白改黑”工程，环城东路、凤山路、中山路、铺前路立面改造工程进场施工。

【社会事业】2018年，大同街道加强计生工作宣传，全年出生人口政策符合率97.21%，出生性别比111.56；免费孕前优生健康检查覆盖率80%以上；各项奖扶优惠兑奖率100%。开展文体项目建设，完成文笔塔公园一、二期项目，建成投用东宅村文体小广场和东山、凤山等6个村（社区）篮球场。组织“志愿服务超市+星火工程”等文明创建活动，组建志愿服务结对帮扶37队，举办各类活动70场次。

【环境整治】2018年，大同街道持续开展垃圾分类和垃圾不落地工作，聘用专职人员7名、社区指导员60名和社区督导员131名；举办宣讲培训会7场（次），发放各色垃圾分类桶5613个、宣传单82200份、宣传手册69606份、管理办法手册15890份；全年新增垃圾分类试点村居3个，至年底共17个物业小区、211个无物业小区和6个行政村实施垃圾分类。打造城西社区新安路“门前三包”示范街，签订“门前三包”承诺书3356份，签订率100%。加大“两违”打击力度，整改“卫星图斑”14宗，拆除违章建筑7万平方米，完成年度拆违任务的106.25%。实施“一把扫把扫到底”市政、绿化、环卫一体化管养机制试点。推进农村生活污水治理，田洋村污水治理项目通过镇级验收。

【社会治理】2018年，大同街道加强社会治安防控体系建设，发挥社会组织作用，成立20支护村（居）巡逻队共计691人，开展平安创建宣传、夜间义务巡逻等。狠抓信访维稳工作，全年成功化解各类矛盾纠纷566起。深入开展扫黑除恶专项斗争，设立“一办五组”（办公室、摸排打击组、违纪查办组、组织建设组、舆论宣传组、综合治理组），加大打击力度查处涉黑涉恶九类案件9起。开展道路交通、消防等重点行业领域专项整治行动，确保街道安全生产稳定大局。抓好食品安全监管，完成食品药品监管所标准化建设，全年未发生食品安全事故。

【民生保障】 2018年，大同街道城乡居民基本养老保险参保463人，参保率90%。加强困难群众基本生活保障，为213户低保户379人发放最低生活保障金192万元，为321名残疾人发放生活补助金138.67万元、398名残疾人发放居家护理补助金207.66万元；为12户临时救助对象发放救助金2.6万元；为五老、五老遗孀、军队离退休干部、无军籍职工及两场人员18岁以下重度残疾人、困难对象发放各类补贴257.74万元。落实抚恤优待政策，发放优抚对象生活补助金889人次99.6558万元，落实60岁以上农村退役士兵生活补助136人30.5525万元、义务兵家属优待金35人70.7964万元、夏季入伍大学生奖励金8人3.6万元；发放高龄补贴19157人次217.86万元；发放离任村干部补助金20人12.31万元。实施民生补短板工程，全年共投入资金487万元，建设道路交通、文化体育等方面补短板项目46个。着力解决住房困难户住房需求，受理审批新建宅基地67宗、批翻建62宗。有序推进农村富余劳动力转移、被征地农民养老保险办理等工作，办理被征地农民养老保险902人。

【大同街道监察组揭牌】 2月7日上午，区监察委员会在大同街道举行大同街道监察组揭牌仪式。揭牌仪式由区纪委副书记、监委副主任杨天平主持，区委常委、区纪委书记、监委主任许永良，大同街道党工委书记江庆生，区纪委各派驻纪检监察组组长，各镇（街）纪（工）委书记参加。大同街道监察组是同安区首个挂牌的镇（街）监察组，是同安区监察职能向基层延伸工作迈出的实质性步伐。新成立的大同街道监察组将与街道纪工委合署办公，履行纪检监察两项职责，实现对街道辖区所有行使公权力的公职人员监察全覆盖。

2018年2月7日，同安区监察委员会大同街道监察组揭牌

（大同街道办事处供图）

【大同街道统计站揭牌】 2月8日上午，大同街道举行“大同街道统计站”揭牌仪式。市统计局局长孔曙光，同安区区委常委、常务副区长柯玉宗，同安区统计局局长邵美华、发改局调研员叶永煌等参加仪式。新成立的大同街道统计站，其机构、人员隶属大同街道，业务上接受上级统计部门领导，主要负责制定街道统计调查计划，组织协调、检查督导和认真开展街道辖区内各项统计工作，为街道经济社会发展提供参考信息和咨询服务。

【村民+大学生创新微景观设计大赛】 10月7—21日，第一届村民+大学生创新微景观设计大赛在同安区田洋村举行。本届赛事由同安区乡村振兴办公室、大同街道主办，田洋振兴合作社、微隐客企划承办，华侨大学建筑学院、厦门造作青年文化创意有限公司协办，旨在通过微景观设计竞赛的形式，让更多社会力量参与到乡村振兴实践。历时15天的赛事，共邀请厦门各大高校建筑、设计专业60多名同学参加，征集主题各异、创意满满的参赛作品22份。赛事结束后，“设计工作坊”评选出10幅作品作为微景观实施项目，由田洋村委会牵头完成建设。

（徐婉妮）

祥平街道

【概　况】 祥平街道地处同安区南部城郊，北与莲花镇、汀溪镇接壤，南与西柯镇相连，西与新民镇毗邻，东与大同街道隔溪相望，国道324线、沈海高速、福厦高铁、省道206线、滨海西大道贯穿全境。2018年，街道区域总面积29平方公里，辖有凤祥、陆丰、祥平、祥晖、芸溪、祥文、西溪、杜桥8个城市社区居委会，溪声、阳翟、祥桥、西洪塘、西湖、凤岗6个村改居和过溪、卿朴、瑶头3个行政村。2018年，总人口142024人，其中常住人口62900人，流动人口79124人。完成工业总产值163.78亿元；全社会固定资产投资76.99亿元；财政总收入1.777亿元、街道本级财政收入9620万元，比上年分别增长2.4%和33.06%；实现批发零售销售总额256.42亿元，比上年增长5.24%；合同利用外资1.14亿元，新增注册企业3家；农民人均纯收入19547元，比上年增长10%。

【产业发展】 2018年，祥平街道辖区规模以上工业企业91家，完成产值128亿元、比上年增长4%，其中产值比上年实现正增长54家，美尼斯金属制造、正则坊工贸等45家增速达两位数；拥有产值过亿元工业企业32家；完成工业固定资产投资3.24亿元，比上年基本持平。全年新增规上服务业企业8家，辖区规上服务业企业增至42家；实现批发零售销售总额256.42亿元，比上年增长5.24%；乐海城市广场等城市综合体有序运营，亚马逊、京东商城等区域物流业提速发展。

【征地拆迁】 2018年，祥平街道开展19个省、市、区重点项目征地拆迁工作，征收土地972.677亩（64.85公顷）、交地707.232亩（47.15公顷），分别完成区下达任务的98.1%和71.3%；签订拆迁协议面积7.09万平方米，拆除面积14.38万平方米。其中，同莲路（城南大街—莲花镇段）改造工程、祥平保障房地铁社区二期工程、新建福州至厦门铁路（同安段）项目、祥平保障房地铁社区二期工程增加征收项目、西湖片区2008—01号经营性招拍挂政府储备用地项目、水源连通工程（莲花水库至西山水厂段）、祥平中心小学二期项目和云祥路道路工程占用华诚实业用地项目等8个项目按时间节点完成征拆。同安大道（海翔大道—同南路段）提升改造工程项目、同集路东侧储备用地二期B2地块“福厦客专（同安段）西湖安置房”项目等11个项目全线交地。

【基本建设】 2018年，位于祥平街道凤岗路北侧的雪樵公园一期建设完成，公园占地近6万平方米，是同安区第二个以本土历史文化名人命名的主题公园。祥平街道全年投入520.99万元，实施芸溪社区篮球场塑胶改造、瑶头村中洲岛排洪沟改造等28个民生补短板项目，均完成主体验收。实施农村亮灯工程，完成过溪等6个村（居）7752盏壁挂式路灯安装。

雪樵公园入口　　（陈嘉新　摄）

【环境整治】 2018年，祥平街道组织溪流养护工作，累计清理河道淤泥13627立方米、河面杂草57110平方米。开展畜禽与牛蛙退养，共清退牛蛙326场、面积85677.6平方米，畜禽47场、面积9271.28平方米。排查溪流周边污染源，清退石材厂23家，发出整改通知书800余份。推进农村污水治理和集中纳管建设，2014—2016年度集中纳管项目完成46个自然村，2017年度项目全面展开。组织沟渠清淤，完成160个清淤项目。执行“一把扫把扫到底”市政绿化环卫一体化管养机制，辖区所有城市社区完成整治移交。实施垃圾分类处理，举办相关业务知识培训、讲座12场，配备垃圾分类督导员143人，城市社区实现全覆盖、农村社区三分之二启动试运行，参与住户36600户。

【社会事业】 2018年，祥平街道加强便民服务中心建设，增加延时服务岗、导办台、台胞绿色通道和无障碍通道，增设送件入户服务，全年办件量6968件、快递送件3件，基本形成“1中心+17个代办点”便民服务体系。开展人口与计生工作，全镇全年出生人口政策符合率为96.49%，出生统计准确率100%；常住人口当年出生性别比112.28，孕前优生检查覆盖率87.5%；计生工作群众满意率抽查成绩优秀，3名计生协会小组长受市计生协会通报表扬，相关事迹在国家级刊物《作画》及厦门晚报上报道。完善文化基础设施，建成投用祥文社区、祥平社区、过溪村3个村（居）综合文化服务中心，祥文社区被市列为同安区基层文化建设先进典型。

【民生保障】 2018年，祥平街道加强困难群众兜底保障，发放最低生活保障金353.1724万元，惠及238户低保户407人；发放残疾人生活补助金104.436万元、残疾人居家护理补助金165.957万元。开展幸福晚年计划，落实被征地和退养渔民保障性就业补贴3484人、困难养老补助466人，符合条件领取率100%。发放优抚对象生活补助金53人89.1826万元；发放高龄补贴人员13203人次154.46万元；发放临时救助金15户2.664万元。以西湖社区为试点，推行"四统模式"，解决居民住房困难问题。

【社会治理】 2018年，祥平街道通过"守护祥平"微信公众号开展防范电信诈骗宣传，成立"闪亮警队"加强夜间巡逻，全年共破获涉赌刑事案件11起、涉黄刑事案件14起，查处赌博治安案件30起、涉黄治安案件15起，刑事警情发案数比上年下降31%。深入开展扫黑除恶专项斗争，投入30多万元结合综治"平安三率"开展宣传；投入120万元招聘协警，进一步强化打击力度。成功办结信访积案6件，签订息诉息访承诺书7件，民间纠纷调解率、成功率均达100%。推进出租房消防安全综合整治工作，形成街道、派出所、消防部门、村（居）"四位一体"联动整治机制。检查药品经营企业67家、餐饮服务单位1231家、食杂经营单位1174家，推动"食安"监管全覆盖。全面完成村（居）人大代表联系群众活动站建设，建立人大代表下基层接访常态机制。推进物业小区自治，成立3个小区业委会。有效遏制新增"两违"，拆除面积131675平方米。依托乐海商圈，在凤祥社区成立同安首家社区价格争议调解处理工作站。通过法律途径追回祥桥社区、瑶头村被拖欠承包款270万元。

【基层党建】 2018年，祥平街道完成2018年村（居）级组织换届选举工作，选举产生村（居）"两委"成员117人，其中大专以上文化程度86人、女性成员55人、35岁以下50人，平均年龄39.06岁，实现结构优、年龄少、素质强的目标。完成对溪声社区党群活动服务中心各类组织办公场所的整合，作为全市基层党建工作重点任务推进会和发展壮大村级集体经济及村级组织活动场所规范化建设现场会实地考察点。推进芸溪社区、凤祥社区、祥文社区和机关党群服务中心建设，打造芸溪社区党建"芸"领·和美"溪"邻模式、凤祥社区"诚信凤祥"、祥文社区"幸福175（幸福一起舞）"等3个党建品牌。推进党建富民强村工程，推动西洪塘住宅小区配套用房建和阳翟社区大俊达商业广场2个项目建设。指导陆丰、芸溪等城市社区成立12个小区党支部。

【全国妇联到芸溪社区调研基层妇联改革】 1月17日，全国妇联妇女研究所政策法规研究室副主任、副研究员张永英率领调研组一行到芸溪社区调研基层妇联组织改革情况。省妇联组织部调研员、省妇女干部学校校长陈晶，市妇联副主席朱秀敏，区委常委、组织部部长王秀珠，区妇联主席黄福华、街道党工委书记陈元庆等陪同调研。调研组一行现场考察芸溪社区妇联改革后妇女组织建设情况，听取区妇联主席黄福华关于同安区各级妇联组织改革创新、基层组织建设情况汇报，详细了解改革后妇联执委如何发挥作用；分组同街道妇联、社区妇联及社区妇女群众代表进行座谈，交流乡镇（街道）妇联组织区域化建设、会改联基本情况，征集改革过程中妇联工作面临的困难、问题及建议意见。

（赵菁菁）

洪塘镇

【概　况】 洪塘镇位于同安区东南部，东南与翔安区新圩镇、马巷镇交界，西南与大同街道、西柯镇相连，北部与五显镇接壤，高速铁路、高速公路、324国道、324复线自东而西贯穿全境。2018年，全镇境域面积37.06平方公里，下辖13个行政村和3个村改居社区。总人口47654人，其中常住人口38533人，流动人口9121人。2018年全镇规模以上工业产值140.50亿元，比2017年增长1.3%；完成全社会固定资产投资9.7亿元；合同利用外资2.3亿元，实际利用外资1.8亿元；限上贸易销售额36.30亿元，比上年增长3.8%；财政总收入1.85亿元、镇本级财政收入0.30亿元，比上年分别增长64.6%和53.5%，财政总收入、镇本级财政收入比上年增长率均居全区各镇（街）之首。

【农　业】 2018年，洪塘镇农作物种植面积24866公顷、总产量67585.1吨，其中水稻种植面积2201公顷、产量887.9吨，蔬菜种植面积21380公顷、产量66218.9

吨。牛存栏206头，鸡存栏92050羽，鸭存栏32300羽。加快农业集约化经营、规模化发展，依托闽南农副产品物流中心，种植大棚蔬菜7500亩（500公顷），实现年产值1.6亿元。扶持发展“一村一品”，培育“郭山”牌紫长茄集体商标、“古樟”牌普通蔬菜商标和“欣禾丰”牌桂圆干果等龙头品牌省著名商标，打造特色农产品。探索农村股份合作制，拥有省级农民专业合作社示范社2家，市级示范社3家。遵循平等协商、依法、自愿、有偿的原则，引导农村流转土地1021.77亩（68.12公顷）。顺利完成农村集体产权制度改革。2018年，全镇农民人均纯收入18576.3元，比上年增长12.12%。

【工　业】 2018年，洪塘镇落实“三个一”招商机制和党政领导挂钩联系企业制度，推动高新产业、动漫旅游业、物流业和都市农业高质量发展，实现工业总产值140亿元，比2017年增长14.8%。完成工业固定资产投资1.2亿元，其中三安光电、润晶蓝宝石建成投产，方特梦幻王国二期开业运营，闽南农副产品物流中心二期项目动工建设。对接洽谈顺丰物流产业园等招商项目，加快石材加工等传统产业转型升级，支持企业发展壮大，全镇规模以上工业企业增至47家，规上工业产值比上年增长1.3%。

【征地拆迁】 2018年，洪塘镇开展11个项目征地拆迁工作，完成交地827.11亩（55.14公顷）、房屋征收71504.22平方米，均完成区下达任务的100%。创新建立包村领导责任制，主攻节点难点问题，9个重点项目征拆完成情况年度综合考评全区排名第三，其中同翔大道一、二期项目全线交地，汀溪水库群至翔安原水输水工程、白石山公园、城东中路、县道404洪塘镇政府经龙西至华强段大修改造工程和银鹭三期C地块等7个项目征拆工作按时间节点完成，同安东路、高铁350项目征拆工作有序推进。

【基本建设】 2018年，洪塘镇实施美丽乡村建设，推进大乡村下厝里二期、新霞村后埔里2个美丽乡村项目，完成郭山村埔乾里项目的规划、设计等前期工作。开展公园、绿地建设，推进南镇山公园项目，筹划郭山森林公园二期工程。实施“亮灯工程”，安装壁挂式路灯11088盏。推行“路长制”，推进农村公路管养常态化制度化，提升路域质量。完善交通路网体系，建设同翔大道、城东中路等道路工程；投入2600万元，建成投用洪塘中学人行天桥，新建龙东、龙西2座桥梁项目。完善水利基础设施，石浔水闸改扩建工程基本完工待验收。

【环境整治】 2018年，洪塘镇落实“河长制”“湖长制”，推进河流养护常态化。投入726.55万元，完成安全水系防洪疏浚和城东排洪沟、新学下宅溪、石浔排洪沟疏浚清淤工程，清理河道总长46364米；试点推进新霞村及洪塘溪流域周边“门前三包”和隔污设施建设，全面整治小作坊和191家餐饮店；完成流域牛蛙退养431户、拆除面积24万平方米，清退小石材厂52家、拆除面积69854.4平方米；顺利通过国家黑臭水体专项督察和省、市环保督察。持续加大废弃石宕、消纳场和石材工业区周边环境治理力度，完成2个地质灾害点整治工作。全面实施“一把扫把扫到底”城乡环卫一体化管养，7个村（居）卫生考评获优秀等次。推进垃圾分类处理，开展苏厝、石浔、龙西等12个村（居）垃圾分类试点工作。推进农村污水治理，建成投用新霞、郭山、石浔等7个村（居）分散式污水管道，完成大乡、苏厝等村（居）22座污水处理站、2个集中纳管项目建设。

【社会事业】 2018年，洪塘镇持续加大文化基础设施投入，建成投用镇综合文化中心站和同安图书馆洪塘分馆；广泛开展群众性文化体育活动，投入资金81.6万元，举

石浔水闸　　（陈嘉新　摄）

办广场舞展示等各类赛事3场次，组织主题文艺汇演进村（居）宣传活动11场次；积极创建老年人“康乐家园”，埔后村、下墩村通过省级验收，龙泉村、郭山村通过市级验收。大力实施“名校长”“名师工程”，加快同安一中滨海校区高中部等教育项目建设。加快推进农村卫生所标准化建设，认真做好家庭医生签约服务，不断改善农村医疗卫生条件；扎实开展计生工作，年度计生各项指标全部达标，出生政策符合率95.62%，出生人口性别比112.76。深入开展文明创建活动，废除风俗日请客陋习，提倡红白事简办，群众节约开支近4800万元；塘边、苏厝获评省级文明村；洪塘镇专职消防队获省级“热心消防公益事业提名奖”。

【民生保障】 2018年，洪塘镇推进实施40个、总投资495万元民生补短板项目，完成第一批16个项目设计、预算和第三方审核，展开第二批24个项目前期工作。实行特殊困难群体兜底保障，落实低保政策219户706人，发放最低生活保障金279.1万元；办理临时救助21人，落实救助金5.273万元；发放失地农民、退养渔民保障性就业补贴673.82万元，惠及3702人，其中年内新增444人；发放困难老人养老补贴122.08万元，惠及670人。实施“三保惠民生”工程，由政府出资，与保险公司签订协议，推出“民生综合保险”，为全镇700户低保户、700户人身意外伤亡事故困难户和10户农村自建房户建筑施工人员提供安全保障。强化退役军人事务管理，完成退役军人及其他优抚对象信息采集工作。提升基层养老服务质量，建成投用埔后村、龙泉村幸福院；居家养老信息化服务覆盖石浔、龙西、龙东3个社区，惠及1050名老人。下大力解决住房困难户住房问题，办理保障性租赁房申请81人；受理农村个人住房翻改建228宗、办结218宗，新建148宗、办结72宗。

【社会治理】 2018年，洪塘镇持续深化“平安洪塘”建设，发展壮大平安志愿者、楼（户）长和村房东协会等群众性平安维稳组织，群防群治队伍达4295人。加大矛盾化解力度，调处各类矛盾纠纷55起、调处成功54起，调处成功率98.2%；受理群众信访47件、办结42件，办结率89.4%。深入开展扫黑除恶专项斗争，组织现场宣传活动14场（次）、发放宣传材料25000份，摸排涉黑涉恶线索6条。配合政法部门开展打击各种犯罪活动，“110”刑事警情216起，比上年下降21.17%；治安案件422起，比上年下降18.22%；全年综治“三率”测试得分99.03分，全区排名第一。严格落实安全生产“党政同责、一岗双责”，开展安全领域大排查大整治行动，安全生产事故率比上年下降66.7%。持续加强微型消防站建设，16个村（居）微信消防站配备消防队员136名，及时处置小火灾80余起。强势打响“两违”治理攻坚战，重拳治违137宗88831.58平方米、腾出土地面积116266.36平方米，完成年度拆违任务126.9%；卫拍整改完成率100%；“两违”综合治理专项行动考评成绩全区各镇（街）排名第一。

【换届选举】 2018年，洪塘镇完成村（居）换届选举工作。自5月30日动员部署开始，至9月上旬结束，共完成16个村（居）换届选举工作，先后选举产生村（居）委员会成员55人，其中35岁以下16人，占总人数的29.1%；女性13人，占总人数的23.6%；高中及以上文化程度46人，占总人数的83.4%。

【建立农村宅基地批后监管机制】 2018年，洪塘镇创新设立农村宅基地批后监管机制，制定《洪塘镇农村建房批后监管“四到场”工作管理试行办法》，实行农村建房批后监管“四到场”和建房挂牌制。通过建筑放样到场、基槽验收到场、施工过程到场、竣工验收到场，对农村建房实施全程动态监管，督促建房户按照规划和有关规定要求建房，将有效遏制违规建设的发生。

【同安图书馆洪塘分馆开馆】 11月7日，同安图书馆洪塘分馆正式开馆运营。同安图书馆洪塘分馆位于洪塘镇综合文化站一楼，总面积1495平方米，馆藏书籍3万余册。分馆采用24小时自助借还服务模式，可实现与厦门市、区各公共图书馆一卡通用、通借通还、资源共享。

（洪越颖）

五显镇

【概　况】 五显镇位于同安区东北部，东连翔安区新圩镇，南接同安区洪塘镇，西邻大同城区，北与泉州市南安市、同安区汀溪镇接壤。2018年，全镇陆域面积73.8平方公里，其中耕地面积2.06万亩（13.73平方公里），山地面积7.12万亩（47.47平方公里），林地面积6.6万亩（44平方公里）。下辖15个行政村、1个社区。总人口62960人，其中常住人口52591人，流动人口10369人。规模以上工业产值26亿元，比2017年增长

15.5%；财政总收入 8873 万元、镇本级财政收入 1530 万元，比上年分别增长 13.87% 和 15.3%；合同利用外资 2.3 亿元，实际利用外资 1.8 亿元；农民人均纯收入 1.96 万元，比上年增长 8%。是年，五显镇获评省文明镇、省农村宣传思想文化工作典型经验示范镇和市农业普查先进集体；垵炉村获评全国文明村和“福建省乡村旅游特色村”，西洋村、上厝村获评市文明村，鑫美园果蔬专业合作社获评“福建省特色旅游经营单位”。

【农　业】 2018 年，五显镇主要农作物种植面积 2401.9 公顷、总产量 74656 吨，其中水稻种植面积 345 公顷、产量 2162.9 吨，蔬菜种植面积 1675.3 公顷、产量 70767.1 吨。畜牧业总存栏数 130263 头，其中牛存栏 483 头，鸡 107688 羽，鸭 22373 羽。创新土地流转模式，集中连片发展海堤葡萄园、明溪水果甜玉米、菌秀食用菌等生产基地，建设九龙谷土地整理和高标准大棚项目，促进农业增效、农民增收。推广“订单农业”，建成全市首家农业专业合作社——三秀山蔬菜专业合作社，全镇 100 余家村级集体经济合作社带动农户 4865 户、实现年产值 8500 万元。依托竹坝—五显片区开发平台，发展三秀山片区休闲农业，开发城市菜地、“百草园”文化传承、农耕文化体验等项目，打造集观光旅游、餐饮住宿、果蔬采摘为一体的现代生态农业观光旅游区，鑫美园果蔬专业合作社获评“福建省特色旅游经营单位”。

【工　业】 2018 年，五显镇工业总产值 25.79 亿元，比上年增长 16.16%；完成工业固定资产投资 1.31 亿元。着力优化片区产业配套，加速推进厦门火炬高新区战略性新兴产业同安基地开发建设，厦门国际银行科研中心（一期）建成投用，中国移动厦门云计算数据中心等 7 家现代服务业企业加速投产。持续完善挂钩服务制度，助力企业发展壮大，迅赞物流顺利动工，顶津饮品公司用水、排污等问题妥善解决，全镇规上工业企业增至 9 家、产值超亿元 6 家。狠抓第四次全国经济普查工作落实，清查底册单位 1091 家、个体经营户 1111 家。

【征地拆迁】 2018 年，五显镇开展 17 个项目征地拆迁工作，完成交地 510.377 亩（339911 平方米）、拆迁 39068.892 平方米，分别完成任务数的 128% 和 207%，征拆序时进度绩效考核全区第一、全市第二。其中，轨道交通 6 号线、垵炉储备用地、安全生态水系建设工程 3 个项目全线交地，火炬二期、汀溪水库群至翔安原水输水、同安东路 60 米用地、同安东路预征收用地等项目征拆按时间节点推进，确保重点工程用地需求。

【基本建设】 2018 年，五显镇持续开展街区立面整治工作，完成五显街沿街立面 2490.59 平方米提升改造工程。加速推进美丽乡村建设，实施三秀山、后垄等 5 个共同缔造项目，完成宋宅村宋宅里、西洋村新店仔里等 10 个美丽乡村项目建设。扎实开展农村污水治理，推进实施 18 个污水管网建设项目，9 个完工验收。大力实施农村“亮灯工程”，投入资金 380.34 万元，完成 3 批次 12678 盏壁挂式路灯安装。推进农村道路建设，投资 459.1 万元，完成 4 条 5.219 公里道路交通工程；实施下峰、店仔、宋宅、上厝、明溪等 5 个村村庄内道路硬化项目。进一步补齐民生基础设施短板，完成平改坡和裸房整治 11 栋，推进实施为民办实事项目 30 个、竣工验收 15 个；投入资金 137.85 万元，完成所有村级组织活动场所规范化建设。

【环境整治】 2018 年，五显镇落实“河长制”“湖长制”，投入资金 1590.27 万元，完成村（居）内外及溪流清淤项目 12 个、清淤总量 29.3 万立方米；投入资金 1340 万元，推进实施 4 个安全生态水系清淤工程和东溪安全生态水系建设工程；集中开展河道“三乱”整治专项行动，做好溪流常态化养护工作。持续加强源头管控，清退小石材企业 48 家，面积 3.63 万平方米；退养牛蛙及畜禽 503 户、肉牛 6 户（2050 头），退养拆除率 100%；关停餐饮店 10 家、整改 104 家，建成隔油池 24 个；立案查处、停业停产小作坊 10 家。扎实开展“大棚房”问题专项清理整治，整改、复耕土地硬化面积 6200 平方米，有效遏制农地非农化现象。深入开展农村人居环境整治，投入资金 450 万元，整治各村居周边环境，推进香溪社区、宋宅村、上厝村等 11 个村（居）垃圾分类处理。实施“一把扫把扫到底”城乡环卫一体化管理新模式，分批向同安城建公司移交 15 个村和 67.789 公里道路管养工作。

【社会事业】 2018 年，五显镇坚持计生基本国策，出生人口政策符合率 93.9%；新生儿性别比 112.6；免费孕检覆盖率 82.1%。宣传改革开放 40 周年成就，镇文联原创《醉美五显》《仰望北辰》等精品歌舞节目深受观众好评。举办第五届开闽王文化节暨醉美五显旅游品牌宣传月活动，被《人民日报》海外版刊登报道。承办“百姓大舞台周周演”富美同安·醉美五显文联文艺专场演出，承办 2018 年厦门市

2018 年 11 月 25 日，同安区举办“百姓大舞台周”“醉美五显”专场，五显镇文联表演舞蹈“北山有了开闽王”

（五显镇政府供图）

文化科技卫生“三下乡”大型活动，组织文艺志愿者进农村、乒乓球邀请赛等，营造浓厚乡村文化氛围。建设四林邻家公园，建成下峰、四林、店仔村基层综合文化服务中心，进一步完善文化基础设施。

【民生保障】 2018 年，五显镇落实各类帮扶资金 672.49 万元，发放被征地人员“幸福晚年计划”就业保障性补贴 610 万元、老人养老补助 105.9 万元；完成农村富余劳动力就业转移 810 人，办理新增被征地农民基本养老保险 900 人。创新扶贫机制，引进“开心社工”社会组织机构，对西洋、上厝等 5 个村困难群众实施点对点精准帮扶。推进农村幸福院建设，投入 40 万元新建三秀山、垵炉 2 家农村幸福院，补助 13 万元保障军村、竹山、后垄 3 家幸福院正常运行。规范公共服务事项办事流程，推进“马上就办”“办就办好”，全年累计办件 8828 件次，办结率 100%；完成镇级便民服务中心及 16 个村（居）便民服务代办点标准化建设，打通服务群众“最后一公里”。加强住房困难户住房保障，审批翻建 52 宗、新建 107 宗，办理保障性住房申请 91 户。

【社会治理】 2018 年，五显镇深化文明创建活动，获评“省级文明镇”。推进移风易俗，抵制红白喜事大操大办、民俗日宴请等，相关事迹被中国文明网刊载。加强矛盾化解，调处各类矛盾纠纷 52 件，调处率 100%；妥善处置群体性上访事件 10 件，解决积案 11 件、涉及总金额 289 万元。深入宣传发动，组织律师宣讲活动 14 场，发放《扫黑除恶应知应会》等宣传材料 4.1 万余份，悬挂宣传横幅 178 条，营造扫黑除恶强大声势。完善治安防控体系，推行“校企”“村企”“村村”和“十户联防”机制，全镇群众安全感率 99.33%，位居全市前列。落实安全生产主体责任，编制完善《重大安全风险隐患排查整治工作实施方案》，检查企业 96 家（次）、餐饮场所 205 家（次）、高层建筑 39 栋、“三合一”场所 36 家，排查、整改隐患 782 处。加强道路交通安全整治，出动警力 400 余人次，查处“五类十项”交通违法行为 5075 起。深化“两违”综合治理，依法拆除“两违”建筑 237 宗、整改卫拍图斑 15 起，腾出土地 17.01 亩（1.134 公顷）。

【换届选举】 2018 年，五显镇开展换届选举工作，16 个村（居）选举产生新一届支委会成员 51 人、村（居）委会成员 61 人，其中交叉任职 10 人。新一届支委成员、村（居）委会成员中，女性成员 20 人，占总数的 19.8%；大专以上学历 41 人，占总数的 40.6%；班子成员平均年龄 41.06 岁，一批优秀企业家、复员军人、大学生充实到基层。

【乡村振兴试点村建设】 2018 年，五显镇大力实施乡村振兴战略，梯次推进三秀山市级试点村、垵炉区级重点村和明溪镇级培育村建设，谋划设计三秀山村进村道路绿化、垵炉村五显中路文明一条街、明溪村乡村农业公园等 11 个景观提升项目，实施县道 421 提升改造工程，建成运营明溪村高优农业人才培训中心，以点带面助推乡村全面振兴。

【第五届北辰山开闽王民俗文化节】 10 月 16—17 日，由同安区社科联、同安区文联、五显镇人民政府主办的第五届北辰山开闽王民俗文化节暨醉美五显旅游品牌宣传活动在同安北辰山风景区举行，近千名来自海内外的专家学者嘉宾及王氏宗亲、旅游达人齐聚五显，共同见证这一盛事。本届文化节以“弘扬开闽文化，振兴美丽乡村”为主题，旨在积极贯彻落实全面建成小康社会的伟大目标，共同为民生发展大业携手奋进，打造最温馨融合的富美家园；旨在使闽王忠孝节义、心系百姓、膏泽下民、创新发展的精神代代传承、发扬光大，凝聚民心、维系民意、汇集民力，振兴美丽乡村、发展旅游产业、造福两岸人民；旨在发挥开闽王民间信仰文化的桥梁和纽带作用，扩大民间交流与合作，增进中华儿女情谊，创造同发展、共繁荣的美好明天。活动期间，还举行闽王文化研讨会、庆祝改革开放40周年书画展、“醉美五显”旅游品牌大型文艺宣传演出、“北辰之光”书画笔会等。

（黄　璐）

汀　溪　镇

【概　况】 汀溪镇位于同安区西北部，北与泉州市安溪县毗邻，东北经同南公路与南安市联通。辖区面积155.85平方公里，其中耕地面积10.23平方公里，林地面积90.63平方公里，森林覆盖率68%。下辖13个行政村。2018年，全镇总人口29484人，户籍人口数24981人，流动人口数4503人。规上企业产值6.1亿元，比2017年增长32.1%；完成全社会固定资产投资1.2亿元；实现限上批发零售额2.25亿；财政总收入0.83亿元、镇本级财政收入1566万元，比上年分别增长39.9%和96.8%；农民人均纯收入21600元，比上年增长21.6%。是年，汀溪镇获评省级文明乡镇、全省2018年度四星级乡村旅游休闲集镇和厦门市第三次全国农业普查先进集体。

【农　业】 2018年，汀溪镇主要农作物种植面积24557公顷、总产量23787.5吨，其中水稻种植面积7827公顷、产量2132.7吨，蔬菜种植面积11586公顷、产量20632.4吨。畜牧业牛存栏677头，鸡60639羽，鸭11184羽。深入推进农村改革发展，完成农村集体产权制度改革和农村土地承包经营权确权登记，成立13个股份经济合作社。加快推进农业产业化，依托古坑三角梅种植传统优势，建设50亩（3.33公顷）大棚三角梅基地，在第二十届海峡两岸花博会上签约订单8000万元；通过“合作社＋农户”模式，对顶村茭白等特色农产品进行统一包装营销，实行专业化、规模化发展。继续打造一心三线六主题特色乡村旅游，全镇全年接待游客10万人次，旅游营业收入2000万元。推进实施褒美报恩寺片区、统和科普牧场工程及顶村柠檬基地等转产增收项目，加快建设禾沣现代农业产业园，推动农民转产增收。

【工　业】 2018年，汀溪镇实现工业总产值7.1376亿元，比2017年增长31.5%。辖区现有规模以上工业企业4家，完成工业产值6.1亿元，占全镇工业总产值85.46%，比上年增长32.6%。完成工业固定资产投资1565万元。不断深化招商引资“三个一”制度，协助“惠尔康”“博朗精密工业”利用富余厂房以商引商，完成“飞地”企业转移1家。持续加强企业服务，解决企业用水、供电等方面问题，推进抽水蓄能电站、景田二期项目建设。全面开展全国第四次经济普

2018年2月6日上午，厦门抽水蓄能指挥部、汀溪镇、汪前村、厦门抽水蓄能公司、移民监理、施工单位六方在汪前村举行交地仪式　（汀溪镇政府供图）

全线交地后的厦门抽水蓄能水电站项目

（汀溪镇政府供图）

查工作，配备指导员4名、普查员14名，清查各类企业513家。

【征地拆迁】 2018年，汀溪镇开展8个项目征地拆迁工作，征收房屋334.95平方米、交地2048.33亩（136.56公顷）。其中，抽水蓄能项目5017.196亩（334.48公顷）征地任务全部完成，征收并拆除房屋113栋39503.795平方米，褒美、古坑、前格、五峰、汪前5个村20个塔基完成林地公示；康养特色小镇七号地块（含纵一路）完成交地，一号地块房屋征收工作有序推进；汀溪南路、汀溪中路断头路征地工作顺利完成，横三路一期交地并施工，洋麻山以南地块200亩（13.33公顷）拆迁基本完成；褒美招拍挂用地及边角地完成征地并交地。

【基本建设】 2018年，汀溪镇加快推进康养特色小镇建设，开工动建坤泽洋中桥、五峰内厝中桥和环山风景道二期等项目，完成汀溪大道改造工程、沿溪景观改造提升工程。持续加大民生基础设施投入，推进汀溪支流、西源溪（古坑段）、茂林溪和澳溪（莲畲段）等安全生态水系项目，完成造水溪安全生态水系提升改造工程；市重点项目水源连通工程原水管铺设工作进展顺利，220千伏高压杆线迁移和缆化工程进场施工；小城镇安置房一期项目开工建设；投入资金511.53万元，完成隘头、五峰、古坑等10个村13个民生补短板项目。实施村容村貌提升工程，开展顶村村、古坑村2个乡村振兴市级试点村村庄规划设计，完成农房平改坡和裸房整治159栋；建设五峰、造水、西源、褒美、古坑等13个美丽乡村项目，其中10个已基本完成、3个正有序推进。

【环境整治】 2018年，汀溪镇全面落实“河长制”“湖长制”，持续巩固水源保护成果，辖区内流域水质达标率100%，汀溪水库水质达标率100%、保持Ⅱ类水质标准。实施生态补偿机制，发放生态补偿款4700万元。治理河道总长16公里，完成清淤13202.82立方米。清退牛蛙养殖场93户、拆除89161.78平方米，清退规模化畜禽养殖场14户、拆除6716.16平方米；清理整治辖区小石材加工厂4家、一级水源保护餐饮店3家，清除隘头潭国控点周边违章搭盖。全面完成2014—2016年度农村污水治理11个项目，有序展开2017年度污水处理池等建设任务，建成顶村、莲畲分散式污水管道和处理设施。

【社会事业】 2018年，汀溪镇创新计生宣传模式，落实全面两孩政策，出生人口政策符合率90.73%，出生人口性别比110.26。加快完善公共文化基础设施，打造两岸“宋江阵”交流研习基地，建成投用隘头文化广场和镇级图书馆。广泛开展群众性文化活动，成功举办“芋头文化节”“康养小镇温泉文化节”“首届中小学（路下）研学启动仪式”等，“温泉文化节”相关视频被福建省旅游局、国家旅游局转发宣传。深入推进移风易俗，修缮村规民约，提倡红白事简办。加快农村养老事业发展，打造农村老年人康乐家园，建成投用半岭村、古坑村、前格村3家幸福院。稳步推进工青妇工作，镇妇联获评全省先进乡镇妇联。

【民生保障】 2018年，汀溪镇居民医疗保险参保17005人、养老保险参保46人，参保率均达100%。加强困难群众兜底保障，发放最低生活保障金118.464万元，惠及109户206人；发放“特困户”补助金32.076万元，惠及29户；发放重度残疾人居家护理补助金90.546万元、困难生活补助金65.772万元，分别惠及179人和154人。落实优待抚恤政策，为“五老”“五老遗孀”7人发放补助金82.08万元，为复退军人等重点优抚对象29人发放优抚金46.4706万元，为60周岁以上农村籍退役士兵88人发放补偿金或生活定补金19.8155万元；为80周岁以上老人415人发放生活补贴54.51万元。实施积极的就业政策，帮助60家企业申请创业贷款资金1800万元；落实被征地人员保障性就业补助532.44万元；组织“办公文员班”“民宿经营管理班”“特色厨艺培训”“合作社管理人员培训班”“导游讲解技能培训”“三角梅种植技术培训”等农民转产转业技能培训7场次570余人。推进民生民心工程，完成民生补短板项目13个、第二批地灾治理项目57个。保障住房困难群众住房需求，受理申请保障性租赁房146户，勘查个人住宅建设257宗、审批办理109宗。

【社会治理】 2018年，汀溪镇深入开展扫黑除恶专项斗争，加快建设“平安汀溪”，社会治安持续好转，刑事警情比上年下降12.5%。持续加大矛盾纠纷调处力度，化解市积案1件；受理信访举报351件、办结351件，办结率100%。严格落实安全生产“党政同责、一岗双责”，扎实开展重点领域专项整治，查处交通违法行为1342起，排查整改消防隐患345处。深入推进垃圾分类处理，落实“一把扫把扫到底”一体化管养机制，褒美、隘头等13个村纳入管养范围。坚决遏制“两违”增长势头，推进卫拍图斑整改，查处非法占地、违法建设141起，占地面积17147.836平方米，建筑面积16369.837平方米；拆除50起，占地面积5857.3平方米，建筑面积6297.21平方米。

（林玉芳　徐玮琳）

莲花镇

【概　况】莲花镇位于同安区西北部，西接漳州长泰县，北连泉州安溪县，南经厦安高速直通集美区。辖区总面积203.6平方公里，拥有山地21万亩（14007公顷）、基本农田1.025万亩（683.33公顷）、耕地4.55万亩（3034.85公顷）；森林覆盖率69.78%，绿化率98.09%；水资源总量1.62亿立方米，年降雨量1600～1800毫米，澳溪溪、莲花溪两条流域串联全镇，汇水至厦门重要的原水供应源——莲花水库，是厦门公益林保护区、水资源保护区和基本农田保护区。下辖莲花、后埔等20个村居，2018年总人口45471人，其中常住人口42123人，流动人口3348人。2018年，全镇规上企业完成产值10.3亿元，比上年增长24.2%；批零企业完成产值5.5亿元，比上年增长4.51%；全社会固定资产投资5795万元，比上年增长105.86%；财政总收入0.86亿元、镇本级税收收入0.16亿元，比上年分别增长13.1%和10%；农村居民人均纯收入17215元，比上年增长15%。是年，莲花镇获评省文明镇、省卫生乡镇和省农村宣传思想文化工作典型经验示范镇，白交祠村获评“2018年中国美丽休闲乡村”，后埔村、军营村、白交祠村、内田村、上陵村、小坪村、溪东村等7个村获评省卫生村。

【农　业】2018年，莲花镇主要农作物种植面积1712.29公顷、总产量32129.22吨，其中水稻种植面积455.93公顷、产量2650.6吨，蔬菜种植面积998.47公顷、产量28314.8吨。投入287.4万元，实施地力提升与耕地保护，修建农田水利设施；筹措800万元，建设省级农民创业示范基地；下拨中央财政支农资金347.04万元，下发家庭农场、农民专业合作社建设补助金92万元，莲窑家庭农场获评省级家庭农场示范场、金缘春生态农业专业合作社获评市级示范社。落实“一村一品”以奖代补补助金41.16万元，组织25家单位50多种特色农产品参加展销，恒利茶叶入选“2018年度福建名牌产品公示品牌”，获评“同安区农业产业化龙头企业”“同安区文明企业”。实施“一村一策”、“跨村联带”，加快建设水洋村野山谷C线集体经济项目、云洋村丽田园转产增收项目和军营村高山产业园项目等，推进富民强村。推广“企业＋合作社＋农户”发展模式，引导各村以集体土地和人力资源入股，实现盈利分红，军营村与百利种苗公司合作共建“军营红”番茄基地，带动农户200多户；后埔村与莱尔斯特公司共建分布式光伏发电项目，产生经济效益14万元；尾林村与住宅集团合作共建苗木示范基地，增加年收入10万元。顺利完成农村土地承包经营权确权登记颁证，稳步推进土地所有权、承包权、经营权“三权分置”；加快实施农村集体产权制度改革，全面完成农村集体资产清产核资、集体经济组织成员身份认定、集体组织章程制定；基本完成国有农场改革，成立白沙仑社区居委会，纳入镇域管理。

【工业与第三产业】2018年，莲花镇规上企业完成产值10.3亿元，比上年增长24.2%；批零企业完成产值5.5亿元，比上年增长4.51%。开展精准招商、飞地招商和产业链招商，吸引墨维贸易等6家企业挂靠注册。落实企业帮扶制度，全年新增“四上”标准企业2家；固克涂料集团成为“2018年福建省重点上市后备企业”，鹰君药业林下铁皮石斛农工贸一体化产业链条逐步形成。发挥地域优势，发展乡村旅游，承办海峡两岸第五届民俗文化节、同安乡村旅游采风推介会和同安旅游嘉年华活动，新增野山谷玻璃栈道景点，复古原始度假村落户小坪村；依托“高山党校”党建品牌，推进军营村、白交祠村旅游股份合作制试点，军营村茶乡明珠旅游公司带动村集体增收15万元、村民收益200万元；全镇接待游客55万人次、实现旅游收入916.81万元，军营村获评“2018年度四星级乡村旅游村”。

【征地拆迁】2018年，莲花镇开展8个项目征地拆迁工作，征收房屋7500平方米、交地79.8亩（53146.8平方米），分别完成区下达任务的120.9%和90.53%。完成征拆项目7个，拆除房屋7500平方米、完成征地89.58亩（99660.28平方米），征地完成率95%，其中省市重点项目厦安高速云埔互通落地工程超序时进度完成征收任务，市级重点项目厦门水源连通工程（石兜至西山水厂段）提前3个月完成，顺利完成35千伏小坪变电站建设项目工程、莲花垵柄中桥改造工程、莲花镇卫生院危房翻（扩）建项目、澳溪安全生态水系建设工程、厦门抽水蓄能电站500千伏送出工程。

【基本建设】2018年，莲花镇加强基础设施建设，完成基建盘子投资1006.68万元。莲花卫生院危楼翻建项目完成选址。投入1328万元实施农村亮灯工程6段，解决10个村群众夜间出行安全问题；投入3066万元新改建公路15段、修建桥梁3座，进一步完善农村道路交通体系，被市表彰为“2018年度四好农村路示范乡镇”。开展美丽乡村项目建设，上陵、罗溪、后埔等7个村美丽乡村建设项目分别通过市、区、镇级验收。深入开展农村人居环境整治，以“一革命四行动”为重点，大力实施“厕所革命”，完成农村厕所无害化改造；推进垃圾分类减量，军营村、白交祠村获评区级垃圾分类减量示范村；加强农村污水治理，14个村分散式污水处理设施项目竣工验收，3个村三格化粪池完成建设，62处污水处理站通电运行；实施农房整治行动，报批办理宅基地304宗；加强村庄规划管理，深化房前屋后整治，全面提升村容村貌，军营村获评省级人居环境整治示范村，白交祠村被列为市级人居环境整治试点村。

【环境整治】 2018年，莲花镇推动裸露山体环境恢复治理，全年完成造林1600亩（106.67公顷），建设防火林带5公里；推进小坪村建设用地增减挂钩整治，拆除废旧、零星房屋2.69万平方米，复垦增加有效耕地53.28亩（3.55公顷）。严格落实“河长制”“湖长制”，加强莲花溪、澳溪溪等重点支流养护工作，清理河道两旁土头垃圾1.25万立方米，清除水葫芦、水草等1.66万平方米；投入56.4万元对村庄内外沟渠进行清淤，清淤总量2.44万立方米；投入2000万元建设安全生态水系工程，做好生态清淤、河床改良、河滩恢复、河岸修复等工作，增设古堡小广场、湿地绿岛公园、沧江坝遗址等10多个景观节点，打造12公里生态景观廊道。实施守护蓝天“百日攻坚”行动，建立镇村两级环保巡查和多部门联动巡查制度，加强扬尘管控，淘汰落后产能，清退石材企业22家。扎实做好污染源防治，认真开展第二次全国污染源清查工作，5天排查辖区企业单位371家，被省环保普查组表扬；全面清退规模化养殖，退养畜禽场739场、牛蛙池591户，拆除畜禽舍1460.7万平方米、牛蛙养殖场31.6万平方米，退养鳗场4户。

【社会事业】 2018年，莲花镇开展省级文明镇、军营全国文明村、溪东省级文明村及4个市级文明村、13个区级文明村创建工作，推动文明创建再提升。加快公共服务设施建设，投入146万元完善镇、村文化中心，镇智能图书馆投入使用，4个村通过市级公共文化服务体系验收。发挥莲花书院辐射作用，推动军营、白交祠、上陵等8个村社区书院建设，举办文明宣讲会、宣传活动16场。投入50万元，举办莲花褒歌大赛、军民篮球赛、文化三下乡等文体活动23场。加强历史文化遗产保护，普查非遗故事106个、俗语104条，制作《华岳莲花》图册专辑，制作闽南语版荷叶说唱《扫黑除恶，人人有责》被央视报道。提升教育质量，扩大普惠性学前教育资源，推动城乡义务教育一体化发展。做好人口计生和优生优育工作，全镇出生人口政策符合率94%，新生儿性别比108；推进流动人口基本公共卫生计生服务均等化，创建均等化示范点1个、流动人口融合示范村2个。

【民生保障】 2018年，莲花镇落实生态补偿机制，发放莲花水库、汀溪水库饮用水源区域生态保护补偿金5794万元，惠及人口4.13万人。加强多层次社会保障体系建设，发放各项社会救助金、补助金843.9万元；落实被征地人员和退养农民养老保障、就业等补助金1014.2万元。完成退役军人和其他优抚对象信息采集工作，发放抚恤金83.1万元。落实全民医疗参保计划，全镇基本医疗保险参保率100%。实施积极就业政策，指导45人申请创业和企业融资贷款，申报创业项目6个，推动失业人员再就业152人。推进民生民心工程，总投资506万元的第一期民生补短板项目全面完成，总投资506.68万元的第二期项目全部开工。提高防灾减灾能力，建设避灾点41个，完成109处地灾点治理项目，占全区57.4%。推动养老服务事业发展，建成投用8个农村幸福院，总投资2300万元的区首家公建民营养老机构——厦门莲花恩惠养老院正式运营。

【社会治理】 2018年，莲花镇持续加强城乡社区治理，18个行政村完成村部规范化建设，3个村与城市社区结对共建，莲花村获评农村社区建设省级示范单位。深化“平安莲花”建设，推进实施“雪亮工程”，全年警情169起、破获治安案件47起。深入开展“扫黑除恶”专项斗争，发送定制短信100万条，获中央督导组肯定。积极化解矛盾纠纷，办结来信来访70件，办理“12345”便民服务平台诉求483件，综治“三率”测评位居全市第二。落实安全生产责任，推进企业安全生产标准化建设，完成2家规上企业、16家小微企业安全生产标准化复评；开展消防“三合一”场所、道路交通等重点领域专项治理行动，整改各类隐患247条；投入30多万元建设隔油池和油烟通道，整治餐饮店106家，确保“舌尖上的安全”。

积极打造“法治莲花”，梳理权责清单176项、“一趟不用跑”“最多跑一趟”事项50项，承接办理便民服务事项29项；查处土地卫片图斑64宗、违法占地案件177宗，拆除违法占地面积13.18万平方米。

【乡村振兴试点村建设】 2018年，莲花镇打造2个市级示范村、2个区级重点村和1个镇级培育村，以点带面促进乡村全面振兴。强化村庄设计指导，完成军营村、白交祠村村庄建设规划并送审。谋划产业项目，推进实施军营村、白交祠村共22个“同安区乡村振兴15+1项目”，完成投资8900万元。开展农房整治行动，完成军营村142栋裸房整治和平改坡改造，完成白交祠村175栋裸房整治和平改坡改造。推进农村“厕所革命”，军营村新建4座、提升6座公厕，白交祠整治提升4座公厕。军营村、白交祠村启动村容村貌提升工作，推动道路沿线节点整治，在村内种菜种果，开展美化绿化，消除公共空间私搭乱建、解决乱堆乱放的现象，全村禁止鸡鸭散养，在可视范围内消除鸡鸭圈养。白交祠村累计投入4000人次，清理堆杂4000立方米，建设79户美丽庭院，军营村开展美丽庭院、生态溪流、乡土文化节点、杆线规整等建设项目，累计投入人工5000人次，清理堆杂7000立方米，建设20户美丽庭院。深化乡村治理体系，军营村打造高山议理堂品牌，获得全国乡村治理示范村称号。白交祠村建立乡贤理事会、老人协会、村民理事会，完善村规民约，进一步在村内凝聚内生动力。继续打造军营村、白交祠村高山党校，2018年开办培训班126班次，6000多名学员参训，比2017年人数增长1倍。

【第十二届厦门市莲花褒歌比赛】 3月1日，第十二届厦门市莲花褒歌比赛在同安区莲花镇金光湖景区举行。比赛由同安区委宣传部、区文体广电出版局、莲花镇政府主办，区文化馆、文化旅游发展有限公司、小坪村褒歌传习中心承办。赛事首次从茶乡走向旅游景区，共吸引厦门市及周边地区6支队伍参赛，3万余名观众赴现场或通过网络直播观赛。经过角逐，莲花小坪代表队获得一等奖，莲花小坪农家山庄代表队和莲花军营代表队分获二等奖、三等奖；安溪大坪代表队、莲花白交祠代表队、团结歌群代表队获优秀奖；莲花镇小坪村褒歌传习中心获优秀组织奖。

2018年9月10日，厦门莲花恩慧养老院揭牌投入运营　　（莲花镇政府供图）

【同安首家公建民营养老院投入运营】 9月10日，同安区第一家公建民营的养老机构——厦门莲花恩慧养老院正式揭牌。莲花恩慧养老院坐落于莲花镇铜钵路666号，占地16650平方米，总投资5000万元，总建筑面积18826平方米，设床位300张，紧邻古刹铜钵岩寺，建筑风格富有闽南风情。养老院根据长者护理照顾类型配有双人的颐养居、单人的静养居和豪华的恩慧居等，并有健身房、棋牌室、书画室、理疗室、茶室等配套设施，满足差异化的服务需求。同时，院内还设立了护理院，有资深医师坐诊服务；设有膳食养生厅，由专业的营养师制定养生食谱。

（洪静疑）

新　民　镇

【概　况】 新民镇位于同安城郊西南侧，东接西柯镇，西南与集美区接壤，北连祥平街道、莲花镇。福厦高速铁路、沈海高速公路、324国道、厦安快速路、同安大道、同集路、同莲路穿镇而过。2018年，原凤南农场正式纳入新民镇镇域，全镇辖域面积增至77.83平方公里，下辖乌涂、兴店2个城市社区，梧侣、禾山、后宅、四口圳、西塘、湖安等6个村改居社区和溪林、柑岭、湖柑、洋厝埔、蔡宅、西山、南山、新塘、后坂、土楼等10个行政村。总人口213210人，其中常住人口50427人，流动人口162783人。全年实现工农业总产值325.3亿元；完成全社会固定资产投资9.88亿元；财政总收入2.8亿元、本级财政收入5067万元，比上年分别增长14%和14.5%；合同利用外资23028万元，实际利用外资20054万元；社会消费品零售总额42.66亿元，比上年增长43.35%；农民人均纯收入22217.48元，比上年增长9%。

【农　业】2018年，新民镇农作物种植面积7441.5亩（496.1公顷），总产量12171吨，其中水稻种植面积1848亩（123.2公顷）、产量683吨，蔬菜种植面积4617亩（307.8公顷）、产量11202吨；牛存栏166头，鸡存栏83870羽，鸭存栏101780羽；水产业以淡水养殖罗非鱼为主，年产量56吨。年内，新民镇推进产权制度改革，完成13个村（居）清产核资，组织14个村（居）成立股份经济合作社；完成土地确权登记8074块、16164.43亩（1077.63公顷）。完善农田水利基础设施，投入216.3万元，建设湖柑村六七组渠道加固工程、和尚田水库防汛道路硬化工程，推进蔡宅村山千里渡槽引水渠修复、柑岭小学南侧路段排洪沟塌方修复项目。推动乡村振兴试点村建设，指导梧侣社区开展金边项目物业承包管理招投标，优化资产管理；举办“诗画溪林”文化节、美丽乡村跑等活动，发展乡村旅游。探索“企业＋合作社＋农民”发展模式，全年新增农业专业合作社20家，全镇各类专业合作社增至75家，其中市级以上示范社6家。

【工业与批发零售业】2018年，新民镇全面落实党政领导挂钩联系企业制度，着力优化营商环境，动员得尔美卫浴、侨兴工业等7家区外企业注册地及税收管护关系转移，38家企业“四下”转“四上”。机械制造、水暖厨卫等传统产业发展强劲，蒙发利电子、金牌厨柜、百路达3家企业年产值分别增长69.65%、38.2%和31.16%，金牌橱柜智能制造试点示范项目获国家工信部立项扶持。全镇规上工业企业增至239家，完成产值304.23亿元、比上年增长12.17%，完成区下达任务的135.21%；完成工业固定资产投资额9.81亿元。消费品市场规模进一步扩大，限额以上批发零售贸易企业20家，完成销售额44.57亿元，完成区下达任务的259.59%。

【征地拆迁】2018年，新民镇开展26个项目征地拆迁工作，其中省、市、区重点项目6个。全年完成征地108.8万平方米，提交施工用地67.8万平方米；完成房屋征收64800.63平方米，拆除47727.29平方米。其中移民造福工程、水源连通工程、同安大道（海翔大道—同南路段）提升改造、轨道4号线、同莲路雨水排水口等项目顺利完成征迁；高铁350及新建动车所、北站连接线（天马山路—上湖路段）、工业招拍挂3、四口圳南侧地块等项目征迁工作有序推进。

【美丽乡村建设】2018年，新民镇加快推进美丽乡村建设，建成17个美丽乡村项目，完成禾山、洋厝埔、溪林、西山、柑岭等旧村改造新村建设工程。实施农村“亮灯工程”，安装壁挂式路灯16000余盏。补齐农村民生基础设施短板，投入649.01万元完成第一批农村道路、排水管道、风雨长廊等基础设施补短板项目29个；投入527.40万元推进实施第二批民生补短板项目31个。深化农村环境整治，完成截污纳管项目43个，建成投用分散式生活污水处理设施40个；投入506.351万元推进“一把扫把扫到底”工作，完成13个村（居）前期整治；11个村（居）垃圾分类全面铺开，村容村貌明显改观。

【生态环境建设】2018年，新民镇严格落实“河长制”“湖长制”，完成辖区流域50米范围内、埭头溪流域、莲花水库流域规模化畜禽与牛蛙退养，复垦土地54761.2平方米。加强黑臭水体治理，投入438.43万元完成乌涂溪、策槽干渠、蔡宅溪及8个村渠道清淤工程；拆除埭头溪、官浔溪流域两侧50米范围内小作坊120家22871平方米。深化污染源头管控，摸排辖区“用水大户”64家、餐饮经营户1448家；整治关停小石材厂18家、小作坊145家，约谈、限期整改19家。扎实开展“四绿工程”，实际造林2063亩（137.53公顷），幼林抚育1509亩（100.6公顷）；发放莲花水库水源保护区2017年度货币化生态补偿金227.8万元。组织环保信访问题“回头看”督查15件、巡查处置环保问题1480件；在14个村（居）推行环保网格化监管。

【社会事业】2018年，新民镇加强人口计生与优生优育工作，全年常住人口出生性别比112.35；落实各类计生奖扶金209.35万元，免费孕前优生健康检查791人；社会抚养费征收到位26例、金额1556308元；打击“两非”案件2例；全区率先启动母婴设施建设。建成投用镇文化站，改造提升禾山社区、溪林村、湖柑村基层综合性文化服务中心，升级改造部分村（居）老旧篮球架、健身路径；组织各类文体活动43场次，镇消防站、萤火虫义工队入选首届最美新同安人。成立6家村（居）居家养老服务站，建成投用洋厝埔、蔡宅2家幸福院。完成夏季征兵任务，征集兵员全区第一。开展文明创建活动，梧侣社区获评省级文明社区，乌涂社区获评市级文明社区，西塘、禾山、湖安、兴店、西山、柑岭6个村（居）获评区级文明村（居）。推进移风易俗，全年全镇群众节约开支约1000万元。

【民生保障】 2018年，新民镇城乡居民基本养老保险、基本医疗保险参保率均100%。落实最低生活保障金207.31万元，惠及180户306人；发放残疾人居家护理补助金114.94万元、生活补助金81.97万元，惠及266人。实施“幸福晚年计划”，落实失地失海就业补贴40764人次811.76万元；发放年满65周岁困难老人养老补助5662人次113.04万元。免费办理60周岁以上老人幸福安康险5000人，发放80周岁以上老人生活补贴100.65万元。落实各项优抚抚恤金47.32万元、义务兵家属优待金56.34万元。实施更加积极的就业创业政策，争取创业贷款900万元，落实社保补贴285万元。加强住房困难群众住房保障，受理保障性租赁房申请200户。

【社会治理】 2018年，新民镇深入开展扫黑除恶专项斗争，摸排各类线索10771条，签订扫黑除恶承诺书1418份，查处涉恶案件1起。持续完善社会治安防控体系，建设镇信访纠纷解决平台和禁毒、反邪教工作室，新增门牌11515张；推进“雪亮工程”，完成治安盲区1694个视频监控安装；全年共破获刑事案件120起、治安案件492起，社会治安持续好转。积极化解矛盾纠纷，受理来信来访74件、签订息诉息访2件；排查调处矛盾纠纷54件、调处成功54件，调处成功率100%。落实交通安全和安全生产责任，查处交通违法行为34372起，整改道路交通隐患226处；投入8.3万元开展13个村（居）防汛演习和5座水库防洪演练；完成蔡宅地质灾害隐患治理项目。强力推进“两违”综合治理，拆除“两违”建筑物407宗、建筑面积273336.05平方米。认真践行“四下基层”“马上就办”，推进19项全面深化改革任务清单；完善便民服务事项清单50项，实现78%依申请类事项“一趟不用跑”“最多跑一趟”。

2018年6月2日，新民镇举办庆祝改革开放40周年暨“诗画溪林”文化节

（新民镇政府供图）

【庆祝改革开放40周年暨“诗画溪林”文化节】 6月2日，新民镇庆祝改革开放40周年暨“诗画溪林”文化节在溪林村举行。活动由新民镇党委、新民镇人民政府主办，同安区文明办、新民镇溪林村党总支、溪林村村委会协办。本次活动以“诗画溪林、文化惠民”为主题，通过文艺展演、知识抢答等形式，歌颂改革开放40年来伟大成就；通过农副产品展示、风车DIY等，让市民休闲赏花之余，尽情享受文化大餐。

（杨　帆）

西　柯　镇

【概　况】 西柯镇位于同安区南部，东临同安湾，南接集美区，北连祥平街道，沈海高速、同集路、国道324复线、滨海西大道等主要交通干道贯穿全境。2018年，西柯镇行政区域总面积39.69平方公里，海域面积30平方公里，海岸线长14.5公里。下辖17个村（居），包含5个城市社区、10个村改居社区和2个行政村共176个村（居）民小组。总人口192134人，其中常住人口53141人，流动人口138993人。规上工业产值187.7亿元，比2017年增长0.27%；财政总收入13.54亿元、镇本级财政收入3377万元，比上年分别下降27.42%和2.1%；全社会固定资产投资116.3亿元；合同利用外资7.28亿元，实际利用外资4.46亿元；限额以上批发零售销售总额138亿元，比上年增长95.88%；农民年均纯收入21525元，比上年增长10%。

【工　业】 2018年，西柯镇规模以上工业企业121家，实现工业产值 187.7 亿，比上年增长 0.27%。完成工业固定资产投资 8.2 亿元。食品加工、现代照明、机械电子等主导产业支撑作用明显，以泰普生物、泰康医养综合体、清华紫光为代表的生物医药、集成电路等新兴产业发展势头强劲，全镇全年新增规模以上企业 21 家，产值超 2000 万元企业 119 家。

【第三产业】 2018 年，西柯镇实现限上批发零售额 138 亿元、比上年增长 95.88%，完成区下达指标任务的 95.8%。商贸物流业快速发展，东纶智创物流园、夏商淘化大同二期等新增固投项目有序推进。总部经济集聚发展，丙洲、美峰两大现代服务业基地基本建成，趣店总部、泰康养老中心等一批企业入驻。滨海星级酒店群初具规模，万豪酒店建成运营，红树林酒店开工动建，特房波特曼酒店、万丽酒店等续建项目快速推进。

【招商引资】 2018 年，西柯镇合同利用外资 7.28 亿元、实际到资 4.46 亿元，分别完成区定任务的 67.4% 和 33.1%。围绕产业转型升级，积极引进先进制造业和现代服务业，推动趣店、泰康、信和达项目顺利摘牌落户，建成运营泰普生物等产业平台。落实项目跟踪责任制，紧盯辖区有增资意向企业，拓展二次招商成果，全镇全年共 108 家企业实现增资扩产，累计到资 116.3 亿元。完善党政领导挂钩服务企业制度，针对特房波特曼、中船重工 725 研究所、清华紫光等重点企业需求，量身定做服务清单，提前谋划利用周边村庄发展用地建设商住公寓等，营造重商、亲商、护商良好氛围。

【征地拆迁】 2018 年，西柯镇全力推动 26 个项目征地拆迁，征收土地 321 亩（21.4 公顷）、征迁房屋 6.7 万平方米，分别完成区下达任务的 144% 和 280%；交地 465 亩（31 公顷）、完成区下达任务的 144%，拆除房屋 30 万平方米、完成区下达任务的 445%。9 个列入跟踪考评的省、市、区重点项目，轨道交通 4 号线、西水东调原水管道工程、美山路 A 段、美峰生态公园一期、后田小学、丙洲招拍挂 1 号地块、小石材清退、牛蛙退养等 8 个项目完成征拆；清华紫光 B 地块项目征拆有序推进，顺利完成重要节点刘埭自然村 35 栋 1.46 万平方米房屋拆除、清理及移交任务。

2018 年 12 月，丙洲乡村振兴项目——陈化成公园工程进入扫尾阶段

（陈嘉新 摄）

【乡村建设】 2018 年，西柯镇加快实施乡村振兴战略，全力推动丙洲、后田、浦头社区等试点村建设，完成丙洲社区村庄建设规划并通过市规划委评审；谋划乡村振兴项目 23 个、推进实施 13 个，完成投资 4300 万元。持续推进美丽乡村建设，完成埭头社区、下山头社区（一期、二期）、浦头社区、丙洲社区（一期、二期）等美丽乡村建设项目，有序推进后田社区、西柯社区下柯里自然村、丙洲社区（三期）、洪塘头社区东亭自然村等项目。全面启动 12 个村（居）生活污水治理工作，完成分散式污水处理设施建设，有序推动集中纳管项目。继续推进农村“亮灯工程”和“村庄内道路硬质化工程”，安装壁挂式路灯 1.55 万盏，建设西浦、下山头、浦头、埭头等社区道路。加快补齐民生基础设施短板，生成文体设施、水沟改造和房前屋后硬化等补短板项目 35 个、总投资 620 万元，年内开工建设 20 个。

【新城建设】 2018 年，西柯镇加快推进环东海域新城基础设施建设，滨海西大道、珠厝立交、官浔立交等重要交通节点陆续建成，美峰路、横一路全线贯通，美社路、潘涂南路、美溪路等交通要道正式通车。全力推动民生基础设施项目建设，美峰生态公园一期、美峰体育公园和陈化成公园基本建成，滨海旅游浪漫线一期工程完成建设并对外开放，环东海域医院、官浔人才公寓、科创园安置房一期等续建项目有序推进。

【环境整治】 2018 年，西柯镇严格落实“河（段）长制”，按照“截污、清淤、补水、修复”思路，推进流域治理。积极探索“一把扫把扫到底”市政道路绿化管养一体化环卫模式，强化辖区19.8公里河道、溪流管护，有效改善辖区水域环境。投入165万元对辖区5.2公里河道黑臭水体进行整治，累计出动机械120台次、人员3200余人次，顺利通过国家黑臭水体治理督查、省环保专项督察。开展牛蛙和规模化畜禽养殖退养、退养面积18.24万平方米，其中埭头溪流域拆除牛蛙313场、畜禽养殖场4场；官浔溪及其他流域拆除牛蛙218场、畜禽养殖场2场。整治散乱污企业，清退小石材厂12家，腾出土地面积6000平方米。

【社会事业】 2018年，西柯镇全面宣传二孩政策，有序推进母婴室建设、流动人口管理等相关工作，全镇常住人口出生性别比112∶100，政策符合率93.8%；计划生育奖励兑现率100%，社会抚养费取证率全区第一；查处“两非”案件3起，完成率全区第一。大力发展文化体育事业，成功举办厦门同安新城沙滩文化旅游活动周暨第十届青岛啤酒节、全国青少年帆船赛、世界拳击联赛全球总决赛等；广泛开展群众性文化体育活动，丙洲社区老年大学组织18名学员参加厦门卫视第21届南音比赛，取得综合组十佳、青少年组十佳各1人，最受观众喜爱奖2人。积极推进教育均衡优质发展，建成投用洪塘头小学，全镇全年新增学位810个；建立美人山禾祥幼儿园、埭头蓝天之星幼儿园2个早教示范点，举办早教讲座2场、亲子运动会2场。深入实施垃圾分类处理，在4个村居、7个物业小区开展垃圾分类试点工作；4月，协同区垃圾分类管理中心、厦门广播电视广告有限公司在浦头社区十八王公文化园举办垃圾分类西柯镇专场活动，通过精彩演出和有趣互动，提高群众知晓率、参与率和投放准确率。全面开展移风易俗工作，反对民俗日大操大办，倡导文明新风，吕厝社区以举办传统仪式“接公头”代替操办酒席，被区文明办作为典型案例向全区推广。

【民生保障】 2018年，西柯镇持续加强困难群众保障兜底，发放最低生活保障金237.98万元，惠及低保户155户296人；为重度残疾人发放家庭困难补助金20.145万元，发放居家护理补助金152.893万元惠及309人、发放困难生活补助金96.3万元惠及218人。全力保障各类优抚对象基本权益，为13户“五保户”发放补助金26.6万元，为2名“五老”“五老遗孀”发放补助金1.75万元，为复退军人等35名重点优抚对象发放优抚金57.81万元，为60周岁以上农村籍退役士兵发放老年生活补助220人次49.09万元；办理60周岁以上老龄人幸福安康险7893人，发放80岁以上老龄人生活补贴1011人1417300元。加快推进农村养老服务事业发展，以潘涂社区、美星村为试点，创建西浦农村幸福院。开展多场就业技能培训会，其中培训游艇驾驶员4期80人次、烹饪小炒工82人、糕点及面包烘焙工36人，拓宽被征地农民和退养渔民转产增收渠道。

【社会治理】 2018年，西柯镇加快建设“平安西柯”，全年刑事警情801起，比上年下降0.5%，治安形势持续好转。充分发挥综治信访维稳中心的作用，妥善处理项目征拆、“两违整治”等方面纠纷，全镇全年共调解各类矛盾纠纷39起，比上年同期减少70件，下降64.2%。创新管理机制，通过购买服务方式，组建镇“两违”巡查专职队伍，加大对辖区违法建筑巡查发现和查处力度，累计拆除“两违”建筑物215宗44.3万平方米，腾出土地面积63.9万平方米，提前并超额完成年度拆除任务的210.94%。强化安全生产责任意识，严查安全隐患，聘请第三方专家对辖区内90家小微企业进行危险源辩识及隐患排查；推进企业安全生产标准化建设，开展危险化学品、涉氨制冷、烟花爆竹、“三合一”场所等重点领域专项整治行动。加强食品安全风险防控，设立村（居）食安信息员17名，实现网格化管理全覆盖；推进食品安全责任保险试点工作，为辖区范围内举办的农村集体聚餐购买公众聚餐责任险，有效提高农村集体聚餐管理水平。

（杨晓眉）

人物 名录

英模人物

【概　况】 2018年，同安区有1人获得全国行业先进个人称号，3人获福建省劳动模范称号。

【林一亭】 女，1964年7月生，厦门市同安区归国华侨联合会主席。2009年林一亭担任区侨联主席后，重视侨联组织建设，根据本区侨情特点，广泛发动、联系侨界青年，2017年成立区侨联首届青年委员会。拓宽基层组织覆盖面，至2018年成立基层侨联小组53个。当好侨界群众贴心人，陆续发动海内外乡亲、企业和爱心人士出资1529万元，设立慈善基金，扶贫济困，2849人次受助。个人带头捐资上万元，扶持侨界贫困户、贫困学生。组织开展“爱心健侨”“送温暖、献爱心”“送福到侨家”等活动，千方百计帮助侨界困难群众，帮助洪塘镇苏店村马来西亚贫困归侨建造两层楼房，为孤寡老归侨李秋明翻盖危房。亲自调解侨界群众的财产、土地、房产、经济纠纷问题，协调解决海外侨胞拆迁款寄存问题。调处涉侨信访件170件（人）次，为侨界群众挽回经济损失440多万元。发动海内外乡贤捐资助学，协助办好“柯朝阳奖学助学金”发放工作，每年奖励高考文理科排名前三名的同安、翔安两区共12名优秀生。为海内外乡亲寻亲寻根200多人次。热心海外联谊，以亲情乡情为纽带，加强与海外社团和乡亲的联谊与交流，多形式多渠道拓宽海内外联谊联络工作面。2012—2018年，区侨联共接待二十几个国家地区海外社团385批次，约5700人次。利用厦门会晤、“9·8”厦门国际投洽会等重要时机，积极为60多批次、800多人次回乡海外侨商提供服务，宣传同安的经济社会发展和人文环境，做好项目推介，服务招商引资工作。多渠道拓展新侨工作，结合同安历史悠久，历史文化底蕴浓厚的特点，举办15期900多人次海外华裔青少年夏令营活动及华裔青少年走进古城同安活动。在她的带领下，同安区侨联于2013年被全国侨联授予“全国侨联系统先进组织”荣誉称号，2016年被福建省侨联授予首批省级“侨胞之家”称号；2017年被福建省侨联授予“2013—2017年度福建省侨联系统先进集体”称号，成为2017年度福建省“侨胞之家”示范点。2015年，林一亭受到全国侨联表彰，被评为“维权工作先进个人”。2018年，林一亭被评为全国侨联系统先进个人。

【许华端】 女，1988年1月生，盛之乡（厦门）温泉度假村有限公司管家部主管，2017年获福建省五一劳动奖章。2010年大学毕业后，许华端第一份工作选择酒店行业，就职于厦门泛太平洋大酒店，在该酒店中她从基层做起，工作认真，热情服务。2012年1月，获完成服务日记杰出表现奖，2012年5月获完成服务日记银奖。2012年10月，许华端参加厦门旅游局举办第二届厦门旅游企业文化节并获“厦门旅游大使”称号，同年获酒店“优秀员工”称号。2014年7月许华端加入盛之乡（厦门）盛之乡度假村有限公司以来，努力学习，做好个性化服务，在岗位中，她具有强烈的敬业精神和高度的责任感，认真完成部门交办的各项工作任务，主动、务实的工作作风得到大家一致认可。2017年酒店接受卫生监督所卫生证复查时，许华端对卫生监督所提出限期对工作间进行修缮、吊顶安装及隔断制作要求亲力亲为，积极主动配合工程修缮进度，经常加班到很晚，有时还利用休息时间，按要求认真整改。在部门督导人员严重缺编情况下，她不仅承担自己份内工作，还主动挑起顶岗职责，经常每天工作12个小时以上，从不计较个人得失，工作责任感强；努力提高自身业务素质，热情、高效地为顾客解决问题，待人真诚和蔼乐于助人，面对员工工作失误耐心、细致地指导，凭着对工作高度负责的态度和执着敬业精神，得到客人“五星的酒店，十星服务”高度好评。2015年，许华端参加厦门市旅游行业技能大赛，获客房服务技能二等奖，并获“盛之乡”(厦门)温泉渡假村有限公司2015年度“优秀督导”称号，2016年，许华端获“厦门市五一劳动奖章”。2017年，许华端获福建省五一劳动奖章。2018年，许华端被评为福建省劳动模范。

【高泉阳】 男，1970年11月出生，同安区莲花镇军营村党支部书记。高泉阳2008年担任村支书后，始终坚持把加强农村基层组织建设作为首要任务来抓，2016年3月率先开展“两学一做”专题学习教育，深化“好搭档”党建品牌创建，2016年军营村党支部被评为福建省先进基层党组织，高泉阳也获得区级优秀党务工作者荣誉称号；他放下自己的事业回乡力推“五位一体”建设，在经济建设方面坚持规划先行，壮大村集体经济，带动了全体村民共同致富。他积极发展生态农业，完成200亩(13.33公顷)茶叶改造，完成造林448亩(29.97公顷)，绿化提升403亩(26.87公顷)，种植绿化苗木7000多棵；与专业人员对接，打造军营村乡村旅游点。充分利用军营村牛心石水库、七彩池等自然景观资源，深入挖掘习总书记两次访贫问苦的宝贵精神财富，挂牌成立厦门市委、同安区委“高山党校教学点”，发展红色旅游；他积极推进涉及丰富村民精神文化生活重点项目建设，修建村文化园和民俗文化广场，举办厦门首届“村晚”和“茶乡越野跑”等活动，满足村民精神文化生活的需要；寻找社会各界帮助，解决贫困学子辍学问题，实现学前教育普及率达100%。加大资金投入，实现村民医疗和养老保险参保率100%。2016年抗击“莫兰蒂”台风冲锋在前，及时救灾，实现人员零伤亡，3天基本恢复村貌。在2017年金砖国家领导人会晤期间，军营村作为厦门市美丽乡村建设示范点接受中外记者采访。军营村先后获得“全国文明村”、“中国最美休闲乡村”、“全国一村一品示范村”称号。2017年，高泉阳被评为厦门市劳动模范。2018年，高泉阳被评为福建省劳动模范。

【温欣鼎】 男，1982年8月生，厦门麦丰密封件有限公司管理部经理，助理政工师。工作十余年来，温欣鼎不计得失，任劳任怨，不断探索企业发展的新方法、新路子。2007年起，先后牵头组建党支部、工会、共青团组织，树立并巩固“员工第一”的麦丰企业文化品牌管理，主动叫响“看我的、跟我来”的口号，树立“员工第一”管理理念，创办“麦丰人”报内刊，营造拴心留人良好氛围。不断通过自身言行带动影响着整个麦丰团队。2007年成立支部、工会组织以来，公司改变了原有脏乱差工作环境，人员流失率从10%下降到5%以下，实现从原120名员工的小型加工厂发展成为现有员工600多名，发展势头保持每年15%增长速度迅猛发展。2017年公司产值突破2.5亿元，成为连续4年纳税额超2000万元以上的纳税特大户。所率领的支部也多次被区委、镇党委授予“先进基层党组织”称号；工会组织多次被厦门市总工会授予“工人先锋号”“先进职工之家”称号，公司被同安区政府授予“劳动关系和谐、职工满意企业”及安全生产先进单位等荣誉称号。2014年6月，温欣鼎被福建省委授予“优秀党务工作者”称号。2015年4月，温欣鼎被厦门市总工会授予“五一”劳动奖章等荣誉。2017年，温欣鼎被评为厦门市劳动模范。2018年，温欣鼎被评为福建省劳动模范。

先进人物　先进单位名录

【概　况】 2018年，同安区有15名个人和24个集体受到省级以上行业或市级以上综合表彰。其中，受全国表彰的先进个人3人；受省级表彰的先进个人12人，先进集体24个。

2018年度同安区先进个人表

表41

姓名	性别	荣誉称号	工作单位	授予单位	授予时间
林一亭	女	全国侨联系统先进个人	同安区侨联	中华全国归国华侨联合会	2018年8月
林美艺	女	全国归侨侨眷先进个人	致公党同安区总支部第二支部副主委	中国侨联、国务院侨务办公室	2018年8月
林　臻	女	全省侨务系统先进工作者	同安区外侨台办	福建省人力资源和社会保障厅 福建省人民政府侨务办公室	2018年11月
高泉阳	男	省劳动模范	厦门市同安区莲花镇军营村	福建省人民政府	2018年4月

续表 41

姓名	性别	荣誉称号	工作单位	授予单位	授予时间
温欣鼎	男	省劳动模范	厦门麦丰密封件有限公司	福建省人民政府	2018 年 4 月
许华端	女	省劳动模范	盛之乡（厦门）温泉渡假村有限公司	福建省人民政府	2018 年 4 月
叶素勤	女	全省优秀妇联主席	同安区洪塘头社区	省妇联	2018 年 12 月
陈延芳	女	全省优秀妇联主席	同安区工业社区党建联盟妇工委	省妇联	2018 年 12 月
林炎烽	男	全省水利系统先进个人	厦门市同安区水利管理站	省人社厅、省水利厅	2019 年 1 月
何岚岚	女	福建省优秀共青团干部	团区委	团省委	2018 年 5 月
刘良镇	男	2018 年度全省岗位学雷锋标兵	同安区汀溪镇综合服务中心	中共福建省委宣传部	2018 年 4 月
陈燕秋	女	2012—2016 年度福建省统计系统先进工作者	厦门市同安区城市社会经济调查队	福建省人力资源和社会保障厅、福建省统计局、国家统计局福建调查总队	2018 年 1 月
杨金龙	男	福建省第三次全国农业普查省级先进个人	同安区统计局	福建省第三次全国农业普查领导小组	2018 年 8 月
庄团春	女	福建省关心下一代工作先进工作者	同安区关工委	福建省关心下一代工作委员会	2018 年 11 月
吴永年	男	福建省关心下一代工作先进工作者	同安区关工委	福建省关心下一代工作委员会	2018 年 11 月

2018 年度同安区先进集体表

表 42

单位名称	荣誉称号	授予单位	授予时间
中共厦门市同安区委办	省文明单位（2015—2017 年度）	中共福建省委、福建省人民政府	2018 年 7 月
厦门市同安区人大常委会机关	省文明单位（2015—2017 年度）	中共福建省委、福建省人民政府	2018 年 7 月
厦门市同安区人民政府办公室	省文明单位（2015—2017 年度）	中共福建省委、福建省人民政府	2018 年 7 月
政协厦门市同安区委员会机关	省文明单位（2015—2017 年度）	中共福建省委、福建省人民政府	2018 年 7 月
中共厦门市同安区纪委监委	省文明单位（2015—2017 年度）	中共福建省委、福建省人民政府	2018 年 6 月
中共厦门市同安区委组织部	省文明单位（2015—2017 年度）	中共福建省委、福建省人民政府	2018 年 1 月
中共厦门市同安区委宣传部	省文明单位（2015—2017 年度）	中共福建省委、福建省人民政府	2018 年 7 月
中共厦门市同安区委统战部	省文明单位（2015—2017 年度）	中共福建省委、福建省人民政府	2018 年 7 月
厦门市公安局同安分局	省文明单位（2015—2017 年度）	中共福建省委、福建省人民政府	2018 年 7 月
厦门市同安区人民检察院	省文明单位（2015—2017 年度）	中共福建省委、福建省人民政府	2018 年 7 月
厦门市同安区人民法院	省文明单位（2015—2017 年度）	中共福建省委、福建省人民政府	2018 年 7 月
厦门市同安区发改局	省文明单位（2015—2017 年度）	中共福建省委、福建省人民政府	2018 年 7 月
厦门同安区财政局	省文明单位（2015—2017 年度）	中共福建省委、福建省人民政府	2018 年 7 月
厦门市同安区市场监督管理局	省文明单位（2015—2017 年度）	中共福建省委、福建省人民政府	2018 年 7 月
厦门市同安区总工会	省文明单位（2015—2017 年度）	中共福建省委、福建省人民政府	2018 年 7 月
厦门市同安区大同街道办事处	省文明单位（2015—2017 年度）	中共福建省委、福建省人民政府	2018 年 7 月

续表 42

单位名称	荣誉称号	授予单位	授予时间
同安区工会职工服务中心	2018 年省级工人先锋号	福建省总工会	2018 年 12 月
厦门市同安区汀溪镇妇联	全省先进乡镇（街道）妇联	福建省妇联	2018 年 12 月
厦门市同安区新民镇妇联	全省先进乡镇（街道）妇联	福建省妇联	2018 年 12 月
厦门市同安区祥平街道妇联	全省先进乡镇（街道）妇联	福建省妇联	2018 年 12 月
厦门市同安区西池社区妇联	全省先进村（居）妇联	福建省妇联	2018 年 12 月
厦门市同安区莲花镇窑市村妇联	全省先进村（居）妇联	福建省妇联	2018 年 12 月
厦门市同安区工商联关工委	关心下一代工作先进集体	福建省关心下一代工作委员会	2018 年 11 月
同安区关心下一代工作委员会	关心下一代工作先进集体	福建省关心下一代工作委员会	2018 年 11 月

组织机构及负责人名录

中共同安区委

书　记：黄燕添

副书记：王雪敏

蔡伟中（8 月免）

曾东生（8 月任）

常　委：何　玺（2 月免）

柯玉宗

王军荣

王秀珠

林国财

樊荣兵

冯国敏

许永良

同安区人大常委会

主　任：毛立臻

副主任：朱永辉

王　松

吴进华

许巩固

林中英

同安区人民政府

区　长：王雪敏

常务副区长：柯玉宗

副区长：曾繁振

许珠明

林进柱

康自展

陈艺萍

潘全胜

副巡视员：蔡江瑶

政协同安区委员会

主　席：黄小林

副主席：洪祖溢

赵建明

李水龙

叶文雅

同安区纪委监委

区委常委、区纪委书记、区监委主任：许永良

区纪委副书记、区监委副主任：

邵国永（9 月免）

陈艺松（11 月任）

杨天平

区人民武装部

部　长：路　辰

政　委：冯国敏

区委工作机构

办公室

主　任：林国财

副主任：李荣峰

林志城

组织部

部　长：王秀珠

副部长：徐小华

梁永忠（区委非公企业和社会组织工委书记）

洪爱萍（老干局局长）

宣传部

部　长：何　玺（2 月免）

副部长：陈　震（12 月免）

统战部

部　长：樊荣兵

副部长：郭斌超

政法委

书　记：王军荣

副书记：洪作亭

副书记、综治办主任：朱水鑫

综治办副主任：王三文

张贻乐

610 办主任：陈清林

区直机关党工委

书　记：蔡伟中（9 月免）

曾东生（9 月任）

常务副书记：李伟中（5 月免）

梁永忠（5 月任，7 月免）

邵国永（7月任）
副书记：林进步（8月退休）
编　办
主　任：王春松（1月任）
区委台办
主　任：叶红旗
文明办
主　任：林拥护
副主任：叶文彬（挂职）
区委区政府信访局
副局长：洪国清（主持工作至12月）
叶谋荣（12月任，主持工作）
老干局
局　长：洪爱萍
区委党校
校　长：王秀珠
常务副校长：纪　耿
副校长：叶碧星
档案局
局（馆）长：康荣辉
副局（馆）长：叶少静（女）
党史办
主　任：王津伟

区人大常委会工作机构

办公室
主　任：赖腾隆
法工委
主　任：李雪萍（女）
财经工委
主　任：苏玉芬（女）
科教侨台工委
主　任：张亚铨（女）
城乡工委
主　任：陈艺生
人事代表工作室
主　任：赖腾隆
大同街道工委
主　任：吴原木
祥平街道工委
主　任：吴剑锋

区政府工作机构

办公室
主　任：林　虹
副主任：苏九届
洪耀荣
叶钰洁
赵飞羽（挂职）
发改局
局　长：王旭辉
副局长：范世高
叶熹廷
重大办
主　任：柯玉宗
常务副主任：陈辉艺
副主任：叶跃辉
副主任：李荣火
财政局
局　长：费　薇（女）
副局长：章剑锋
郑发华
苏泽强（5月任，挂职）
经信局
局　长：徐火祥（党工委书记）
副局长：林东沿
林文爽
商务局
副局长：唐碧华
统计局
局　长：邵美华
人社局
局　长：林建省
副局长：叶谋荣
副局长：黄玉敏
监察局
局　长：杨天平
副局长：康进福（5月任）
李卫红（女）
建设局
局　长：叶文货
副局长：李如松（9月退休）
谢育添
纪委书记：彭东兵
农林局
局　长：吴良泉（农办主任）
农办副主任：陈育才
王建愿
陈忠发
林茂盛
教育局
局长、教育工委书记：陈　前
教育工委副书记：吴永红
副局长：吕子祥
戴秀珍
卫计局
局　长：王勇志
副局长：蔡燕雄
陈　灯
交通运输局
局　长：林跃裕
副局长：蔡家庆
审计局
局　长：陈进团
副局长：洪向阳
民政局
局　长：曾学东（1月任）
副局长：钟金芳
水利局
局　长：谢育添（党组书记）
副局长：吴水加
文体广电出版局
局　长：王育玲（女）
副局长：余新春
安监局
局长：陈金墩
行政执法局
局　长：郑　森
副局长：陈聪敏
王小珏
民族宗教局
局　长：庄惠祝（女）
旅游局
副局长（主持工作）：唐碧华
副局长：赵飞羽
工业园区管委会
主　任：潘全胜（12月任）
常务副主任：陈再进
副主任：郭勋毅
党工委副书记：钟明远
吴永红

同安区环东海域新城指挥部同安分部
指　挥：王雪敏
副指挥：柯玉宗
　　　　樊荣兵
主　任：柯玉宗
常务副主任：潘全胜
　　　　　　李水龙
副主任：洪海波
　　　　王永欣
　　　　李荣火

区政协工作机构

办公室
主　任：李妙音
专委办
主　任：张国滨
提案文史办
主　任：陈辉艺
研究室
主　任：许建财

市垂直管理部门

税务局
局　长：张　翼
副局长：张茂林
　　　　刘　霞
　　　　黄克水
　　　　许建筑
　　　　马鹭军
　　　　姚炜童
　　　　叶东海
　　　　谢章宝
　　　　陈建德
总经济师：王建章
市场监督管理局
局　长：吕进兴
副局长：曾碧海
稽查专员：许子翼
国土房产分局
局　长：马腾伟
副局长：林良堆
　　　　吴文东
环保分局
局　长：黄　平
副局长：郑小华
　　　　张碰奎
调查员：陈水份
规划分局
局　长：王　丰
副局长：许宗权
　　　　阮伟忠（10月免）
粮食一分局
局　长：洪惠得
副局长：林清资
　　　　颜艺坚
质监三分局
局　长：温伟青
公路分局
局　长：方一凡（12月任）
气象局
局　长：陈礼斌
副局长：张　翊
　　　　卢海新

政法部门

人民法院
院　长：李　桦（12月选任）
副院长：郭　坎
　　　　李　隽（1月任）
纪检组组长：洪丽丽
政治处主任：林云集
人民检察院
检察长：郑祥发
副检察长：曾水泽
　　　　　陈忠东
　　　　　陈为山
纪检组长：杨夏生（11月任）
政治处主任：柯蓉琴
公安分局
局　长：陈大铭
政　委：刘海闽
副局长：张建强
　　　　张　建
　　　　蔡海龙
政治处主任：许　杰
纪委书记：陈幸鹭
司法局
局　长：朱祥甫
副局长：陈庆丰
　　　　王三文
消防大队
大队长：傅伟斌
教导员：何孟同
副大队长：陈剑彬

群团部门

总工会
主　席：
区委常委、统战部部长：樊荣兵
常务副主席：洪明理（女）
团区委
书　记：何岚岚（女）
妇　联
主　席：黄福华（女）
侨　联
主　席：林一亭（女）
工商联
主　席：陈福祥
监事长：刘育红
党组书记：彭明赞
科　协
主　席：方奇南
文　联
主　席：陈美玲（女）
残　联
理事长：蔡志强
计生协会
会　长：曾东生（9月任）
常务专职副会长：叶丽真（女）
专职副会长：陈顺发（4月任）
红十字会
常务副会长：林永富
社科联
主　席：何　玺（2月免）
副主席：陈　震（12月免职）
关工委
执行主任：洪美霞

镇街（场）、开发区

大同街道
党工委书记：江庆生
办事处主任：李永谓
人大工委主任：吴原木
党工委副书记：林春考
纪工委书记：杨火本
综治副书记：张毅敏
人武部长：曾玉敏
宣传委员、秘书委员：康焕明
办事处副主任：邵荣民
　　　　　　　蔡秋娟（组织委员）

祥平街道
党工委书记：陈元庆
办事处主任：方高生（党工委副书记）
人大工委主任：吴剑锋
党工委副书记：洪仁伟（秘书委员）
　　　　　　　陈明耀（12月免）
纪工委书记：吕锦华
统战委员、人武部长：许秋万（副调研员）
办事处副主任：陈德东
　　　　　　　柯伟阳（组织委员）
　　　　　　　叶竞贤（11月任）

洪塘镇
党委书记：洪海波（9月免）
镇　长：许瑞敏（副书记，9月起主持党委、政府工作）
人大主席：王永远
党委副书记：陈建都
纪委书记：洪珊妹
综治副书记：苏金池
组织委员：邹善源（统战委员、人武部长）
宣传委员：陈英械（秘书委员）
统战委员：张世阳（人武部长）
副镇长：邵朝辉（党委委员）
　　　　盖永锋
　　　　叶艺武
党委委员：李少尉
　　　　　郭勋毅（挂职）

五显镇
党委书记：蔡素贤
镇　长：陈水泉（副书记）
人大主席：杨应额
党委副书记：黄金田
纪委书记：张基铨
综治副书记：陈有限
组织委员：邱凌蓝
宣传委员：柯淑娴（秘书委员）
副镇长：曹国富（党委委员、统战委员、人武部长）
　　　　徐文托（党委委员）
　　　　梁胜鑫

汀溪镇
党委书记：蔡志宏
镇　长：庄　毅（常委副书记）
人大主席：杨添在
党委副书记：陈火生（工会主席）
纪委书记：林振训
综治副书记：李志展
组织委员：王景兰（秘书委员）
宣传委员：申长清（统战委员、人武部长）
党委委员：马铭飘
副镇长：郭笔聪
　　　　王桢霖（计生副镇长）
　　　　苏建国

莲花镇
镇　长：梁景忠（副书记）
人大主席：林素梅
党委副书记：陈水共
　　　　　　宋群慧（1月任，挂职）
　　　　　　王朝阳（10月任，挂职）
纪委书记：吕建伟
综治副书记：杨自力
宣传委员：陈志猛
组织委员秘书委员：陈江伟
镇长助理：郭金坪
　　　　　郑国滨（1月任，挂职）
　　　　　雷海林（1月任，挂职）
党委委员、副镇长：陈炳煌
副镇长：陈火烈
　　　　陈延峰

新民镇
党委书记：颜志良
镇　长：蔡福德（副书记）
人大主席：许素勤
综治副书记：徐佑胜
党委副书记：叶杭平
组织委员、副镇长：叶振宇
纪委书记：陈友旺
秘书委员、宣传委员：柯玉晖
人武部部长、统战委员：陈水权
党委委员、政府副镇长：叶志强
　　　　　　　　　　　邵再福
党委委员：吴开通

西柯镇
党委书记：王永欣（6月任）
镇　长：陈　鸽（10月任）（副书记）
人大主席：陈开顺
党委副书记：叶耀南
纪委书记：苏清彩（5月任）
综治副书记：颜允侯（挂职）
组织委员：陈文婴（5月任）（秘书委员）
人武部长：董明却（5月任）（宣传委员、统战委员）
党委书记助理：陈聪林
党委委员：杨东火（5月任）
副镇长：周敬波（12月任）（党委委员）
　　　　叶永坚（11月任）
　　　　叶志超（10月任）

竹坝开发区
党工委书记、场长：王仁跃（12月任）
党工委副书记：陈明香
副主任、副场长：廖广元
组委宣委、副主任、副场长：林明桐
党工委委员、人武部长：张彦忠

部分事业、企业单位

企业发展服务中心
主　任：叶关山
副主任：陈聪林
　　　　徐南向

机关效能投诉中心
主　任：邱武棋

招商中心
主　任：郑海英（女）
副主任：陈自力
行政审批中心
主　任：陈礼发
土地房屋征收事务中心
副主任：王东日（主持工作）
副主任：陶　阳
　　　　林春燕（女）
机关服务中心
主　任：郑巧琳
供销社
副主任：张永杰
报道组
组　长：卢漳华（挂职）
副组长：杨心亮
　　　　刘　刚
广播电视台
台　长：陈良炭
副台长：王英瑞（主持工作）
　　　　王江贺
方志办
主　任：洪汇前
副主任：黄慧佶
财政审核中心
主　任：杨国荣
副主任：陈　坪
政务信息中心
主　任：林志勉
财政国库集中支付中心
主　任：陈红卫
副主任：梁渝莲（女）
国有资产管理中心
副主任：叶丽娜（女）
非税收入管理中心
主　任：蔡惠琴（女）
副主任：潘少东
人才交流中心
主任：洪少群
社保中心
主　任：陈水并
副主任：揭爱莲（女）
　　　　陈似瑾
劳动就业中心
主　任：杨丽秋（女）
副主任：昌文胜
退管中心
主　任：黄胜利
副主任：杜春玲（女）
劳动保障监察大队
大队长：卓志峰（女）
副大队长：黄平辉
　　　　　邱志文
劳动人事仲裁院
院　长：蔡火车
突发公共事件应急中心
主　任：洪　兵
图书馆
馆　长：黄水木
科技馆
馆　长：高水满
区总医院
院　长：郭之通
副院长：许巩固
　　　　高　斌
　　　　许文勇
国投公司
总经理：许建文
副总经理：邵　真
城建公司
总经理：康征宇（8月任）
副总经理：李　锋
　　　　　陈永南（8月任）
厦门同安资产管理有限公司
总经理：陈树藤
副总经理：苏壮志
置业公司
总经理：陈黎水

重要报告

政府工作报告

——在厦门市同安区第十七届人民代表大会第三次会议上

厦门市同安区人民政府区长　王雪敏

（2018 年 12 月 26 日）

各位代表：

现在，我代表区人民政府向大会报告工作，请予审议，并请各位政协委员和列席人员提出意见。

一、坚持稳中求进工作总基调，实现 2018 年经济社会健康发展

即将过去的一年，面对复杂多变的外部环境，面对赶超发展的迫切需要，我们在习近平新时代中国特色社会主义思想指引下，在市委、市政府和区委的坚强领导下，紧紧依靠全区人民，团结一心、攻坚克难，全力以赴稳增长、促改革、优生态、惠民生、防风险，全区经济社会发展取得新成就、迈入新阶段。预计全年地区生产总值 445 亿元、增长 8.5%；固定资产投资增长 25%；财政总收入 90.1 亿元、增长 20.7%，其中，区级财政收入 23.2 亿元、增长 15.6%；社会消费品零售总额 240 亿元、增长 14.2%；城镇和农村居民人均可支配收入分别增长 8.8% 和 9.0%。

一年来的主要工作和成效是：

（一）赶超态势更加凸显。质量效益稳中向好。实施“双千亿”工作、高质量发展落实赶超等一系列重要战略，落实企业改制上市、总部经济发展等一揽子政策措施，着力推动质量提升、产业升级，赢得赶超发展主动。12 项主要经济指标中，地区生产总值、财政总收入、固定资产投资等 7 项增速居全市前列。创新步伐明显加快。投入科技经费 3.5 亿元，助推企业加快科技创新。新增市级以上研发机构 7 家。拥有有效发明专利 648 件、增长 23%。200 家高技术产业企业占规上工业产值的份额扩大 2.2 个百分点。新增省、市科技小巨人领军企业 44 家。金牌厨柜智能制造试点示范项目获国家工信部立项扶持。实体经济协调发展。大力扶持实体经济发展，兑现惠企资金 3.1 亿元；落实中央减税降负措施，减少企业税费 27.3 亿元。传统优势产业快速发展，食品加工、水暖厨卫等四大主导产业完成产值 389.8 亿元、增长 12%。新兴产业加速集聚，半导体与集成电路、生物医药与健康等产业产值超百亿。第三产业占 GDP 的比重从 34.3% 提高到 40%，京东、信和达等电商物流业实现销售额 255 亿元、增长 45%；接待游客 1276 万人次、实现旅游收入 44.3 亿元，分别增长 13% 和 29%。项目支撑更加有力。105 个省市区重点项目完成投资 351 亿元，同翔大道等 48 个项目超序时推进。新增“五个一批”项目157个、总投资1010亿元，京东电商园、趣店科技金融创新园等加快建设，第二季度“五个一批”正向激励综合考评位列全省第七。新批准设立项目50个、投资14.2亿元，合同、实际利用外资均超额完成市定任务。征地拆迁持续发力，轨道交通4号线等38个项目完成年度征收计划，紫光科技园等14个重点项目全线交地，全年完成土地征收7600亩、房屋征收115万平方米，连续三年保持全市领先。

（二）城市功能持续提升。路网建设提速增效。同安大道（海翔大道—同南路段）建成通车，同集路（海翔大道—福泽路段）跨线桥、同安东路、同翔大道等工程有序推进，“一环两横四纵”骨干路网基本成型。新改建城区道路54条，美峰路、横一路等全线贯通。投用第二外国语学校等4座人行天桥，新增公共停车场8座、停车位2500个。BRT同安枢纽站正式启用，新城公交首末站基本建成，优化公交线路16条。新老城区提质扩容。加快新城建设，完成投资139亿元，丙洲、美峰两大片区基本成型，滨海浪漫线一期等对外开放，西柯污水处理厂、美山路地下综合管廊等市政配套工程加快实施，环东海域医院、同安一中滨海校区高中部等民生保障项目加快建设。大力推进第二轮城市改造提升，实施中山路等9条街区立面综合整治，完成邮电新村等16个老旧小区和南门市场改造，铺设市政管网26.9公里。建成文笔塔、美峰生态等5个公园。城市管理提标升级。完善“同安文明卫士”平台，推进9项城市管理职能智慧化考评督导，文明创建工作迈向数字化、长效化。“城管+”执法模式深入推进，占道经营、违规广告等“顽疾”得到有效治理。保持“两违”治理高压态势，拆除“两违”建筑1512宗、102万平方米，土地“卫拍”整改率创历史新高。市政园林环卫一体化管养全面推开，66座清洁楼、20个垃圾转运点投入使用，垃圾分类实现城市社区全覆盖。

（三）乡村振兴战略加快实施。都市农业发展迅速。农业完成总产值18.85亿元，30个“一村一品”实现收入超4亿元，文顶设施农业等22个转产项目带动农民增收2亿元以上。建成9个农业标准化生产示范基地和9个设施大棚，通过第二批国家农产品质量安全示范区验收。国家级农村产业融合试点区示范工作持续推进，军营村省级农民创业示范基地等8个示范项目加快实施。农村环境持续优化。坚持规划引领、试点带动，编制乡村振兴战略规划和14个专项行动计划，实施132个乡村振兴建设项目，梯次推进“7+10+8”三级试点村示范建设。大力开展农村人居环境综合整治三年行动，重点实施“一革命四行动”，建成5座农村公厕、265个分散式污水处理设施和1208公里污水管网，完成农房“平改坡”和裸房整治300余栋，“一把扫把扫到底”环卫创新机制彻底清除困扰多年的垃圾围村问题。完成11个美丽乡村建设，建成“四好农村路”15条29.9公里、道路安保设施10项36.8公里、路灯工程23条117公里，投用6个邻家公园，安装壁挂式路灯9.4万盏。白交祠村成为全区第四个“中国美丽休闲乡村”。涉农改革稳步推进。国家农村集体产权制度改革试点、国有农场、林场改革基本完成，土地承包经营权确权登记颁证工作顺利收官。“国企+合作社+村民”开发经营模式探索推进，军营村、顶村村等股份合作项目助推农民持续增收。

（四）环境质量明显改善。生态文明建设持续加强。有序推进国家生态文明试验区6大改革行动、26项重点任务。创新“1+8”生态司法联动机制，审结涉生态案件405件，妥善调解全省首个生态环境损害赔偿案件。在全市率先发布区级环境质量公报。流域治理成效显著。坚持重拳出击、铁腕治污，系统编制四大流域治理方案，全力推进东西溪综合整治、隘头潭断面治理等项目，实施16个安全生态水系工程，完成河道清淤250多公里，治理河道总长全市第一。以最大力度、最严措施推进控源截污，整治小石材、小作坊383家，清退牛蛙和规模化畜禽养殖4000余场，建成餐饮隔油池400多个。经过一年的艰苦奋战，芸溪、埭头溪黑臭水体基本消除，汀溪水库饮用水源水质达标率100%，国家、省控监测断面达标率100%，顺利通过国家黑臭水体治理、饮用水源地保护和省环保专项督察。大气和土壤污染防治加快推进。大力开展守护蓝天“百日攻坚”行动，加强城市道路、建筑工地等重点区域扬尘管控，建成城东、城南集中供热项目，整治VOCs（有机挥发物）企业142家，改造锅炉19台，投放纯电动公交车51辆，空气质量优良率96.1%。扎实开展重点行业企业用地土壤污染调查，强化21家危险废物重点源企业监管，推进医疗废物“小箱进大箱”规范化处理，加快凤南简易垃圾填埋场整治。

（五）公共服务更加均等。保障体系不断完善。全面落实更加积极的就业创业政策，引导失业人员再就业6254人、城镇困难人员就业1768人，支出各类就业补助1.85亿元。出台“一户多残”等困难群体扶持措施，落实被征地人员和退养渔民养老保障等补助2.84亿元。区社会福利中心、殡仪新馆安泽园和20个农村幸福院投入运营。移民造福二期、祥平地铁社区等保障性安居工程加快建设，解决400多个困难户住房问题。居家养老信息化服务等14个市级为民办实事项目全面完成。社会事业统筹推进。全面加大补短板力度，实施民生领域项目131个、完成投资5.3亿元。教育供给持续增加，建成22个学校项目，新增6590个学位，教育信息化走在全国前列，跻身首批全国中小学校责任督学挂牌督导创新区。医卫条件持续改善，改扩建医院、卫生院6所，新增病床位300张，组建同安区总医院，有序推进紧密型医联体改革试点，基本公共卫生服务增至14类55项。文体事业繁荣发展，改造提升文化馆、图书馆，建成投用2个镇级综合文化站、26个村级文化服务中心，成功举办世界拳击联赛第八季全球总决赛、第三届国际朱子文化节等活动。对口帮扶扎实推进。落实中央东西部扶贫协作和省内对口帮扶工作要求，完成劳务输转471人，实施产业帮扶项目29个，助力康乐、诏安、上杭三县精准开展脱贫攻坚工作。此外，军民融合、国防动员、双拥共建工作进一步加强，民族、宗教、外事、侨务、人防、气象、档案、地方志、经济普查工作扎实推进，工青妇、儿童、老龄、残疾人、慈善事业取得新进展。

（六）社会治理成效显著。扫黑除恶专项斗争深入开展。启动全市首个“执行110”联动机制，破获一批涉恶案件，打掉一批涉黑涉恶团伙，刑事警情下降26.2%，顺利通过中央扫黑除恶斗争专项督导检查。平安同安建设加快推进。受理和办结群众信访举报件1.2万件，化解省市积案和旧改历史遗留问题28个。推进实施“雪亮工程”，视频点位覆盖68个村居，公共安全管理水平稳步提升。落实安全生产责任，深入开展道路交通、危险化学品、消防安全、建筑施工等重点行业领域安全整治，排查、整改隐患1万多项。完成160个高陡边坡和地质灾害点治理项目，建成区级救灾生活物资储备库，有序推进森林防火、防汛抗台等工作，群众安全指数不断提升。城乡治理持续加强。基层自治不断深化，136个村（居）组织完成换届选举，20个城乡社区缔结共建，全市首个区级房东协会有序运行，梧侣社区跻身全国第一批流动人口社会融合示范社区。移风易俗成效明显，社会风气持续净化，节约人情开支近3亿元，垵炉村、前格村、军营村获评“全国文明村”。

（七）政府建设不断加强。全面落实从严治党主体责任，持续兴起习近平新时代中国特色社会主义思想“大学习”热潮，扎实推进“两学一做”学习教育常态化制度化，政府系统“四个意识”进一步增强。大力弘扬新时代新担当新作为，落实“4+X”内部管理机制，加强政府工作督查督办，干事创业精气神明显提升。深入推进依法行政，完善政府工作规则，审查规范性文件74件、修订7件，宣布废止和失效15件；自觉接受人大、政协监督，定期向人大报告工作、向政协通报情况，办结代表议案和建议78件、委员提案91件，按时办复率和答复规范化率100%。持续深化“放管服”改革，实施“证照分离”，开展工程建设项目审批制度改革试点，压减审批特殊环节4项，清理证明事项42项，实现90%依申请类事项“一趟不用跑”、“最多跑一趟”。

各位代表！来之不易的成绩，承载了市委、市政府的亲切关怀，体现了区委的正确领导，饱含了干部群众的辛勤汗水，凝结了社会各界的智慧力量。在此，我代表区人民政府，向全区人民、各界人士、驻区部队和公安干警，向关心支持同安发展的海内外朋友，致以崇高的敬意和诚挚的感谢！

总结一年来的工作，我们也清醒地认识到，发展不平衡不充分问题仍然存在，主要是：产业转型升级仍处在爬坡过坎的关键期，实体经济发展面临较大压力，企业创新活力动力需要进一步激发，专业人才特别是高端人才较为缺乏；城乡发展差距比较明显，农民转产增收渠道亟待拓宽；环境综合治理还需持续发力，医疗、教育、养老等基本公共服务均等化仍需进一步提高。此外，个别干部作风不实、责任担当不够。对此，我们一定要直面问题，采取有力措施，认真加以解决。

二、坚持高质量发展落实赶超，推动2019年政府工作再上新台阶

2019年，是新中国成立70周年，也是推进高质量发展的关键之年。我们要坚定发展信心，自觉把推进高质量发展落实赶超贯穿到创新发展方式、提高质量效益、增进民生福祉的全过程。

政府工作的总体要求是：以习近平新时代中国特色社会主义思想为指导，深入学习贯彻党的十九大和十九届二中、三中全会精神，认真贯彻落实市委、市政府和区委的决策部署，坚持稳中求进工作总基调，坚持新发展理念，坚持高质量发展落实赶超，以供给侧结构性改革为主线，以落实“双千亿”工作为抓手，以强化创新驱动为引擎，推动经济高质量发展，促进乡村振兴，提升城区品质，守好青山绿水，增进民生福祉，深化改革开放，优化营商环境，奋力开创富美同安赶超发展的新局面。

经济社会发展的主要目标是：地区生产总值增长8.3%，财政总收入增长10.5%，规模以上工业产值增长10.5%，固定资产投资增幅与全市保持同步，社会消费品零售总额增长10%，城乡居民人均可支配收入分别增长8.8%和9.0%，完成上级下达的节能减排任务。

重点做好七个方面的工作：

（一）发展实体经济，构建现代化产业新体系

——培育重点产业链群。深入实施千亿产业链群培育工程，着力打造生物医药与健康等五大产业链群，力争年内实现总产值超1000亿元。大力发展生物医药与健康产业，加快泰康医养、金牌厨柜四期等项目建设，力争在生物医药、健身器材等领域取得新优势。加快集聚现代物流产业，发挥京东电商物流、信和达供应链等项目龙头带动作用，形成大电商、大物流新格局。做强做大旅游文化产业，加快方特动漫影视基地、特房波特曼酒店等项目建设，推动文化与旅游融合发展。扶持发展软件和信息服务业，加快趣店科技金融创新园、中国移动厦门数据中心等项目建设。积极培育都市现代农业，发展现代设施农业、农产品深加工、休闲农业，加快禾沣农业、田园竹坝等项目建设，促进一二三产深度融合。

——推动制造业转型升级。积极引入大数据、人工智能、云计算等新技术，推动食品加工、水暖厨卫等传统制造向智能制造转型，扶持康乐佳、蒙发利、东亚机械等企业向高端化、智能化延伸，推进实施保沣实业、精研自动化元件等13个项目。推动半导体和集成电路加快产业集聚、完善上下游配套，盯促三安集成电路、紫光科技园一期等4个项目建成投产。加快培育新材料特色产业链，推动金路通新材料、宸鸿电子等项目加快建设，支持火炬特种金属等企业加强自主研发。

——大力推进创新驱动。大力发展新技术、新业态、新模式，着力培育“两高”企业，完善“科技型中小微企业—市级高新技术企业—国家级高新技术企业”的梯次培育体系，力争年内新增高新技术企业、高成长企业42家，规上高新技术企业产值突破400亿元。鼓励企业与高校、科研院所合作设立产学研协同创新平台，支持厦门国家健康产业国际创新园、百路达众创空间等创业基地加快建设，扶持海普锐等企业建设省市级产品研发重点实验室，力争全年新增创业创新载体7家以上。加快出台创新驱动发展激励政策，完善与企业产值、研发投入等挂钩的创新激励机制。完善和落实“银城113”人才激励政策，培育和引进一批高级技能人才、管理创新人才和科技领军人才。

——加大企业帮扶力度。深入开展“企业服务年”活动，完善和落实区领导挂钩帮扶企业、非公有制企业诉求受理处置等机制，点对点精准帮扶企业纾困解难。大力扶持民营经济，营造更加公平的市场环境，激发民营企业创业热情。密切政银企对接合作，落实固定资产投资贴息、应急还贷等措施，有效解决企业融资难、融资贵等问题。落实国家、省市税费减免政策，力争全年为企业减负30亿元以上。紧盯国内外形势变化，加强政策预调微调，加快完善总部经济、区域经济发展九条措施等惠企政策，营造稳定可预期的宏观环境。

（二）扩大有效投资，积蓄赶超发展新动能

——抓好“项目建设年”活动。对接全市千亿投资工程，推进实施产业投资、地铁及配套、新城建设等7个工程包，加快抽水蓄能电站等440多个主要支撑项目建设。完善“一环两横四纵”骨干路网，加快推进北站连接线、同集路跨线桥、同安东路（同新路—同安大道段）等123个交通建设项目，实现同翔大道（沈海高速—洪新路段）、厦安高速云埔互通等建成通车。强化产业项目支撑，注重扩链、补链、强链，着力推进金牌厨柜四期、华诚纺纤二期等88个主要产业项目建设。

——推动项目滚动接续。健全“五个一批”项目推进机制，紧盯重点产业链群、重大基础设施、重要民生领域，加大晒任务、晒项目、晒进度、晒成效的力度，加快推进项目的谋划生成、招商落地、开工建设和投产达产，确保项目滚动接续。深化“三个一”招商工作机制，统筹开展产业链招商、平台招商和政策招商，盯促天材创新材料、乐源智能制造等40多个在谈产业项目签约落户，推动合兴供应链结算总部、快游结算总部等8个已签约总部项目落地运营，力争全年引进亿元级项目10个以上。

——强化项目用地保障。加快项目用地的收储和出让，清理盘活低效闲置厂房、土地和边角地块，提高土地集约利用率。改造提升工业集中区、轻工食品园等工业园区，推广“工业上楼”，为产业发展腾挪更多空间。加大土地房屋征收力度，落实挂牌督办、项目督察和效能跟踪等机制，全力完成土地征收6800亩、房屋征收80万平方米，重点推进同翔基地五显起步区（三期、四期）、美山路（乐海—潘涂段）等70多个项目征拆，确保城北小区A地块等10多个项目全线交地。

（三）推进乡村振兴，开创“三农”工作新局面

——加快推进农业现代化。落实好粮食安全行政首长责任制，坚守11.92万亩耕地、5.43万亩永久基本农田，实施16个农田水利设施工程，改造11个田间农业灌溉用电设施。实施质量兴农战略，培育果蔬、茶叶、苗木等特色农产品，新增“三品一标”认证产品5个以上。大力发展设施农业，推进百利现代农业科技园等8个农业产业化项目，建成9个农业标准化生产基地和5个设施大棚。积极培育休闲农业和乡村旅游，加快建设康养汀溪、田园竹坝等特色小镇，提升顶村村、军营村等乡村旅游项目，在北部山区适度集中发展乡村民宿。

——打造美丽乡村升级版。加快城乡一体化进程，全年安排2.6亿元，推动公共财政向农村倾斜、公共设施向农村延伸。全力推进“7+10+8”三级试点村、10个美丽乡村项目建设，加快实施军营村和白交祠村“山上戴帽”造林绿化、古坑三角梅基地、竹坝农夫集市等27个产业和基础设施项目，实现“外有形象、内有亮点、产业有典型”。加快建设“四好农村路”，实施道路提升17条64公里、村道硬质化8条7公里，完成危桥改造5座、道路安保工程17个，建成道路亮灯工程31个127公里。推进新一轮农村电网改造，加快建设后田等3个110KV输变电工程。继续实施农村人居环境综合整治，统筹推进“一革命四行动”，新改建农村公厕45座以上；实施10个村容村貌提升工程；建成7个清洁楼；全面完成农村分散式污水处理设施和集中纳管项目建设；巩固提升农村垃圾处理“一把扫把扫到底”成果。

——拓展农民增收新渠道。加大新型职业农民培育力度，建设“订单式”农村人才培训平台，开展实用生产技能、经营管理能力培训1200人次以上，认定新型农民40人以上。加强农村专业人才队伍建设，加快推行科技特派员制度，扩大选派干部驻村蹲点规模。推进退养地块综合利用，实施新一批转产增收项目，促进农民就地就业、创业创收。培育新型经营主体，发展村级合作组织，探索资源利用、劳务输出、物业管理、混合经营等增收新途径。

（四）统筹新老城区，建设宜居宜业新家园

——高标准建设新城。持续推进同翔高新技术产业基地、丙洲和美峰两个现代服务业基地建设，重点培育信息研发、总部经济、高端制造和旅游度假等产业，着力引进一批关联度大、带动性强的大项目、好项目，打造全市高端产业集聚新高地。全面梳理新城空间布局规划，加快美山路等40条道路建设，推进西柯污水处理厂、同翔基地综合管廊等11个公共市政配套工程，实施滨海旅游浪漫线二期等景观提升项目，建设东海二中、环东海域医院等社会事业项目，力争全年完成投资196亿元，促进产城深度融合。

——高要求提升老城。对标全国生态园林城市创建要求，安排7.4亿元资金，加快推进“城市双修”工程，增强老城区承载力，彰显千年同安人文魅力。推动同安绿道系统加快建设、通山连海，新改建苏颂公园等4个市民公园，完成环城南路等7条城区夜景工程，推进三秀、后炉等老旧小区提升，实施城西市场、乌涂商业街等改造，推动旧城焕发新生机。打通一批城区断头路，改造东山路等11条城区道路，新建阳翟小学等4座人行天桥，新增一批公共停车场，畅通交通微循环。扩建同安污水处理厂，完成老城区、城东工业园、工业集中区等污水管网改造工程，完善公共配套。

——高水平管理城市。实施一批智慧惠民工程，推进城市管理、文明创建、综合执法等多领域融合。积极探索“路长制”“街长制”城市管理模式，建立健全多部门联合执法机制。持续抓好“两违”综合治理，大力推进“卫拍”图斑整改，确保“两违”零增长。全面推进“门前三包”，规范早夜市、农贸市场经营秩序，加强占道经营、户外广告、流动摊贩等专项整治。深入推进垃圾分类处置利用，提高群众知晓率、参与率和投放准确率，实现城乡社区全覆盖、生活垃圾无害化处理率100%。持续开展“银城文明引力波”行动，组织开展清洁家园等志愿服务，巩固省级文明城区创建成果。

（五）加强环境治理，厚植绿色发展新优势

——打好污染防治攻坚战。持续抓好中央和省环保督察反馈问题整改。坚决打赢碧水保卫战。全面落实“河长制”“湖长制”，深入开展四大流域治理攻坚行动，推进隘头潭截污系统、老城区截污工程、工业集中区雨污分流等整治项目。加快建设118公里河道安全生态水系，推进退养地块复垦，加强流域沿岸“两违”综合整治，实现河畅、水清、岸绿、生态。落实好水源保护区生态补偿机制，严查严处饮用水源地保护区内环境污染行为，确保饮用水源地水质达标率100%。坚决打赢蓝天保卫战。落实清洁空气行动计划，严格执行大气污染排放限值管理，统筹推进VOCs（挥发性有机物）、道路扬尘、工业粉尘和餐饮油烟等污染整治，确保全年空气质量优良率98.3%以上。坚决打赢净土保卫战。深入落实“土十条”，加快完成土壤污染普查，依法严打小电镀，严防重金属污染。减少农业面源污染，推广低毒低残留农药，推进新肥料新技术应用，力争全年农药、化肥使用量减少3%。

——大力推进绿色发展。完善环境准入负面清单，严格污染物排放总量控制、污染物排放标准和清洁生产等要求，形成产业结构、生态空间和总量控制“三位一体”的环境准入模式。大力发展循环经济，推广应用节能环保新技术，完成科创园污水利用示范工程，加快同翔基地等污水再生处理设施建设，推动东环能源、同集热电等集中供热系统改造提升。积极培育绿色产业，推动传统制造业清洁化改造，引进一批资源消耗低、环境污染小、经济附加值高的新兴产业。

——完善生态文明制度体系。健全生态文明建设和环境保护目标责任制，实施领导干部自然资源资产离任审计，落实损害生态环境终身追责制度。实行生态空间用途管控，强化规划环评和生态保护刚性约束，坚持“一张蓝图”绘到底。推行“信息化＋网格化”模式，推动智慧环保平台与基层环保网格员互动互补，实现环保监管全覆盖。严格环境执法监察，落实环保信用评价、排污信息在线公开等制度，制止和惩处破坏生态环境行为。

（六）深化改革开放，释放高质量发展新动力

——推进重点领域改革。统筹推进经济体制、行政管理体制等多领域改革，着力增强改革系统性整体性协同性，为高质量发展释放动力活力。完成行政管理体制改革，严格按照全市统一部署，加快转变政府职能，高效合理设置政府机构。分类推进事业单位改革，完成生产经营类事业单位转企改制。深化财政预算体制改革，搭建信息化管理平台，建立规范、安全、高效的财政管理体系。深化投融资体制改革，加快设立乡村振兴等产业引导投资基金，撬动社会资本参与经济社会建设。加快社会信用体系建设，建立联合激励与惩戒制度，推进社会信用信息共享。完善知识产权服务体系，促进知识产权成果转化运用。

——深化“放管服”改革。深化商事登记制度改革，推进“多证合一”“证照分离”，力争新增商事主体1.9万户以上。全面推行“双随机一公开”监管模式，着力打造公平有序的市场环境。深化行政审批制度改革，完善区直部门和镇（街）权责清单动态管理，推行“一窗受理、集成服务”“一网通办”等新模式，实现90%以上审批事项“最多跑一趟”。加快政务服务大厅和镇（街）便民服务中心标准化建设，打通基层政务服务“最后一公里”。

——加强对外交流协作。积极对接全市跨岛发展战略、闽西南协同发展区建设，加快构建区域协调发展新格局。主动融入全市建设“海丝”战略支点城市大格局，加强与同安世联会等海内外社团的联谊互动，深化产业合作与民间交流。继续推进东西部对口扶贫协作，协助甘肃省康乐县推进精准脱贫攻坚，实施生态扶贫车间等一批产业项目，完成10村400户建档立卡户脱贫攻坚任务。继续开展“山海协作”和省级扶贫，助推诏安县、上杭县加快精准脱贫。

（七）改善民生福祉，凝聚共建共治共享新合力

——提高公共服务质量。优先发展教育事业。投入7.5亿元，加快推进第二外国语学校扩建等44个学校项目，确保新增义务教育学位6420个、幼儿园学位1980个。振兴乡村教育，办好特殊教育，促进教育优质均衡发展，争创省级“教育强区”。加快建设健康同安。投入2.2亿元，加快推进疾控中心改造等21个项目。完善区总医院运行机制，发展中医特色专科，深化分级诊疗服务，推动优质医疗资源下沉，构建和谐医患关系。实施卫生名医“136”工程，培育引进急需紧缺和高层次人才。积极发展文体事业。加快文体设施建设，改造提升人民体育场、同安影剧院，建成一批邻家公园和老年人健身康乐家园，有序推动学校、机关、企事业单位体育设施对外开放，打造“15分钟公共文体圈”。深化闽南文化生态保护区建设，完成孔庙建筑群、吴必达故居和卢戆章故居修缮保护工程，扶持发展南音、褒歌等非遗项目。培育文化体育产业，加快推进华强文化科技产业园等项目建设，做大做强珠光青瓷、锡雕、漆线雕等传统工艺产业，办好国际拳击联赛、乡村艺术节等活动，确保通过“全国文化先进区”复评。

——提升社会保障水平。健全多层次社会保障体系，完善困难群众帮扶平台，建立健全大病保险、慈善救助等精准帮扶机制，稳步提高社保待遇、低保救助标准，兜牢民生保障底线。鼓励创业促进就业，加强被征地农民、退养渔（农）民、高校毕业生等重点群体就业服务，通过职业技能培训、创业指导等，实现失业人员再就业4000人、城镇困难人员再就业1200人。加快构建多层次养老服务体系，推进镇级照料中心和农村幸福院建设，支持社会资本创办高水平养老服务机构。加强住房保障，推进祥平保障房地铁社区一期、官浔人才公寓、后吴公寓等保障性安居工程项目，完成保障房建设4500套。

——推进城乡社会治理。加强基层组织建设，健全村民自治体系，完善村规民约。创新城市社区治理，推进“三社联动”，创建西池社区等5个社区品牌。深化平安同安建设，推进“七五”普法，推广“枫桥经验”，实施“雪亮工程”，提高综治“三率”水平。深入开展扫黑除恶专项斗争，推动扫黑除恶由治标转向治本。加强金融风险防范化解，控新化旧压降不良贷款，严厉打击违法违规金融活动。完善重大公共安全事件应急救援体系，统筹推进疫情防控、地质灾害防治、防汛抗旱和森林防火等工作。重拳整治道路交通、建筑施工、危险化学品等重点领域安全隐患，有效遏制较大以上安全事故。完善领导干部接访、下访制度，妥善处置问题楼盘、劳资纠纷等信访问题，力争案件办结率100%。

继续抓好军民融合、国防动员、妇女儿童、青少年等事业，做好民族宗教、侨台事务、广播电视、档案、气象、科普等工作，推动社会各项事业协调发展。

三、坚持以人民为中心的发展思想，建设人民满意的服务型政府

新时代、新思想，新使命、新征程，我们必须加强政府自身建设，不断提高施政能力和服务水平，努力做到为人民服务、对人民负责、受人民监督、让人民满意。

——提高政治站位。深入学习习近平新时代中国特色社会主义思想和党的十九大精神，牢固树立“四个意识”，坚定“四个自信”，坚决维护以习近平同志为核心的党中央权威和集中统一领导，认真贯彻落实省、市和区委的各项决策部署，确保政令畅通、令行禁止。持续推进政府系统党风廉政建设和反腐败斗争，全面加强审计监督和财政监管，坚决整治侵害群众利益的不正之风和腐败问题。严格落实中央八项规定精神及其实施细则，严控“三公”经费，坚决防止“四风”问题反弹。

——严格依法行政。加强法治政府建设，严格按照法定权限和程序行使权力、履行职责。依法接受人大法律监督和工作监督，主动接受政协民主监督，高质量办理人大代表建议、政协委员提案。加强民主协商，密切与各民主党派、工商联、人民团体和社会各界人士的沟通联系，自觉接受社会监督和舆论监督。进一步完善政府工作规则，推进决策、执行、管理、服务结果公开，持续提升政府公信力。

——加强能力建设。坚持目标导向和问题导向，树立服务意识，进一步增强执行力，以“钉钉子”精神狠抓落实。大兴调研之风，深入基层一线，学思践悟、躬身笃行，着力提升服务于高质量发展的能力水平。保持攻坚克难作风韧劲，牢牢把握工作主动权，提高处理各种复杂矛盾的能力。推进公职人员专业化建设，增强专业素养、专业能力和专业精神。

——强化担当作为。聚焦中心工作、重点项目，推行工作项目化、项目清单化、清单责任化。完善决策部署执行、监督、考评、奖惩等工作机制，加强效能督查和实绩考核，严肃追究不担当、不作为行为。健全正向激励、容错纠错等机制，为干事者撑腰，替担当者负责，激励各级干部敢于负责、建功立业。

各位代表！实干成就梦想，奋斗铸就辉煌。让我们更加紧密地团结在以习近平同志为核心的党中央周围，高举习近平新时代中国特色社会主义思想伟大旗帜，在区委的坚强领导下，抢抓机遇、奋勇争先，踏石留痕、真抓实干，为全面建成小康社会、加快推进富美同安赶超发展而努力奋斗！

规范性文件选编

同安区关于厦门市民宿管理暂行办法的实施意见（试行）

厦同政办〔2018〕16号

（2018年2月13日）

为加强我区民宿业的规范管理，促进民宿业健康有序发展，根据《中华人民共和国旅游法》《厦门市民宿管理暂行办法》（厦府办〔2017〕71号，以下简称《办法》）及相关法律、法规和政策规定，结合本区实际，制定本实施意见。

一、民宿的范围界定

本区可申报民宿的区域：汀溪镇、莲花镇、五显镇、竹坝开发区可划定适当的区域发展民宿，具体区域由相关镇（开发区）根据实际情况划定。

自然保护区、饮用水水源一级保护区、重要的自然与文化遗产、风景名胜区的核心景区等区域，禁止新建、扩建民宿项目。

民宿的经营规模，单栋房屋客房数不超过14间，建筑层数不超过4层，且建筑面积不超过800平方米，涉及违法的建筑物不得用于经营民宿。

二、管理机制

实行政府牵头、属地管理、联合核验、部门监管的管理机制。本区人民政府确定区旅游局统筹协调民宿管理相关工作。相关镇（开发区）为民宿申报受理和日常工作牵头管理单位。

民宿开办者可依照个人意愿申请联合核验，不得强制。未申请联合核验的，经营者依照有关法律、法规规定向有关行政管理部门办理相关手续。

三、联合核验工作机制

联合核验证明是相关镇（开发区）及有关部门对民宿经营者是否符合《办法》规定开办条件的确认，不是民宿开办的行政许可或者审批。

相关镇（开发区）负责受理本辖区民宿开设申请材料，并在自受理之日起15个工作日内组织本镇（开发区）、建设、环保、消防、公安（治安）、卫计、农林、市场监管、城市管理行政执法、安监、旅游等部门对拟开办民宿进行联合核验，并在联合核验表中出具书面意见。

相关镇（开发区）内设工作部门具体核验拟开办民宿的建筑物权属证明材料，是否符合城乡规划的相关规定。

建设部门核验拟开办民宿的建筑物是否符合质量安全的相关要求，且是否经具有资质的第三方机构鉴定安全；使用瓶装燃气的民宿是否符合燃气使用管理相关规定。

环保部门核验拟开办民宿是否符合环保有关规划、规定。

消防部门核验拟开办民宿的消防安全是否符合《农家乐（民宿）建筑防火导则（试行）》（建村〔2017〕50号），且是否经第三方消防安全评估合格。

公安（治安）部门核验拟开办民宿的治安管理是否符合相关规定。

卫计部门核验拟开办民宿的环境卫生、从业人员健康状况等是否符合相关规定。

农林部门核验拟开办民宿的建筑物是否符合农林牧渔业发展的相关规定。

市场监管部门核验拟开办民宿是否符合食品经营许可的相关规定。

城市管理行政执法部门会同所在镇（开发区）核验拟开办民宿的建筑物是否为合法建筑物，是否符合城市管理的相关规定。

安监部门核验拟开办民宿是否建立健全安全管理

制度；

旅游部门核验拟开办民宿是否符合《办法》中第一条所明确的民宿定义、经营规模等要求。

各部门应明确申报核验所需材料和要求。

四、部门管理

各相关部门应当依法加强民宿安全的监督检查和动态管理。对不符合本实施意见要求，且有违法情节的民宿设施，公安、市场监督、卫计、建设、城市综合管理等有关部门依照《中华人民共和国消防法》《中华人民共和国食品安全法》《旅馆业治安管理办法》《厦门经济特区商事登记条例》《厦门经济特区无照无证经营查处办法》《厦门经济特区燃气安全监管若干规定》等法律、法规、规章进行查处。涉及文物保护的，依照国家有关文物保护的法律、法规执行。

五、行业自律

相关镇（开发区）负责在民宿聚集区牵头成立民宿协会。民宿协会是民宿业自律组织，在镇（开发区）、旅游部门及相关部门的指导下建立自律监管机制，发挥好行业自律作用。

六、申办程序与时限

（一）申请联合核验的民宿经营者在指定网站（区政府网站）下载并填写《厦门市同安区民宿经营申报联合核验表》及提供相关申报材料：

1. 申请报告；

2. 商事主体登记证明材料；

3. 法定代表人或负责人的身份证件及复印件；合法雇佣外籍人员的，应同时提供外籍人员务工证明；

4. 民宿建筑的产权证明（或住宅合法建造证明）及房屋租赁合同原件、复印件；

5. 标明经营场所各层出入口、内部通道、客房房号等功能区分布以及监控、消防等技防设施安装位置的平面示意图。

（二）相关镇（开发区）受理本辖区民宿申报材料，审核材料是否齐全。对于材料不齐全的，当场一次性告知；对于材料齐全的，将审核材料报送区旅游局，由区旅游局向各职能部门分发申报材料。

（三）各职能部门负责审核申报材料是否符合要求并在 3 个工作日内就是否可以受理书面反馈给所在镇（开发区）。若申报材料不符合要求，所在镇（开发区）应在 3 个工作日内告知申报人，并一次性通知申报人补充所需材料。

（四）所在镇（开发区）向申报材料符合要求的申报人出具受理通知书，并在自发出受理通知书之日起 15 个工作日内牵头组织各职能部门进行现场核验；各职能部门应在现场核验之日起 3 个工作日内出具书面核验意见并反馈给所在镇（开发区）。

（五）所在镇（开发区）汇总各部门核验意见，对不符合开办条件的，出具不符合开设条件告知书，民宿经营者在整改后可重新申报；符合开办条件的，出具核验证明，并报区旅游局备案。

（六）民宿经营者应当凭核验证明向属地市场监管部门办理有关经营场所备案，向属地公安机关申请安装和开通民宿治安管理信息系统，并签订《民宿经营治安管理责任状》。

（七）所在镇（开发区）按照“一表一档”做好民宿核验工作的归档保存工作。

七、经营责任

民宿经营者作为民宿经营主体，应当做到：

（一）依法经营，诚信经营，合理收费，依法纳税。

（二）严格履行安全生产主体责任，按照《办法》要求采取必要措施保障消防、治安等安全，并投保公众责任险、火灾财产险、旅客意外险。

（三）主动接受各相关职能部门监管。

（四）积极参与民宿协会开展的行业自律工作。

（五）民宿发生相关变更，如房屋改造装修、经营者变更等，必须按照本实施意见重新申报。

八、其他

（一）本办法由区旅游局负责解释。

（二）本办法自公布之日起暂试行一年。

厦门市同安区安置房建设与管理暂行规定

厦同政〔2018〕56号

（2018年4月16日）

第一章　总　则

第一条　为适应我区建设发展需要，进一步规范我区安置房的建设与管理工作，根据《厦门市安置房建设与管理暂行规定》等有关法规和规章，结合本区实际，制定本暂行规定。

第二条　本暂行规定适用于本区范围内安置房的建设与管理，包括建设计划、项目建设、楼盘信息管理、配售管理、过渡安置补助费管理、物业管理、公建配套设施、维护及提升改造、产权证办理、监督管理等工作。

第三条　本暂行规定所称安置房是指由政府建设或回购的，用于财政性投融资建设项目和其他由政府负责征收的建设项目的安置用房，以及用于危房改造、地质灾害点搬迁、政府土地收储的安置用房和由市、区政府确定用途的政策性住房。

安置房应严格按本暂行规定配售并专项用于所批准的安置项目，任何单位和个人不得擅自销售，不得挪作他用。

第四条　按照总量控制、集中管理、按计划建设的原则，全区安置房实行统一规划、统一建设、统一回购、统一配售、统一管理。

第五条　区政府成立社会保障性住房建设与管理工作领导小组统筹全区安置房建设与管理工作，领导小组办公室（以下简称：“区保障办”）挂靠区建设局，负责协调处理安置房建设与管理日常工作。发改局、财政局、审计局、国土房产局、规划分局、土地房屋征收办、土地房屋征收事务管理中心、区属国有企业等单位及各镇（街、场）按照各自职责分工，做好安置房建设与管理相关工作。

第二章　建设计划

第六条　各镇（街、场）及其他安置房用房单位应于每年9月份向区保障办申报下一年度安置房需求计划。

第七条　区社会保障性住房建设与管理工作领导小组牵头组织成员单位对各镇（街、场）及其他安置房用房单位申报的安置房年度需求计划进行联审，并综合全区年度固定资产投资计划、财政投融资计划、农用地转用计划、城市空间规划等因素，按实际需求和适当增加提前量的原则编制全区安置房年度建设计划和用地计划，报经区政府批准后，确定安置房建设计划。

第八条　安置房建设用地纳入年度土地供应计划，以划拨方式供应。

停止审批企业利用乡镇企业用地、工业用地建设安置房的申请；鼓励土地收储机构收储集体建设用地、工业用地，在符合土地总体规划和城市空间规划的前提下，多渠道提供安置房建设用地。

第九条　安置房项目经区政府批准后，由区政府向市建设行政主管部门申报建设计划。

区保障办应依据区政府和市建设局（市保障办）批准的全区安置房年度建设计划，综合项目安置对象、项目用地及周边配套等因素实施安置房项目建设。

第十条　市规划委同安分局按照全区安置房年度建设计划会同拟建安置房项目所在镇（街、场）负责落实项目用地选址，安置房项目选址原则上应选择净地或不受征拆影响的地段，并按照经审批的安置房项目建设计划办理具体项目的相关规划审批手续。

第十一条　市国土房产局同安分局按照全区安置房年度建设计划负责将安置房的建设用地列入全区的土地供应计划，并按照经审批的安置房项目建设计划办理具体项目的用地审批手续。

第十二条　区发改局按照经审批的安置房项目建设计划和基本建设程序，办理具体项目的立项审批手续。

第十三条　区财政局负责区级安置房建设资金预决算审核，牵头协调安置房项目筹融资工作，审批安置房资金用款申请，批复项目竣工财务决算以及对项目各项财务活动实施财政财务监管等。

第十四条 区保障办应于每年第四季度将下一年度安置房项目建设计划、规模、安置地点等相关情况在对外公示栏和门户网站进行公布。

第三章 项目建设

第十五条 安置房项目实行代建制或回购制，由区保障办作为业主单位，委托具有相应房产开发资质的市、区属国有或国有控股企业代建。由区保障办与代建单位签订委托代建合同并实施管理。代建费按区财政性投融资项目建设管理的有关规定计取；尝试建立部分安置房项目试点代建总承包建设机制。由区保障办作为业主单位，在征得市、区政府批准后，采用邀请招标的方式确定代建总承包联合体单位（代建、施工、设计单位联合体）。

鼓励市、区属国有企业利用自有资金建设安置房，工程竣工验收后，区保障办就市、区属国有企业利用自有资金的安置房项目测算回购价格，报区政府批准后组织实施安置房项目收购工作。

第十六条 按本暂行规定实行代建制的安置房项目，代建工作包含以下主要事项：

（一）项目可行性研究、投资概算（不含土地房屋征收补偿费用）等编制管理；

（二）项目勘察、设计单位招投标工作；

（三）项目的勘察、方案设计、初步设计等编制管理；

（四）项目前期阶段所需的各项审批事项的办理；

（五）项目的施工图设计及审查的管理；

（六）项目监理、施工单位、设备材料等事项的招投标管理；

（七）项目建设实施阶段所需的各项审批事项的办理；

（八）项目的工程施工管理；

（九）项目的工程竣（交）工验收和保修维修管理；

（十）项目的工程结算文件编制及实施管理；

（十一）建设项目竣工财务决算工作；

（十二）项目建设档案资料管理。

第十七条 安置房建设应执行国家住宅建设技术规范，力求节能省地，适合安置。

安置房的户型、面积原则上按照以下标准执行：

（一）多层住宅建筑面积：单身公寓 40 平方米，一房一厅 50—60 平方米；二房一厅 70—80 平方米；三房一厅 85—90 平方米；

（二）高层住宅建筑面积：单身公寓 40 平方米，一房一厅 55—65 平方米；二房一厅 75—85 平方米；三房一厅 90—110 平方米。

用于征收农村住宅的安置房，可在上述户型的基础上，适当增加 100—150 平方米的户型。用于定向征收安置的项目，由项目所在镇（街）负责征求或调查收集被征收人对户型、面积的意见，并将结果向业主单位书面提出，业主单位可根据被征收人的意见对安置房户型及面积做相应调整。

第十八条 全区安置房项目的配套设施、装饰装修应执行统一的建设标准，具体建设标准由区保障办负责制定，报区政府批准后实施。

全区安置房项目的施工图设计文件由具有法定审图资质的审图所负责审查，确保建设标准的规范、统一。

第十九条 项目的建设标准、设计思路、配套设施等由项目业主提供；对涉及工程质量、进度和投资等重大变更，根据区政府相关规定执行。

第二十条 项目业主应对代建单位的项目管理工作进行监督和检查；代建单位在代建合同约定范围内就项目的投资、质量、工期和安全向项目业主负责。

第二十一条 安置房项目的勘察、设计、施工、监理以及与工程建设有关的材料、设备等的采购，依法必须公开招标的，代建单位应按招投标法律、法规、规章和本市有关规定进行招投标。

第二十二条 安置房项目竣工验收的程序和组织按国家有关规定执行。代建单位组织项目竣工验收时，应通知项目业主参加竣工验收；代建单位应在安置房项目建设工程竣工验收后移交项目业主单位，并移交完整的项目建设档案。

第二十三条 本区自行组织建设、回购的安置房无法满足项目安置需求时，区保障办可以根据区政府的授权，向市建设局（市保障办）申请调剂市属或跨区安置房源，用于项目安置。

第四章 楼盘信息管理

第二十四条 区保障办应建立健全统一的安置房楼盘信息管理系统，实现与有关管理部门信息共享。区保障办负责统一管理安置房楼盘信息管理系统，区土地房屋征收事务管理中心、安置房物业服务公司等单位按职责分工负责相关信息的动态更新。

第二十五条 安置房楼盘信息应包括安置房的具体地点、房号、户型、户型平面图、面积、现房或期房以及房屋安置基本情况。

安置房项目业主应在取得安置房项目施工图设计

文件审查合格书后15日内，按要求在安置房楼盘信息系统上建立楼盘表。

属房屋征收/土地收储项目的，区土地房屋征收事务管理中心应在《房屋征收补偿安置协议》/《XX项目土地收储房屋安置协议》经审核确认后15日内将安置信息输入安置房楼盘信息系统。

第五章 配售管理

第二十六条 区土地房屋征收办公室负责政府用于土地收储及由政府确定用途的安置房指标分配管理工作；区土地房屋征收事务管理中心负责征收项目安置房指标分配管理工作。

区保障办负责安置房的配售管理工作。

安置房配售价格由区建设局（保障办）会同征收办、区财政局测算后由区建设局（保障办）报区政府审定或批准，原则上按每个项目单独报送。

第二十七条 征收/土地收储项目使用安置房按以下程序申请：

（一）各镇（街、场）或用房单位根据征收/土地收储项目初步调查摸底情况向区土地房屋征收事务管理中心提出安置房指标申请，区土地房屋征收事务管理中心负责对各镇（街、场）或用房单位提交的安置房申请进行审核，兼顾就近安置原则，出具《安置房指标分配通知书》。《安置房指标分配通知书》应包括安置房项目名称、套数、户型、面积等意见。

初步调查摸底可委托征迁公司具体实施。

（二）区保障办审核房源分配清单

区土地房屋征收事务管理中心将拟定的房源分配清单（包括安置房项目名称、套数、户型、面积等）报区保障办审核确认，并由区保障办报区社会保障性住房建设与管理工作领导小组批准。

（三）安置房申请获批后，安置房使用单位凭《安置房指标分配通知书》及征收/土地收储项目相关材料向区保障办办理安置房购买（调拨）手续。

属直接调拨的，区保障办根据安置房供需计划、《安置房指标分配通知书》有关安置房的套数、户型、面积及地点等意见，确定安置房项目、房号等，报区财政局出具安置房调拨函。

属配售的，区保障办根据安置房供需计划、《安置房指标分配通知书》有关安置房的套数、户型、面积及地点等意见，确定配售的安置房项目、房号等，与安置房使用单位签订《安置房销售协议》，安置房使用单位应同时缴纳安置房预付款，其中期房应缴纳50%，现房应缴纳100%。

（四）安置房使用单位应在签订《房屋征收补偿安置协议》/《××项目土地收储房屋安置协议》之日起5个月内提交区土地房屋征收事务管理中心审核，经区土地房屋征收事务管理中心审核确认后15日内向区保障办办核销房源。

（五）核销后剩余的房源由区保障办收回。属配售的，退还购房款本金。

（六）征收/土地收储项目需要增加安置房源的，按上述程序办理。

区保障办应在《安置房销售协议书》签订后10日内将安置房销售信息录入安置房楼盘信息系统，并定期将安置房使用情况报区政府和市建设局（市保障办）备案。

第二十八条 各镇（街、场）或安置房使用单位应按照《安置房指标分配通知书》确定的征收/土地收储项目、房源与被征收人签订《房屋征收补偿安置协议》/《XX项目土地收储房屋安置协议》，不得随意自行调配房源，并及时上报区土地房屋征收事务管理中心审核。

各镇（街、场）如确因实际需要调配房源的，报各片区征迁指挥部初步研究后，由指挥部办公室报区重大办初审，区政府分管副区长“一支笔”审批。

区土地房屋征收事务管理中心在审核《房屋征收补偿安置协议》/《XX项目土地收储房屋安置协议》时应确认协议中的安置房源与该征收项目取得的《安置房指标分配通知书》中房源是否一致，如不一致应不予审核并退回用房单位，审核通过的应将审核后的征收协议编号、征收/土地收储项目、房号等信息及时录入安置房楼盘信息管理系统。

第二十九条 征收/土地收储项目使用安置房办理价款结算的，由征收/土地收储人、征迁实施单位及时整理经区土地房屋征收事务管理中心审核通过的《房屋征收补偿安置协议》/《XX项目土地收储房屋安置协议》汇总使用安置房情况及其它相关材料进行项目结算，经区保障办核实确认使用安置房的地点、面积、价款等情况，区财政局及用房单位核实确认征收项目使用安置房价款缴交情况并办理结算事宜。

第三十条 安置房达到交付使用条件后，项目业主单位应及时告知各镇（街、场）办理交房事宜。各镇（街、场）或受其委托的征收实施单位接到项目业主单位的交房通知后，应于30天内在市级媒体上发布安置房交房公告，公告内容应包括过渡安置补助费发放的停发时点，同时将公告内容书面通知被征收人，并将有关情况抄报区土地房屋征收事务管理中心、区财政局。

各镇（街、场）受其委托的征收实施单位办理交房手续时，应提供房屋征收补偿安置一览表、经区土地房屋征收事务管理中心审核的房屋征收补偿安置协议书、购房款及被征收人超面积安置应交安置房价款缴清证明等材料，区保障办原则上凭上述材料并核对无误后，出具《交房通知书》。各安置房物业服务企业凭区保障办出具的《交房通知书》给予办理交房入住手续，并提供安置房《住宅使用说明书》和《住宅质量保证书》。

第三十一条 全区安置房发票的开具由业主单位负责；安置房办理房屋权属登记时应提交业主单位开具的票据。

第三十二条 各责任单位应按规定完成安置房建设和管理相应工作，并自觉接受监察、审计、财政部门的工作监督。

第六章 过渡安置补助费管理

第三十三条 本暂行规定所称过渡安置补助费是指征收人对被征收人因房屋被征收后自行安排住处给予的补助费用。

第三十四条 过渡安置补助费发放期限：起算时点为从被征收人签署被征收房屋移交单，并将被征收房屋完整移交给征收人之月起，计发过渡安置补助费；停发时点为征收人公告（或书面通知）交房时间的下月起，停发过渡费；在安置房交房时，征收人应一次性补助被征收人三个月的安置房装修过渡费。（关于过渡期限的计算，涉及新的文件规范表述。是否修改以区房屋征收部门意见为准。）

第三十五条 房屋征收实施单位应在房屋征收补偿安置协议中明确过渡安置补助费发放标准、起算时点、停发时点。过渡安置补助费的发放标准以市、区政府的有关规定为准。

第三十六条 各镇（街、场）或受其委托的征收实施单位应规范过渡安置补助费发放管理，按征收项目建立台账，每季度向区保障办、区土地房屋征收事务管理中心、区财政局汇总上报各征收项目过渡安置补助费发放情况。区财政局应定期对各镇（街、场）过渡安置补助费的发放情况进行监督检查。

第七章 物业管理

第三十七条 安置房项目竣工后，由区属国企下属有资质的物业服务企业进驻提供前期物业服务，前期物业服务期限为三年，前期物业服务收费标准按《厦门市同安区财政局关于规范同安区安置房和“金边”外口公寓物业费定额标准的通知》（同财农〔2017〕68号）文执行，前期物业服务费由区财政包干补贴给物业服务企业。

第三十八条 安置房小区实行属地管理，三年前期物业服务期满后，由所在镇（街、场）牵头组织成立安置房小区业主委员会实行业主自治。

安置房小区成立业主委员会后，依法选聘物业服务企业入驻管理。

第三十九条 安置房小区共用部位，公共设施设备的维修、更新、改造原则上从日常专项维修资金中支出，日常专项维修资金不足时，可向市建设主管部门申请使用首期专项维修资金。

其中：日常维修。物业服务企业根据实际需求编制日常维修计划，报项目业主审批后实施，物业服务企业应按季度将维修资金的开支情况在小区显著位置公示不少于10天。

为确保维修项目得到及时修复，由各安置房小区物业服务企业择优选择维修单位，维修规模、采购金额达到招标或政府采购标准的，应按规定通过公开招标或参照政府采购方式确定实施单位。

第四十条 安置房小区的建筑废土清运费、公共水电费等物业管理相关费用缴交按有关规定执行。

第四十一条 安置房小区物业服务企业应做好小区管理与服务工作，区建设局（保障办）、各镇（街、场）应牵头做好安置房物业管理和服务质量的考核工作。

第八章 公建配套设施管理

第四十二条 安置房项目的公建配套设施包括非营业性配套设施和营业性配套设施。非营业性配套设施主要指物业管理用房、变配电室、清洁楼、设备用房、社区服务用房、幼儿园等；营业性配套设施主要指商场、店面、生鲜超市、农贸市场、地下车库等。

第四十三条 安置房项目竣工后，由项目业主向相关管理单位发移交函，并附移交清单，各公建配套接收单位应在收到移交函后30天内接收并办理完成书面移交手续，负责配套公建设施的后续管理工作。要与现行公建配套相关规定一致。

第四十四条 安置房小区非营业性配套公建的移交、使用应遵守下列规定：

（一）物业管理用房移交给业主委员会用于本小区的物业管理，面积为住宅区总建筑面积的千分之四；

（二）配变电室移交给电业部门进行管理；

（三）清洁楼移交给区保障办环卫处进行管理；

（四）设备用房移交相关专业部门管理；

（五）社区服务用房移交给所在镇（街、场）进行管理；

（六）幼儿园移交给区教育局使用及管理。

第四十五条 安置房小区营业性配套公建移交、使用应遵守下列规定：

（一）安置房小区店面、车库等营业性配套公建优先用于安置；

（二）未安置的店面、车库、生鲜超市等营业性配套公建移交给区属国企统一进行管理；

（三）未安置的营业性配套公建不得出售或变相出售，出租的收益收归区财政。

第四十六条 非营业性配套设施只能用于规定用途，任何单位和个人未经批准不得出租、出借或改变用途；用于出租的营业性配套公建由区属国企按照国有资产经营管理的有关法律、法规执行。

第九章 维护及提升改造

第四十七条 本暂行规定所称维护是仅指在安置房交房前或交付过程中发现的安置房套内质量瑕疵进行维修及提升改造，不包括在质量保修期内应由施工单位维修及提升改造的项目，以及应使用公共维修金维修的项目。本暂行规定所称提升改造是对安置房小区配套不完善的公建设施、设备进行提升改造，以优化安置房小区的整体居住环境。

第四十八条 安置房维护和提升改造工作由项目业主负责组织实施，项目业主单位应按有关规定择优选择维修或施工单位、监理单位。

第四十九条 安置房小区物业服务企业或安置房业主在安置房交付前或交付程中发现室内质量瑕疵确需维修的，应会同实施维修单位的专业人员进行现场勘察，查明原因界定责任，对于确定属于安置房室内项目维修范围的（不在质量保修期内以及不属于专项公共维修金维修的项目），安置房物业服务企业应向项目业主提交申请维修材料，申请维修材料应包括维修项目基本情况、维修工程量、维修工程预算、相关影像资料及图纸等。

第五十条 项目业主根据物业服务企业提供的申请维修材料，组织监理单位、维修公司、物业服务企业等进行现场核实，并对经核实的维修项目进行初步审核后根据相关程序报批。

第五十一条 项目批准后，维修公司应立即组织人员进场维修。维修项目完工后，由项目业主组织监理单位、维修公司、物业服务企业、安置房业主对维修项目进行验收，验收不合格的，维修公司无条件予以返工维修直至合格。

第五十二条 项目业主按季度汇总维修公司已完工且验收合格的维修项目，报送决算材料送区财政审核中心审核。区财政部门根据项目业主单位提交的用款计划和审核结果做好资金保障。

第五十三条 项目业主应在当年 12 月底编制下一年度套内维修资金、提升改造项目及资金支出预算，区发改局、区财政局审核后编入财政年度支出预算。

第五十四条 提升改造项目竣工后，项目业主应组织监理单位、施工单位、物业服务企业等单位现场验收，验收合格的给予办理决算，并将决算材料报区财政审核中心审核，区财政部门根据项目业主单位提交的用款计划和审核结果做好资金保障。

第五十五条 项目业主应加强专项资金使用的管理和监督，并自觉接受区财政、审计、监察部门的监督检查。

第十章 产权证办理

第五十六条 区社会保障性住房建设与管理工作领导小组统筹协调安置房产权证办理事宜。区保障办负责协调处理安置房产权证日常事务；区土地房屋征收事务管理中心负责《房屋征收补偿安置协议》/《XX项目土地收储房屋安置协议》审核确认工作；安置房项目代建 / 建设单位负责安置房项目权属初始登记办理工作及负责安置房个人产权分户转移登记办理工作。

代建 / 建设单位应将产权办理情况报业主单位，由业主单位及时录入安置房楼盘信息管理系统。

安置房产权办理涉及的其他单位应积极配合安置房产权办理工作，并及时提供相关办证手续资料。

第五十七条 安置房项目代建 / 建设单位应在安置房项目竣工验收备案完成之日起 1 年内完成项目权属初始登记，并于交房之日起 2 年内完成安置房个人产权分户转移登记。

第五十八条 各安置房产权证办理责任单位应主动、及时上报安置房产权证办理进度及存在问题，并提出解决问题的建议供区社会保障性住房建设与管理工作领导小组决策参考。

第五十九条 代建 / 建设单位应当安排专人负责安置房产权办理工作，业主单位、房屋征收人 / 土地收储主体等各相关单位负责提供《房屋征收补偿安置协议》/《××项目土地收储房屋安置协议》、发票等产权办理资料；安置房产权办理工作经费由区财政统筹解决，根据安置房产权面积及地下车位等公建部分产权面积计算，按 20 元 / 平方米（或 400 元 / 本）标准支付给代建 / 建设单位。

第十一章 监督管理

第六十条 建立安置房监督检查机制，区保障办牵头组织相关职能部门对安置房的建设和管理情况进行监督检查。并由保障办每半年向区政府报告一次全区安置房建设、使用和管理情况。

第六十一条 区审计局负责牵头组织每年对安置房建设资金的使用管理、配售资金的缴交、套内维修资金、提升改造资金的使用等情况进行监督检查。

第六十二条 区建设局、区保障办、区发改局、区财政局按照职责对代建单位进行监督管理。

第六十三条 区土地房屋征收办公室联合区审计局、区财政局、项目业主负责对各镇（街）安置过渡费发放、规范征收行为进行监督管理。

第六十四条 区保障办负责对安置房小区的物业管理单位进行监督管理。

第六十五条 区保障办应做好安置房项目建设、配售等资料的收集、管理和归档工作，建立完整的安置房项目档案。

第六十六条 在安置房建设和管理工作中，相关部门工作人员玩忽职守、滥用职权、徇私舞弊的，依法追究行政责任；构成犯罪的，依法移送司法机关追究刑事责任。

第十二章 附 则

第六十七条 用于危房改造、地质灾害点搬迁的安置用房的配售管理程序由市国土房产分局同安分局、区农林局会同区保障办另行制定；营业性配套公建售卖处置方法由区保障办会同区财政局另行制定。

第六十八条 按市里有关规定，区级安置房源需转为其他用途的，需经过区政府常务会议研究通过后执行。

第六十九条 本规定由区保障办负责解释。

第七十条 本规定自发布之日起施行，有效期2年。

关于加快推进企业改制上市的若干意见

厦同政〔2018〕85号

（2018年6月13日）

为贯彻落实《国务院关于进一步促进资本市场健康发展的若干意见》（国发〔2014〕17号）、《福建省人民政府关于加快推进企业上市的意见》（闽政〔2007〕13号）、《福建省人民政府关于进一步做好我省企业上市工作的实施意见》（闽政办〔2010〕21号）和《厦门市人民政府关于推进企业上市的意见》（厦府〔2016〕362号），结合我区实际，现对《厦门市同安区人民政府关于加快推进企业上市的若干意见》（厦同政〔2015〕140号）进行修订，修订后的意见意见如下：

一、明确上市目标

以十九大精神为指导，本着“企业自愿、市场主导、政府推动”的原则，按照“储备一批、培育一批、改制一批、申报一批、上市一批”的工作思路，坚持企业改制上市、强化企业市场竞争力，实现产业结构优化升级与促进建立现代企业制度相结合。力争到“十三五”期末，全区上市后备企业达到30家，2—3家优质企业在境内外证券市场上市，至少20家成长型中小企业在全国中小企业股份转让系统挂牌交易。

二、完善服务保障机制

（一）加强组织领导

以同安区政府主要领导为组长，加强统筹协调能力，有效推进全区企业上市工作。领导小组下设企业上市办公室（简称“上市办”），挂靠区发改局，负责完成各项相关事宜。

（二）安排专项资金

区财政安排专项资金纳入区发改局部门预算，加快兑现企业上市各项扶持政策。

（三）完善工作制度

1. 联席会议制度。领导小组不定期召集成员单位召开企业上市联席会议，加强问题反馈、信息共享、协调沟通、职责明确的协调配合机制，加强对企业改制上市工作的协调服务。

2. 建立“一企一议”制度。企业在上市过程中遇到需要政府协调解决的困难问题，以书面报告报送区上市办汇总。领导小组根据企业反映的具体问题，及时召开专题会进行协调解决。

（四）强化区级上市企业资源库建设

上市后备企业采取企业申报、部门举荐，上市办审核的办法择优遴选。入选拟上市企业资源库的上市后备企业的条件：

1. 工商注册及国、地税务登记地在我区的股份有限公司或有限责任公司；

2. 生产经营和上市募集资金投向符合国家、省市产业政策和环保要求；

3. 盈利能力强、成长性高、发展前景好；

4. 法人治理结构健全、运作规范，最近三年无违法违规行为；

5. 有近三年内上市的设想及初步方案。

区上市后备企业实行滚动管理，符合以下情形之一的，自动退出上市后备企业资源库：

1. 自认定两年内未能开展改制上市实质性工作；

2. 自认定后三个年度内企业仍未上市；

因国家发行政策调整或企业原因导致不再具备上市后备条件。

4. 认定期间内企业上市主体工商注册及国、地税事务迁出我区。

（五）增强第三方监管力度

支持中介服务机构在同安区开展业务，实行中介机构报备制度。中介机构与同安区拟上市企业签定上市或挂牌等直接融资服务合同的，应当在合同签署后十个工作日内向同安区上市办报备有关情况。同安区上市跟踪评价中介机构在同安区执业情况，建立中介机构在同安区执业和诚信档案。

三、实施政策扶持

对在境内、外上市、新三板挂牌、区域股权中心挂牌的本区企业均给予一定扶持奖励，但奖励总额不超过企业上市、挂牌前一年度缴纳的区级税收。

（一）境内外主板（含中小板、创业板）上市扶持奖励

1. 境内首次公开发行上市

（1）企业完成股改，与券商等中介机构签定上市服务协议，在支付服务费用后，区政府最高给予100万元补助。

（2）企业辅导期满并通过厦门证监局验收，区政府给予一次性100万元补助。

（3）企业向中国证监会提出发行上市申请并经正式受理的，区政府给予上市工作经费一次性200万元补助。

2.“买壳”或“借壳”上市

企业按规定异地“买壳”或“借壳”上市后，将上市企业注册地迁入我本区的，一年后给予一次性奖励100万元。

3. 境外首次公开发行上市

本区企业依法在国家证监局认定的境外资本市场上市的，区政府给予200万元工作经费奖励。

4. 上市融资奖励

对在厦门注册的企业依法在境内外证券市场上市后，按照融资金额（包括首次融资、再融资扣除发行费用后的金额，下同）给予奖励。奖励标准为：融资金额在10亿元（含）人民币以上或等值外币的，一次性奖励150万元；融资金额在5亿元（含）~10亿元人民币或等值外币的，一次性奖励100万元；融资金额在2亿元（含）~5亿元人民币或等值外币的，一次性奖励50万元；融资金额在5000万元（含）~2亿元人民币或等值外币的，一次性奖励25万元。

5. 上市募投奖励

（1）企业将募集资金的50%以上（含50%）在我区投资的，按照实际投资金额给予1%的奖励，奖励金额最高不超过500万元。其中在境外上市的，以境外上市监管机构的批准材料为依据。对企业的奖励分两阶段兑现：明确募集资金投向本区时（项目开工）按照相应的奖励金额的50%予以兑现，投资完成后（项目竣工）兑现余下的50%奖励金额。

（2）若企业将募集资金投资于以下用途的，给予额外奖励。

企业募集资金投资于我区涉农产业且带动我区一二三产融合的，投资金额不少于500万元的，按投资金额1%额外给予奖励，奖励金额最高不超过100万元。

企业募集资金投资于我区公共社会事业的，投资金额不少于500万元的，按投资金额1%额外给予奖励，奖励金额最高不超过100万元。

企业募集资金用于对我区企业进行并购、重组的，在完成重组资产产权过户或工商变更登记后，按重组所涉资产增值额的1%额外给予补助，最高不超过100万元。单家上市（挂牌）公司在本区发生多次重组的，合并最高补助不超过100万元。

6. 上市高管奖励

将在境内、外上市募集资金50%以上投资在我区的本区企业，按照实际投资金额给予1%的高管人员专项奖励，奖励金额最高不超过500万元。其中在境外上市的，以境外上市监管机构的批准材料为依据。奖励资金统一支付给企业，再由企业分配给高管个人。

奖励金在企业上市后三年内按 4：3：3 的比例逐年发放。

（二）全国中小企业股份转让系统挂牌扶持奖励

1. 企业依法进入全国中小企业股份转让系统（又名新三板）挂牌，首次在基础层挂牌，一次性奖励 50 万元；首次在创新层挂牌的，一次性奖励 80 万元。企业首次从基础层调整进入创新层挂牌，一次性奖励 30 万元。在全国中小企业股份转让系统内完成首次交易，一次性奖励 70 万元。

2. 企业在全国中小企业股权交易市场开展股权投融资、债券融资等融资活动的，按照境内外主板上市融资奖励条款给予奖励。募集资金返程投资本区的，按照境内外主板上市募投奖励条款给予奖励。

3. 企业进入全国中小企业股份转让系统挂牌后，通过规范管理和有效运营，依法在境内外证券市场成功转板上市的，奖励参照本意见第三点第（一）条第 4、5、6 款执行。

（三）区域性股权交易市场挂牌扶持奖励

1. 企业完成股改并在总部注册于厦门的区域性股权交易市场（不包括分支机构）挂牌的，区政府给予 5 万元经费补助；挂牌后实现交易的，区政府再给予 10 万元奖励。

2. 企业完成股改并在厦门以外区域性股权交易市场挂牌交易的，一次性奖励 10 万元。

（四）其他扶持措施

1. 后备企业申请政府预算内的各类技术改造、技术开发与创新、科技成果转化以及产业化等专项资金，凡符合条件的，按照相关文件要求各有关部门要优先予以安排。

2. 企业在改制上市过程中，以不动产或无形资产作价投资入股的，与接受投资方共同承担投资风险的，可依法充分享受税收优惠。

3. 区上市后备企业在改制过程中，因盈余公积金、未分配利润转增股本而缴纳的个人所得税，由区财政部门按照区级留成部分予以全额扶持。

4. 企业因改制、重组、并购涉及土地使用证、房产证、车船使用证、给排水及供电计划指标、资质等级、自有工业产权等过户时，企业法人代表及实际控制人没有发生变化的，按市级有关规定只收登记费，免收变更、过户交易服务费。对国有企业改制上市在补办土地使用权出手续中涉及土地出让金优惠政策的，依照《福建省人民政府关于批转福建省国有企业改革土地资产处置意见的通知》（闽政〔2002〕33 号）执行。

5. 企业改制上市过程中涉及区级权限内收费项目的一律按收费下限收取。

四、监督管理

对改制上市专项资金使用中违反法律法规的行为，依据《中华人民共和国预算法》、《中华人民共和国会计法》和《财政违法处罚处分条例》等相关规定进行处理处分。对于弄虚作假骗取改制上市扶持资金的申报单位，除按以上规定处罚外，同安区人民政府将通过国家信用体系平台予以严惩，追回已拨付资金，并不再受理相关公共政策支持资金的申请。

五、其他事项

（一）本《意见》涉及的奖励补贴等资金列入区发改局财政预算，专项报批，据实列支。具体由企业提出书面申请，经上市办初审，再报上市办领导小组审核后，由发改局拨付资金。企业应当在阶段工作完成后的半年内提出申请，且同一家企业每项补助或奖励不得重复享受。

（二）享受本《意见》扶持的企业，其注册地 10 年内不得迁出我区，计算期限自企业享受政策扶持之日起开始，否则我区有权追回所有扶持和奖励的资金。

（三）本《意见》中在我区的投资指直接投资，即将货币资金直接投入到我区的投资项目形成固定资产或者购买现有企业的投资，包括：

1. 增加注册主体在我区的在企业注册资本金；

2. 对厂房、机器、设备、交通运输工具、通讯、土地等各种有形资产的投资；

3. 对专利、商标、非专利技术、咨询服务等无形资产的投资；

4. 购买或投资本市企业股权。

（四）本意见自发布之日起实施，有效期为到 2020 年 12 月 31 日为止。在本《意见》生效前，已符合原有《厦门市同安区人民政府关于推进企业上市的若干意见》（厦同政〔2015〕140 号）有关奖励条件的，按原标准给予奖励。

（五）本《意见》实施期间，如遇国家资本市场和上级政策发生重大变化，将及时进行修改调整。

（六）本《意见》由区发改局企业上市办负责解释。

厦门市同安区人民政府
关于促进建筑业加快发展的实施办法

厦同政〔2018〕116号

（2018年7月28日）

为贯彻落实《福建省人民政府关于进一步支持建筑业发展壮大十条措施的通知》（闽政〔2013〕44号）、福建省发展和改革委员会等七部门联合颁布的《关于支持工程建设领域企业转型发展的七条措施》（闽发改法规〔2015〕455号）和《厦门市人民政府关于促进建筑业加快发展的若干意见》（厦府〔2015〕218号）等文件精神，促进我区建筑业发展壮大，结合我区实际，制定本实施办法。

一、鼓励本区建筑业企业做大做强

（一）鼓励本区建筑业企业增产增收

本区建筑业企业在本区入统年产值1亿元（含）以上的，一次性给予产值0.02%的奖励，且当年度入统产值比上一年度增量部分，按产值增量部分的0.03%给予奖励。

同时，根据企业产值增长幅度给予良好记录：产值增长5%（含）—10%（不含10%，下同）的，记C4档次良好记录1次；产值增长10%—20%的，记C4档次良好记录2次；产值增长20%—30%的，记C4档次良好记录3次；产值增长30%以上的，记C4档次良好记录4次。

（二）鼓励本区建筑业企业晋升资质等级

对晋升资质等级的本区建筑业企业，按以下标准奖励：企业最高资质等级晋升为施工总承包特级资质的，在市政府依据厦府〔2015〕218号文奖励300万元的基础上本区再奖励200万元；企业最高资质等级晋升为施工总承包一级资质的，在市政府依据厦府〔2015〕218号文奖励50万元的基础上本区再奖励50万元；企业最高资质等级晋升专业承包一级资质的（不含建设行政主管部门直接核定的与总承包相配套同等级的一级专业承包），在市政府依据厦府〔2015〕218号文奖励20万元基础上本区再奖励30万元；企业最高资质等级晋升为施工总承包二级资质的奖励50万元。涉及多项资质等级晋升的，按最高等级进行奖励。

（三）鼓励本区建筑业企业创优质精品工程

对本区建筑业企业独立承建本区工程项目获得国家级“鲁班”或“詹天佑”或“国家优质工程”奖项、省级“闽江杯”、市级“鼓浪杯”金奖、市级“鼓浪杯”银奖的，分别给予一次性奖励100万元、50万元、30万元、20万元；对本区企业独立承建本区工程项目荣获国家级安全文明示范工地、省、市级安全生产标准化优良项目的，分别给予一次性奖励50万元、30万元、10万元；对本区企业独立承建本区工程项目获得国家级、省级新技术应用示范工程（包括建筑业十项新技术应用示范工程、科技示范工程或绿色施工示范工程）的，分别给予一次性奖励10万元、5万元。同一工程获得同一性质、不同级别奖项的，按最高级别奖励。

（四）扶持本区建筑业企业优先承接区内项目

工程建设项目的勘察、设计、检测、施工、监理以及工程建设有关的主要设备、材料等采购，在国家招标范围和规模标准以外的，优先选择本区建筑业企业以单独或者联合体身份承接。支持具有独立法人资格，在厦门市综合信用评价分排名靠前，并具有一定融资能力的本区建筑业企业优先承接政府PPP、EPC建设项目。区内非财政投融资、建安投资1000万元（含）以上的工程项目直接委托本区建筑企业施工总承包的，对建设（业主）单位按项目建安税收区级留成部分的50%给予奖励。

（五）鼓励本区建筑业企业拓展区外市场

本区企业在区外承接的工程项目荣获市级及以上奖项（杯）的，同等享受本区相应奖项的优惠待遇（仅限于评先评优和信用评价）。

二、加大建筑业企业招商引资力度

（一）企业注册地迁入奖励

鼓励区外建筑业企业将注册地迁入我区，对新引进的施工总承包特级、一级、二级及专业承包一级资质企业，分别一次性给予100万元、50万元、30万元、20万元奖励。对公路、铁路、港航、水利、电力施工总承包资质和桥、隧道工程专业承包资质的企业，奖励标准可为上述标准的 1.5 倍。

（二）企业产值贡献奖励

对新引进的建筑业企业，迁入后第一个完整年度产值 1 亿元（含）以上的，一次性给予产值 0.05% 的奖励。第二年后按本区企业标准执行。

（三）税收贡献奖励

新引进的建筑业企业自注册地迁入我区之日起 5 年内，按该企业区级税收贡献额，前 2 年给予 80% 的奖励，后 3 年给予 40% 的奖励。

（四）企业信用评价扶持

新引进的建筑业企业，从迁入我区（完成资质变更或资质转移）的当年度起，连续 3 个信用评价年度，根据其产值情况，予以信用等级评价等级扶持，其中：年产值 5 亿元（含）以上的，评定为 A 级；年产值 1 亿元（含）—5 亿元的，评定为 B 级。

（五）办公用房补助

新引进的建筑业企业，在我区租用办公用房的，根据企业自租赁之日起一个完整年度完成的建筑业产值情况，给予实际租赁面积每月 20 元 / 平方米的租房补助，补助面积最高不超过 2000 平方米。具体标准：产值 1 亿元（含）—10 亿元的，给予实际租赁面积 500 平方米以内的补助；产值 10 亿元（含）—20 亿元的，给予实际租赁面积 1000 平方米以内的补助；产值 20 亿元（含）—30 亿元的，给予实际租赁面积 1500 平方米以内的补助；产值 30 亿元及以上，给予实际租赁面积 2000 平方米以内的补助。每年补助一次，补助期限不超过 2 年。

新引进建筑业企业，在我区购买自用办公用房的，根据企业自购买之日起一个完整年度完成的建筑业产值情况，给予实际购买面积每月 30 元 / 平方米的购房补助。面积标准同上，每年补助一次，补助期限不超过 2 年。

（六）支持企业总部及基地建设

区政府通过招拍挂方式合理安排适量的建筑产业园区用地，支持本区建筑企业总部办公、科研、培训基地建设，或建设办公楼宇以租售方式提供给本区建筑企业，发挥总部经济效益，加快形成建筑产业集群。

三、申报材料及程序

（一）申报材料

1. 企业奖励申报表（本区企业填报附件 1、2，新引进企业填报附件 3、4）。

2. 营业执照、组织机构代码、资质证书副本复印件（需提供原件核对）。

3. 相关佐证材料。

（1）资质等级晋升：提供新、旧资质证书，资质批准文件复印件。

（2）产值：企业盖章的统计报表及经备案的施工合同复印件（项目名称、合同金额、备案收讫三页）。

（3）精品工程：获奖证明（证书或文件）。

（4）新引进企业自购办公用房申请办公用房补助提供产权证复印件。

4. 其他需要提供的材料。

申报材料一式三份，复印材料均需加盖企业公章。

（二）申报程序

1. 符合条件的企业每年 4 月 25 日前提交相关材料到区建设局工程科，逾期或材料不符合要求的不予受理。

2. 区建设局受理、初审后，提交统计、财政部门审核，各部门在收件 5 个工作日内审核并签章完毕，会审后建设局对符合条件的企业予以公示。

3. 经公示无异议后，区建设局向区财政部门申请资金，对符合条件的按规定程序办理资金拨付。

四、其他事项

（一）本区建筑业企业指工商注册在同安且具有独立法人资格的建筑业企业（注册在自贸区同安虚拟注册地址但备案实际经营地在同安且纳税在同安的企业视为本区建筑业企业）；新引进企业指自本办法施行之日起，在文件有效期内迁入同安区的建筑业企业。

（二）项目获奖时间以奖状（杯）或通报时间为准，本实施办法规定的奖励政策与市、本区其他优惠政策同类或重复的，企业可按就高不重复的原则申请享受。

（三）如在我区设立福建省或几个省域唯一的分公司、且年度入库税收不低于 1000 万元人民币的非本区企业，可参照本办法"税收贡献奖励"条款执行。

（四）企业享受本办法以及本区其它政策奖励的最高不超过企业在我区当年缴纳税收的区级留成部分。

（五）申请并获得扶持奖励的企业，5 年内不得迁离我区，否则将追回所有奖励（补助）金及利息。

（六）对申报材料弄虚作假的企业，由区建设局进行通报并记录不良行为记录，取消该企业申请奖励资格，对已发放的奖励（补助）金及利息予以全部追回。

企业发生重大安全责任事故、重大环境污染事故、重大信用不良记录等，取消企业当年度政策享受资格。

（七）本实施办法由区建设局负责解释。

本文件自 2018 年 1 月 1 日起施行，试行期 2 年。自文件生效之日起，《关于促进同安区建筑业发展的实施办法》（厦同政办〔2016〕56 号）、《关于加快区域经济产业发展九条措施的通知》（厦同政办〔2016〕83 号）文件中涉及建筑业企业奖励扶持政策自行废止。

索　引

说　明

本索引为条目索引，按主题词首字音序排列，首字相同按第二个字音序排列，若第二字音序相同，则按码先后排序，主题词后的数字为页码。分目的主题词用粗体表示，部分相同的主题词增加关键词提示。大事记、专记、人物　名录、文献辑存不做索引。

A

B

C

G

H

J

K

L

M

N

P

Q

R

S

T

W

X

Y

Z